A SOCIOLOGIA COMO AVENTURA

MEMÓRIAS

Consulte nosso catálogo completo e últimos lançamentos em **www.editoracontexto.com.br**.

A SOCIOLOGIA COMO AVENTURA
MEMÓRIAS

José de Souza Martins

Fotos do autor

editora**contexto**

Foto de capa
José de Souza Martins

Montagem de capa e diagramação
Gustavo S. Vilas Boas

Preparação de textos
Lilian Aquino

Revisão
Karina Oliveira

Dados Internacionais de Catalogação na Publicação (CIP)
(Câmara Brasileira do Livro, SP, Brasil)

Martins, José de Souza
  A Sociologia como aventura : memórias / José de Souza
Martins. – São Paulo : Contexto, 2013.

  Bibliografia.
  ISBN 978-85-7244-810-9

  1. Ativistas políticos 2. Ditadura - Brasil 3. Política -
Brasil 4. Professores de sociologia 5. Sociologia - Brasil 6.
Sociólogos - Brasil - Memórias autobiográficas 7. Universidade
de São Paulo. Faculdade de Filosofia, Letras e Ciências Humanas
(Departamento de Ciências sociais) - História I. Título.

13-07472	CDD-301.0920981

Índice para catálogo sistemático:
  1. Sociólogos brasileiros : Autobiografia 301.0920981

2013

EDITORA CONTEXTO
Diretor editorial: *Jaime Pinsky*

Rua Dr. José Elias, 520 – Alto da Lapa
05083-030 – São Paulo – SP
PABX: (11) 3832 5838
contexto@editoracontexto.com.br
www.editoracontexto.com.br

Sumário

Introdução

O senhor saiba: eu toda a minha vida pensei por mim, forro, sou nascido diferente. Eu sou é eu mesmo. Divêrjo de todo o mundo... Eu quase que nada não sei. Mas desconfio de muita coisa.
João Guimarães Rosa, *Grande sertão: veredas.*

Nem sempre biografias intelectuais seguem um roteiro de certezas lineares no rumo de destinos inevitáveis. Em sociedades que passam por grandes transformações, como a nossa tem passado, biografias são gestadas no acaso de momentos e de circunstâncias cambiantes. Depois das trajetórias cumpridas, não importam quais, é que se poderá dizer, não raro com surpresa, que aquela biografia fora uma possibilidade que desabrochara apenas no passo a passo da vida. Nós não sabíamos, mas ela estava lá, escondida nos meandros da existência. Embora não o seja de fato, é o que na cultura popular se chama de *destino*, o que faz, de cada um, personagem da sociedade em que vive. Ninguém é o que pensa ser. A liberdade de decisão que se tem na escolha de rumos é relativamente restrita. Não só porque a vida de cada qual se desenha no entrecho de que o ator não é o autor, senão mero coadjuvante de um elenco de poderes que se combinam para produzir os rumos dele e de todos. Mas também porque um extenso campo de incertezas e de possibilidades fortuitas, como neste elenco de episódios de uma história pessoal, desenha e viabiliza o chamamento do que virá a ser uma biografia intelectual, o que a Sociologia define como vocação. Aquilo que, no final da história, dirá o que cada um acabou sendo, mesmo que não soubesse que o seria.

Meus depoimentos e entrevistas, reunidos neste livro, contam uma história que, num primeiro plano, parece uma história pessoal, um fragmento de minha vida, minha história de pesquisador e professor de Sociologia na Faculdade de Filosofia da Universidade de São Paulo. E também minha história de ativista de movimentos sociais, na educação popular, num momento da história social e política brasileira em que as Ciências Sociais tiveram, entre nós, uma função pública e um papel coadjuvante que não pode ser ignorado. Foi o momento cronologicamente dominado pela ditadura e suas sequelas. Nesse sentido, é um livro de memórias. Mas boa parte dessa história não teria a menor importância, não fosse o fato de que a mediação de sua circunstância anômala e anômica, a da ditadura, fez dela a história da incidência dessa mesma circunstância muito além do meramente circunstancial. E muito além da pessoa que narra, que é quem menos importa nessa história toda. Retorno, aqui, à função metodológica da autobiografia nas Ciências Sociais, em particular na Sociologia, especialmente em face da condição de ser o narrador, que fala em primeira pessoa, relativamente, um estranho porque socialmente diferente, por origem e socialização, da personagem da narrativa.[1] Mero protagonista secundário do momento, da situação e da própria instituição, tornei-me mais testemunha do que ator, e, se ator, irrelevante, o que me deu a condição de ver como observador menor. Justamente aquele que tem menos compromisso com as técnicas de mascaramento e de maquilação da narrativa. Aquele que, por ser menos, acaba compreendendo mais porque compreende na perspectiva da margem, que é mais abrangente.

Há certa insurgência testemunhal em falas assim, no impulso de dizer o que escapa da pauta do conformismo e da dominação do "politicamente correto". Do que escapa das conveniências do apagamento da memória, das conspirações tácitas para esquecer o que parece sem importância, não obstante a carga residual das heranças mutilantes, dos desvios de curso que os incidentes da história imperceptivelmente promovem. Foi aquele um momento de corrosão da tradição acadêmica e de projetos de estudo, de redefinição das condições sociais de produção do conhecimento nas Ciências Humanas entre nós. Fim de uma época de certezas e começo de uma época de incertezas e de acasos. A pós-modernidade começava entre nós. Já era o depois, sem ter sido o durante.

Como é próprio das situações de crise, as rupturas, como as provocadas pela ditadura, geram um cotidiano de exceção, transitório, o cotidiano da espera e, eventualmente, da esperança. Nem por isso menos corrosivo nos dilaceramentos, nas tensões, nos desafios à invenção social e à estratégia do provisório e da incerteza, o propriamente histórico sobrepondo-se às certezas costumeiras e desautorizando gestos, palavras e decisões derivados da calma segurança do costume. A ciência também padece as incertezas do cotidiano, assediada pelo adverso, as condições sociais do seu desenvolvimento distorcidas por urgências e limites que não lhe são próprios. Os anos da ditadura foram para muitos cientistas, especialmente nas Ciências Humanas, anos de cotidiana invenção de estratégias de sobrevivência, até mesmo de invenção de técnicas de pesquisa e de exploração do rico filão de possibilidades que há no chamado artesanato intelectual. O contorcionismo da teimosia foi, nas universidades, forma frequente de encontrar atalhos que viabilizassem a ciência no marco adverso da repressão, do cerceamento e da falta de recursos.

Aqueles anos vão do golpe de Estado de 1964, passam pelo fim do regime autoritário e se desdobram nas incertezas e alternâncias políticas pós-ditatoriais. Tempos da busca e da construção de uma ordem política democrática, efetivamente aberta ao Direito, especialmente, entre nós, os "novos direitos" porque inseridos nas demandas cotidianas de setores amplos da população, como os direitos humanos e os direitos sociais, campos em que sempre fomos relutantes e divididos.

Os cientistas raramente falam dos desdobramentos e dos fatores extracientíficos do trabalho científico, em particular os sociais e políticos, que muitas vezes, de um modo ou de outro, interferem na produção do conhecimento. Deles falam menos ainda quando a pequena sociedade acadêmica de seu labor científico é engolfada por adversidades e eles próprios acabam se tornando agentes ativos da situação de anomia que os alcança. Os cientistas sociais são particularmente conscientes de quanto a circunstância é coadjuvante do trabalho que fazem. Embora, não raro, subestimem a interferência das adversidades em suas pesquisas e na exposição dos resultados de suas investigações.[2] No finalmente, tudo parece linear e limpo, sem incertezas nem relutâncias.

A Faculdade de Filosofia, Ciências e Letras, da USP, e sua sucessora, a Faculdade de Filosofia, Letras e Ciências Humanas, especialmente os departamentos de Ciências Sociais, em particular o de Sociologia, viveram os 21 anos do regime autoritário como um tempo de desagregação, de perda de identidade e de renúncia às suas grandes tradições. As que começaram com Claude Lévi-Strauss e Fernando de Azevedo, passaram por Roger Bastide e chegaram a Antonio Candido, Maria Isaura Pereira de Queiroz e Florestan Fernandes, dentre os vários grandes nomes que compuseram o elenco da formação e afirmação da Sociologia acadêmica entre nós. E, na sequência, Fernando Henrique Cardoso, Octavio Ianni, Marialice Mencarini Foracchi, Maria Sylvia de Carvalho Franco, Ruy Coelho, Azis Simão, Duglas Teixeira Monteiro, Luiz Pereira. Era inevitável que a ruptura se refletisse no abandono de temas e orientações teóricas e também na formulação de novas linhas de investigação e diferentes concepções de ensino e de pesquisa, de outras noções de urgência. A perda abriu, sem dúvida, o caminho da busca. O que havia sido a Sociologia de um projeto de estudo tornou-se uma sociologia errante, por agregação administrativa, uma junção de orientações dispersas e pessoais, no mais das vezes desencontradas, sem uma indagação teórica de referência em comum, um termo de diálogo intragrupo. Uma busca, sem dúvida, mas não mais um encontro.

Testemunhei esse processo e protagonizei, com minha geração, as mudanças nem sempre desejáveis e nem sempre necessárias. Se houve ganhos e inovações, como houve, e eu mesmo creio ter contribuído para que ocorressem, houve perdas, que não foram pequenas. A quebra da tradição, que decorre de alguma modalidade de violência, como a que se abateu sobre a USP, estranha ao querer de suas vítimas, sempre resulta na perda de referências, sem as quais as identidades não se mantêm ou não se reconstituem. As perguntas que me foram feitas nas entrevistas aqui transcritas, e as que eu mesmo me fiz nos textos adicionais que completam o livro, revelam uma amarga consciência dessas perdas. Tanto mais significativas quanto vindas pela boca de uma geração que se sente lesada por saber que um elo se rompeu, que a tradição de que era depositária a geração anterior não lhe chegou íntegra, como justo e necessário legado, como dote. De certo modo, há um disseminado ressentimento na sociedade brasileira pós-ditatorial, ressentimento que permeia perguntas frequentes no meio acadêmico e fora dele, como em boa parte das que me foram feitas.

Os textos deste livro são a memória do que, num plano puramente subjetivo, é a consciência da diferença entre o que foi e o que é a prática do sociólogo e o conteúdo da Sociologia na USP do período, em função da ruptura decorrente do golpe de Estado. Documentam uma visão pessoal das dificuldades da vida universitária em momento histórico anômalo. Outros terão a sua e o seu modo de rememorar o momento e a vivência. Estes textos expressam a intenção de contribuir para demarcar o terreno áspero de uma transição inevitável que deixou sequelas, causou danos ao progresso da ciência e embaçou a exuberância de uma Sociologia indagadora, criativa e poética, comprometida com os destinos do país. A memória dos momentos, que nos textos há, ressalta a anormal e problemática relevância que o irrelevante e secundário podem ter em tempos difíceis. O período da ditadura foi o de uma época de exacerbação dos fatos e processos cotidianos na Universidade, uma ameaça cotidiana ao que é legitimamente supracotidiano, as miudezas do cotidiano invadindo a legitimidade da produção e difusão do conhecimento científico.

As Ciências Sociais, e a Sociologia em particular, têm a peculiaridade, dentre as ciências, de ser autoconsciência científica da sociedade, como ensinou Hans Freyer e repetia Florestan Fernandes, em versão própria.[3] Crises e mudanças na produção e difusão do conhecimento sociológico expressam a involuntária e problemática mudança de eixo do que dá sentido ao conhecimento buscado e produzido. Nesses momentos, o superior e transcendente do que é próprio da ciência se torna relativo, sucumbe parcialmente aos dilemas e embates cotidianos que o reajuste de suas condições impõe. Neste livro, falo sobre os miúdos e perturbadores componentes da situação social da docência e da pesquisa no recorte de tempo histórico que o acaso selecionou para a vivência e a fala, o período dominado pelo regime militar e seus desdobramentos nos anos que se seguiram. Falo, também, dos complicados desafios do ativismo decorrente da atividade acadêmica, na extensão universitária, em que me envolvi, quando setores desvalidos da sociedade pedem ao pesquisador o socorro do esclarecimento na pauta da chamada educação popular. Passada a urgência desse ativismo, também aí ficam sequelas, decorrentes das inevitáveis estreitezas ideológicas dos grupos populares, que não têm uma visão científica da ciência e com facilidade confundem e são induzidos a confundir ciência com ideologia. Tentam agressivamente diluí-la nas simplificações da sopa das ideias improvisadas e de conveniência.

Não tenho certeza de que essa época esteja encerrada. Ela gerou uma cultura, o anômico se tornou corriqueiro, criou padrões, demarcou e cingiu a mentalidade de professores e de alunos. Romper a circularidade dessa herança e desse pesadelo depende de fatores que não estão à vista. Nem há dele consciência coletiva, primeiro passo para superá-lo. Não há mais protagonistas como os que existiram quando as Ciências Sociais se consolidaram no Brasil e na Universidade de São Paulo, em particular. As condições de produção e difusão do conhecimento são outras, burocratizadas, pouco inovativas, sem ousadia. As Ciências Sociais já não são desafiadas entre nós a subsidiarem um projeto de nação. No Brasil, já não há propriamente buscas coletivas que representem a inauguração de uma nova era. Continuamos irrequietos, sem dúvida, mas agora conformados, prisioneiros dos marcos da repetição. A Sociologia, em particular, corre o risco de virar cúmplice do fingimento que se tornou uma característica evidente da sociedade brasileira. Fazemos de conta que somos modernos, não o sendo; que queremos transformações sociais, não as querendo. O vocabulário sociológico, em particular o indevidamente tido como "de esquerda", foi raptado para que com ele fosse elaborada a linguagem de um novo conformismo, pós-moderno, em que se finge ser o que de fato não se é, caminhando para permanecer. Agora, como na narrativa de Alice, de Lewis Carroll: "é preciso correr o mais que se pode para ficar no mesmo lugar".

Nos depoimentos espontâneos que constituem vários capítulos deste livro, em parte relativos aos ritos de passagem de que fui protagonista, mais do que impelido, senti-me desafiado a responder perguntas não feitas, mas intuídas, quanto à trama que dá sentido a uma história pessoal no mundo acadêmico em cenário de crise social e institucional. Há neles a diluição da biografia nas urgências da hora, na captura das imposições involuntárias da circunstância do vivido e do contornado.

Por outro lado, as perguntas que norteiam as respostas, nas entrevistas que o completam, são o motivo deste livro. Perguntas que não foram feitas a mim, mas aos ausentes e ao silêncio. Perguntas de uma geração a outra. Um reiterativo "abre-te Sésamo" de quem quer atravessar a porta do tempo, na esperança de libertar o que lá dentro supostamente se esconde. Indícios de busca da História que se foi sem eles, os que perguntam, os que querem penetrar nos silêncios, nas reticências e nos estranhamentos dos que na Universidade tentaram manter o sentido de missão do trabalho acadêmico, no meio das turbulências.

Em algumas dessas perguntas, há legítima curiosidade, na suposição de que quem foi procurado para respondê-las tem condições de dar o esclarecimento definitivo, a resposta da História e não a da pessoa que está sendo ouvida. Em outras, há mal disfarçado rancor, implícita acusação de uma geração a outra, cobrança de um fazer História que supostamente não se fez. Em outras, ainda, há pena por aquele que responde, pena pela geração que não teria tido no passado a lucidez do presente. É uma pena autoindulgente, não uma pena solidária e compreensiva. E, em outras, há ironia, desdém pelo viver do passado em desacordo com a pauta e a agenda do atual. Em todas, o desconhecimento de que o presente que instiga os de agora a perguntar e questionar é legado daqueles que se foram, mas sobretudo daqueles que nos anos cinzentos não renunciaram a fazer História nas entrelinhas de um possível insubmisso. Especialmente, no trabalho de campo e na sala de aula. E, também, não raro, no ativismo de emancipação que mobilizou um certo número de cientistas sociais. Em muitas dessas perguntas, explícita ou implicitamente, motivações do tipo que Raymond Williams define como radicalismo retrospectivo.[4] É muito fácil e cômodo ser radical de uma época em que não se viveu. Um radical *a posteriori* e, portanto, ausente da situação em que poderia testar seu radicalismo e arcar com o ônus correspondente e as decorrentes consequências. Difícil é compreendê-la sem as deformações de um presente cômodo.

Não é normal que as eras se sucedam sem legados. E o legado é esse que não se vê, não se reconhece. As perguntas desse elenco de entrevistas são revelações de uma geração lesada pelo vácuo, pelo vazio, pela descontinuidade, pela falta de conexões que lhe digam o que o presente é em face do que veio antes. E, talvez, o que poderia ter sido. Há aí a nostalgia do inexistente.

Num certo sentido, como disse, este é um livro de memórias, nota de rodapé da sala de aula e do trabalho de campo, insurgência contra o esquecimento do residual de um tempo que incinerava os resíduos para calar, para desdizer o que não podia deixar de ser dito. Não falar dos resíduos e do cotidiano é o ato voluntário de esquecer. Por isso, este é um livro sobre o cotidiano da travessia nas trevas, sobretudo no cenário do curso de Ciências Sociais da Faculdade de Filosofia da Universidade de São Paulo. Hoje muitos têm muito a dizer e pouco a perguntar. É por isso justo valorizar e reunir aqui as perguntas que documentam essa época de incertezas em relação ao que passamos e, sobretudo, ao que chegamos. Perguntas que falam da atualidade, muito mais do que desse ontem opaco, de inquietações sem remédio.

Quando se fala nas Ciências Sociais, pensa-se nas grandes matrizes da produção do conhecimento, na grande narrativa, nas grandes ideias e interpretações que atravessam a Sociologia e o modo de pensar dos sociólogos. Raramente pensamos nas circunstâncias da Sociologia e do sociólogo, nas vicissitudes que os cercam. Raramente pensamos no cotidiano que, em nosso caso e no caso das narrativas deste livro, é, no geral, também o cotidiano adverso dos tempos da ditadura, das perseguições, das cassações, do exílio, do medo e da morte. É sempre difícil imaginar a tortura da adversidade na produção do conhecimento, as dilacerações que interceptam a harmonia das ideias, que introduzem intervalos involuntários no processo de pesquisa e de interpretação dos fatos, dos acontecimentos. É difícil compreender que, não obstante a violência, a ordem se recria, que alternativas desviam o curso do pensamento e das descobertas, que a História não espera por ninguém. Para o sociólogo dos tempos de chumbo, a adversidade foi desafio e possibilidade de repensar criticamente o já sabido, porque o que já se sabia, de certo modo já não era. Este livro é uma contribuição ao estudo e à compreensão desse incomum fenômeno na história da Sociologia, o da supressão das bases sociais e institucionais de uma linha de interpretação científica e consequente anulação dos pressupostos teóricos do conhecimento. Em decorrência, a necessidade de urgente reformulação de temas, problemas de investigação e referências teóricas. Testemunhei e vivi essa ruptura e seus desdobramentos no plano da produção do conhecimento.

Quando o sociólogo fala em primeira pessoa, como aqui, não é a primeira pessoa quem fala. É o outro, o que não fala; o invisível, o que não se deixa ver senão na mediação do testemunho. É, também, a miríade de personagens ocultos da circunstância do seu trabalho. Aqui reúno as diferentes falas que me foram pedidas por diferentes ouvidos, em diferentes momentos. No fundo, uma fala só, a fala do que foi silêncio e já não o pode ser.

*   *   *

Os textos aqui reunidos foram revistos, corrigidos e, eventualmente, adaptados e reformulados, em relação a suas versões originais, para atender ao formato e à atualidade do livro. Alguns, sendo entrevistas, pediram a reescrita que os livrasse das limitações da linguagem falada e os passasse para a clareza maior da linguagem escrita, mantidos os temas e os questionamentos. Na origem, já eram capítulos de um livro imaginado.

Este livro tem como parte integrante de suas páginas os débitos que o motivaram. Primeiramente, os que tenho, também, em relação ao grupo de estudiosos que durante 18 anos, de 1975 a 1993, deu vida e sentido ao seminário semanal, que propus e coordenei, na Faculdade de Filosofia da USP, sobre o método dialético, no exame minucioso e comparativo da questão do método na sociologia de Karl Marx e na de Henri Lefebvre. Num país que perdia o sentido da história, compreendê-lo sociologicamente dependia de um reencontro regenerativo com os instrumentos da ciência. Os que eram e são próprios para recapturar-lhe a historicidade que se escondia nas novas formas do devir, em especial no cotidiano e na cotidianidade, no conformado e repetitivo. Foram dele participantes, no sentido pleno, e a elas e eles também dedico este livro: Amélia Luisa Damiani, Ana Cristina Arantes Nasser, Ana Fani Alessandri Carlos, Bernadete A. C. de Castro Oliveira, Carmen Sylvia Vidigal Moraes, Ethel V. Kosminsky, Eulina Pacheco Lutfi, Jorge Hajime Oseki, Luciano Marini, Margarida Maria de Andrade, Marilia Pontes Sposito, Odette Carvalho de Lima Seabra, Sandra Lencioni, Suzanna Sochaczweski, Teresa Cabral Jahnel e Zilda Iokoi. A seriedade de seu empenho reflete-se no volume que reuniu os trabalhos finais dessa aventura intelectual coletiva.[5]

O leitor notará o quanto devo pelo aprendizado fora da sala de aula, em especial o do privilégio de uma conversação que foi quase cotidiana, com Marialice Mencarini Foracchi, Luiz Pereira, Octavio Ianni, Jaime Pinsky e Maurício Vinhas de Queiroz, ao longo de boa parte dos anos que demarcam a cronologia deste livro.

Não posso deixar de lembrar os que, ainda que com desigual frequência, e nem sempre com a desejável continuidade, em diferentes momentos ao longo desses anos, durante ou mesmo depois, foram meus interlocutores *di lettere* no trato de temas deste livro e de questões teóricas e de pesquisa a eles relativas, ainda que em diferentes perspectivas: Antonio Gouvea de Mendonça, Carlos Rodrigues Brandão, João Baptista Borges Pereira, José Sebastião Witter, Marilia Pontes Sposito, Maristela de Paula Andrade, Nilton de Melo Fischer, Oriowaldo Queda e Zander Navarro.

As perguntas frequentes de Fraya Frehse sobre as questões teóricas e metodológicas da Sociologia da USP, no período que ao livro corresponde, foram um estímulo decisivo para que eu nele reunisse entrevistas em que, de certo modo, estão minhas respostas a outras tantas perguntas, que são as mesmas.

Devo um agradecimento pleno a Heloisa, Veridiana e Juliana, pela paciência e apoio nos muitos anos em que as dúvidas, as tensões e apreensões residuais dos fatos e circunstâncias da vida acadêmica, referidas neste livro, de algum modo invadiram cotidianamente nossa vida de família. Tivemos a compensação das muitas alegrias que se pode ter mesmo em demorados períodos historicamente adversos. Somos alguns dos muitos que viveram em família, durante duas décadas, o mal-estar da incerteza e dos sobressaltos de uma profissão que a ditadura tornou perigosa, a de professor. Aprendemos juntos e crescemos juntos nesse tempo, o que dele faz um tempo para lembrar e não um tempo para esquecer.

Notas

[1] A função metodológica do estranho, na Sociologia, é assinalada por Florestan Fernandes, *Ensaios de Sociologia Geral e Aplicada*, São Paulo, Livraria Pioneira, 1960, p. 258. Usei a identificação do estranhamento como recurso metodológico em livro autobiográfico anterior, relativo à infância e à adolescência. Cf. José de Souza Martins, *Uma arqueologia da memória social:* autobiografia de um moleque de fábrica, São Paulo, Ateliê, 2011.

[2] O cinema tem aproveitado enredos baseados na circunstância, às vezes dramática, do trabalho científico. Particularmente interessantes são os filmes: *Einstein e Eddington*, dirigido por Philip Martin, BBC e HBO, 2008, sobre a cooperação à distância entre Arthur Stanley Eddington, inglês, da Universidade de Cambridge, e Albert Einstein, alemão, da Academia Prussiana de Ciências, durante a Primeira Guerra Mundial, em que os dois países eram inimigos; e *Quase Deuses*, de 2006, dirigido por Joseph Sargent, que conta a história de Vivien Thomas, um carpinteiro negro, que se tornou um colaborador decisivo do Dr. Alfred Blalock, no Hospital John Hopkins (Baltimore, EUA), no desenvolvimento da técnica cirúrgica para o tratamento da chamada "doença do bebê azul", em adversa situação de preconceito racial.

[3] "[...] Com isso, realiza-se aquilo a que se dirige o pensamento sociológico. Um ser social foi totalmente penetrado pelo pensamento e a realidade plenamente elevada a autoconsciência científica." Cf. Hans Freyer, *Introducción a la Sociología*, trad. Felipe Gonzalez Vicen, Madrid, Aguilar, 1973, p. 21. "Isso nos impele a refletir em termos novos sobre a posição do sociólogo no quadro de nossa civilização. Enquanto imperou a fórmula segundo a qual 'só vê algo sociologicamente quem quer algo socialmente', o influxo ideológico espontâneo servia positivamente como base de opção, mesmo para os cientistas sociais. Em nossos dias, em que prevalece uma situação bem mais complicada e dramática, a verdade aconselha-nos a adotar outra fórmula alternativa: 'só quer algo socialmente quem vê algo sociologicamente.' Em suma, cumpre educar o homem comum para restaurar a autonomia de suas decisões..." Cf. Florestan Fernandes, *A Sociologia numa era de revolução social*, São Paulo, Companhia Editora Nacional, 1963, p. 95 e 309.

[4] Cf. Raymond Williams, *O campo e a cidade na História e na Literatura*, trad. Paulo Henrique Britto, São Paulo, Companhia das Letras, 2011, p. 66.

[5] Cf. José de Souza Martins (org.), *Henri Lefebvre e o retorno à dialética*, São Paulo, Hucitec, 1996.

Perguntas ao silêncio

Entrevista a Isabel Furlan Jorge e Romulo Lelis.[1]

Prof. Martins, conte-nos um pouco sobre sua época de estudante da graduação. O que o motivou a fazer Ciências Sociais e qual foi o impacto do saber adquirido na universidade em sua vida e em sua visão de mundo?

A vida não é feita apenas de motivos e de impactos, mas também de circunstâncias e contradições, incertezas e relutâncias. Sem elas fica difícil entender um depoimento como este. De família pobre e de trabalhadores, eu havia começado a trabalhar com 11 anos de idade, em 1950, quando terminei o curso primário e minha família voltou da roça para o subúrbio. Era operário de uma fabriqueta de fundo de quintal, que pertencia a um operário, meu vizinho. O primeiro burguês para quem trabalhei era um operário altamente qualificado, explorado numa grande fábrica, que me explorava em sua pequena fábrica clandestina. Ele queria subir na vida e o meu trabalho de criança era um dos seus degraus. O salário mínimo do adulto era de 380 cruzeiros. Eu ganhava 100 cruzeiros por mês e trabalhava oito horas por dia, seis dias por semana. Como a lei mandava pagar ao trabalhador menor de idade metade do salário do adulto, a pretexto de que era apenas um aprendiz, eu recebia, na verdade, pouco mais de um terço, cerca de metade do salário que deveria legalmente receber, que já era mínimo. Ao receber o primeiro pagamento, antes de entregá-lo a minha mãe, operária, fui ao bar da esquina e me empanturrei de doces. Dentre outras coisas, comprei um sorvete de copinho, de duas bolas, um luxo na época, uma caixa de chiclete, das grandes, outro luxo, uma maria-mole e uma cocada: gastei 20 cruzeiros. Em casa, quase apanhei, pois meu salário pertencia à família. Naquela época, as crianças, ao começarem a trabalhar, na verdade pagavam aos pais o débito feito com seu sustento até ali. Em minutos, gastara 20% do que levava um mês trabalhando duro para ganhar, em serviço pesado e sujo. Isso dá a medida de quanto eu ganhava. Fui proletário de um proletário, que sabia me explorar. As famílias de trabalhadores também cobravam tributos dos filhos.

Anos depois, dei-me conta de que aquela experiência fora minha primeira aula de Sociologia: as categorias explicativas, como a de classe social, são abstratas e puramente conceituais. Na prática, a teoria é outra. Uma das funções das Ciências Sociais é, justamente, a de decompor e desconstruir esses

Vista da Cerâmica São Caetano, fábrica em que ingressei adolescente, em 1953, e onde me tornei adulto.
(Foto: 2004)

enganos, as armadilhas ideológicas embutidas na indevidamente chamada de "sociologia militante", as limitações da arquitetura conceitual. Pimenta ideológica e partidária na realidade do sociólogo não arde; só na dos outros.

Começar a trabalhar depois de completar o curso primário, como clandestinos, estava no roteiro de vida das crianças e adolescentes de minha classe social, no subúrbio operário. De certo modo, ainda é assim. Uma das fábricas em que trabalhei, já na adolescência, quando consegui minha carteira de trabalho, a Cerâmica São Caetano, estimulou-me a fazer o curso secundário noturno, para que eu continuasse trabalhando durante o dia, e bancou meus estudos numa escola particular. A empresa passava por acentuada modernização tecnológica e estava interessada na formação de técnicos de nível médio e na diversificação e superação de um operariado sem escolarização, constituído por gente como meu padrasto, analfabeto, operário na mesma fábrica, imigrado da roça. Uma nova geração de operários estava sendo formada, em novos padrões tecnológicos, para a reestruturação produtiva dos anos 1950.

Fachada da cozinha e dos refeitórios da Cerâmica São Caetano.
(Foto: 2004)

Ao terminar o curso secundário e ingressar no colegial, criei coragem e decidi abandonar tudo para fazer o curso normal, o curso de formação de professores primários numa escola pública. Desde quando havia feito o curso primário no povoado de Guaianases, quando morava na antiga Fazenda Santa Etelvina, na zona leste, hoje Cidade Tiradentes, estava tentado a me tornar um dia professor de uma escola rural.

Chola e família, em
Monte Punco, Bolívia.
(Foto: 1958)

Nessa decisão, fui empurrado por uma solitária viagem de trem que fiz através da América do Sul, em 1958, durante o mês de minhas férias na fábrica em que trabalhava. Havia lido a notícia da inauguração do Ferro-carril Brasil-Bolívia, uma ferrovia em território boliviano com que o Brasil pagava parte da dívida contraída com o governo daquele país na aquisição do território do Acre. Pouco depois do meio-dia, do dia 4 de janeiro de 1958, embarquei na estação da Luz para uma travessia de quase um mês. Fui a Bauru, onde tomei o trem da Noroeste para Corumbá, na fronteira com a Bolívia. Lá, embarquei no trem da nova ferrovia para Santa Cruz de la Sierra, uma viagem de uma semana para percorrer 600 km, atravessando o território dos índios Chiquitanos. Viagem tensa porque no trem viajava, de luto pesado, a mãe da única vítima fatal de uma revolta havida em Santa Cruz semanas antes. Em cada carro, havia um policial armado. De Santa Cruz, fui para Cochabamba de ônibus. E de Cochabamba para La Paz de trem, viagem esticada de trem até Tiahuanacu, quase na fronteira com o Peru e perto do Lago Titicaca. Dinheiro contado e pouco, nos últimos dias de viagem só tinha o suficiente para uma média de café com leite e um pão com manteiga. Na volta, em Cochabamba, dormi num cortiço, numa cama de casal em que dormiam oito índios, num quarto sem a folha da porta, em noite de frio insuportável. Cheguei aqui com pneumonia. Mas eu havia descoberto a América Latina das diferenças étnicas, sociais, linguísticas e culturais. Outros povos, outros costumes. Como havia descoberto o Brasil do Pantanal e do rio Paraguai. Ao voltar, minha geografia desta América estava substancialmente mudada.

Com o coração na mão, pedi demissão à fábrica e dei adeus ao proletariado. Fiz o vestibular, que havia, para ingressar no curso normal. Passei por um período difícil, cursando, em Santo André, a Escola Normal no período da manhã e vivendo de pequenas e mal pagas ocupações, à tarde e à noite.

Rua interna de entrada e saída da
Cerâmica São Caetano.
(Foto: 2004)

Foi no curso normal da escola pública, no Instituto de Educação "Américo Brasiliense", cujos excelentes professores eram, na maioria, formados pela Faculdade de Filosofia da USP, que fui abalado por duas disciplinas ministradas em alto nível e erudição: a Sociologia e a História. As professoras, Aracy Ferreira Leite e Margarida Amyr Silva, eram formadas pela USP. Comecei a pensar se não seria o caso de tentar o ingresso na Universidade, apesar da situação pessoal adversa. Na dúvida entre as duas disciplinas, frequentei um ciclo de conferências, na Biblioteca Mário de Andrade, sobre distintas profissões de formação universitária. A conferência que me fez decidir pelas Ciências Sociais foi a de uma psicóloga, renomada especialista em Psicologia Social, a professora Noemy Silveira Rudolfer, do curso de Psicologia da Faculdade de Filosofia da USP.

A Porta do Sol, em Tiahuanacu, Bolívia: minha entrada
num outro mundo, a América Latina nativa.
(Foto: 1958)

No curso normal, eu já fazia leituras dirigidas de Sociologia e Antropologia, cada vez mais deslumbrado pelos textos que lia. Li *O homem*, de Ralph Linton, no segundo ano do curso. Aliás, a professora de História tratava de História Social numa perspectiva que era, na verdade, sociológica. No meio do curso eu já estava praticamente seguro de que queria tentar o ingresso em Ciências Sociais. Dei adeus ao sonho do magistério primário na roça, o meu segundo adeus. Troquei-o pelo sonho de ser professor de Sociologia em alguma escola normal do interior. Fiz o vestibular para o curso de Ciências Sociais na antiga Faculdade de Filosofia, Ciências e Letras da USP, lá na rua Maria Antonia, e fui aprovado, para minha imensa surpresa. Aquele era o portal de um outro mundo. Eu havia sido um dos primeiros membros de minha família extensa a fazer o curso primário, o segundo a fazer o curso secundário e o primeiro a ingressar num curso superior e ainda por cima na melhor universidade do país. Era muita incerteza e era muito desafio reunidos numa pessoa só e sem arrimo. Em minha família de trabalhadores só havia certeza no trabalho, na profissão e no emprego. Estudar era uma traição, uma doença, como narro no meu livro de memórias,[2] o que descobri quando minha mãe, operária, ao saber que eu saíra do emprego para estudar e ser professor, me trouxe os papéis da Previdência Social para que eu me aposentasse como inválido.

Meu ingresso na Universidade não representou, propriamente, um impacto em minha vida e no meu modo de pensar. O impacto ocorrera com as desistências, a renúncia ao destino traçado pela família e pela classe social. Ao desistir do que estava previsto, fiquei sozinho, privado das mínimas certezas que desenham os rumos de uma vida, privado das referências culturais e sociais que, no dia a dia, me diziam onde colocar o pé para o passo seguinte. O impacto estava nas perdas, no vazio de referências, e não nos ganhos.

As incertezas próprias da classe trabalhadora, de certo modo, me haviam educado para a possibilidade, ainda que não para a certeza, do inesperado e do diferente, aquilo que se propõe fora dos marcos definidos do dia a dia. Minha socialização caipira e minha ressocialização operária me haviam preparado para inserir-me criticamente na pequena sociedade elitista da universidade, de professores e alunos no geral bem-nascidos e suas imensas contradições e, também, para o amplo descortínio crítico da vida social que as ciências sociais abrem. Quem nasce assim, nasce para o inesperado. A Faculdade de Filosofia da USP era o inesperado de minha vida.

Houve recíproco impacto. Tenho certeza de que minha história pessoal e meu modo de fazer sociologia têm sido perturbadores, tanto para professores quanto para estudantes, não raro prisioneiros do limitado horizonte da classe média afluente. Quem tem tudo não está preparado para entender o que pensa quem pensa o mundo e o interpreta na perspectiva da economia moral da migalha, do pouco que é muito. Ver o mundo através das coisas pequenas e do pouco é sociologicamente revelador de um mundo substantivamente diverso do mundo da abundância e das quantidades. A sociedade do trabalho é o oposto da sociedade do consumo, embora face e contraface do mesmo processo social e histórico: a alegria e a tristeza são diferentes, as distâncias são outras, as proximidades são diversas, as incógnitas e os mistérios não coincidem. Sociologia? Sociologia é pra isso mesmo, descrever, explicar e compreender os mundos que há no mundo.

Creio que fui dos primeiros operários e caipiras a ingressarem na Universidade sem disfarçar as origens, sem enganar e sem enganar-se, trazendo consigo a cultura e a socialização de origem como marco legítimo de desvendamento das imensas e belas possibilidades das ciências sociais. Trouxe comigo meu orgulho de classe e de nascimento. Não entrei na USP envergonhado e cabisbaixo, relutante, tentando esconder o que era para mostrar o que eu não era. Mas, também, não entrei na USP apontando o dedo para os outros, para censurá-los tolamente por serem o que eram e são, diferentes de mim, por terem nascido nas condições vantajosas em que nasceram. Seria uma tolice. Eu nunca teria aceitado ingressar na universidade por meio dos artifícios de cotas e privilégios, se existissem no meu tempo, para não ter que renunciar ao meu orgulho de origem e ao desafio de provar que mesmo sendo quem eu era tinha competência para demonstrar o que poderia ser. Eu tinha imenso pavor do rótulo de coitado da porta dos fundos. Ou era juridicamente igual para entrar pela porta da frente ou não era e, então, o papo teria sido outro. A USP, para quem nela entra, abre gratuitamente a imensa porta do saber e da formação pessoal e profissional, o que num país como o Brasil é muitíssimo, um enorme privilégio, que se conquista porque é um direito, não uma esmola. Como esmola não seria nada, apenas uma realização pessoal cosmética.

Como se deu sua iniciação à pesquisa na graduação? O senhor disse, certa vez, que teve o privilégio de fazer uma graduação com qualidade de pós-graduação. Contenos um pouco sobre seu significado.

A Faculdade de Filosofia preparava seus alunos, sobretudo, para o magistério secundário. Quem a escolhia, fazia-o porque queria ser professor dos cursos ginasial e colegial. Essa era sua função histórica. O curso de graduação não tinha por objetivo principal formar pesquisadores, embora os alunos dele saíssem preparados também para a pesquisa científica. Em algumas áreas, como química, biologia e geologia, iam também para a indústria, aí sim como pesquisadores, personagens da revolução industrial que estava ocorrendo no país. Eu conhecera técnicos oriundos da Faculdade na Cerâmica São Caetano, nos anos 1950.

Isso era próprio de todos os cursos da Faculdade de Filosofia, não só dos cursos de Humanas. A formação específica de pesquisadores ocorreria na pós-graduação, que não era propriamente curso, mas um trabalho pessoal de orientação de um professor em relação a um aluno. Nesse sentido, minha vida na graduação foi exceção, foi um "a mais", porque fui convidado a trabalhar como auxiliar de pesquisa do professor Luiz Pereira, que o professor Florestan Fernandes convidara para ser seu assistente, transferido da Faculdade de Filosofia de Araraquara. Luiz Pereira, que era formado em Pedagogia, e não em Ciências Sociais, fora seu aluno de Sociologia da Educação e seu orientando no mestrado e no doutorado. Iria desenvolver um projeto de pesquisa sobre "A qualificação do operário na empresa industrial", um estudo sobre a educação técnica direta e informal em nove indústrias dos ramos têxtil, mecânico e de marcenaria. Eu tinha a meu favor a experiência de trabalho em fábricas. Sabia o que era uma fábrica, pequena e grande. Isso foi decisivo na pesquisa.

Além disso, já estudante do curso de graduação, havia trabalhado no Departamento de Pesquisa de Mercado de uma grande empresa e estava familiarizado com técnicas de pesquisa e trabalho de campo. Era, também, um autodidata. Ainda na escola secundária, por interesse próprio, me dedicara à pesquisa histórica no Arquivo do Estado e no Arquivo Municipal de São Paulo e até mesmo publicara um livro de história local. Já havia aprendido a fazer buscas documentais e a fazer leitura paleográfica de documentos antigos, conhecia a literatura histórica, a linguagem de outras épocas e a caligrafia arcaica. Eu havia conseguido da fábrica autorização para me ausentar uma manhã de sábado por mês, numa época em que os arquivos e bibliotecas abriam também nesse dia. Talvez por isso, toda a pesquisa de Luiz Pereira nas fábricas de São Paulo acabasse ficando a meu cargo. Conversávamos diariamente sobre os resultados, mas não sobre o modo de fazer a pesquisa, embora nela seguisse o roteiro e as técnicas por Luiz definidos. Aprendi muito nessa relação, pois Luiz dominava amplamente a teoria sociológica e era um interlocutor educativo, formador. Aluno da graduação, eu tinha o privilégio de conversar diária e extensamente com ele sobre temas sociológicos, bibliografia e leituras.

A graduação com o nível do que seria hoje a pós-graduação era uma característica dos cursos de graduação da Faculdade. Eram cursos teoricamente densos, que obrigavam a muitas leituras, muito mais do que hoje, numa época em que quase não havia livros traduzidos. Por isso, é compreensível que alunos de Claude Lévi-Strauss, Roger Bastide e Florestan Fernandes já publicassem textos antes da conclusão da graduação. O próprio Florestan fizera isso. Foi nessa condição que fez a pesquisa e escreveu *As trocinhas do Bom Retiro*, o primeiro estudo sociológico brasileiro sobre a infância e a sociabilidade infantil, que Roger Bastide mandou publicar. Foi nessa condição que Octavio Ianni fez a pesquisa que resultou em seu artigo sobre "O samba de terreiro em Itu". Meu primeiro artigo[3] ["O Plano Trienal e a marcha da Revolução Burguesa"] foi um trabalho de aproveitamento num curso optativo de Octavio Ianni, de Sociologia do Desenvolvimento, no terceiro ano do curso, que ele mesmo decidiu publicar na *Revista Brasiliense*, de Caio Prado Júnior, em 1963, um ano antes que eu concluísse o curso de Ciências Sociais.

Quais foram os professores e os cursos que o senhor fez durante a graduação que o marcaram? Quando o senhor decidiu dedicar-se exclusivamente à carreira acadêmica?

O elenco das disciplinas obrigatórias, até 1962, era bem mais amplo do que o de hoje. Em virtude de um movimento dos alunos, várias disciplinas foram equivocadamente suprimidas ou tiveram sua duração reduzida: Lógica, História da Filosofia, Psicologia Social, Complementos de Matemática, Estatística. No fundo, foi uma reforma que começou a afastar as nossas ciências sociais, especialmente a Sociologia, da pesquisa empírica e do próprio magistério e a favorecer o ensaísmo pretensamente teórico e especulativo. O elo entre o teórico e o empírico começou a se romper. Os danos se acumulariam lentamente.

Antes da reforma, as disciplinas eram anuais, em dois semestres, o que levava a uma convivência demorada com o professor de cada uma. Não me passa pela cabeça que alguns dos meus professores tivessem me marcado mais do que outros. Todos eram muito exigentes consigo mesmos e eram professores possuídos pela paixão da ciência e do ensino. Aos alunos era impossível deixar por menos, evitar o contágio dessa paixão. Havia diferenças de estilos, de ênfases, de perspectiva e de experiência. Mas todos eram fascinantes, mesmo aqueles de disciplinas menos atraentes, como Complementos de Matemática, do paciente professor Castanho, e Estatística, do não tão paciente, mas exigente e didático, professor Lindo Fava. Eram cursos obrigatórios, requisitos para o trato da pesquisa quantitativa.

É claro que o maior interesse dos estudantes era pelas Ciências Sociais propriamente ditas. Era menor o interesse pelas disciplinas auxiliares, o que talvez explique o erro da reforma de 1962. A Sociologia era muito popular e o primeiro professor a entrar na sala de aula de minha turma foi Fernando Henrique Cardoso, que dava eruditas aulas de Introdução à Sociologia. No segundo ano, havia Octavio Ianni, responsável pela disciplina de Métodos e Técnicas de Pesquisa, na verdade um curso de teoria sociológica, com ênfase nos métodos lógicos e explicativos de Durkheim, Weber e Marx, além de extenso interesse nas técnicas da sociologia artesanal, e nos métodos qualitativos, de autores como C. Wright-Mills. Marialice Mencarini Foracchi e Maria Sylvia de Carvalho Franco encarregavam-se de seminários teóricos, ensinavam-nos a decompor e esmiuçar um texto, a lê-lo.

Ruy Coelho, assistente de Fernando de Azevedo, que já se aposentara, dava um curso sobre organização e estrutura social. Fizera parte, com Antonio Candido, Paulo Emílio Salles Gomes, Décio de Almeida Prado, Gilda de Mello e Souza e Lourival Gomes Machado, do grupo de alunos da Faculdade de Filosofia que, com apoio de Alfredo Mesquita, publicara a marcante revista de crítica literária, *Clima*, entre 1941 e 1944. O mesmo grupo seria ativo na edição do famoso "Suplemento Literário" de *O Estado de S. Paulo*, que ao longo de sua existência acolheria textos de professores e alunos da Faculdade de Filosofia, como Florestan Fernandes, Roberto Schwartz e Bento Prado Júnior, e jovens iniciantes, Eduardo de Oliveira e Oliveira, um dos primeiros negros a nela ingressar, e eu mesmo.[4] Ruy Coelho dava o curso de Teoria da Organização Social e nos punha em diálogo com Claude Lévi-Strauss (fundador da nossa Cadeira de Sociologia, então ocupada por Florestan Fernandes) e com Marcel Mauss. Portanto, uma Sociologia aberta para as influências decisivas da Antropologia. Florestan Fernandes, que era o catedrático e que fizera mestrado e doutorado em Antropologia, entrava no fim do curso com sua pluralista e espantosa erudição sociológica.

Maria Isaura Pereira de Queiroz, aluna de Roger Bastide, já famosa por seus estudos sobre milenarismo, estava na França no ano em que, no calendário escolar, eu teria oportunidade de fazer seu curso. Apanhado no meio das mudanças da reforma curricular de 1962, não tive condições de fazer o curso de Azis Simão, que vinha do grupo dos intelectuais militantes do antigo movimento operário, como Edgard Leurenroth. O curso de Azis fora encaixado em período de minha formação anterior àquele em que já me encontrava. Tornamo-nos amigos. Esse é um detalhe importante para compreender aquela época: muito da formação dos alunos de graduação vinha também das conversas informais do corredor e do saguão da escola, dos encontros casuais. O livro era uma extensão da sala de aula. Não fui aluno de Antonio Candido, que se transferira para o curso de Letras. Mas com facilidade me familiarizei com sua obra sociológica através dos comentários, das sugestões dos outros professores e das leituras. O mesmo se deu com a obra de Maria Isaura e de Azis.

Antropologia começava com a bela filigrana interpretativa do curso de Antropologia Física de Gioconda Mussolini e as teorias da evolução. Ela fora aluna de Claude Lévi-Strauss. Está citada em *Tristes Trópicos*, um relato da experiência antropológica do grande antropólogo no Brasil, que é também um relato dos tempos iniciais da Faculdade de Filosofia e da USP. O conceito internacional de Gioconda, apesar de ter publicado pouco, ficou evidente quando George Simpson impôs como condição a um editor brasileiro que só autorizaria a tradução para o português de seu famoso livro *The Meaning of Evolution* se a tradutora fosse Gioconda Mussolini.[5]

Ruth Cardoso, Eunice R. Durham e Amadeu Lanna davam seminários de leitura de monografias antropológicas, decompondo textos, ensinando-nos a descobrir e compreender como é que se produz um relato científico na Antropologia. Egon Schaden, o catedrático, ministrava um curso centrado na cultura guarani, o que nos dava a impressão de estarmos no terreiro de uma aldeia, pois era um curso bem etnográfico.

Oliveiros da Silva Ferreira dava História das Ideias Políticas e Célia Galvão nos iniciava nos fundamentos de uma Ciência Política que estava apenas nascendo. Paula Beiguelman, responsável pela cadeira, dava um curso de Ciência Política que tinha como referência a organização política do Brasil, um curso marcante e definitivo sobre a dimensão histórica dos fatos políticos discretos. Uma lição de metodologia sobre a reconstrução dos momentos decisivos da história política e das conexões de sentido entre fatos cronológicos e dispersos no marco das grandes significações do processo político.

Dentre os cursos preliminares, das chamadas disciplinas auxiliares, havia o curso de História da Filosofia, de João Cunha Andrade, poeta, autor de *A árvore da montanha*, um dos primeiros alunos da Faculdade a se tornar dela docente, que havia publicado seus primeiros poemas na *Revista do Grêmio da Filosofia* e fora preso político na época do Estado Novo.[6] Era um professor divertidamente empenhado em demolir o senso comum pequeno-burguês dos recém-chegados àquele verdadeiro templo do grande mundo do conhecimento. De Economia Política, as reflexões introdutórias eram feitas por Wladimir Pereira. Mas, foi decisivo o curso da professora Diva Benevides Pinho, que se interessava por cooperativismo e que junto com o professor Teodoro Henrique Maurer Júnior, de Filologia Românica, fundou na Faculdade uma cooperativa de livros, da qual participavam alunos e professores. Eu era filiado a essa cooperativa, jeito de comprar livros com descontos e até mesmo a prestações. Fui, também, aluno do último professor da Missão Francesa,[7] Paul Hugon, de Economia.

Havia, ainda, como disciplinas obrigatórias, Geografia Humana e História Econômica e Social Geral e do Brasil. Os professores de Geografia tinham fortíssima tradição de trabalho de campo, que lhes fora deixada por professores como Pierre Deffontaines, que ministrara a aula inaugural da USP, em 1934, e Pierre Monbeig, ambos da Missão Francesa. Minha turma foi aluna de Lea Goldenstein e de Pasquale Petrone, que se esmeravam na narrativa teoricamente articulada, a realidade geográfica exposta aos nossos olhos como construção humana plena de sentido, mediação de que a Sociologia não tinha como abrir mão. As aulas de Geografia eram as únicas ministradas num dos poucos edifícios da Cidade Universitária, que então nascia, o da chamada Reitoria Velha. A viagem era uma epopeia para os alunos do noturno, como eu: de bonde até Pinheiros, de ônibus até o Butantã e, depois, a pé pela rua de terra e de barro até o prédio das aulas. Como havia provas orais, além das escritas, em dia de prova era preciso voltar a pé até Pinheiros, em altas horas, para alcançar o último bonde destinado ao centro.

De História, fui aluno de Fernando Novaes, dono de uma espantosa erudição, formado na tradição da historiografia francesa, que com Fernand

Braudel e outros fora tão marcante na fundação da Faculdade de Filosofia e da USP. Fernando Novaes tem como traço forte de sua atividade pedagógica não "baratear" a reconstrução e a interpretação históricas. Nenhum detalhe da complexa realidade histórica pode ficar fora da explicação. Tinha e tem particular ojeriza pelas simplificações do marxismo vulgar, de que nos fala Lukács. Novaes participava do grupo de leitura de *O capital*, de Marx, com José Arthur Gianotti, Fernando Henrique Cardoso, Octavio Ianni, Marialice Mencarini Foracchi, Maria Sylvia de Carvalho Franco, Paulo Singer, Ruth Cardoso, Roberto Schwartz e outros. E, como os demais, era exigente na questão do método e na qualidade das leituras.

Como foi percorrer o caminho da graduação para o mestrado e o doutorado em Sociologia, desde a escolha dos temas até a elaboração propriamente da pesquisa? Comparadas às regras e aos procedimentos da pós-graduação atualmente, eram muito diferentes as condições de um estudante de pós?

O caminho da pós-graduação depende, decisivamente, de uma formação sólida obtida na graduação. É uma bobagem imaginar que a pós é apenas uma promoção automática ao nível seguinte. Não o é. Quem não tem formação não saberá formular temas cientificamente apropriados à investigação e à explanação. Uma tese não é uma lição de casa. A pós depende, também, de maturidade, de competência para tomar decisões apropriadas aos dilemas que se apresentam no correr da pesquisa e da redação da tese. Muitos acham, equivocadamente, que o orientador tem a obrigação de "dar papinha na boca do nenê". Puro engano. O orientador é um interlocutor. Se o aluno não sabe fazer e fundamentar as perguntas das sessões de orientação, não só estará perdendo tempo, como estará tomando tempo.

Na época de minha pós-graduação, iniciada em 1965, não era ela estruturada como hoje. Não havia aulas. Os pós-graduandos eram pouquíssimos. Tratava-se de uma relação pessoal e artesanal entre orientador e orientando, o que estimulava um acentuado autodidatismo. Tanto no mestrado (que se chamava especialização) quanto no doutorado, fui, em razoável medida, um autodidata. O eventual candidato, já na graduação, preparava um projeto de pesquisa, cuja densidade teórica era a condição de sua aceitação, e o apresentava ao orientador escolhido, na verdade ao catedrático. Se aceito, recebia recomendações de leituras e de procedimentos e periodicamente voltava para um colóquio com o orientador. E só voltava com tarefas cumpridas, leituras feitas, etapas da pesquisa realizadas. No início, não havia propriamente prazos, como não havia bolsas de estudo. O aluno de pós não era considerado aluno e já atuava no magistério secundário ou mesmo universitário.

Encontro da turma do noturno no término do Curso de Ciências Sociais da FFCL-USP, dezembro de 1964. *(Foto: Autor não identificado)*

Ao ser convidado para me tornar auxiliar de ensino do professor Florestan Fernandes, antes mesmo de terminar a graduação, já ficou implícito que eu faria a especialização. Em função da crise política que alcançou a Faculdade em 1964 e seu agravamento em 1969, com as cassações de professores, acabei fazendo teses sobre temas alternativos e não sobre os extensos resultados das complicadas pesquisas de campo que havia feito especificamente para as teses. Minha trajetória foi completamente diferente da trajetória da pós-graduação de hoje e mesmo da pós-graduação daquela época. Na própria graduação, eu havia aprendido a formular temas de tese, isto é, indagações teóricas para, com a pesquisa empírica, preencher lacunas do conhecimento e da interpretação. De certo modo, ao ler uma notícia de jornal ou ao testemunhar uma situação, eu já conseguia traduzir o que lia e via num problema de investigação. Do mesmo modo, conseguia identificar indagações investigativas na própria literatura sociológica. Isso é decisivo na formação de um pesquisador de qualquer área.

A urgência, invocada tanto por Florestan, no mestrado, quanto por Luiz Pereira, que o substituiu, no doutorado, impôs-me a aceleração da conclusão da dissertação e da tese, depois. A prisão de Florestan, pelo Exército, em 1964, no recinto da própria Faculdade, deixou-o preocupado com o destino das Ciências Sociais na Faculdade de Filosofia. Seu assistente, Fernando Henrique Cardoso, logo depois do golpe, fora o primeiro a ser procurado por investigadores do Dops – Delegacia de Ordem Política e Social. Iriam prendê-lo quando estivesse entrando na sala de aula, no período da tarde. Organizamo-nos e nos distribuímos pelos arredores da Faculdade para alertá-lo de que a polícia o estava esperando. Enquanto, por engano, detinham o professor Bento Prado Júnior, Fernando Henrique foi avisado, procurando refúgio na casa de amigos, de onde partiu para o exílio. Foi a nossa primeira perda. Ele só retornaria alguns anos depois, antes do vestibular que, gerando a questão dos excedentes, acabaria sendo o fator do movimento estudantil de 1968, e seria aposentado compulsoriamente em abril de 1969. Foi uma perda enorme, sobretudo para os alunos, porque tinha uma grande vocação para professor.[8]

Florestan insistiu com os poucos pós-graduandos, que eram também seus auxiliares de ensino, para que se apressassem. Na eventualidade de que fosse demitido ou cassado, queria assegurar que o maior número possível de seus assistentes ainda permanecesse na Universidade. Queria evitar que ocorresse aqui o que acontecera na Universidade de Brasília, da qual foram varridos docentes de Humanas para lá levados por Darcy Ribeiro, ou porque demitidos ou porque se demitiram. Para Florestan, ficar era teimar e resistir. Se quisesse acabar com a tradição da Sociologia da USP, a ditadura teria que demitir os docentes, um a um, o que teria muita repercussão.

Para o mestrado, eu havia feito, em 1965, uma pesquisa extensa na zona rural da Alta Sorocabana, da Baixa Mojiana e do Alto Paraíba para um estudo comparativo sobre as repercussões sociais das transformações na agricultura, comparando agricultura tradicional e agricultura moderna como eixos de mudanças sociais e de mentalidade. Por aquela época, no próprio grupo de Sociologia da USP, pensava-se que a falta de inovações e de mudanças sociais decorria de uma resistência social à mudança por parte das populações definidas, então, como rústicas. A questão se propunha, portanto, no âmbito cultural, como variante de uma situação de anomia.

Preparei um projeto baseado na hipótese teórica oposta, em confronto com a Sociologia da cadeira à qual eu me vinculara, a de Florestan. Minha hipótese era a de que a agricultura tradicional, não moderna, a que não seguia padrões de racionalidade econômica, porque baseada no mero costume, tinha uma função no próprio processo de acumulação de capital e, portanto, uma função moderna. Seus padrões, supostamente atrasados, não constituíam resistência à mudança. A dinâmica e o âmbito da mudança é que eram diversos dos supostos nos estudos realizados até então. O tradicionalismo, em minha hipótese, não era anticapitalista, embora o agricultor estivesse distante do empresário de tipo weberiano. Ele não acumulava necessariamente, mas era peça decisiva no processo de acumulação e, portanto, da modernização, que viabilizava, mas da qual não se beneficiava. Mais tarde, eu reuniria os trabalhos resultantes das pesquisas que fiz com base nessa suposição teórica no livro *Capitalismo e tradicionalismo*.[9] Neles, eu havia deslocado o eixo teórico da discussão de moderno para capitalista. Meus primeiros artigos resultantes dessa pesquisa foram publicados por Florestan Fernandes, em 1969, na *Revista do Instituto de Estudos Brasileiros*, da USP, e na revista *América Latina*, do Centro Latino-americano de Pesquisas em Ciências Sociais, do Rio de Janeiro. Ainda que, curiosamente, não citados, esses textos foram influentes na chamada crítica da razão dualista. A ela me filiava na linha de leitura crítica da literatura desenvolvimentista que Octavio Ianni propusera em seus cursos aqui na Faculdade e em seus livros desse período, cursos que frequentei e livros que li.

Na situação de emergência, Florestan perguntou-me se não havia condições de abreviar o tempo de conclusão da redação do mestrado. Talvez, utilizando os dados dos relatórios de casos da pesquisa que eu havia feito para o professor Maurício Vinhas de Queiroz, do Instituto de Ciências Sociais da Universidade do Brasil, atual Universidade Federal do Rio de Janeiro. Eu participara de sua pesquisa sobre "Grupos Econômicos no Brasil", sobre a formação dos grupos multibilionários no Brasil. Maurício havia estado na USP, ainda durante minha graduação, e conversado com Florestan e com Fernando Henrique Cardoso sobre seu pioneiro projeto, já em andamento. Pedira indicação de auxiliares de pesquisa para realizar a parte do projeto relativa a São Paulo. Fernando Henrique indicou meu nome e me convenceu de que a participação no projeto era de interesse do grupo de Sociologia da USP.

Naquele tempo, falava-se muito em capitalismo sem atentar para suas especificidades em diferentes sociedades. Capitalismo era uma abstração. Na Universidade, capitalismo começava a ser um tema também de investigação. Por via diversa, era, porém, tema político-partidário do Partido Comunista Brasileiro (PCB) e suas dissidências, que influenciava os debates políticos e chegava até os corredores e o saguão da Faculdade. O PCB passava adiante a concepção de capitalismo difundida pelo Partido Comunista da União Soviética, concepção que atendia menos às conveniências da análise e da interpretação e atendia mais às conveniências estratégicas da geopolítica da Guerra Fria. Nessa concepção, havia um capitalismo inaceitável, o do imperialismo americano, e um capitalismo aceitável, o da chamada burguesia nacional, que seriam antagônicos por suposto conflito de interesses. A suposição, puramente ideológica, era a de que a burguesia nacional não tinha alternativa senão a de ser progressista e, portanto, nacionalista, opondo-se ao capital estrangeiro e aliando-se ao proletariado, no marco da chamada coexistência pacífica. Além disso, a burguesia nacional teria um inimigo interno, o latifúndio, porque supostamente feudal, que impedia a difusão de modernas relações capitalistas de trabalho no campo e, portanto, impedia a ampliação do mercado interno.

O desenvolvimentismo convivia bem com essas suposições. O problema é que não havia pesquisas, e menos ainda pesquisas sérias, sobre o que era concretamente o capitalismo no Brasil. Fernando Henrique Cardoso, em sua tese de doutorado sobre *Capitalismo e escravidão no Brasil meridional*, de 1961, orientada por Florestan Fernandes,[10] e Octavio Ianni, em sua tese de doutorado sobre *As metamorfoses do escravo*, também de 1961 e também orientada por Florestan Fernandes[11], começavam a investigar e a interpretar as singularidades do capitalismo brasileiro. Faziam-no na perspectiva realmente dialética e numa linha sociológica e não economicista, em clara discrepância e oposição ao marxismo vulgar. A questão teórica que se pôs, na tese de Fernando Henrique, foi a da contradição entre a forma mercantil da economia e as relações escravistas de produção. O que só era possível entender com base na premissa metodológica da totalidade, a contradição como constitutiva da realidade e não como anomalia.

A pesquisa de Maurício Vinhas de Queiroz agregava preciosas e decisivas informações sobre o capitalismo no Brasil e robustecia a linha de investigação inaugurada no grupo de Florestan. Sua pesquisa mostrara que o nosso já era um capitalismo organizado com base em grupos econômicos, de que as empresas eram apenas células, e que os grupos econômicos se desdobravam numa ampla teia de relacionamentos que não excluía as empresas e os grupos estrangeiros. Era nesse âmbito que se podia falar, apropriadamente, de classe social, muito mais do que uma junção de empresários capitalistas individuais.[12]

Eram várias as indicações de associação de interesses entre o capital nacional e o capital estrangeiro, contrapondo frontalmente as formulações meramente ideológicas que falavam em burguesia nacional em oposição a imperialismo. De fato, nessa perspectiva, a pesquisa de Maurício revelou que, no âmbito dos grupos multibilionários, a chamada burguesia nacional era, no Brasil, constituída de apenas dois empresários, o que anulava sua suposta força e competência políticas e históricas. A categoria não tinha nem historicidade nem protagonismo, o que se confirmará com o golpe de Estado de 1964. No fundo, nem mesmo existia uma burguesia nacional, embora existisse um nacionalismo ideológico, uma ideia sem sujeito.

Os grupos econômicos estavam também no campo, na agricultura, sem que houvesse em seu interior qualquer estranhamento do tipo "capitalismo contra feudalismo", da formulação ideológica. Caio Prado Júnior foi dos primeiros a ler, citar e comentar os relatórios iniciais da pesquisa, publicados como artigos na *Revista do Instituto de Ciências Sociais*, da

Universidade Federal do Rio de Janeiro. Esses resultados confirmavam sua fundamentada e histórica interpretação de que não se podia falar em feudalismo no Brasil, tema que compareceu várias vezes às páginas de sua *Revista Brasiliense*. De uma família de empresários e grandes fazendeiros de cana e de café, desde o século XVIII, tinha uma visão "de dentro" do que era efetivamente o capitalismo no Brasil.

Em função do projeto de Maurício, pesquisei em detalhe a formação e o processo de acumulação de capital de dez grupos econômicos multibilionários brasileiros e sugeri que meu colega de turma de graduação, Antonio Carlos de Godoy, assumisse pesquisa similar em relação a outros 11 grupos. Sobre cada um, redigi pequena, mas documentada, monografia, a mais densa das quais era a relativa ao Grupo Matarazzo, um grupo emblemático do capitalismo brasileiro. Godoy também preparou seus relatórios e escolheu um de seus grupos, o Votorantin, para a monografia de mestrado.[13]

Sugeri ao professor Florestan que, temporariamente, eu poderia deixar de lado a pesquisa realizada na roça e transformar a monografia sobre o Grupo Matarazzo num estudo de caso. Por essa época, o livro de Celso Furtado, *Formação econômica do Brasil,* de 1959, era lido e relido nos cursos de Ciências Humanas e de Economia e se tornara a obra referencial da releitura de nossa história econômica e da explicação nacional-desenvolvimentista do capitalismo brasileiro.[14] Eu havia notado, porém, vários problemas nessa obra. Em primeiro lugar, ele não fizera pesquisa original. Apenas reinterpretara, como é lícito, os dados de dois autores clássicos de nossa história econômica: Roberto Cochrane Simonsen, engenheiro, industrial e fundador da Escola de Sociologia e Política de São Paulo, e Caio Prado Júnior, que não foi citado. Lembrado da omissão pelo próprio Caio Prado, reconheceu esse débito intelectual.

Mas havia também uma inconsistência que afetava a própria tese de Furtado. O livro não tem um capítulo sobre o processo da industrialização brasileira, embora trate da transição para a economia industrial. O vácuo é preenchido por uma hipótese imaginosa, a de que a industrialização se tornara possível em decorrência da crise do café de 1929, o declínio das exportações e a adoção da política de compra e queima dos estoques de café pelo Governo Provisório, originado da Revolução de Outubro de 1930. Recurso, aliás, para socialização das perdas da crise, já que os tributos da sociedade inteira por esse meio pagavam aos cafeicultores os prejuízos dela decorrentes. O consequente fluxo de renda, assim gerado, manteve a demanda de industrializados, que já não podendo ser importados, pela falta das divisas oriundas da exportação, acabou atendida pela produção industrial interna. Uma política keynesiana antes de Keynes e de sua teoria do emprego, a intervenção do governo gerando um fluxo de renda que se tornou, inconscientemente (como ele reiteradamente assinala), um fator de transição para a economia industrial.

As pesquisas que eu estava fazendo, há bom tempo, contrariavam a hipótese de Furtado. Essa hipótese explica a consolidação da indústria, mas não o processo de industrialização, especialmente sua gênese. Se já não houvesse uma base industrial instalada, os efeitos industrialistas da política de socialização das perdas não teriam existido. Minha pesquisa mostrava que o surto industrialista no Brasil se dera com o fim da escravidão, particularmente durante o período do chamado Encilhamento, logo após a proclamação da República, com a inflação que gerara demanda sem gerar divisas. Muito antes, portanto, do período indicado pelo economista paraibano. A chamada Grande Imigração, de 1886-1888, trouxera para o Brasil, em período muito curto, milhares de imigrantes estrangeiros, sem contar os nativos e os escravos libertos, que, na dinâmica da economia do café, entraram quase que abruptamente no mercado de consumo. No plano individual, o nível de inserção no mercado de consumo era relativamente modesto, mas a soma da população nessa condição era suficientemente significativa para provocar uma verdadeira mudança no eixo da economia. Sem contar que, sociologicamente, o trabalhador livre, como pessoa, mentalidade e categoria social, revolucionava a sociedade inteira.

Também aí havia outro problema, envolvendo os vários autores que trataram da substituição do trabalho escravo pelo trabalho livre. Difundiu-se por meio deles a concepção de que o trabalho escravo fora substituído pelo trabalho assalariado e não simplesmente pelo trabalho do trabalhador juridicamente livre, mas não formalmente assalariado. Na verdade, a abolição tinha sido cautelosa e laboriosamente preparada, por várias décadas, pelos representantes políticos dos fazendeiros, em especial os de café, o mais destacado dos quais foi Antonio da Silva Prado, parente e antepassado, relativamente próximo, de Caio Prado Júnior. O trabalho escravo fora, na verdade, substituído pelo regime de colonato, que combinava várias relações arcaicas de trabalho, como a prestação gratuita de serviços, a renda em trabalho e a produção direta dos meios de vida. Só em pequena parte, essas modalidades de uso da terra foram complementadas pelo pagamento propriamente salarial da colheita de café pela família do colono.

Esse fluxo relativamente parcimonioso de dinheiro foi suficiente para criar, já no século XIX, um estímulo à constituição de um mercado interno de produtos industrializados que não dependia de ingressos obtidos com as exportações agrícolas para que os produtos consumidos fossem a contrapartida de divisas estrangeiras. Esse capitalismo de dupla face caracterizou-se por ter parte da economia voltada para fora e dependente das exportações e parte voltada para dentro e dependente de formas pré-modernas de organização do trabalho. Ele se manteve como característico de nossa economia até praticamente o fim do regime democrático, em 1964. Para o capital e a indústria era irrelevante que os consumidores de suas mercadorias utilizassem em suas compras dinheiro originário ou não da parte salarial da remuneração do colonato. Isto é, aquela que era apenas a fração capitalista de uma relação formalmente não capitalista, disponível em grande parte porque a reprodução da força de trabalho agrícola dependia pouco de dinheiro e no essencial não vinha do salário, mas da produção direta dos meios de vida. Constituiu-se o que chamei, num livro posterior,[15] de a reprodução capitalista de relações não capitalistas de produção, na dialética de tempos históricos desencontrados e articulados, tão própria do capitalismo no Brasil.

A falta da pesquisa propriamente empírica e original, por outro lado, não permitira que Furtado conhecesse e lesse o relatório do Ministro da Fazenda do Governo Provisório, o banqueiro paulista José Maria Whitaker, publicado em 1933.[16] Nele é descrito minuciosamente o mecanismo da compra e queima dos estoques de café e a clara explicitação da intenção de que por esse meio se assegurasse o fluxo de renda para manter a economia em funcionamento. Era como se o café queimado tivesse sido vendido, gerando a contrapartida de um fluxo de renda e emprego.[17] Portanto, não era uma política inconsciente nem era política que se constituíra em fator da industrialização, que já ocorrera por fatores outros. O fluxo de renda manteve o mercado e o ampliou, que já era abastecido parcialmente e, em relação a alguns produtos, como tecidos, quase que completamente, pela produção industrial interna.

Havia relatórios e estudos sobre essa industrialização desde pelo menos a Primeira Guerra Mundial. Celso Furtado não recorreu a eles e não recorreu, também, aos relatórios americanos, que podem ser definidos como de espionagem econômica, feitos nos anos 1920. Furtado tampouco deu atenção aos livros do banqueiro judeu alemão, aqui refugiado, ainda que de passagem, J. F. Normano, *The struggle for South America: economy and ideology*, de 1931, publicado no Brasil em 1944,[18] e *Evolução econômica do Brasil*, aqui publicado em 1945.[19] Normano utilizara preciosas fontes americanas em seu estudo. Fiz uma lista dessas fontes e escrevi para o Department of Commerce, em Washington, para saber como poderia ter acesso aos relatórios publicados, e lê-los, já que não tinha condições de deslocar-me do Brasil. Para minha surpresa, semanas depois recebi um telefonema do Consulado Americano, em São Paulo, dizendo-me que os volumes haviam sido enviados dos Estados Unidos pelo correio diplomático e estavam à minha disposição para consulta no próprio Consulado. Os relatórios indicavam que, alarmados com a vitalidade da industrialização brasileira, já antes da crise de 1929, os americanos haviam enviado pesquisadores para observar as características e o grau de desenvolvimento de nossa indústria, que já era significativo, como se vê pelas informações detalhadas por eles aqui colhidas.

Portanto, eu tinha um conjunto de dados e de razões para sustentar uma hipótese, oposta à de Furtado, para explicar a industrialização brasileira. O caso Matarazzo revelava-se um caso emblemático para seu estudo numa perspectiva original e sociológica. Florestan aceitou minha alternativa e me pus a trabalhar.

Em poucas semanas, eu tinha a dissertação quase pronta. Na fase final, em 1966, quando ainda a estava redigindo, fui preso e fichado pelo Dops, responsável pela repressão política. Era a época das primeiras grandes passeatas contra a ditadura, de uma das quais eu havia participado, justamente na véspera da prisão. Florestan viu nessa prisão um indício de agravamento do risco em que se encontrava seu grupo e voltou a me pressionar para conclusão do trabalho. Pouquíssimo tempo depois, já entregue a tese, eu estava na sala de aula dando prova para meus alunos de graduação e ele me mandou chamar: sem prévio aviso. A banca já estava composta e reunida para me examinar. Fiz a defesa do mestrado sem pompa nem circunstância. Depois de três horas, voltei para a sala de aula, para onde Florestan mandara outro professor, que me substituíra no meio tempo.

Para o doutorado, meu projeto era o de uma ampla pesquisa sobre a modernização na agricultura do Alto e do Médio Paraíba, a transição da agricultura caipira para a agricultura empresarial, a crise da cultura caipira a partir de seu eixo econômico e a criatividade social do caipira alcançado pelas mudanças sociais profundas que estavam ocorrendo. Pela primeira vez, no Brasil, foi utilizada uma amostragem estatística baseada no levantamento aerofotogramétrico do Estado. Consegui um pequeno financiamento da Fapesp para as despesas do deslocamento da equipe de pesquisa e sua alimentação, além de uma pequena remuneração a cada pesquisador. Nenhum aluno do nosso curso de Ciências Sociais quis participar do projeto. Já se difundira aqui o preconceito reacionário de que intelectual que é intelectual, mesmo sendo ainda apenas intelectual em projeto, tem o traseiro no Brasil e a cabeça e o interesse em Paris, não no rústico mundo caipira de lugares como o Alto Paraíba. Pesquisa de campo, e ainda por cima na roça, era tida como coisa de sociólogos menores, por isso mesmo, supostamente, incapazes dos grandes e pretensiosos voos dos nascidos para as elucubrações exclusiva e pretensamente teóricas. Esqueciam-se de que um primoroso e referencial estudo da sociologia brasileira tratava da roça: era o já citado *Os parceiros do Rio Bonito*, de Antonio Candido, publicado não fazia muito tempo. E que um nome já internacional da sociologia brasileira e da USP era o de Maria Isaura Pereira de Queiroz, destacada estudiosa dos processos sociais do mundo rústico, especialmente de seus movimentos messiânicos e milenaristas, assunto em que se tornara autoridade mundialmente reconhecida. Ela teria um trabalho seu traduzido para o inglês por Eric J. Hobsbawm.

Acabei recrutando uma equipe de estudantes do curso de Ciências Sociais da Fundação Santo André para me acompanhar. Foi um mês inteiro de trabalho intenso e de variada e rica experiência de leitura e interpretação do material colhido no próprio campo. Quando fiz a pesquisa, Florestan e outros professores já haviam sido cassados e afastados da Universidade. Luiz Pereira, que o substituíra, achou que não haveria tempo para esperar pela conclusão da análise dos dados de uma pesquisa tão complexa quanto a que eu realizara. Como eu havia feito, fazia algum tempo, uma pesquisa paralela sobre o início da imigração italiana para São Paulo e a formação do Núcleo Colonial de São Caetano, sugeriu que eu utilizasse esse material e fizesse um estudo monográfico sobre o tema para o doutorado.

Também aí havia um arcabouço teórico possível, mesmo em face da pobreza do material empírico: a sociabilidade comunitária de um grupo de imigrantes originário de uma mesma aldeia e aqui diluído nas relações societárias que estavam se constituindo entre nós, no processo da grande e radical transformação social da transição do trabalho escravo para o trabalho livre. A concepção de comunidade é uma concepção fundante da Sociologia, como o demonstrou Robert Nisbet, é uma das ideias-elemento do pensamento sociológico.[20] Embora em Weber decorra residualmente da categoria de sociedade, em Durkheim é um conceito central, articulador do sistema conceitual durkheimiano. O grande teórico de comunidade é o sociólogo alemão Ferdinand Tönnies, que lhe analisa toda a densa consistência.[21] Embora comunidade apareça nas diferentes correntes da Sociologia como contraponto de sociedade, oposição e diferenciação radical de uma em relação a outra, preferi trabalhar com hipótese distinta, de fato mais na linha de Tönnies do que na de outros autores, como os antropólogos americanos que deixaram tradição no estudo do tema na América Latina e no Brasil: a comunidade como momento e tensão dos processos societários, não propriamente como estrutura, mas como utopia e, portanto, como mediação autodefensiva no interior mesmo desses processos. Dei, por isso, à tese o título de *A comunidade na sociedade de classes*.[22]

Prof. Martins, o senhor começou a dar aulas no curso de Ciências Sociais enquanto ainda concluía seu doutorado. A Faculdade de Filosofia passava por uma situação adversa, com a aposentadoria compulsória de muitos professores da casa, como

Florestan Fernandes. Há uma espécie de vácuo institucional a respeito da história desse período, quer dizer, há uma ruptura no continuum *da história da nossa Faculdade ainda muito mal esclarecida, entre o final da década de 1960 e o início de 1980. Gostaríamos que o senhor nos contasse um pouco sobre essa sua experiência e resgatasse o contexto da Faculdade naquele período.*

Comecei a dar aulas, como auxiliar de ensino, em abril de 1965, alguns meses após a conclusão do curso de graduação, convidado pelo professor Florestan. Portanto, antes de fazer o mestrado, em 1966. Todos os docentes daquela época começavam a carreira desse modo. Preparavam e defendiam suas teses já na carreira docente. Já era assim antes da ditadura. Títulos de mestre e doutor não eram requisitos para que alguém se tornasse docente. Na verdade, ainda hoje não são. Os catedráticos, que eram vitalícios, escolhiam para assistentes seus melhores alunos e os nomeavam. Tinham, também, o poder de demiti-los ou de colocá-los em disponibilidade, no caso de que já tivessem obtido estabilidade na função, uma forma de demissão branca: eram afastados da cátedra a que serviam, mas não do serviço público. O critério atual, de exigência do título de doutor para ingresso na carreira (não, necessariamente, para contratação), foi estabelecido com a reforma universitária.

A ruptura, o vácuo, veio com o fim da cátedra, que ia acontecer de qualquer modo. Era uma exigência do movimento estudantil de 1968, e não, de fato, uma carência da Universidade. Os estudantes queriam o fim da cátedra porque imaginavam que com isso criariam um sistema universitário baseado na paridade de professores e alunos e por esse meio seria possível ganhar a Universidade para a revolução, vago e indefinido projeto ideológico e partidário. Demoliram a cátedra, que era a instituição que sustentava o sistema universitário, e nada puseram no lugar. A cassação dos professores, nos primeiros meses de 1969, se deu após o movimento de 1968 e após a desocupação da Faculdade de Filosofia, na rua Maria Antonia. A reforma universitária ocorreu depois das cassações. Na verdade, o movimento estudantil demoliu a Universidade criada em 1934 e aplainou o caminho para uma reforma da qual estavam ausentes alguns dos grandes nomes da USP, num contexto dominado pelo medo, pela repressão e pela incerteza. O sistema de Departamentos, no lugar da cátedra, não democratizou o poder na Universidade. Antes, instituiu uma problemática estrutura oligárquica na gestão das disciplinas e na administração dos serviços departamentais.

Vários de nós continuaram a manter contato regular com os que se foram, a trocar ideias, a receber sugestões e orientação. Em 1972, por iniciativa do historiador professor Jaime Pinsky, da Faculdade de Filosofia de Assis, depois Unesp e mais tarde da Unicamp, foi fundada a revista *Debate & Crítica* –

Revista Quadrimestral de Ciências Sociais, publicada pela editora Hucitec. Foi constituído um conselho editorial com Pinsky, Florestan Fernandes e eu. Luiz Wejs, jornalista e antigo aluno da Faculdade e dos professores cassados, tornou-se o jornalista responsável, mais tarde substituído por Tamás Szmrecsányi, que também fora aluno de Florestan e seria depois professor de economia da Unicamp. Foi formado, ainda, um conselho de redação: Anatol Rosenfeld, Antonio Candido, Carolina Martuscelli, Dante Moreira Leite, Fernando Henrique Cardoso, Francisco Weffort, Francisco Iglesias (Minas Gerais), Luiz Pereira, Maria da Conceição Tavares, Octavio Ianni, Pasquale Petrone, Paul Singer, Roberto Cardoso de Oliveira (Brasília), Sérgio Buarque de Holanda e Thales de Azevedo (Bahia). Dos 15 membros, 11 eram ou haviam sido professores da Faculdade de Filosofia da USP ou haviam sido seus alunos. Dos 18 membros dos 2 conselhos, 4 haviam sido cassados. Constituíamos um elo entre os que foram cassados e os que permaneceram, uma espécie de Universidade *"fuori muri"*, viva nas reuniões do conselho. Além desses nomes, a revista estava aberta à colaboração dos que dele não constavam.

Em 1972, começava o pior período da ditadura, da repressão, das perseguições políticas, da tortura e dos desaparecimentos. Sempre convém lembrar, por meio do livro *Tortura nunca mais*, de que constam mortos e desaparecidos da USP, que muitos deles eram de unidades ou departamentos oriundos da antiga Faculdade de Filosofia, sobretudo Psicologia e Letras.

A revista aguentou até 1975, quando a Polícia Federal mandou chamar a Brasília o diretor-responsável para comunicar-lhe a imposição da censura prévia, já vigente em vários jornais e revistas. Seriam publicados apenas os artigos lidos e liberados pela polícia. *Debate & Crítica* foi a única revista acadêmica e científica brasileira a sofrer a imposição. Aqui na Faculdade, no meio acadêmico e entre os próprios estudantes não houve a menor reação. Decidimos, então, resistir isoladamente à censura e fechar a revista, para tentar reabri-la alguns meses depois, quando saísse do foco de interesse da repressão.

Nós a reabriríamos em 1976, com o nome de *Contexto*. Suprimimos o conselho editorial, Jaime Pinsky assumiu a direção, Tamás continuou como diretor responsável, Florestan e eu passamos para o conselho de redação, porém mantendo as funções próprias do conselho editorial. Com a aquiescência dos membros do antigo conselho de redação, o novo passou a ter outra composição para configurar a maquiagem e não expor as pessoas que participaram do primeiro conselho. Os nomes eram agora, além de nós dois e de Francisco Iglésias, Sérgio Buarque de Holanda e Thales de Azevedo, do conselho anterior: Alfredo Bosi, Brás José de Araújo, Carlos Nelson Coutinho, Carlos Osmar Barriero, Celso de Rui Beisiegel, Elza Berquó, Enio Candotti, Fúlvia Rosenberg, Gianfrancesco

Guarnieri, Gilda de Mello e Souza, Guilherme Rodrigues da Silva, Luís Antônio Cunha, Manuel Correia de Andrade, Moacir Gracindo S. Palmeira, Newton Freire-Maia, Nilo Odália, Oriowaldo Queda, Perseu Abramo, Roberto Cardoso de Oliveira, Simão Mathias, Tito Ryff e Zulmira Ribeiro Tavares. A revista seria publicada até 1978. Durante sete anos, havíamos conseguido manter essa ponte, "por fora", entre cassados e permanecidos.

O "vácuo", que é um vácuo de memória, era, portanto, preenchido de vários e eficazes modos, não obstante o desinteresse da instituição, em particular do que era, então, o Departamento de Ciências Sociais, pela preservação dos vínculos com os cassados. Isso se refletiria na dolorosa situação que se apresentou, em 1979, com a anistia decretada pelo regime militar. Ela não era automática. Cada cassado deveria dirigir-se ao governador do Estado e manifestar-lhe por escrito seu interesse em ser anistiado. Em São Paulo, o governador era Paulo Maluf, um político gestado pela ditadura. Quem não se manifestasse, seria aposentado definitivamente, agora com vencimentos integrais, já que a aposentadoria das cassações era proporcional ao tempo de serviço e em vários casos insuficiente para garantir a sobrevivência do professor cassado e sua família. O Departamento manifestou um interesse puramente formal e superficial pelo retorno dos cassados, que se ressentiram e decidiram não retornar. Com exceção de Paula Beiguelman, de Ciência Política, os outros professores de Ciências Sociais declararam expressamente que preferiam não voltar. Só Fernando Henrique Cardoso estava disposto a voltar e a lecionar gratuitamente na Faculdade, recusando-se, porém, ao constrangimento de pedir anistia a Maluf. Aposentava-se definitivamente. Era claro o ressentimento de todos com o ostracismo, o abandono, o veto e o vácuo. Com exceção dos remanescentes do tempo da cátedra, os novos docentes não tinham contato com os cassados, não haviam sido seus alunos e, com surpreendente frequência, nem mesmo estavam interessados em sua obra. A ditadura conseguira quebrar a espinha dorsal da chamada "escola sociológica da USP".

Qual o significado da expressão geração órfã, presente na dedicatória de um de seus livros, Introdução crítica à sociologia rural *(1981)? O senhor chegou a mencioná-la em outras oportunidades.*

As cassações, que atingiram profundamente a Faculdade de Filosofia, interromperam uma história em andamento, tanto na pesquisa quanto no ensino quanto, ainda, nas orientações temáticas de cursos e pesquisas. Algumas coisas importantes aconteceram nesse período de suposto vácuo. Suposto vácuo porque as circunstâncias mudavam, a realidade propunha novos desafios e isso era particularmente verdadeiro aqui na USP e na Faculdade de Filosofia. Como é comum nas circunstâncias de ditaduras demoradas, o país não ficou esperando o retorno dos exilados nem a anistia dos cassados e perseguidos. Muitos intelectuais exilados imaginaram que o país não se movia sem eles. Movia-se. Ao retornar, foram surpreendidos com o desenvolvimento da ciência e das artes. Em condições adversas, os desafios foram aceitos pelos que haviam ficado. O apelo que Florestan Fernandes fizera, em sua casa, na noite das cassações, em 1969, para que os membros de seu grupo não se demitissem em solidariedade nem se dispersassem revelou seu pleno sentido por ocasião da anistia.

De vários modos, a geração órfã, a que fora privada da presença, da convivência e da orientação da madura geração que fizera a ponte entre a Missão Francesa e ela, conseguiu superar os obstáculos e superar-se. Foi aí que se revelou toda a força do denso curso de graduação de nossa formação no período anterior às cassações. As perguntas fundamentadas são as referências da ciência, do progresso do conhecimento. Quando houve as cassações, as perguntas científicas de uma era já haviam sido feitas e o código das respostas já havia sido assimilado. Isso, a repressão não podia cassar. Não se tratava de imitar, repetir e manter, mas de criar interpretativamente no marco de um código de produção de conhecimento que já dominávamos. Tudo dependia apenas da competência para ir adiante.

Nesse interregno, o governo federal criou os cursos de pós-graduação no Brasil inteiro e nós tivemos que nos adaptar, institucionalizando os nossos cursos. Nem havia como não fazê-lo. Passamos a receber um grande número de alunos das universidades federais e de outros estados, que não tinham pós-graduação e precisavam do doutorado para implantação dos cursos de pós em suas universidades de origem. O que modificou o cenário estudantil, diversificou a demanda de conhecimento e forçou a ampliação do corpo docente com o recrutamento de recém-mestres e recém-doutores para a graduação, já que os professores mais antigos estavam também na pós. Na Sociologia, Marialice Mencarini Foracchi, que faleceria em 1972, e Luiz Pereira, antigos assistentes de Florestan, desdobraram-se para assegurar a continuidade dos cursos de Sociologia com qualidade. Em outros cursos da Faculdade houve esforços semelhantes.

Em 1970, a Faculdade de Filosofia, Ciências e Letras fora desagregada, os antigos departamentos de Física, Psicologia, Biologia, Química, Matemática etc. tornaram-se autônomos e deram lugar a novos institutos. Sobraram apenas os cursos de Humanas e Letras, criando-se, então, a Faculdade de Filosofia, Letras e Ciências Humanas, um instituto residual e sem identidade. Estamos nesse impasse até hoje.

Todas essas mudanças introduziram uma acentuada descontinuidade, tanto na Sociologia quanto na Ciência Política. Na antiga Cadeira de Sociologia I, de Florestan Fernandes (que fora a Cadeira de Claude Lévi-Strauss e, depois, de Roger Bastide) havia uma articulação temática, na pesquisa, decorrente de um projeto de estudo que Florestan elaborara, *Economia e sociedade no Brasil*. Com as cassações, os projetos de pesquisa foram interrompidos ou reorientados. Pouca coisa teve continuidade. Eram temas marcados pelas possibilidades históricas do nacional-desenvolvimentismo, possibilidades que cessaram com o golpe de Estado de 31 de março de 1964. Alguns temas se tornaram obsoletos da noite para o dia. Apesar de teoricamente sólida e original, internacionalmente reconhecida e respeitada, a sociologia brasileira que se fazia aqui na Faculdade, em torno de Florestan Fernandes, foi aos poucos sendo marginalizada em nome dos modismos, sobretudo europeus. Hoje pensamos o Brasil com uma cabeça estrangeira. Resistiram, justamente, de um modo ou de outro, os sobreviventes da geração órfã, cuja obra é o elo perdido entre o que fomos e o que agora somos. O grupo de Florestan nunca desdenhou a Sociologia oriunda dos países ricos, obras referenciais do pensamento sociológico. Ao contrário, era dela grande e respeitado conhecedor. Seus membros estavam muito familiarizados com essa Sociologia de referência, como se pode ver pelas citações fundamentadas que dela fazem. Não há como achar que uma Sociologia de província é boa Sociologia. Mas o grupo de Florestan tinha, também, o projeto histórico de criar, e estava criando, uma Sociologia enraizada, uma rejeição aos equívocos da Sociologia da cópia. Aliás, a Sociologia de imitação é melancolicamente provinciana, justamente por falta de enraizamento.

Vamos, agora, falar sobre o campo da Sociologia, começando pelos clássicos. Para o senhor, o que é um autor clássico e por que alguns autores, na sua visão, adquiriram esse status? Qual a importância/relevância desses autores para o desenvolvimento da Sociologia?

Um autor clássico é um autor imprescindível pela universalidade de suas formulações e inovações teóricas. O clássico é o único, o que abriu um caminho original de compreensão da realidade, de produção do conhecimento, definiu uma perspectiva nova, o que formulou problemas de indagação teórica numa perspectiva original e inovadora. Um "inventor" teórico, como Durkheim, Marx, Weber, Mannheim, Parsons, Nisbet, Lefebvre e outros mais. E aqui na província: Florestan, sem dúvida, Gilberto Freyre, Fernando Henrique, Octavio Ianni, Maria Isaura Pereira de Queiroz, autores reconhecidos fora do Brasil. São os autores das perguntas teóricas que provocaram uma inflexão no que se conhecia e no modo de conhecer, perguntas que ainda estão sendo respondidas, que ainda norteiam pesquisas e hipóteses.

O senhor coordenou durante cerca de 12 anos um seminário sobre a obra de Marx. Esse seminário convergiu com a sua preocupação de recuperar uma metodologia de pesquisa marxiana para trabalhar em suas pesquisas. Conte-nos um pouco sobre essa difícil tarefa de apropriação de um clássico, como Marx, para refletir sobre temas pouco tradicionais dentro da Sociologia de inspiração marxista. Como conciliar a análise teórica e a investigação empírica nas Ciências Sociais?

Com as cassações de professores pela ditadura militar, abriu-se aqui na escola um território de invasão ideológica que se materializou numa cultura política supostamente de esquerda, proposta por partidos e militantes, sobretudo através de estudantes, como cultura acadêmica alternativa, como se a escola oficial fosse mero aparelho do Estado repressivo. Propunham o que Lukács denominou "marxismo vulgar",[23] no meu ver um marxismo meramente conceitual e rotulador, mecanicista e economicista. Era uma orientação que desestimulava os alunos à leitura e às aulas. Vinha de autores de questionamentos que não favoreciam nem a pesquisa nem a indagação teórica. Frequentemente, pesquisadores foram colocados na defensiva para assegurar o andamento de seu trabalho científico. Tudo era recusado e vetado em nome de uma suposta e inevitável revolução iminente que cassava a legitimidade das Ciências Sociais, em particular da Sociologia. Essa contestação, os alunos levavam para a sala de aula, convencidos de que os partidos clandestinos e as chamadas dissidências tinham tanta legitimidade quanto a Universidade, na produção do conhecimento, e convencidos de que não havia um abismo entre conhecimento ideológico e conhecimento científico. O questionamento era impertinente. Marx não era uma novidade no curso de Ciências Sociais. Muito antes da ditadura, Florestan e seu grupo já tratavam da obra de Marx na perspectiva científica e não na perspectiva ideológica.

Florestan fora um dos pioneiros, na literatura sociológica, a reconhecer a competência de Karl Marx como sociólogo, um autor a ser lido como teórico de sociologia e não apenas, nem necessariamente, como ideólogo de revolução. Para a sociologia, neste segundo caso, o do ideólogo, objeto de conhecimento e não autoridade em conhecimento científico. O reconhecimento de Marx como cientista social comparável aos outros clássicos das Ciências Sociais, que já estava proposto em *Fundamentos empíricos da explicação sociológica*,[24] dos anos 1950, só aparecerá na Sociologia de autores renomados de outros países dez a vinte anos depois de formulado por Florestan Fernandes.

De fato Marx fora teórico da sociologia e militante da política e nessa segunda condição autor de textos de ocasião, da militância e da circunstância. Portanto, uma obra com momentos e densidades bem definidos e desiguais. Não há como nivelar a obra marcada pelas diferenças significativas desses momentos. Marx sociólogo preocupou-se com o método de explicação e o método de investigação. Recorreu ao método técnico da história de vida. Interessou-se pela técnica do formulário e propôs até mesmo a "Enquete Ouvriére", de 1880, um formulário de cem questões, distribuído pelo correio aos informantes, associações, grupos, círculos e jornais operários, técnica que se difundirá na sociologia americana.[25] Mas nem tudo que escreveu é propriamente sociológico, embora mesmo os textos panfletários possam ser interpretados sociologicamente, como documentos das ideias políticas. O modo de ler Marx é proposto, por Florestan, no confronto com as orientações metodológicas alternativas de Durkheim e de Weber. Para Florestan, corretamente, Marx era *um* sociólogo e não *o* sociólogo, autor de teoria cuja adoção depende do problema sociológico de investigação, isto é da pergunta teórica que o pesquisador se faça em função das peculiaridades do tema que investiga.

Eu havia me familiarizado com o método de Marx nos cursos de Fernando Henrique Cardoso, de Octavio Ianni e de Fernando Novaes, e, também, no trabalho quase cotidiano com Marialice Mencarini Foracchi. Eles haviam participado do famoso seminário de fim de semana sobre *O capital*, organizado pelo professor José Arthur Gianotti, do curso de Filosofia. A circunstância adversa, o questionamento da Sociologia em nome de um Marx mal lido e pior compreendido, o assédio ideológico ao curso, me estimularam a abrir na pós-graduação um seminário sobre a questão do método na obra de Marx, em 1975. Fizemos em conjunto a leitura e releitura de boa parte da obra de Marx durante 12 anos, às sextas-feiras de manhã, em semestres alternados. Terminado esse período, o seminário sobre o método dialético teve continuidade na leitura de um marxista contemporâneo de envergadura clássica, Henri Lefebvre, o autor de uma leitura propriamente sociológica da obra de Marx. O autor que trazia Marx cientista para o século xx. Lemos e analisamos boa parte da obra de Lefebvre nos seis anos seguintes. É Lefebvre quem propõe que a sociologia marxiana é uma coisa e o marxismo é outra. Meu seminário não era sobre marxismo, mas sobre o método. Cheguei, aliás, a ter uma breve troca de correspondência com ele.

O seminário sobre o método dialético foi concluído em maio de 1993, com um grande colóquio sobre "A aventura intelectual de Henri Lefebvre", cujos trabalhos seriam reunidos e publicados num livro.[26] O seminário tem tido repercussão até hoje. Não só contribuiu para a formação de um extenso número de docentes, nesta e em outras universidades, como também ganhou reconhecimento internacional, especialmente entre os lefebvrianos. Antigos participantes do seminário têm presença no conselho de redação e nas páginas da revista lefebvriana eletrônica *La Somme et le Reste*, publicada na França. O seminário foi destacado, recentemente, em livro de Lukasz Stanek.[27] Lefebvre dedicou especial interesse e atenção, na linha, justamente, da sociologia marxiana e da sociologia clássica, à pesquisa empírica e suas conexões com o trabalho teórico, à articulação entre método de investigação e método de explicação.

Sua obra interpretativa é toda marcada pela centralidade do empírico. Para realização das descobertas teóricas que estão nos fundamentos de seus livros sobre o espaço e a cidade, Lefebvre tornou-se motorista de táxi em Paris. Realizou observação participante, portanto. Sem pesquisa empírica, a sociologia é mera especulação e com facilidade pode resvalar para a reles ideologia. Foi inovador ao trabalhar teoricamente e descobrir elementos explicativos na própria situação da pesquisa empírica, os analisadores-reveladores, e ao descobrir o caminho da conciliação entre investigação e explicação na própria realidade empírica, como momento do trabalho teórico.

Sobretudo, sua interpretação marxiana do método dialético indicou o caminho metodológico que mantém juntos o empírico e o teórico, salvando-os das colagens artificiosas que remeteram a dialética para o mecanicismo anti-histórico. A formulação de Lefebvre foi devidamente ressaltada por Sartre na *Crítica da razão dialética*.[28] Foi por essa via que Lefebvre desvendou as tensões entre produção social e reprodução social, a reprodução ampliada de capital como reprodução ampliada de contradições sociais. Portanto, abriu o caminho para a compreensão sociológica da cotidianidade e do reprodutivo e, também, do âmbito desdobrado da revolução como revolução urbana e como revolução na vida cotidiana. Algo bem mais complexo e bem mais sociológico do que as quimeras esquemáticas que no marxismo oficial fizeram da revolução um jogo de palavras e uma arquitetura de conceitos. Lefebvre devolveu a revolução e a reiteração ao âmbito da práxis.

Suas pesquisas abrangem diversas áreas, tais como Sociologia rural, Sociologia dos movimentos sociais, Sociologia visual e Sociologia da vida cotidiana. Que elementos dão unidade à sua obra, composta de temas aparentemente tão diversos?

O que dá unidade a minha obra é a investigação da historicidade nas diferentes manifestações da vida social, isto é, a identificação das condições e fatores da mudança social e da transformação social nos diferentes âmbitos da realidade, mesmo na realidade mínima e cotidiana. Ainda quando o objeto se propõe, aparentemente, desprovido de historicidade, de tensão e de contradição. Percorro um caminho de busca de uma concepção do objeto que não se fragmenta em face de perspectivas metodológicas dotadas de legitimidade própria e nesse sentido discrepantes. Oriento-me pela identificação do que é histórica e concretamente possível e dos obstáculos e cerceamentos à sua manifestação e realização. Dou continuidade, numa perspectiva peculiar, ao que foi o centro das preocupações teóricas e empíricas da chamada "escola sociológica de São Paulo", que teve em Florestan Fernandes o centro e a referência. A dialética, na orientação metodológica do resgate que dela fez Lefebvre, foi fundamental para dar a dimensão de conjunto aos meus livros e artigos, mesmo os artigos de jornal, que publico semanalmente. Basicamente, interrogo a história e o possível que se escondem no cotidiano, no banal, no repetitivo e nas meras formas do aparente.

Gostaríamos que o senhor comentasse um pouco sobre a gênese e as preocupações que o motivaram a escrever seus últimos livros, Uma arqueologia da memória social: autobiografia de um moleque de fábrica *(2011) e* A política do Brasil lúmpen e místico *(2011).*

Uma arqueologia da memória social [29] é minha autobiografia, relativa ao período que vai até meu ingresso na Universidade. Sempre achei esquemática, estereotipada e simplista a concepção que dos pobres e dos trabalhadores têm os acadêmicos e mesmo quem, não sendo acadêmico, na classe média fala em nome da classe operária e em nome dela reivindica. Sempre achei isso uma tremenda usurpação. Sendo alguém que viveu e trabalhou na roça e na fábrica, compreendi que minha história pessoal constitui um documento sociologicamente desconstrutivo das fantasias sobre o mundo do trabalho. Reconstruir e interpretar sociologicamente e sem preconceitos a história pessoal é algo que todos os profissionais das Ciências Sociais deveriam fazer. Especialmente os estudantes, como modalidade de autoidentificação sociológica, como modo de situar-se e ver-se objetivamente na trama dos processos sociais. Eu já havia usado material autobiográfico no livro sobre *A aparição do demônio na fábrica.*[30] Adolescente, testemunhara as tensões resultantes da aparição do diabo para operárias de uma das secções da fábrica em que trabalhava e que estavam relacionadas com inovações tecnológicas de impacto na organização e no ritmo do trabalho. Não há nada sobre isso na literatura de Sociologia do trabalho, nada sobre o imaginário cotidiano do trabalhador. Descobri-me depositário de informações que se perderiam se não fossem registradas e analisadas. Foi o que fiz, como também fiz com a memória de cheiros, cores e ruídos, uma mediação sociologicamente importante na vida cotidiana e na reprodução social, na crise de transição para a modernidade, a consciência social dos odores, cores e ruídos como variante e integrante da consciência potencialmente política das mudanças sociais.

Capela do King's College, em Cambridge.
(Foto: 2010)

Já *A política do Brasil lúmpen e místico*, de 2011,[31] incorpora, reedita e amplia *O poder do atraso: ensaios de Sociologia da história lenta*, livro que escrevi e concluí quando fui professor da Cátedra Simon Bolívar, na Universidade de Cambridge, em 1993/1994.[32] Estava para começar o governo de Fernando Henrique Cardoso, que foi professor de Sociologia aqui na Faculdade, como todos sabem, e era a primeira vítima da ditadura a chegar ao poder. Além de ser um intelectual de alto nível, expressão da intelectualidade que, a partir do fim da era Vargas, contribuíra significativamente para a elaboração de um novo ideário político para o Brasil. Com ele, a mentalidade de uma nova geração de políticos iria, finalmente, governar o país. Mas, desde o fim da ditadura militar, as forças politicamente conservadoras compunham o cenário e definiam o marco da governabilidade possível. Diferente do que pressupunha o voluntarismo fluido de vários grupos de esquerda, as condições políticas do exercício do poder não eram, como não são, estabelecidas necessariamente por quem recebe o mandato de governar.

Agora, no livro acrescido de outros e atualizados ensaios, retomo o tema, depois do governo de Lula e do PT, que se propunha a realizar as mudanças profundas que a esquerda preconizara antes do golpe militar e que supostamente não haviam sido viabilizadas durante o governo FHC. De certo modo, com os governos do PT, um ciclo da história política se completou e se consumou, oferecendo um quadro propício à compreensão sociológica do ciclo como todo e momento. Na verdade, os mesmos fatores e forças da resistência à mudança governaram e governam as decisões políticas do PT e de seus aliados. Pouca coisa mudou e muda, por força do que é próprio do processo histórico, regulado e mediado por aquilo que Lefebvre e Gutterman, em *La Conscience Mistifiée*, obra de 1936, definiram como o poder das formas, que se sobrepõe às formas do poder.[33] O PT não realizou as reformas sociais associadas à sua ascensão política, tolhido pelas mesmas forças que cercearam o governo de FHC. O PT, sobretudo o PT católico, pretendia atuar em nome da população lúmpen e em nome de valores que são mais religiosos do que políticos. Não deu certo. O governo de Lula, e agora o de Dilma, recuou em relação à reforma agrária, compôs-se com o agronegócio e tem tido que governar na corda bamba da conciliação dos contrários.

Nesse sentido, há no livro um contraponto discordante à compreensão de André Singer, que foi porta-voz da presidência da República e é professor de Ciência Política aqui na Faculdade em trabalho recente, publicado na revista *Estudos Cebrap*.[34] A hipótese de que um segundo mandato para Lula, que as pesquisas de opinião eleitoral apontavam como improvável em face da crise do mensalão, tornou-se possível como decorrência inesperada do Bolsa Família. Ele não faz nenhuma referência ao fato de que a rede de distribuição do Bolsa Família foi montada por funcionários recrutados nas pastorais sociais da Igreja e vinculadas à poderosa ala católica do petismo e ao trabalho de base da Igreja nas regiões pobres e atrasadas. Lula foi revigorado e preservado menos pelo Bolsa Família do que pela rede de fidelidade ideológica e basista, comunitária, de agentes de ação política originários das CEBS – Comunidades Eclesiais de Base. A resistência dos cientistas sociais em reconhecer a crescente força política e manipuladora das igrejas é uma das omissões que aponto e questiono. O livro constitui uma contribuição à compreensão do Brasil real, cujo passado iníquo está vivo e governa como um pesadelo a consciência dos vivos, como disse Marx a propósito de um tema político parecido.

Prof. Martins, como o senhor pensa a tensão entre a unidade das Ciências Sociais e a especialização – crescente – das subáreas que compõem o curso? Tendo em vista a separação das áreas, dos departamentos, como garantir uma formação una em Ciências Sociais que não seja mera soma das partes?

As Ciências Sociais especializadas e tendentes à especialização cada vez maior constituem um fato que se observa em todas as partes. A fragmentação fica melancolicamente evidente nas reuniões periódicas dos profissionais das três áreas – Antropologia, Ciência Política e Sociologia. A supressão das pontes necessárias entre essas disciplinas, a rigor nascidas do mesmo ventre, mutila e reduz a concepção do social e do que é a própria sociedade. Curiosamente, no momento em que as outras ciências trabalham criativamente os nexos fecundos que possam ser estabelecidos entre elas, as Ciências Sociais fazem o contrário. Explodem as pontes da comunicação vital entre elas, como se fossem exércitos em retirada perseguidos por exércitos inimigos. Nas outras ciências, o encontro da genética com a engenharia abre horizontes e promove descobertas; o encontro da Medicina com a Física, a Matemática, a Química, cria campos de inovação no diagnóstico, no tratamento e na cura de doenças; o encontro da Botânica com a Genética vem revolucionando a agricultura e

Biblioteca de Trinity Hall, em Cambridge.
(Foto: 2010)

a indústria. Hoje os campos de encontro das ciências são áreas profissionais fecundas e reveladoras.

Nas Ciências Sociais, no entanto, a própria reunião anual da Anpocs (Associação Nacional de Pós-graduação em Ciências Sociais), que junta as três áreas, tende a ser um concerto dodecafônico, algo como o *Ensaio de orquestra*, de Federico Fellini, apesar da animada e simpática convivência dos pesquisadores e docentes que ali se dá. Sem contar os distanciamentos, como o que houve em relação à Psicologia e à Psicanálise. E, num país marcado pelo desencontro de temporalidades, nosso distanciamento da História suprime, em nosso objeto de referência, uma determinação social que é o nervo do nosso possível.

No meu modo de ver, a especialização abriu caminhos e horizontes, mas fechou veredas e atalhos de compreensão dos muitos, pequenos e singulares aspectos de que o real é feito. Na verdade, levou os especialistas das diferentes áreas de humanas a uma solidão danosa, falsamente superada pelos encontros festivos e ruidosos.

O declínio do interesse pela questão do método pode ser o responsável por essa perda das conexões entre âmbitos do conhecimento e pelo abandono do pressuposto da totalidade na teoria e na pesquisa.

Em algumas oportunidades, o senhor defendeu a necessidade de o estudante de Ciências Sociais passar por um processo de ressocialização na faculdade. Comente um pouco sobre o porquê dessa necessidade e quais os prejuízos quando a faculdade e o curso não conseguem, de fato, ressocializar o estudante.

Assim como quem opta pelo curso de Psicologia precisa ser ressocializado para lidar profissionalmente com a alteridade e, nessa perspectiva, com o outro e consigo mesmo, também o estudante de Ciências Sociais precisa de ressocialização para compreender a diversidade social e as múltiplas singularidades que a caracterizam, muito além do marco da socialização que recebeu.

Hoje, no Brasil, o estudante de Ciências Sociais carrega o fardo da mentalidade e da visão de mundo da classe média, está alienado de sua própria sociedade, no geral cego para as diferenças que fazem do Brasil uma sociedade singular. O aluno deveria ser estimulado a descobrir-se como diferente e estrangeiro, como somos todos, para poder ver e compreender o quanto ele não é o todo, o quanto ainda desconhece a sociedade que se propõe a decifrar e compreender, o quanto o seu senso comum é limitado e limitante.

Num país como o Brasil, marcado por profundas diferenças culturais, históricas e sociais, há o enorme risco de uma compreensão meramente folclórica dessa diversidade. E, portanto, de formarmos sociólogos do pensamento linear e unívoco, carentes da informação antropológica que lhes permita saber e entender que são diferentes não só dos franceses e chineses, mas também dos guaranis do bairro de Santo Amaro, dos operários do ABC e dos moradores de rua.

Compreender a imensa diversidade do mundo atual é complicado e trabalhoso e nos compreendermos como sujeitos dessa diversidade é mais ainda. Não depende apenas da leitura de jornal, do bate-papo de boteco e da leitura de livros. Depende de certa renúncia provisória ao que somos, para nos exercitarmos na alteridade que nos ressocializa e abre os nossos olhos para ver o que até então não víamos nem podíamos ver. Para nos vermos "de fora" e "de longe" de nós mesmos, único meio de aprendermos a admitir a legitimidade de quem e do que não coincide com o modelito do nosso nascimento. Se conseguirmos nos ver como estranhos, estaremos em condições de fazer o que toda sociologia deve ser, uma ciência do estranhamento, para nos dotarmos da competência para lidar com a sociologia como autoconsciência científica da sociedade, como propõem Hans Freyer e Florestan Fernandes. Aliás, de certo modo, isso é também durkheimiano.

Falar em classe operária não é suficiente para compreender sociologicamente a classe operária e a sociedade que por meio dela se constitui. Falar piedosamente no negro, nesta sociedade cheia de culpa pela escravidão do negro, mas sem nenhuma culpa pela escravidão genocida do índio, que cessou formalmente, mas não de fato, em 1755, e nenhuma culpa pela terceira escravidão, que se estende até nós, é antissociológico, pura hipocrisia pequeno-burguesa, porque a culpa não contempla superações. Fazer política ou fazer ciência por culpa é reacionário, não é emancipador, transformador, superador ou revolucionário. O reconhecimento de culpas desse tipo é bom para levar ao céu, mas é inútil na construção histórica e política da universalidade do genérico, do gênero humano. O antirracismo da culpa é racista e leva apenas a uma práxis maniqueísta e teatral, anti-histórica, perdida nos enganos da simulação. A práxis transformadora, revolucionária, como demonstra Henri Lefebvre, em *Sociologia de Marx,* e também Marx, em *A questão judaica,*[35] só o é se orientada no sentido da universalidade que ao emancipar um o faz no marco da emancipação de todos. Ninguém poderá ser sociólogo, antropólogo ou cientista político se não passar por essa ressocialização libertadora, único meio de libertar a mente do cientista social para a ciência propriamente dita.

Qual a avaliação que o senhor faz do curso de graduação em Ciências Sociais? O que é preciso mudar e o que é preciso preservar e valorizar em nosso curso?

Aqui na Faculdade, o curso deve continuar no caminho da busca e da inovação, como é próprio da ciência. Mas precisa reencontrar-se com suas origens, reconquistar sua alma perdida, rever suas omissões e esquecimentos, desestrangeirizar-se para o apropriado estranhamento da observação científica. Isto é, reaprender a ler os clássicos e os autores de referência, sem barreiras nem objeções ou preconceitos, para reencontrar o caminho da universalidade e da originalidade, fugir da cópia e da imitação, deixar de ser província, ampliar o elenco de suas inquietações, descobrir o Brasil, um país fascinante e problemático que precisa urgentemente de desvendamentos sociológicos. Como disse, numa aula magna na Universidade Federal do Rio Grande do Sul, em março de 2012, eu reordenaria o curso de Ciências Sociais com grande ênfase em Antropologia e Literatura. Se poder tivesse para fazê-lo, eu lhe devolveria a poesia.

Notas

[1] Entrevista publicada na revista eletrônica dos alunos de graduação do Curso de Ciências Sociais, da Faculdade de Filosofia, Letras e Ciências Humanas da Universidade de São Paulo, *Primeiros Estudos*, São Paulo, n. 3, out. 2012, pp. 201-37.

[2] Cf. José de Souza Martins, *Uma arqueologia da memória social*, cit., pp. 430-1.

[3] Cf. José de Souza Martins, "O Plano Trienal e a marcha da revolução burguesa", *Revista Brasiliense*, São Paulo, n. 49, set./out. de 1963, pp. 41-52.

[4] Eduardo de Oliveira e Oliveira ali publicou "Blues para Mister Charlie", *O Estado de S. Paulo*, 17 set. 1966, Caderno Suplemento Literário, p. 41; e "Black Theatre", *O Estado de S. Paulo*, 25 jul. 1970, Caderno Suplemento Literário, p. 48. Nele publiquei uma resenha do livro de Florestan Fernandes, *Comunidade e Sociedade no Brasil* (São Paulo: Cia. Editora Nacional, 1972), *O Estado de S. Paulo*, 26 nov.1972, Caderno Suplemento Literário, p. 5.

[5] Cf. George Simpson, *Significado da evolução*: um estudo da história da vida e o seu sentido humano, trad. Gioconda Mussolini, São Paulo, Livraria Pioneira, 1962.

[6] Cf. João Cunha Andrade, *A árvore da montanha*, São Paulo, Flama, 1945. Reeditado pela editora Fulgor, em 1961.

[7] Foi chamada de Missão Francesa a equipe de professores franceses, recrutados pelo francês George Dumas e pelo brasileiro Teodoro Ramos, da Escola Politécnica de São Paulo, contratados pelo Governo do Estado, para fundar a Faculdade de Filosofia, Ciências e Letras e, com ela, a Universidade de São Paulo, em 1934. Fora dos quadros da Missão, foram contratados também professores de outros países europeus para completar o corpo docente da escola.

[8] Quando os arquivos do Dops foram abertos, no governo de André Franco Montoro, foi possível saber que, da área de Sociologia, da Faculdade de Filosofia da USP, estavam fichados e eram monitorados pela polícia política, alguns desde antes do golpe de 1964, os professores Duglas Teixeira Monteiro, Fernando Henrique Cardoso, Florestan Fernandes, José de Souza Martins, Lourdes Sola, Luiz Pereira, Marialice Mencarini Foracchi, Octavio Ianni e Ruy Coelho.

[9] Cf. José de Souza Martins, *Capitalismo e tradicionalismo*: estudos sobre as contradições da sociedade agrária no Brasil, São Paulo, Livraria Pioneira, 1975.

[10] Cf. Fernando Henrique Cardoso, *Capitalismo e escravidão no Brasil meridional*, 5. ed., Rio de Janeiro, Civilização Brasileira, 2003. (1ª ed. 1962).

[11] Cf. Octavio Ianni, *As metamorfoses do escravo*: apogeu e crise da escravatura no Brasil Meridional, São Paulo, Difusão Europeia do Livro, 1962.

[12]   Sob orientação de Luiz Pereira, Maurício Vinhas de Queiroz apresentaria os resultados de sua pesquisa como tese de doutorado na Universidade de São Paulo, em 1972. Cf. Maurício Vinhas de Queiroz, *Grupos Econômicos e o Modelo Brasileiro*, São Paulo, 1972, Tese, Doutorado, Faculdade de Filosofia, Letras e Ciências Humanas da USP.

[13]   Cf. Antonio Carlos de Godoy, *Votorantim:* estudo sobre a formação da empresa industrial no Brasil. São Paulo, 1971, Dissertação, Mestrado, Faculdade de Filosofia, Letras e Ciências Humanas da USP.

[14]   Cf. Celso Furtado, *Formação econômica do Brasil*, Rio de Janeiro, Fundo de Cultura, 1959.

[15]   Cf. José de Souza Martins, *O cativeiro da terra*, 9. ed., rev. e ampl., São Paulo, Contexto, 2010. (1ª ed. 1979)

[16]   Cf. José Maria Whitaker, *A administração financeira do Governo Provisório de 4 de novembro de 1930 a 16 de novembro de 1931*, São Paulo, E. G. "Revista dos Tribunaes", 1933.

[17]   "O comércio reanimou-se, as indústrias movimentaram-se, desapareceram os 'sem trabalho'..." Cf. José Maria Whitaker, op. cit., p. 14.

[18]   Cf. J. F. Normano, *The Struggle for South America:* economy and ideology. Boston and New York, Houghton Mifflin Company, 1931; trad.: *A luta pela América do Sul*, São Paulo, Atlas, 1944.

[19]   Cf. J. F. Normano, *Evolução econômica do Brasil*, trad. Teodoro Quartim Barbosa, Roberto Peake Rodrigues e Laércio Brandão Teixeira, São Paulo, Companhia Editora Nacional, 1945.

[20]   Cf. Robert Nisbet, *La Formación del Pensamiento Sociológico*, trad. Enrique Molina de Vedia, Buenos Aires, Amorrortuv, v. I., pp. 15-36.

[21]   Cf. Ferdinand Tönnies, *Comunidad y Sociedad*, trad. José Rovira Armengol, Buenos Aires, Losada, 1947. A edição original alemã é de 1887. Tönnies, que foi fundador da Sociedade Alemã de Sociologia, escreveu um artigo sobre a obra de Hegel, de Marx e de Comte, que recebeu cuidadoso comentário de Engels, em carta que lhe enviou em 24 de janeiro de 1895. Cf. Karl Marx e Frederick Engels, *Selected Correspondence*, Moscow, Progress Publishers, 1965, pp. 478-9.

[22]   A tese foi publicada como livro com o título de *A imigração e a crise do Brasil agrário*, São Paulo, Pioneira, 1973.

[23]   Cf. Georg Lukács, *Histoire et Conscience de Classe*, trad. K. Axelos e J. Bois, Les Éditions de Minuit, Paris, 1960, p. 93.

[24]   Cf. Florestan Fernandes, *Fundamentos empíricos da explicação sociológica*, São Paulo, Companhia Editora Nacional, 1959.

[25]   Cf. Karl Marx, *Selected Writings in Sociology and Social Philosophy*, ed. por T. B. Bottomore e Maximilien Rubel, Harmondsworth, Penguin Books, 1963, pp. 210-8.

[26]   Cf. José de Souza Martins, *Henri Lefebvre e o retorno à dialética*, cit.

[27]   Cf. Lukasz Stanek, *Henri Lefebvre on Space:* Architecture, Urban Research, and the Production of Theory. Minneapolis, University of Minnesota Press, 2011, p. 256 (nota).

[28]   Cf. Jean-Paul Sartre, *Crítica de la Razón Dialéctica*, Libro I, 2. ed., trad. Manuel Lamana, Buenos Aires, Editorial Losada, 1970, pp. 49-50.

[29]   Cf. José de Souza Martins, *Uma arqueologia da memória social*, cit.

[30]   Cf. José de Souza Martins, *A aparição do demônio na fábrica:* origens sociais do Eu dividido no subúrbio operário. São Paulo, Editora 34, 2008.

[31]   Cf. José de Souza Martins, *A política do Brasil lúmpen e místico*, São Paulo, Contexto, 2011.

[32]   Cf. José de Souza Martins, *O poder do atraso:* ensaios de Sociologia da história lenta, São Paulo, Hucitec, 1994.

[33]   Cf. Nobert Guterman e Henri Lefebvre, *La Conscience Mystifiée*, Paris, Le Sycomore, 1979.

[34]   Cf. André Singer, "Raízes sociais e ideológicas do lulismo", em *Novos Estudos*, n. 85, São Paulo, Cebrap, nov. 2009, pp. 83-102.

[35]   Cf. Henri Lefebvre, *Sociologie de Marx*, Paris, Presses Universitaires de France, 1966; Karl Marx, "La cuestión Judía", em Karl Marx e Arnold Ruge, *Los Anales Franco-Alemanes*, trad. J. M. Bravo, Barcelona, Martinez-Roca, S.A., 1970, pp. 223-57.

Aprendi Sociologia
no grupo de Florestan

Entrevista[1] a Mariluce Moura e Marcos de Oliveira.

Gostaria de começar por um comentário de caráter estético: acho surpreendente a escrita de um sociólogo ter a beleza que seu texto exibe, por exemplo, em A sociabilidade do homem simples. *Como é essa relação entre pesquisa sociológica e linguagem?*

Aprendi sociologia no grupo de Florestan Fernandes, fui aluno dele. Florestan era famoso por ter uma linguagem complicada, autor de muitos textos abstratos, embora nem todos. Isso era muito próprio da sociologia dos anos 1950, 1960. Talcott Parsons fez assim e era sucesso, portanto. Até o dia em que Wright Mills, outro sociólogo importante, disse que era preciso traduzir Parsons para o inglês (ora, ele escrevia em inglês!).[2] Parsons foi derrotado na revolta estudantil de 1968, quando a rebelião juvenil mostrou que aquela sociologia abstrata tinha insuficiências quanto ao vivencial. Há um filme com Anthony Quinn [*R. P. M.*, 1970], em que ele é um professor de Sociologia num *campus* universitário americano e, em determinada cena, está andando com o livro mais complicado de Parsons, embaixo do braço, em meio àquela revolta estudantil. É uma cena emblemática porque denuncia o envelhecimento de uma sociologia muito formal, positivista, na maneira de tratar as coisas. Eu tive sorte de ter professores que tinham preocupações com a linguagem, até por influência de Antonio Candido, que é sociólogo e professor de literatura e teoria literária, que escreve de maneira clara e elegante. Mas a clareza se aprende também no trabalho de campo, nos desafios de comunicação com entrevistados, os autores de informações sociologicamente relevantes. O sujeito que se torna um sociólogo de gabinete acaba dialogando consigo mesmo, o que é muito ruim para a sociologia e as ciências em geral, porque fala para ninguém. No trabalho de campo, não se pode fazer perguntas teóricas para as pessoas numa linguagem teórica. O pesquisador, depois, tem que ser o tradutor, interpretando, da linguagem popular para a linguagem científica, é essa a sua função. Como fiz muito trabalho de campo e, além disso, venho de uma família operária, pobre, sempre soube que aquela linguagem hermética tinha algum problema de tradução e de compreensão. Tenho sorte de estar no meio de duas culturas, a erudita, acadêmica, de um lado, e a cultura popular, de outro. Virei, digamos assim, um intérprete e tradutor cultural.

Mas, além disso, tem um certo gosto, prazer mesmo, na lida com as palavras.

Ah, sim, porque gosto de ler, valorizo muito a literatura e acho que a sociologia, além de uma ciência, em sua expressão é também uma forma literária. O sociólogo não cria uma fórmula que explique algo em três páginas ou menos. Pense em Einstein: sua fórmula famosa [$E = mc^2$] expressa tudo que ele descobriu numa época, não tem que ter estilo. No caso do sociólogo, ele precisa fazer um discurso, e pode fazê-lo complicado, daí poucas pessoas vão entender, ou pode fazer um discurso que cumpra uma das funções da sociologia, ideia da qual, aliás, Florestan gostava muito, que é de ser autoconsciência científica da realidade social. Sempre cultivei essa preocupação. Por isso sempre tentei não só falar claramente quando tenho que fazer alguma exposição, mas também escrever claramente. Esse livro, por exemplo [*A sociabilidade do homem simples*], foi escrito claramente e, ainda assim, passou agora por uma grande revisão. Num texto, sempre há algo a aperfeiçoar em benefício da clareza. Sempre me ponho, aliás, no lugar de quem me ouve ou de quem me lê.

A propósito, o livro é de 2000, com uma reedição agora em 2008. O senhor diz, na página 11, que ele se situa na ampla temática do reencontro possível do homem consigo mesmo, na diferença da nossa especificidade histórica e, além disso, que contém uma proposta metodológica, a de tomar o que é liminar, marginal e anômalo, como referência da compreensão sociológica. O propósito de 2000 se manteve em 2008?

Sim, o mesmo, aliás, um propósito que em termos metodológicos aparece em vários dos meus livros a partir de 1975, mais claramente. Penso que uma das coisas boas da sociologia, em geral não muito cultivada pelos sociólogos, é o seguinte: quando se faz pesquisa de campo e se entrevista pessoas, o melhor entrevistado é o que está no limite, porque ele tem uma compreensão crítica da sociedade. Se ele é um sujeito absolutamente integrado, não percebe nada – é uma vítima da situação, mais do que um agente, um ator qualificado da situação. Já as pessoas liminares – e eu aprendi muito isso na roça – conseguem ver. Por que na roça? Porque ali o mundo já está dividido, é um mundo tradicional que está sendo invadido pela ciência, pela tecnologia, pela grande política, com o grande capital chegando... Fiz pesquisa na Amazônia na época em que as grandes empresas estavam chegando, expulsando ou matando índios e posseiros. A coisa começa no fim dos anos 1960, mas se torna gravíssima nos anos 1970. Então, as pessoas estão no limite de sua própria sociedade, quero dizer, aquelas sociedades não têm chance de ir adiante, estão sendo liquidadas, destruídas, pelo desenvolvimento econômico, tecnológico e social. Quem está nessa situação, vê o todo porque vê o que está acabando, vê que a sociedade é processo, movimento, transformação, finitude, mais do que estabilidade, permanência, estrutura.

Descendo o rio Araguaia de voadeira, com o barqueiro Milhomem.
(*Foto: Autor não identificado, 1981*)

No mesmo modo das populações ribeirinhas do São Francisco, que nos anos 1970 estavam sendo deslocadas das margens do rio para dar lugar às barragens e tinham que mudar radicalmente toda sua vida.

Essa população, ainda que não o possa explicar sociologicamente, tem melhor compreensão do que está acontecendo no conjunto da sociedade, das contradições, do que uma população que mora no Jardim Paulista. Elas sabem que o seu mundo vai acabar. Sentem-se socialmente ameaçadas, não só pessoalmente. O mundo que conhecem, as crenças, ideias, valores, as técnicas de cultivo, tudo isso será posto em xeque pela expansão da chamada sociedade nacional, do mundo capitalista. São os melhores informantes para uma etnografia do que está acontecendo. Se imaginamos, como as ciências sociais em geral imaginaram, a economia sobretudo, que o desenvolvimento capitalista em si mesmo é bom, inexorável, e que sem ele não se pode mais viver, não entendemos o que é esse desenvolvimento capitalista, quais os problemas que ele cria. E não cria só soluções, cria problemas para populações que não vão ser integradas. Elas não têm chance porque estão numa outra cultura, são cultas em sua cultura, mas incultas na da sociedade que avança. É essa população que pode falar melhor sobre a sociedade da qual a sociologia faz parte. A sociologia não faz parte da sociedade liminar que está sendo ameaçada, embora possa dialogar com ela, ser um instrumento para preservar as sociedades indígenas, culturas agrícolas que não deveriam ser destruídas, concepções de botânica, de biologia, que o povo tem, mas que não estão codificadas no saber dominante.

Uma sua descoberta, afirmada no livro, é quanto é revelador o discurso dessas sociedades liminares. E aí vêm as questões sobre a renovação do pensamento sociológico.

O discurso e a prática, ambos são reveladores. Quanto à renovação do pensamento sociológico, penso que a sociologia desprovida de certo tipo de esperança é inútil, porque é pobre e refratária ao imaginário que move a sociedade. A sociologia nasceu marcada pela esperança, e eu não vou falar de Marx já, mas de Durkheim. Qual é o núcleo da sociologia durkheimiana? É a questão da anomia social. Quero dizer, a sociedade se transforma por vários fatores que são imponderáveis, vamos dizer assim, e não há como segurar o desenvolvimento social, o desenvolvimento econômico etc. Nesse processo, ela vai transformando em dejetos sociais – sou eu que estou usando a expressão, não ele – pessoas que não se ajustam às mudanças, a maioria, que têm um problema grave de compreensão do que está acontecendo e de para onde o mundo está indo, mas o mundo está indo. A grande questão que se põe para a sociologia é se essas pessoas vão caminhar com esse mundo ou vão ficar à margem. A sociologia de Durkheim não aposta na margem, aposta na integração das pessoas, daí que tenha sido, em grande parte, uma sociologia da educação. Tudo o que se sabe da sociologia da educação está ligado a isso: trata-se de uma sociologia justamente para superar os estados de anomia, ou seja, situações que as pessoas estão vivendo socialmente, mas não sabem bem como estão vivendo, não conhecem as normas e os valores da sociedade que se desenvolve. Não se pautam pelo que está vindo, mas pelo que está indo. Elas se mantêm atrasadas, presas no passado. Em Marx, a coisa é igual, dito de outra maneira. O centro da sociologia marxiana é a questão da alienação, isto é, do desconhecimento da realidade das relações sociais do vivido, a consciência descompassada em relação à prática. Falo do núcleo do pensamento sociológico de Marx, o Marx político é outra coisa. As pessoas, individual e socialmente, fazem uma coisa pensando que estão fazendo outra.

E há um reconhecimento da sociologia brasileira e da ciência brasileira a esse respeito?

Aí há uma questão complicada. No caso de Marx, o núcleo do problema é a alienação do homem. A sociedade muda e o homem pensa da mudança uma coisa que a mudança não é. Ele é explorado na relação de trabalho, mas não sabe como a exploração se dá, torna-se involuntariamente conivente com a exploração. A sociedade muda em seu conjunto e ele fica confinado numa relação de conformismo relativo que o impede de acompanhar como agente ativo as mudanças que estão acontecendo.[3] Isso é a alienação. Quer dizer, é a incompreensão que as pessoas têm do que vivem, e não é só o operário, somos todos nós, o próprio Marx era um alienado. Se você ler as cartas que ele escrevia para as filhas, por exemplo, verá que são de um alienado completo, com uma incompreensão medonha do que era a condição feminina numa sociedade que estava mudando.[4] Era repressivo, punitivo, coisa que não se esperaria de uma pessoa não alienada. Mas ele era alienado porque essa é uma sociedade que sobrevive através da alienação. Aí a sociologia de Marx diz: a sociedade se desenvolve, cria riquezas, mas aliena, coisifica as pessoas, transforma-as em objeto. E se se trata de pensar a emancipação humana, que é a grande meta das grandes convicções filosóficas e religiosas, é preciso compreender esse processo e dominá-lo. Como? Sociologicamente, que é o que o Durkheim também, à moda dele, estava dizendo. No caso de Max Weber, outra grande referência histórica da sociologia, já é diferente. O que ele diz é que posso compreender o que é racional. O que não é racional é residual em relação ao tipo ideal de referência. Compreendo racionalmente o que não é racional, mas sei que não estou penetrando, digamos, no que é próprio do que ele define residualmente como ação tradicional. Explico de fora, não de dentro. Mas explico. Portanto, a Sociologia, desde o começo, se debate com esse problema, que é o de decifrar a sociedade como ela é hoje, extremamente complexa, e colocar esse deciframento à disposição dos sujeitos para que eles enfrentem sem sofrimento as mudanças que são inevitáveis. E mais: que tenham controle dos rumos das mudanças, em vez de serem sujeitos passivos de uma mudança que, deixada à sua própria conta, acaba provocando injustiças, iniquidades, desintegração de identidades sociais, neuroses e tudo o que se possa imaginar. É essa a ideia de uma Sociologia que é crítica porque penetra na raiz das coisas. É crítica em relação à sociedade e aponta criticamente os equívocos de cada um de nós. Todos nós temos uma relação enviesada com a realidade. A função da sociologia é, em grande parte, explicar por que isso acontece e criar as condições de uma compreensão que seja superadora.

A Sociologia brasileira não se distanciou desses dilemas interpretativos. Teve um demorado período de preocupação com os estados de anomia, não só na pesquisa, mas também na sua institucionalização como disciplina obrigatória na formação dos professores primários. O conhecimento sociológico na preparação do docente da escola elementar lhe daria um instrumento para fazer da educação um meio de prevenção e de superação de situações anômicas. Supostamente, a sociedade atrasada estava irremediavelmente condenada à anomia, não fosse a educação socorrê-la com a socialização eunômica de seus filhos. Na própria USP, tivemos um curto período de interesse crítico pela tradicionalização das relações sociais e das mentalidades, quando se pretendeu desvendar os mecanismos sociais que tolhiam o fluxo racional da ação na empresa e no Estado. Como tivemos um período, ainda hoje persistente, de dominante interesse antagônico pelo capitalismo e sua crítica, da ideológica negação da negação, não como superação e momento da práxis, de uma práxis de transformação. Um momento antissociológico da sociologia brasileira porque não problematizou os mecanismos de reprodução das relações sociais, a força das formas a que se referem Lefebvre e Gutterman.

Como o sociólogo, posto ao mesmo tempo num solo crítico e no terreno da alienação, pode, ao fazer a crítica, não estar alienado daquilo que está olhando?

Ele não tem como escapar da própria alienação, mas pode compreender a sua alienação sociologicamente. Fazer psicanálise talvez ajude a resolver um monte de problemas, mas não é por aí. Como ocorre com os analistas: eles são analisados para que possam lidar com uma objetividade que é antes consciente reciprocidade no processo interativo. A consciência da liminaridade ou do estranhamento cultural é um instrumento decisivo do sociólogo na pesquisa e na explicação sociológicas. Passei por isso, inicialmente, de uma maneira "natural", porque venho de uma família liminar, oriunda do campo, que migrou para a cidade, tornou-se operária. De repente me vi dentro da universidade. Basicamente, isso quer dizer que pessoas de determinadas extrações sociais, cuja biografia é marcada pela mobilidade através de condições sociais entre si muito diferentes e por ressocializações diversas e até discrepantes, com mais facilidade lidam com a questão da alteridade. Aliás, isso é mannheimiano. [5] O que não quer dizer que só elas possam fazer isso.

Como depois de toda uma infância e adolescência sacrificadas, cheias de reviravoltas, dramas familiares, trabalho precoce, e com vários anos sem estudar, se deu sua opção pela sociologia?

No curso normal, que tinha a duração de três anos, do mesmo modo que o científico e o clássico, entrei em contato com a sociologia e a história e fiquei dividido entre ambas. Eu tinha uma professora de História, dona Margarida Amyr Silva, formada, como quase todos os docentes do curso secundário naquela época, pela Faculdade de Filosofia. Ela não escrevia na lousa, sentava-se à mesa e fazia uma conferência erudita. Era fascinante, não era aquela história contada cronologicamente. Ela fazia interpretações sociológicas, nas quais nos víamos. Ela trazia livros de casa e nos fazia lê-los, me fez ler para um seminário um livro que eu nunca teria lido espontaneamente, *O Valeroso Lucideno*, do século XVII [*O Valeroso Lucideno e triunfo da liberdade na restauração de Pernambuco*, de Frei Manuel Calado, Lisboa, 1648], de um padre que foi testemunha da invasão holandesa e escreve em versos uma crônica da ocupação. É um livro clássico, um documento da história da expulsão dos holandeses do Brasil. Tive uma professora de sociologia, dona Aracy Ferreira Leite, também formada pela USP, que nos fazia ler livros de Ciências Sociais. Quando li *O Homem*, de Ralph Linton, um clássico da antropologia, me surpreendi: a sociedade era explicável, tinha lógica, coerência!

Quando ocorreu sua entrada na USP?

Em 1961. Fiz o vestibular certo de que não ia passar. Optara pelo curso noturno porque tinha que trabalhar de dia. Morava em São Caetano, na casa da minha mãe. Nem fui ver o resultado, até que alguém me falou: "Mas deixa de ser bobo, vai lá ver o que aconteceu!". Fui, na véspera do encerramento das matrículas, e tinha passado. Depois uma colega de turma da faculdade me arrumou um emprego na Nestlé, na rua Braulio Gomes, bem no centro. O trabalho, no departamento de pesquisa de mercado, era uma coisa próxima do que estudava, no sentido de me aproximar das técnicas quantitativas da pesquisa empírica, calcular amostragens, quantificar, analisar e interpretar. Depois de um ano lá, um dia, o professor Fernando Henrique Cardoso, a quem eu definitivamente devo muito, me perguntou o que eu fazia. Daí me perguntou se queria pegar uma bolsa, porque ele e Luiz Pereira estavam recrutando três ou quatro estudantes para trabalhar nas pesquisas do CESIT (Centro de Sociologia Industrial e do Trabalho), que ele tinha criado na cadeira de Florestan e que inaugurara a sociologia industrial no Brasil. Falei "eu topo", na hora, e pedi demissão da Nestlé. Era uma bolsa do Inep (Instituto Nacional de Estudos Pedagógicos), para trabalhar em um projeto sobre qualificação de mão de obra na empresa industrial, coisa que eu conhecia bem. Penso que Fernando Henrique levou isso um pouco em conta. Quando terminou a pesquisa, como Florestan tinha planos de robustecer sua cadeira, ampliar os cursos e explorar novos temas, iria escolher dois daqueles que tinham sido selecionados como auxiliares de pesquisa para ficarem como assistentes, auxiliares de ensino. Eu tinha certeza de que não seria escolhido. Mas aí Florestan sai lá de dentro, me chama e diz: "Você foi um dos escolhidos, providencie os papéis para se fazer o contrato". Em abril de 1965 eu estava contratado.

A partir daí, a sua carreira acadêmica vai se desenvolvendo com vigor.

Sim. E eu me joguei nela de cabeça. Fui trabalhar no Centro de Sociologia Industrial do Trabalho, mas logo optei por um projeto de sociologia do desenvolvimento na roça, de pesquisa sobre desenvolvimento social em regiões extremas de uma escala de modernização. Peguei uma região caipira no Alto Paraíba, uma região decadente de café em Amparo e, na Alta Sorocabana, uma economia agrícola de ponta, porque queria estudar as resistências à inovação tecnológica nessas áreas. Consegui uma verbinha da Fapesp para fazer a pesquisa. Aí, com a ditadura, a crise das cassações, aquilo virou um inferno. Estávamos todos juntos, mas cada um ia se virar como pudesse. Fernando Henrique logo em 1964 teve que sair para o exílio, ele foi o primeiro perseguido, e nós fomos tateando até 1969, quando vieram as cassações, também a dele, recém-retornado.

E em 1969 como ficou a sua situação?

Na noite da cassação de Florestan, fomos todos para a casa dele, que exigiu que ninguém se demitisse em solidariedade. Em Brasília tinham feito isso e foi um desastre. Porque a ditadura se regozijou com as demissões, elas facilitaram o serviço sujo que ia ser feito. Ele disse mais ou menos isto: "Os que não forem cassados ficam e a missão é dar continuidade ao que foi criado aqui na USP desde o Lévi-Strauss e o [Roger] Bastide. Vocês levam para a frente como puderem". Alguns dias depois cassaram Fernando Henrique, Octávio Ianni e outros. A partir daí ficamos quebrando a cara, com muita dificuldade, muita tensão dentro do grupo, porque estávamos relativamente desamparados. Eles estavam fora da faculdade e não queriam fazer nada que parecesse provocação e que levasse, portanto, à cassação dos demais. Nesse meio tempo, Jaime Pinsky, que era professor de História em Assis, no que hoje é a Universidade Estadual Paulista (Unesp), fez contato comigo e ficamos amigos. Ele era ligado à editora Hucitec e resolveu lançar uma revista de ciências sociais, a *Debate & Crítica*. A revista funcionava na casa dele e eu ajudei a fazer os contatos com Florestan e Fernando Henrique. Enfim, cassados e não cassados se reuniam na revista. Mantivemos a revista durante uns três anos, aí a Polícia Federal se manifestou. Quis impor a censura prévia, e dissemos não. Lembro do Florestan furioso. Ele, Jaime Pinsky e eu, depois o Tamás Szmerecsányi, dissemos não. Isso significava, disseram, fechar a revista. Tamás chegou a ir a Brasília para conversar com o pessoal da censura, explicar que era uma revista científica, mas não adiantou. *Debate & Crítica* foi a única revista científica brasileira ameaçada de censura prévia e nunca tivemos a solidariedade de ninguém da área científica, coisa que me deixa abismado. Fechamos, esperamos alguns meses e abrimos a mesma revista com outro nome: *Contexto*. A revista durou enquanto foi possível, vendida em banca, livraria, com uma tiragem pequena, até 1978.

O senhor nunca teve vinculação com o Partido Comunista?

Não, e com nenhum outro partido. O PCB era relativamente presente entre os estudantes da Faculdade de Filosofia, quando nela fui aluno de graduação, entre 1961 e 1964. A ele se antepunha a Polop (Política Operária), mais à esquerda, mais "intelectualizada" e muito ativa. Havia, também, uma difusa presença das católicas Ação Popular (AP) e Juventude Universitária Católica (JUC). Fiquei muito mal impressionado com todos eles, muito autoritários. Eu mal estava saindo de uma igreja protestante, mas ainda orientado por valores religiosos, calvinistas. Desencaixado, portanto, num ambiente partidário dominantemente ateu e crítico das religiões ou das orientações religiosas não católicas. Minha formação calvinista tornava muito complicado ser sociólogo e ao mesmo tempo ter alguém mandando em minha consciência. Para quem me abordava, dizia, já docente: "Olha, sou um cara de esquerda, sou contra a ditadura, quero que ela acabe o mais depressa possível, sou a favor de uma democracia social, alguma coisa mais avançada do que isso daqui, mas partido não é o meu caminho".

Em 1975, decidi fazer uma pesquisa na Amazônia sobre as migrações, os conflitos e a violência, uma imprudência necessária porque arriscada, que, felizmente, deu certo. Nas circunstâncias da ditadura, mesmo na ciência, ou se corria risco ou não se corria e ficava-se nos temas mornos. Estávamos no fim da guerrilha do Araguaia e ir para a Amazônia fazer pesquisa envolvia risco. Em função dessa pesquisa, aproximei-me de setores da Igreja Católica que, naquela região, desenvolviam um extraordinário trabalho pastoral com índios e posseiros, vitimados por grande violência. Foram anos fazendo a pesquisa, sem financiamento. Consegui da Fapesp um pequeno auxílio que só deu para comprar uma passagem para Curitiba e, de lá, para Cascavel. Aquela era a região de onde a multidão estava saindo, dia e noite, de caminhão e ônibus, para Rondônia. A pesquisa foi, então, toda financiada pela "Fundação Martins de Amparo à Pesquisa".

Rancho de posseiros, em Rondônia.
(Foto: 1977)

Quer dizer, foi de seu bolso.

Sim. Por sorte, minha mulher [Heloísa Helena Teixeira de Souza Martins] também trabalhava na Faculdade, era docente da outra cadeira na sociologia, a Sociologia II, e então nos equilibrávamos. Banquei tudo assim ou, então, aceitando fazer conferência em Belém, em uma cidade ou outra, em troca da passagem para chegar lá. Ali era uma grande fronteira, o governo militar estava fazendo aquela estrada de Cuiabá a Porto Velho. O Brasil sempre pensou a fronteira, e continua pensando, em termos de uma guerra. Fizeram a estrada, resolveram fazer a colonização com colonos mesmo, diferente do que acontecia na Transamazônica, onde o negócio do colono deu muito pouco certo e acabaram surgindo as grandes fazendas, grandes latifúndios, terra grilada, todo tipo de patifaria. Apesar do general Garrastazu Médici ter dito, às margens do rio Xingu, no meio do que ainda era selva, perto de Altamira, em 9 de outubro de 1970, que com a Transamazônica abria-se "as terras da Amazônia sem homens para os homens sem terra do Nordeste".

Trecho da Rodovia Transamazônica, em Altamira, Pará. Ao fundo, o rio Xingu.
(Foto: 1985)

No caso de Rondônia, a ideia era a de criar um Estado de propriedades familiares, como ocorrera décadas antes no Rio Grande do Sul, no Paraná e em Santa Catarina. E nele possibilitar o surgimento de uma classe média rural. Escrevi vários trabalhos sobre isso e um livro, *Fronteira*.[6]

No livro reúno vários estudos, um deles de pesquisa realizada na Amazônia com crianças, "Regimar e seus amigos". Foi uma das coisas mais gratificantes que fiz. Traz a fala de uma menina de um povoadinho na fronteira do Maranhão com o Pará, São Pedro da Água Branca, onde os jagunços de um grileiro puseram fogo em tudo, na mata em volta do povoado, para matar os velhos e as crianças enquanto os pais estavam na roça. Era para vencer os posseiros pelo terror. Por sorte, uma ventania levou o fogo para a direção contrária. As crianças com as quais conversei tinham toda consciência disso. Eu lhes pedi que falassem e escrevessem sobre o ocorrido e sobre a vida que levavam. Lembro dessa menina, Regimar, me dando uma entrevista sentada num tronco de árvore, que tinha sido trincheira dos moradores do povoado para se defenderem num dos tiroteios dos jagunços. Devia ter uns 9, 10 anos de idade. Eu tinha falado para as crianças na escolinha: "Venho amanhã conversar com vocês". E no outro dia chegaram todos com a melhor roupa que tinham. Ela estava toda arrumadinha, um vestido bonitinho, clarinho. Minha visita lhes trouxera um domingo em dia de semana. O pesquisador era o mesmo que uma festa, porque o diferente. Depois de me narrar detalhadamente como era a vida das crianças e das famílias do povoado, vendo-me preocupado, disse: "Professor, não fique preocupado, não. Tudo isso vai acabar. Nós vamos embora do Brasil, vamos para Roraima".

Moradores do povoado de São Pedro da Água Branca, Maranhão.
(Foto: 1976)

Cada história de uma pesquisa sua parece puxar outra, simultânea...

Num mesmo período, nunca fiz uma pesquisa só, nunca escrevi um livro de cada vez. O trabalho intelectual flui num ritmo que não é o da indústria. É importante desenvolver duas ou três pesquisas ao mesmo tempo, porque se descansa de uma fazendo a outra. Dessa forma, demora mais, mas um dia começamos a colher vários frutos de uma vez. Sobre o subúrbio, por exemplo, desde quando entrei na universidade já fazia pesquisa sobre o tema. O subúrbio me parecia uma realidade não explicada. Mantinha muitas características rurais, era o que restava da roça no urbano. E vivíamos fazendo estudos aqui sobre o urbano na perspectiva americana, quando nos Estados Unidos a coisa se desenvolveu de outra maneira. Aqui, o urbano nunca se constituiu plenamente, a não ser no centro da cidade e nos bairros residenciais da elite. O resto era rural e urbano ao mesmo tempo.

O fato é que no momento da crise das cassações eu tinha uma pesquisa na roça, cobrindo todo Vale do Paraíba, a primeira pesquisa de sociologia rural no Brasil baseada em aerofotogrametria para determinar as unidades e sortear até uma amostra probabilística. Ao mesmo tempo, investigava a formação dos núcleos coloniais do subúrbio, no século XIX, a influência italiana nessa formação. Fui reunindo muito material sobre o subúrbio, fiz muita pesquisa histórica, porque a ideia original era produzir uma trilogia e esse livro reeditado agora, *A aparição do demônio na fábrica*, é um dos resultados de tudo isso. É diretamente sobre a questão da cultura popular e da consciência social que a classe operária tem no cotidiano. Não essa consciência de classe, puramente teórica, que os sociólogos discutem e analisam e que nunca se realiza nem, propriamente, se mostra.

Eu gostaria de pegar aquela questão da modernidade e do moderno como está em A sociabilidade do homem simples. *Veja-se esse trecho: "Se a modernidade é o provisório permanente, o transitório como modo de vida, a moda; a nossa questão é saber qual a forma que ela assume em sociedades como as sociedades latino-americanas e na sociedade brasileira em particular e, em muitos aspectos, tão diversa do restante da América Latina". Que forma ela assume?*

A brasileira é uma sociedade híbrida em todos os sentidos. Temos em São Paulo índios e temos essa falsa Nova York que é a avenida Paulista, com suas riquezas, sua mentalidade pretensamente cosmopolita etc. A diversidade é muito grande e a modernidade, num certo sentido, é isso, essa combinação da diversidade. Mesmo na Sociologia muita gente confunde modernidade com moderno. O moderno é apenas um momento, um aspecto da modernidade.

Alguns chamam de pós-modernidade essa combinação, essa mistura, diga-mos, de tempos. Penso que isso é inerente à própria modernidade, não existe, própria e substantivamente, a distinção de modernidade e pós-modernidade, a não ser para refinar sua descrição. O Brasil é muito caracteristicamente essa estranha combinação. Não somos o Paraguai, a Bolívia ou o Equador, que estão mais parados no tempo, mais marcados pelo que é próprio da sociedade tradicional. Onde a modernidade não é assim tão "escandalosa", tão escanca-rada, tão visível. Aqui é. Quero dizer, você sai da avenida Paulista, desce numa estação de metrô, viaja uma hora em qualquer direção e chega ao século XIX ou mesmo ao século XVIII, dependendo do lugar.

Cinema na selva, Rondônia.
(Foto: 1977)

Ao examinar a questão da modernidade, seu livro entra no terreno da imagem, assunto fundamental nos estudos de comunicação. Destaco esse trecho que se segue à observação das antenas parabólicas nas favelas: "É como se as pessoas morassem no interior da imagem, e comessem imagens. A imagem se tornou, no imaginário da modernidade, um nutriente tão ou mais fundamental do que o pão, a água e o livro. Ela justifica todos os sacrifícios, privações e também transgressões" (p. 36). Isso me parece estranhamente próximo do conceito de Muniz Sodré sobre o que ele chama bíos midiático, a vida midiatizada.

Não é só de Muniz Sodré essa noção do viver no interior das imagens. É como que uma tese metafórica difusa em concepções de sociólogos que trabalham com a questão da modernidade e que se interessam, como eu, pelo lugar social da imagem e, em particular, o da fotografia. Sou fotógrafo e, quando fotografo, "quase vejo" a realidade desse imaginário. A modernidade é a da sociedade da aparência, da imagem, embora, sociologicamente falando, não seja apenas isso nem fundamentalmente isso. Ali numa favela, em que as pessoas moram em caixotes de 2 ou 3 metros quadrados e o esgoto passa por dentro do caixote, tem pendurado no barraco, e eu tenho fotografias disso, a televisão mais moderna que possam comprar. Elas, supostamente não têm o que comer, notoriamente não têm onde morar, mas a televisão está lá, não dá para viver sem ela.

Aparelho de TV: descompasso da modernidade invasiva num barraco da favela do Jaguaré, São Paulo, SP. *(Foto: 2000)*

Nesse mesmo capítulo sobre a modernidade há um diálogo seu com [Nestor García] Canclini (p. 20), e eu gostaria de saber se também não há ali, embora não explícita, uma resposta a Paul Baudrillard, nas referências à noção de simulacro.

Não necessariamente Baudrillard, cuja concepção de simulacro é mais conceitual e referida ao intencional. Na verdade, um dos meus autores fundamentais de referência é Henri Lefebvre, que foi pioneiro em relação a isso tudo e formulou noções relativas à modernidade de uma perspectiva mais densamente sociológica, pois considerou outros aspectos da realidade social. Esse tema se situa na problemática da alienação e, portanto, no âmbito do imaginário em tensão com a imaginação, o que nos remete às dimensões da práxis e suas contradições. No retorno a Marx, aliás, ele distingue entre o Marx marxista e o Marx marxiano, considerando em sua análise um conjunto extenso de dimensões da realidade atual, como pede a pesquisa referida ao pressuposto metodológico da totalidade. Num outro contexto, segundo escreveu Engels a Bernstein, Marx disse algo sobre isso, certa vez, a Paul Lafargue, seu genro, em relação ao marxismo francês (que o próprio Engels considerava "peculiar"): "Ce qu'il y a de certain c'est que moi, je ne suis pas Marxiste." ("Se algo é certo, é que eu mesmo não sou marxista").[7] Marx era muito mais sociólogo do que creem e gostariam os próprios marxistas. Ele se propôs a compreender e explicar a sociedade contemporânea sociologicamente para transformá-la politicamente. Aparentemente, caiu na tentação de achar que os sociólogos podem mudar a sociedade. O sociólogo não pode mudar nada. Pode propor a compreensão das condições da mudança no marco da reprodução das relações sociais, isto é, dos bloqueios e das dificuldades da mudança. Sociologia que explica só a mudança e só a revolução, não é sociologia, pois de fato não está explicando nada, está apenas propondo, racionalizando. Essa é a diferença entre Sociologia e ideologia.

Em seu diálogo com Lefebvre, o que é mais enriquecedor para entender a sociedade brasileira?

A retomada do método dialético por Lefebvre, que permite, justamente, considerar os extremos, as anomalias, o antropologicamente peculiar, as coisas que parecem estranhas e diferentes em relação ao que é dominante no senso comum. Enfim, as contradições também na perspectiva antropológica.

No capítulo após o do exame da modernidade e dos desafios de renovação do pensamento sociológico, encontramos o seguinte sobre a crise dos grandes sistemas explicativos (p. 52): "As grandes certezas terminaram. É que com elas entraram em crise as grandes estruturas da riqueza e do poder (e também os grandes esque-

mas teóricos). Daí decorrem os desafios deste nosso tempo. Os desafios da vida e os desafios da ciência, da renovação do pensamento sociológico". Até pensando nos sociólogos em formação nesse momento, como traduzir na linguagem do senso comum esses desafios?

O que estou tentando sublinhar nesse texto é que a sociedade sempre se achou muito protegida contra grandes mudanças. Elas vinham devagar, havia tempo de se preparar para elas, só que hoje não é mais assim, elas acontecem da noite para o dia. Estou aqui discutindo sociologia com vocês, mas não tenho certeza que a Sociologia seja esta, a esta altura. Porque tem gente criando em cima da tradição sociológica em tudo quanto é canto. Criando bem e criando mal. Eu estive em Cambridge há uns 2 anos, comprei um livro de Anthony Giddens, que é um grande manual de Sociologia, um calhamaço, por uma libra esterlina. Achei estranho que fosse tão barato um livro relativamente novo. Aí consultei um colega de lá e ele me explicou que era porque o livro se tornara obsoleto. O autor produziu um outro livro, com muitas alterações. Como trabalhara com temas do cotidiano, da vida miúda, o que sabia antes já não valia mais ou valia menos, porque a realidade pedia novas explicações. Na Sociologia, o objeto é quase um objeto cambiante, diferente do que ocorre com o objeto de outras ciências, em que os desafios interpretativos perduram. Na Sociologia, perdura a incerteza e o provisório.

Ponte do Clare College sobre o rio Cam, em Cambridge.
(Foto: 2002)

Ao lidar com as questões da teoria em A sociabilidade, *e pensando sobre a divergência de orientação de marxistas e fenomenologistas na Sociologia, há uma referência à possibilidade de algum encontro, que cria um lugar de conhecimento. Como se costura essa possibilidade teórica em sua experiência?*

Penso que tenho conseguido fazer isso e não estou dizendo que seja a solução melhor, pode ser que outro encontre uma melhor que a minha ou as de outros. A Sociologia sempre se baseou no pressuposto de que as grandes correntes do pensamento sociológico são incompatíveis entre si. Muitos acham que, em princípio, não convergem, que não é possível analisar um tema combinando numa mesma análise diferentes orientações interpretativas. Sobretudo, incomoda muito que se combine Marx com Weber. Ou se vai por aqui ou se vai por ali. No entanto, uma das interpretações mestras da Sociologia de influência marxiana é a relativa à consciência de classe, desenvolvida por Georg Lukács. Sua distinção de consciência falsa e consciência possível, referida à teoria da alienação, de Marx, muito deve à categoria de possibilidade objetiva, de Max Weber.[8] Lukács, aliás, fez parte do círculo de Weber, em Heidelberg, o que explica influências como essa.

Florestan Fernandes é muito criticado porque em *Os fundamentos empíricos da explicação sociológica* junta Marx, Weber e Durkheim, é verdade que separando em capítulos. Num certo sentido ele defende a tese de que é possível combinar essas três orientações teóricas, porém, advertindo que cada método depende do tipo de problema sociológico que o sociólogo propõe. Ou seja, no meu modo de ver, na medida em que, *ao traduzir a pergunta social em pergunta sociológica*, o sociólogo deve fazê-lo no marco de determinada orientação teórica. Desse modo, a resposta interpretativa pode ficar circunscrita aos limites próprios de determinado método. O sociólogo é quem deve ser teoricamente pluralista, não necessariamente a resposta sociológica. Esta, já filtrada pela escolha, teoricamente fundamentada, da alternativa de interpretação que corresponda à natureza sociológica da indagação.

Penso, ainda, que o encontro pode se dar quando se adota a perspectiva dialética, que é o único método que permite lidar com as múltiplas determinações do concreto. Sem recortá-las e, portanto, sem reduzi-las à linearidade própria dos recortes, necessariamente escoimados do que perturba o princípio da identidade, que articula e combina o que é homogêneo. Essa orientação me permite, para exemplificar, tratar da esperança nos dias de hoje, em perspectiva histórico-concreta, no que ela tem de residual e na sua residualidade, no que lhe é substantivo. Ela é momento de uma temporalidade, no âmbito do cotidiano e do fenomênico, mas é também a dimensão visível do possível e, portanto, do que é histórico. A esperança se tornou residual, ela não é mais uma meta para ninguém. A modernidade acabou com a esperança. Não obstante, expressa carência e consciência do devir. Posso, então, juntar, analisar como momentos de um mesmo processo social, o que permanece e o que muda, o que fica difícil se opto por outro método.

Aula de rua, de Sociologia da Vida Cotidiana, em Paranapiacaba, Santo André, SP. *(Foto: Emiliano de Moura Gualberto, s.d.)*

Mas como é essa esperança residual?

Pela volta à dialética que Lefebvre preconiza, pela volta ao método de Marx posso investigar e descobrir o quanto o social foi capturado pelo processo de reprodução das relações sociais, de sua reiteração, sua repetição. Como ensina esse autor, o residual é o que não foi capturado pelos poderes do reprodutivo. Ou seja, o que sendo concretamente insubmisso contém um possível que pode se propor na dimensão transformadora da práxis. A esperança é utópica porque está contida no presente e no seu após, desafiando a interpretação, até ser resgatada na referência de relações sociais que lhe deem sentido.

Há que descobrir quem é o agente da esperança e nisso já proponho que se investigue sociologicamente a esperança na classe (os operários, os trabalhadores rurais?), ou na categoria social (os pobres, os jovens, as mulheres, as etnias, os desvalidos?) que vive em situação social (e de classe) que permita descobrir os nexos, invisíveis, entre a esperança no cotidiano e a história no possível. Era a classe operária no século XIX, por razões sociológicas que Marx mostrou. Foi-o durante uma parte do século XX. Mas a sociedade mudou muito. A trama das relações sociais e da consciência social ficou mais complicada e mais detalhada, com densas mediações entre situação social e consciência social. Portanto, a sociologia já não tem como partir de certezas históricas, como as relativas às classes sociais, pois as relações e concepções ocultadoras desse liame se multiplicaram. Deve começar na busca de por onde começar, temos que saber hoje quem são os protagonistas da esperança para saber como ela se propõe e quem a propõe. No fundo, quem são os portadores inconscientes das possibilidades de mudanças que realizem, que tornem real, no mínimo, essa utopia de que o mundo tem que ser um mundo de alegria, de liberdade e de fartura.

Temos pistas para identificar esses atores?

Temos que fazer pesquisa. O caminho começa pela crítica da sociedade atual, como fez Marx na crítica da economia política que regia o século XIX, como Lefebvre fez na crítica da vida cotidiana em relação ao começo da segunda metade do século XX. Onde é que a sociedade está se afogando? Está se afogando na vida cotidiana, no visível, no vivencial, no imediato, no dia a dia. A esperança foi colocada entre parênteses? Então, preciso saber como nessa situação a esperança, que é própria do homem, se propõe, qual é sua chance. Ou, se não existe mais esperança ou se a esperança está reduzida ao consumista agora, se a sociedade é só a vida cotidiana, tenho que entender a vida cotidiana para dizer: "O mundo, a sociedade é assim". Porém, sociologicamente, sei que a vida cotidiana é mediatizada por determinações ocultas que regulam a mudança. É o que me obriga, como pesquisador, a vasculhar os resíduos da esperança nas ruínas da sociedade que se acreditava histórica, dotada também de um amanhã.

Mas mesmo nesse momento em que o cotidiano parece engolir tudo, há algumas pistas de quem porta a esperança?

Os chineses diziam "são os camponeses". Os russos diziam "são os operários". E cada um inventava o seu. Não, não é por aí. A pergunta está errada. Se essa é uma sociedade dominada pelo cotidiano, há que pesquisar para saber que cotidiano é esse, como as coisas se põem na vida cotidiana. E, claro, como a dialética trabalha com o tempo histórico, com a questão da temporalidade, é nas contradições da vida cotidiana que vamos descobrir os resíduos de esperança. A esperança é residual na vida cotidiana, no mundo da cotidianidade. A grande questão posta por Lefebvre, que depende de pesquisa e não de uma resposta apressada do sociólogo, é saber em que condições pode haver uma coalizão desses resíduos que ganhe corpo e diga: "É por aqui, aqui tem uma brecha". Isso é da condição do movimento estudantil de 1968. O operariado era conservador nos Estados Unidos, era conservador na França. Os jovens é que estavam inquietos com as injustiças sociais, com o imobilismo social, não havia espaço para eles. Então, os jovens representavam o radicalismo daquele momento, a possibilidade da coalizão.

E o que aconteceu para que a coalizão não se sustentasse?

Rapidamente eles foram cooptados. A questão é investigar como.[9] Agnes Heller desenvolveu uma tese que já estava também, secundariamente, num livro de Lefebvre, *La Proclamation de la Commune*, em que chama a atenção para o seguinte: os portadores do novo são os que têm necessidades radicais, que não podem ser resolvidas nessa sociedade.[10] A fome de saber, por exemplo, de conhecimento, a fome de escola. Se analisamos o subúrbio, e já chamei a atenção para isso várias vezes, no ABC, enquanto os comunistas diziam que a classe operária lutava pelo salário, ela lutava por escola. Eu estava lá, sei o que é isso. Os políticos populistas perceberam, a esquerda não. Toda a demanda era no sentido de levar o ensino secundário ao ABC, levar a universidade, e levaram. Os trabalhadores não estavam preocupados com a afirmação da condição operária, mas com sua superação na biografia dos filhos. Ou seja, a demanda radical era outra. E as demandas mudam de lugar, de categoria social, de época e do modo de se expressar. Precisamos de uma Sociologia que saiba investigar isso para saber responder às perguntas, especialmente as perguntas não feitas, que flutuam nos dilemas do cotidiano.

Sua investigação do sonho foi para ver como se apresentavam, numa outra instância, essas necessidades radicais? Se apropriar do sonho na Sociologia é uma aposta ousada.

Fiz uma recomendação expressa aos alunos que fizeram a pesquisa, cujos trabalhos publiquei depois, de que era "proibido" ler Freud. Mas, o onírico não é um modo de expressão de necessidades radicais. É, antes, expressão sociológica do medo ao cotidiano, sem indicar sua superação. A trama do sonho é a trama de uma vida absurda, que absurda se revela à luz do reconhecido na vigília, no confronto expondo seus descabimentos, suas ocultações, a densidade do invisível e do inconsciente.

Porque eles tinham que descobrir por fora da teoria freudiana o que os sonhadores estavam dizendo de si mesmos com os sonhos.

Claro, o que disse foi que se eles lessem Freud, *A interpretação dos sonhos,* ou o que os freudianos dizem, não conseguiriam fazer um trabalho sociológico. "Proibi" para que conseguissem imaginar, criar e ousar. Freud explicou os sonhos do ponto de vista da Psicanálise. Mas os sonhos contêm mais do que pode ser psicanaliticamente compreendido. Portanto, sociologicamente é outra coisa. No Brasil, aqui na USP, tínhamos dois trabalhos de referência, um de Bastide e outro de Florestan. As observações de Bastide sobre os sonhos de pessoas da classe média de cor, em pesquisa realizada em São Paulo, nos levam a concluir que só é negro quem ainda sonha como negro, quem tem um diálogo cotidiano com os antepassados, com os mortos. Aquele para o qual "o sonho não constitui uma realidade à parte, mas é considerado uma mensagem divina que é interpretada, submetida aos especialistas religiosos para que deem sua significação."[11] No fundo, a vida interpretada a partir de significações referidas aos arquétipos da cultura negra, de comunhão cotidiana com os antepassados, em que não existe a separação entre a vida e a morte. Esse trabalho é antigo. Depois ele voltou ao tema.

E quanto ao trabalho de Florestan?

É uma pesquisa inacabada sobre sonhos. O Florestan da juventude já era muito aberto à indagação, à pesquisa empírica. Ele não só fez o primeiro e um dos raríssimos trabalhos da sociologia sobre crianças, *As trocinhas do Bom Retiro,*[12] como fez essa pesquisa sobre sonhos nos bairros de São Paulo. Ele estava interessado numa coisa muito original e muito criativa que é como as pessoas comuns interpretam os sonhos. Porque, sugere ele, e isso é bem sociologia: se descubro a chave da interpretação dos sonhos, a chave de como o homem comum os interpreta, não a chave de Freud, a da impotência do homem comum para desvendá-los sem a mediação do profissional que os interprete, posso compreender o sonho sociologicamente. Isto é, como momento consciente da vida cotidiana, não como esconderijo de temores. Por esse meio, posso vasculhar a mentalidade de quem sonha, posso compreender o entendimento que tem da sociedade em que vive. Florestan deu várias indicações sobre o sonho nesse trabalho inacabado, publicado em *Folclore e mudança social na cidade de São Paulo.*[13] Usei essas indicações porque são fundamentais para a compreensão sociológica dos sonhos na perspectiva de uma sociologia do conhecimento de senso comum. A matéria de referência não é o sonho, mas a narrativa do sonho, o entendimento que do sonho tem quem sonha. Nesse sentido, é que é preciso voltar ao tema e fazer uma pesquisa específica, em linha diversa da de Freud, não para impugná-lo, mas alargar a compreensão que temos do mundo onírico e, por meio dele, da sociedade que sonha.

Então o sonho ajuda a entender quem é o sujeito?

Erich Fromm chamou a atenção para isso já há tempos em *Consciência e sociedade industrial*.[14] A questão é a seguinte: esta sociedade dividiu o nosso mundo em mundo da vigília e mundo dos sonhos. E o negro que passou por isso é só residualmente negro. Todos nós, na sociedade ocidental, vivemos essa divisão. O cristianismo fez isso: separou, rachou o nosso eu em duas metades, uma oculta, que não reconhecemos a não ser indiretamente, e uma metade visível, essa em que estamos aqui, conversando.

Aula de rua para os alunos de Sociologia da Vida Cotidiana, em Paranapiacaba. *(Foto: 2000)*

O diurno e o noturno, o corpo e a alma...

Sim, separados. Então, o que colocamos lá no mundo do sonho? Os medos. São os medos que nos regem quando estamos acordados, só que não sabemos. Eles explodem no sonho. Fizemos então um banco de sonhos. As pessoas sonham com a casa, que é uterina na nossa cultura. Elas se refugiam dentro de casa, só se sentem tranquilas dentro de casa, mesmo com os mortos da família ali no sonho, como se estivessem vivos. Elas têm medo da rua, da circulação, do movimento. Elas têm medo do que não é comunitário, familístico e uterino. Somos primitivos nesse sentido.

Somos arcaicos mesmo, em certa medida.

Ninguém é só moderno, somos arcaicos também e esse arcaico é regulador da vida social. É regulador dos medos, das inseguranças. A pessoa passa medo o dia inteiro, mas de noite sonha com o útero da mãe, com a casa do pai e da mãe, se refugia lá dentro e se sente abrigada. Mas aí sonha que os carros começam a passar por dentro da casa, que os estranhos batem à porta e a atravessam sem pedir licença, como se porta fechada fosse indevida resistência à intrusão dos medos. E por aí vai. Um leão entra em casa ou, então, ela está no banheiro e descobre que as paredes são todas de vidro, ela está totalmente exposta...

A pesquisa também encontrou que os rostos na rua não são rostos revelados nos sonhos, não é?

As pessoas não conseguem identificá-los. É o difuso, o que não tem identidade, o que as pessoas não conseguem lembrar. Essa é a experiência de todos nós. Você anda na rua, sai do Largo São Francisco e vai até o Largo de São Bento. Aí eu a espero lá na igreja de São Bento, entrando naquela salinha da padaria lhe peço para me dizer como era a cara das pessoas que você encontrou na rua. Você vai lembrar da cor do vestido, do sapato, do nariz, mas não do rosto. Se for um sujeito vesgo, você vai lembrar da vesguice, mas não vai lembrar do restante. A sociedade dessa memória fugaz é uma sociedade mutilada.

Eu queria destacar esse trecho em seu livro (p. 60), porque acho de uma beleza extraordinária: "O que nos aterroriza nos sonhos é a denúncia que nós mesmos nos fazemos de nossos temores e terrores, matérias-primas de nosso conformismo. A coragem da nossa noite põe diante de nossos olhos e da nossa consciência a coragem que nos falta durante o dia, em face do que nos conforma e nos obriga. A loucura da noite e do sonho denuncia a insanidade do dia e da vigília: a insanidade de um

agir conduzido e demarcado por um querer alheio, não interrogado, nem questio-
nado". Além da beleza, alude à nossa alienação inevitável.

O tema do livro é a alienação. A pessoa é um conjunto de divórcios, porque ela é de dia o que não é de noite. Estudo linchamentos, tema que, em volume, é uma das grandes pesquisas que faço, com 2 mil casos catalogados em meu banco de dados. O que mais me impressiona é que a violência nos linchamentos noturnos é imensamente maior do que nos linchamentos diurnos. Por quê? Porque a sociedade moderna é uma sociedade de covardes. Eles fazem na escuridão o que não conseguem fazer à luz do dia. Então ficam valentes no escuro. Atiram pedra, queimam o outro vivo, matam, esmigalham os olhos do outro etc., porque estão na escuridão, isso é de uma covardia espantosa. É o mesmo que o torturador faz na tortura. A covardia se transformou numa instituição.

Aproveito sua afirmação de que "a pesquisa empírica faz a diferença enorme entre o ensaísmo sociológico de fundo filosófico e a sociologia propriamente dita", para lhe perguntar: o que é a Sociologia, em sua visão?

A Sociologia é uma das ciências mais interessantes que surgiram nos últimos pouco mais que cem anos. Não tanto quanto a Antropologia, que é uma ciência concorrente e complementar, no fim das contas, mas é muito interessante porque é um grande instrumento de conhecimento dos enigmas do mundo moderno. A sociedade antiga não tinha enigmas. Tudo estava explicado ou pelos filósofos ou pelos teólogos, e o senso comum assimilava isso sem nenhum problema. E todos viviam em paz. As guerras eram por outros motivos. Hoje a sociedade tem enigmas demais e os enigmas se multiplicam diariamente. Um enigma, por exemplo, um caso brasileiro: o número de ocorrências de filhos que matam os pais. E, mais, pais que matam os filhos. Isso nunca foi admitido como uma coisa aceitável, continua não sendo, só que está acontecendo. A Sociologia pode ajudar a explicar essas ocorrências. Eventualmente, pode traduzir suas interpretações a respeito de tais problemas em políticas públicas que, no fim das contas, evitem a tragédia. No caso dos linchamentos também. Os sociólogos, em geral, têm se interessado mais pelos sistemas políticos do que pelos temas do cotidiano e da sociedade, das pessoas simples propriamente, que somos todos nós. A Sociologia por enquanto perdeu esse bonde, pode ser que ainda o pegue. Mas ela se debate com um número tão grande de urgências que isso a levou ao equívoco de fazer opções temáticas. Não raro deixando de lado temas relevantes que não estão inscritos na pauta das urgências políticas. É improvável que haja tantos projetos sobre cotidiano, na Fapesp e no CNPq, quanto há sobre o MST (Movimento dos Trabalhadores Rurais Sem-Terra). O MST, nessa altura, já se tornou tematicamente irrelevante, porque está tão estudado, tão conhecido e tão previsível que não há mais nenhum mistério em relação a ele. Não é mais um enigma para ninguém, portanto, não é mais um tema sociológico de urgência. No entanto, um dos grandes enigmas da atualidade é o que aconteceu com a esperança num mundo dominado pelo cotidiano e pelo provisório de suas urgências.

A Sociologia, enfim, é a ciência dos desencontros – entre situação social e consciência social; entre o hoje que abriga um perturbador ontem e entre o hoje que se abriga no possível que dilacera seus momentos no reprodutivo que não se consuma, não se realiza, nos débitos que ficam dos processos sempre inconclusos. A Sociologia é a ciência das desarmonias e de seu disfarce no harmônico.

Notas

[1]   Entrevista publicada na revista *Pesquisa Fapesp*, n. 147, maio 2008, pp. 8-15.

[2]   Cf. C. Wright Mills, *La Imaginación Sociológica*, México, Fondo de Cultura Económica, 1961, pp. 46-52.

[3]   Uma indicação de como a sociologia brasileira lidou e lida com essa orientação teórica é o estudo de Fernando Henrique Cardoso, "Il contributo di Marx alla teoria del mutamento sociale", em AA. VV., *Marx Vivo:* La presenza di Karl Marx nel pensiero contemporâneo, trad. Elena Baffi, Silvano Corvisieri e Mario Spinella, Verona, Arnaldo Mondadori Editore, 1969, v. II, pp. 124-40.

[4]   Cf. José de Souza Martins, "As cartas de Marx", em Walnice Nogueira Galvão e Nádia Battella Gotlib, *Prezado Senhor, Prezada Senhora:* estudos sobre cartas, São Paulo, Companhia das Letras, 2000, pp. 313-9.

[5]   Não posso deixar de citar Karl Mannheim, a propósito do que ele define como "o problema sociológico da *intelligentsia*", a importância da pluralidade de origem do intelectual e, portanto, de sua libertação em relação a perspectivas de grupo ou de casta. Cf. Karl Mannheim, *Ideología y Utopia*, trad. Salvador Echavarría, México, Fondo de Cultura Económica, 1941, p. 135 ss.

[6]   Cf. José de Souza Martins, *Fronteira:* a degradação do Outro nos confins do humano, 2. ed. rev. e atual., São Paulo, Contexto, 2009.

[7]   Cf. Carta de Frederick Engels a Eduardo Bernstein, em Zurique, de Londres, em 2-3 de novembro de 1882, em *Letters of Frederick Engels – 1882*, Marx Engels Internet Archive, disponível em <http://www.marxists.org/archive/marx/works/1882/letters/82_11_02.htm>, acesso em: 20 mar. 2013.

[8]   Cf. Georg Lukács, *Histoire et Conscience de Classe*, trad. K. Axelos e J. Bois, Paris, Les Éditions de Minuit, 1960, pp. 67-107 (num certo momento, Lukács fala em "tendências semelhantes" no marxismo e nos tipos-ideais de Weber, p. 73, nota); Max Weber, *Essais sur La Théorie de la Science*, trad. Julien Freund, Paris, Librairie Plon, 1965, p. 312 ss.

[9]   Conversando com Ernesto Cardenal, numa das vezes em que o encontrei, perguntei-lhe como se explicava a defecção de Éden Pastora, o Comandante Zero da Revolução Sandinista, em 1981. Respondeu-me o sacerdote, poeta e ministro nicaraguense que "a classe social de pertencimento sempre fala mais alto". Embora essa não seja necessariamente uma boa explicação para um caso assim (Pastora justificara-se questionando a sovietização do regime sandinista), há sempre marcas profundas da primeira socialização das pessoas, que permanecem ao longo da vida, tanto nas técnicas do corpo quanto na mentalidade. Harold Garfinkel demonstrou-o no seu famoso estudo de caso sobre Agnes, uma pessoa que nasceu do sexo masculino, mas que, ao longo da vida, assumiu sempre atitudes e funções femininas, até o limite de terem os médicos atendido sua solicitação e decidido extirpar-lhe o pênis e os testículos para compatibilizarem seu corpo com sua identidade sociológica. No entanto, nas várias entrevistas com ela, o sociólogo constatou que sua alegada feminilidade só podia ser mantida "à custa de vigilância

e esforço". Ou seja, não lhe era natural. (Cf. Harold Garfinkel, *Studies in Ethnometodology*, Englewood Cliffs, Prentice-Hall, 1967, p. 134). Aqui, tem sido comum entre estudantes, militantes políticos e até professores, de origem social e socialização diversa da do operariado ou do campesinato, a simulação de identificação com os pobres, os operários e os camponeses, em nome de orientação ideológica e vinculação partidária, mediante teatralização de gestos, trajes e vocabulário. A inautenticidade da representação é facilmente constatada pelos interlocutores de inserção autêntica na situação social imitada. Certa vez, nos anos 1980, o padre Manuel, da Prelazia de São Félix, no Mato Grosso, contou ter ouvido de um pobre posseiro da região: "Vocês estão nos arremedando". Ante a surpresa e a afirmação do missionário de que os padres estavam lá, entre os pobres, na plena vivência da fé encarnada, ouviu este esclarecimento: "Somos diferentes. Se as coisas ficarem difíceis, você poderá voltar para sua terra. Eu, porém, não tenho para onde voltar." Já testemunhei situações em que estranhos ao meio operário foram identificados por operários, na fábrica e no sindicato, pelo cheiro e pelos gestos. (Cf. José de Souza Martins, *A aparição do demônio na fábrica:* origens sociais do Eu dividido no subúrbio operário, São Paulo, Editora 34, 2008, pp. 65 e 138). Florestan Fernandes, num texto breve e emblemático das pressuposições extrassociológicas da sociologia engajada, analisa a história intelectual e política de seu amigo Caio Prado Júnior na perspectiva do que define como "ruptura total com sua classe" de origem. (Cf. Florestan Fernandes, *A contestação necessária*, São Paulo, Ática, 1995, pp. 78-86). Caio Prado era originário de uma das mais conspícuas, ricas e antigas famílias da burguesia brasileira, entroncada na biografia do Barão de Iguape, no século XVIII. Não obstante, ele se tornou comunista e foi por isso preso mais de uma vez, tanto durante o governo Vargas quanto durante a ditadura militar de 1964. Neste segundo episódio de privação de liberdade, recebia comida de casa e nas refeições utilizava talheres de prata. As rupturas nunca são nem podem ser plenas, pois, no fim das contas, num caso como esse o que temos, quando muito, como o próprio Florestan indica, é a biografia de pessoa ressocializada em valores de referência antagônicos. Certos modos de agir e de pensar permanecem socialmente latentes, recessivos.

[10] Cf. Agnes Heller, *La Théorie des Besoins chez Marx*, trad. Martine Morales, Paris, Union Générale d'Éditions, 1978, p. 107 ss.; Henri Lefebvre, *La Proclamation de la Commune*, Paris, Gallimard, 1965, p. 20.

[11] Cf. Roger Bastide, "Sociologia do sonho", em Roger Caillois e G. E. Von Grunebaum, *O sonho e as sociedades humanas*, Rio de Janeiro, Francisco Alves, 1978, pp. 142-3.

[12] Cf. Florestan Fernandes, *Folclore e mudança social na cidade de São Paulo*, São Paulo, Anhembi, 1961, pp. 153-88. A pesquisa sobre as 'trocinhas' do Bom Retiro foi feita quando Florestan Fernandes ainda era aluno do curso de graduação em Ciências Sociais. A monografia resultante foi escrita em 1944 e premiada em concurso instituído pelo Grêmio da Faculdade de Filosofia, Ciências e Letras da USP. Foi publicada originalmente na *Revista do Arquivo Municipal*, de São Paulo, em 1947.

[13] Cf. Florestan Fernandes, op. cit., pp. 370-4.

[14] Cf. Erich Fromm, "Consciencia y sociedad industrial", em Erich Fromm et al., *La Sociedad Industrial Contemporanea*, trad. Margarita Suzan Prieto e Julieta Campos, México, Siglo veinteuno. 1967, pp. 1-15.

Não há ciência
sem neutralidade ética

Entrevista[1] a Jean Rossiaud e Ilse Sherer-Warren.

Tornei-me docente de Sociologia na Universidade de São Paulo, em 1965, na cadeira do professor Florestan Fernandes. Em meados dos anos 1970, bem depois do meu doutorado, decidi alterar profundamente meu trabalho pedagógico e minha linha de pesquisa. Aquele era um momento de muita violência e tensão na região amazônica. Havia o trabalho pastoral que a Igreja Católica estava fazendo ali com índios e posseiros, o trabalho de bispos como Dom Pedro Casaldáliga, Dom Tomás Balduíno, Dom Moacyr Grecchi. Acabei me envolvendo extensamente, por cerca de 20 anos, com diferentes pastorais sociais, em atividades de educação popular junto a agentes de pastoral, mas também junto a trabalhadores rurais e, em várias ocasiões, junto a grupos indígenas.

À beira do rio Araguaia, em São Félix, Mato Grosso. Do outro lado, a Ilha do Bananal, em Goiás. *(Foto: Carlos Rodrigues Brandão, 1978)*

Você fez esse trabalho só em relação ao campo ou também nos sindicatos, no meio operário?

No meio operário também. Recebi convites para reuniões de estudo, cursos e debates na periferia de São Paulo, várias vezes, no Itaim, em Santo Amaro, em Osasco, em São Bernardo do Campo, especialmente com grupos populares organizados, grupos de mulheres, operários, negros. Fazia isso nos fins de semana ou à noite. Uma vez passei um dia inteiro falando para toda a direção nacional da CUT (Central Única dos Trabalhadores), em São Bernardo, que queria ter um debate comigo.

Com Pedro Wilson Guimarães numa brincadeira de intervalo de hora de almoço nas palestras em São Félix do Araguaia, Mato Grosso. Pedro Wilson seria, mais tarde, um dos fundadores do PT e por esse partido Deputado Federal e prefeito de Goiânia. *(Foto: Autor não identificado, 1977)*

Nas cidades havia uma certa surpresa com as lutas sociais no campo, que contrariavam dogmas de partidos de esquerda. Não só intelectuais se sentiam contrariados pelo fato de que suas teses e crenças estereotipadas sobre a precedência política da classe operária na dinâmica das lutas sociais e do processo histórico estivessem, aparentemente, sendo questionadas na prática, na práxis. Também líderes operários ficavam irritados com o fato esdrúxulo de que o confronto mais radical entre a sociedade e o Estado ditatorial pudesse eventualmente estar nas mãos de desdenhados e pobres posseiros e trabalhadores rurais e de índios de remotos lugares do país. A força das ideologias se manifestava de maneira crua na defesa intransigente de dogmas partidários e no desdém pelos pobres, pelos grupos sociais que não se enquadravam em estereótipos e receitas da culinária política de grupos dominantes e elitistas. No meio acadêmico, em que também participei de debates com frequência, como era natural, sendo eu professor universitário, muitas pessoas não queriam compreender os fatos e debater suas implicações teóricas e políticas. Queriam impugnar as evidências e a própria realidade histórica e o jeito de fazê-lo era, em princípio, questionar quem, como eu, estivesse observando e constatando diretamente, no trabalho de campo, que as coisas eram bem diferentes do que sugeriam os esquemas simplistas por meio dos quais muitos pensavam a realidade do país. Havia, especialmente, certa irritação com a presença das igrejas, a Católica e a Luterana, na mobilização popular e com o fato de que muitos intelectuais, como eu, reconhecessem a legitimidade desse envolvimento e o tratassem com respeito e apoio.

Primeira viagem a São Félix do Araguaia (MT)
num avião Bandeirante, da Votec: vista do rio
Araguaia, descendo em direção ao rio Tocantins,
no norte. À esquerda, o estado do Mato Grosso.
À direita, a Ilha do Bananal, Goiás.
(Foto: 1977)

Entendi que era necessário estender meu trabalho pedagógico a grupos urbanos que quisessem conversar e compreender a situação e a circunstância, a "anomalia" teórica.

Foi um momento interessante porque o monolitismo ideológico dos grupos de esquerda se quebrava ante a evidência de que o contrário do preconizado pela doutrina é que estava acontecendo. Isso abria um terreno amplo para a entrada da sociologia acadêmica e séria, fundada na pesquisa empírica, no território dos grupos de mediação, das lutas populares e dos movimentos sociais, já que a ideologia e a doutrina partidárias não davam conta do que realmente acontecia. Assim, era possível à ciência e à universidade prestarem um serviço direto, de urgência, à sociedade mobilizada e de certo modo consciente do que de fato representava a ditadura.

Mãe banhando seu menino no rio Araguaia, São Félix.
(Foto: 1978)

Se eu tivesse me tornado membro de partido ou partidarizado meu trabalho de educação política e popular, não teria podido fazê-lo e teria sido nocivo aos que com risco da própria vida lutavam pelo fim da ditadura e por uma nova ordem social. Sou inteiramente avesso às confusões que no meio acadêmico e nos partidos produz a equivocadíssima ideia de uma "Sociologia militante", ideia infelizmente associada de modo indevido ao professor Florestan Fernandes, com quem aprendi boa parte da Sociologia que conheço. Enquanto professor universitário e mesmo muito ligado aos movimentos sociais e políticos, especialmente ao movimento negro, Florestan jamais proclamou a bobagem de uma Sociologia militante que fosse uma forma de conhecimento incapaz de distinguir entre ciência e ideologia ou uma Sociologia usada ideologicamente para fins partidários.

Não há ciência sem a neutralidade ética do cientista. Todos sabemos disso. Num clima de paixões políticas exacerbadas como o do largo período a que me refiro, e ainda hoje, com facilidade a falta dessa cautela faz do cientista um ideólogo e, frequentemente, um ideólogo pífio. Se há implicações políticas no conhecimento científico, como há, especialmente nas Ciências Sociais, é necessária a cautela adicional de distinguir entre o político e o partidário. O partidário não raro, entre nós, restringe e empobrece o alcance daquilo que tem implicações políticas na ação social, porque imediatista, referido a interesses partidários e não a um projeto de nação.

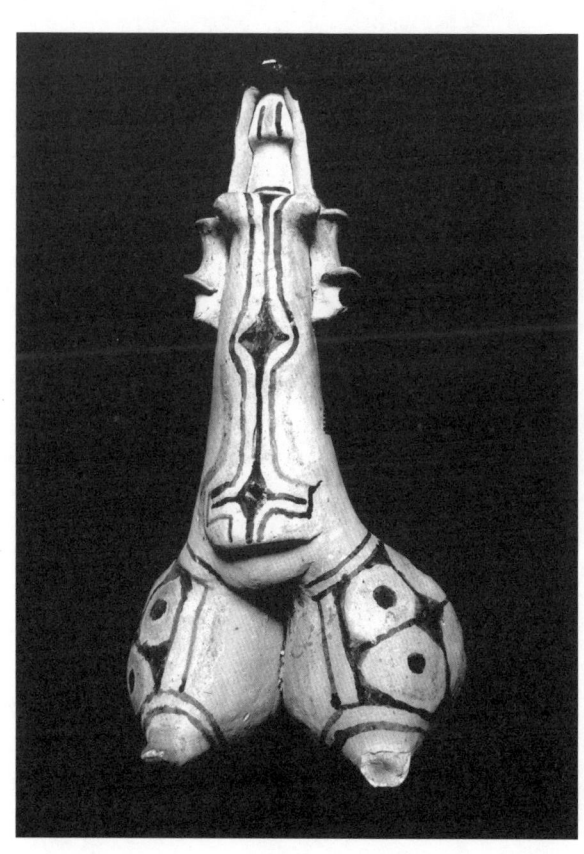

Escultura karajá, índios cuja aldeia visitei na Ilha do Bananal, quando da ida a São Félix do Araguaia, em 1977. Trata-se de uma escultura tradicional e antiga, diferente das que passaram a ser produzidas em função do interesse comercial nas bonecas da tribo. Foi-me doada pelo cacique Uataú. Uataú tornara-se cacique em função de um comentário de Getúlio Vargas, que visitou a aldeia de Santa Isabel do Morro, em 1942. Admirado com seu desempenho numa luta para recepcionar o visitante, Getúlio comentou que forte e ágil como era, aquele índio deveria ser o chefe. Uataú, então, declarou-se cacique e interrompeu a linhagem dos chefes da tribo até aproximadamente a época de minha visita à aldeia, quando a chefia da tribo retornou a um cacique de direito.

No final dos anos 1960 havia um movimento estudantil bastante forte aqui...

O momento mais agudo e de maior vitalidade do movimento estudantil foi em 1968, que já estava arrefecendo quando foi editado o Ato Institucional n. 5, em 13 de dezembro. Durante a ocupação do prédio da Faculdade de Filosofia da USP, na rua Maria Antonia, pelos estudantes, eu estive presente. Mas não era membro de nada, porque já docente aqui da Universidade, era o chamado instrutor, que viria a ser depois o assistente. Houve um acordo entre alunos e professores para criar as chamadas comissões paritárias e fazer uma experiência pedagógica diferente. Mas isso não teve a menor influência no trabalho que fiz depois em relação aos problemas do campo, até porque se passaram quase dez anos entre esse momento e o início de minha pesquisa sobre as lutas pela terra.

Dever de casa, na época da ocupação da Faculdade de Filosofia e suspensão das aulas. *(Foto: H. H. Martins, 1968)*

Eu não era tão jovem como os demais. Entrara na Universidade com 22 anos, com quatro mais do que o comum dos estudantes. Na época dos acontecimentos da rua Maria Antonia, eu estava com 29 anos e já estava casado. Não tinha dúvidas sobre a importância de lutar contra a ditadura, de lutar pela universidade pública e gratuita – eu só pudera fazer o curso universitário porque a universidade era pública e gratuita. Mas, como muita gente, eu tinha dúvidas sobre os métodos adotados e o alcance daquilo que estavam fazendo, embora torcesse para que estivessem certos. Havia muita ingenuidade juvenil naquela história, como, aliás, é necessário. Eu fora preso e fichado pelo Dops, em 1966, no começo das manifestações de rua contra a ditadura. Aquilo me deixara cauteloso em relação às explosões emocionais, à política do berro, do gesto até irresponsável e impensado, embora bem intencionado. Eu não era ninguém e tinha consciência de que não podia, com atos voluntaristas, comprometer o grupo de docentes e pesquisadores a que estava ligado, em início de carreira, pois o efeito sobre ele seria óbvio se eu tivesse algum envolvimento além do que fosse sensato e razoável. Percebi isso no dia em que fui preso em meio a um grande número de estudantes, centenas. Quando disse que queria falar com um delegado e queria que a Universidade fosse notificada de minha prisão e da prisão do professor Roberto Schwartz, os policiais riram de mim. Propositalmente, fomos interrogados por último, depois de 24 horas na carceragem do Dops. Era óbvio que eu não podia nem devia me comportar como estudante, que já não era. E que a polícia procurava evidências do envolvimento de professores na agitação estudantil.

A prisão e o meu fichamento político pelo Dops, em 1966, não era o que recheava minha pobre ficha policial. Quando um amigo e ex-aluno esteve fazendo pesquisa nas fichas do Dops, após a abertura dos arquivos, sobre seu tema de tese, pedi-lhe que tentasse localizar também minha ficha e ver o que continha. Repassou-me os dados obtidos. A ficha havia sido abastecida ao longo dos anos por alguns dos meus próprios alunos. Era evidente que se tratava de anotações mal feitas em sala de aula. Imaginávamos os policiais da repressão como figuras externas, gente não costumeira no saguão da rua Maria Antonia, nos corredores dos barracões da Cidade

Dops (São Paulo), onde fiquei detido em 1966.
(Foto: 2000)

Universitária ou no edifício que ali ocuparíamos definitivamente. Ainda que com algumas dúvidas, imaginávamos que os estudantes estavam todos, em graus variáveis, engajados na luta contra a ditadura. No entanto, os delatores estavam entre nossos próprios alunos, na sala de aula. Aliás, o Partido Comunista propunha que se desconfiasse do radicalismo sem propósito, identificando nesses radicais o que chamava de "agentes provocadores", gente da própria polícia, infiltrada nos grupos de esquerda, que incitavam a ações pelas quais os militantes se denunciavam, facilitando o trabalho da repressão.

A luta pelo fim da ditadura passava muito menos pelos arroubos revolucionários e exibicionistas de momentos de explosão e muito mais pela ação em vários âmbitos sobre as contradições e debilidades do regime. A sala de aula era um dos locais da ação consequente, ainda que lenta e demorada.

Você pertence a algum partido político?

Não, não pertenço nem nunca pertenci a partido político. Ainda não surgiu o partido com o qual eu pudesse me sentir inteiramente identificado. Isso acontece com um grande número de pessoas que, como eu, "fazem parte" da chamada esquerda independente.

Você se considerava de esquerda?

As pessoas são isto ou aquilo, independente do que se consideram. Eu não só me considerava de esquerda como era e sou de esquerda, um intelectual de esquerda. Mas, seria um absurdo imaginar que só eram de esquerda e que só estavam corretos os que, no calor emocionado do grito e do improviso, participavam das comissões paritárias e da ocupação da Faculdade de Filosofia da USP, em 1968. Ou os que optaram pela luta armada ou pela chamada clandestinidade. Há muita presunção nesses supostos, que são voluntaristas. Havia uma esquerda madura e experiente, que refletia a sério, com instrumentos teóricos adequados, a respeito do que estava acontecendo. Eu me identificava mais com orientações assim, com a necessidade de um calculado e prudente enfrentamento da ditadura e não só dela. A esquerda estudantil naquele momento, além do mais, já se fragmentava, havia uma luta ideológica notória no interior do seu movimento. Isso se refletiria na tragédia da luta armada dos jovens basicamente de classe média que se seguiria à derrota de 1968 nas barricadas da rua Maria Antonia. [2]

Então, você nunca acompanhou o desfecho de tomar as armas, ou da clandestinidade?

Não me parece que as pessoas saíssem por aí alistando-se nos grupos que fizeram tal opção. Como a imensa maioria dos que se opunham à ditadura, eu não fiz a opção da clandestinidade e da luta armada. Eu já era professor na USP e casado, o que refreava ímpetos juvenis próprios dos que, na transição para a maturidade, tinham o desprendimento de que os mais velhos careciam. Essa, aliás, não era uma opção que estivesse prioritariamente na pauta das alternativas de enfrentamento do governo militar por parte da maioria das pessoas que desejavam o fim da ditadura, um regime democrático e profundas transformações sociais e políticas na sociedade brasileira. Nem entre os intelectuais nem no meio operário. A opção do radicalismo parece ter atingido mesmo, predominantemente, os setores da sociedade que estavam no território ainda indefinido da transição entre uma situação e outra, como ocorria com a pequena-burguesia estudantil, desenraizada, indefinida ainda quanto à inserção prática e ativa na sociedade, incerta entre a condição de jovem e a condição de adulto. Essa opção foi, sobretudo, uma opção de setores radicais da classe média, dividida entre combater a ditadura ou apoiar a ditadura incondicionalmente, como foi o caso da maioria conformista.

No meu modo de ver, em nenhum momento da história da ditadura militar tivemos uma circunstância claramente revolucionária, que dividisse a sociedade de alto a baixo por uma fratura que tornasse inevitável o confronto, e menos ainda o confronto de classes, ou por uma fratura que divorciasse de modo irremediável a sociedade do Estado. Talvez no final da ditadura se possa ver sinais de uma radicalização do confronto, de certa explicitação dos contrários. E aí eu estava metido na preparação de quadros populares de uma transição para o regime democrático, nos limites claros de minha capacidade de atuação. Pessoalmente, entendo que houve muito voluntarismo pequeno-burguês na luta armada. Reconheço e admiro a generosidade imensa daquela geração de jovens que ofereceu a vida no altar do sacrifício humano por uma sociedade nova e justa, por uma pátria livre e soberana. Infelizmente, eles já foram esquecidos por esta sociedade leviana e sem memória. Esse é o destino dos justos. Um dia alguém perguntará por eles, e será esse o nosso tributo, e perguntará por nossa desmemória, e será esse o nosso castigo, provavelmente merecido.

Algumas pessoas-chave da sociedade civil atual participaram do que você chama de loucura dos anos 1960, 1970, e mudaram de ponto de vista. Elas têm um discurso bastante cidadão agora. Para você, qual foi o contato que essas pessoas tiveram que fez com que elas tomassem outras posições políticas?

Contra a ditadura fomos todos, em graus e concepções diversos. Não conheço ninguém que tenha eventualmente renunciado a princípios e valores de então em favor de posições atuais na estrutura de poder do país. Os que aparentemente mudaram fizeram-no porque mudaram as circunstâncias históricas da militância e da ação política. Já não estamos mais na ditadura, embora haja grupos que ainda atuem como se a ditadura não tivesse acabado, grupos que não tem uma concepção correta do momento histórico, seus limites e possibilidades.

E no nível mais teórico ou ideológico, você se define como marxista?

Ou teórico ou ideológico: temos que decidir do que estamos falando. Eu estou falando do trabalho teórico, pois não tenho vínculos partidários. Meu trabalho teórico é um diálogo com a tradição marxiana, não com o marxismo, que é outra coisa. Conheço uma boa parte da obra de Marx. Durante muitos anos, e anos da ditadura, organizei e dirigi os seminários das sextas-feiras sobre a obra de Marx no meu Departamento, na Universidade de São Paulo, um seminário de pós-graduação. Nosso interesse era o de compreender as ricas possibilidades teóricas do método de Marx. Essa experiência está estreitamente ligada à minha proposição e efetivação de um curso de Sociologia da Vida Cotidiana, na graduação, que contém um diálogo com a Sociologia fenomenológica, em princípio, uma corrente sociológica muito distante do marxismo. Daí resulta uma crítica sólida e intensa ao chamado marxismo vulgar, o marxismo ideológico e de partido, muitas vezes um marxismo simplificador. Numa carta a Bernstein, Engels menciona uma afirmação de Marx a seu genro, Lafargue, em que ele disse a sério que não era marxista. Compreendo porque ele disse isso e estou de acordo com ele.

Você escreveu um livro sobre Henri Lefebvre...

Organizei, em maio de 1993, um colóquio sobre a obra de Henri Lefebvre, sociólogo e filósofo francês, falecido em junho de 1991, com quem cheguei a trocar correspondência. Desse colóquio resultou o livro coletivo *Henri Lefebvre e o retorno à dialética*. [3] Aí estou mais perto de Marx por estar mais perto de Lefebvre. Como disse antes, mantive durante doze anos, aqui na faculdade, no período mais complicado da ditadura, um seminário semanal sobre a obra de Marx. Nossa tradição aqui na Sociologia da USP sempre fora a de uma reflexão crítica sobre os autores das diferentes correntes de pensamento. Florestan Fernandes e Antonio Candido foram os primeiros a fazer referências à importância da obra sociológica de Marx, sobretudo à importância do seu método de explicação, de explanação. Mas, esse Marx entrava na pauta da produção do conhecimento sob um ângulo crítico. Em *Fundamentos empíricos da explicação sociológica*, Florestan Fernandes diz que a partir de Marx é possível estudar sociologicamente tal coisa e não tal outra coisa. Crítica semelhante é feita a Durkheim e a Weber. Antonio Candido, em *Os parceiros do Rio Bonito,* adota a grande perspectiva histórica de Marx e nela incorpora as teorias antropológicas da transição. Num dos seus primeiros trabalhos, republicado depois em *Ensaios de Sociologia geral e aplicada*, Florestan já havia apontado as limitações do marxismo em face do território teórico mais amplo da Sociologia.

Você falou de ecumenismo teórico. Como você conseguiu pensar com Lefebvre e trabalhar com os católicos tendo uma personalidade calvinista?

Não sei se tenho uma personalidade calvinista nem creio que haja as incompatibilidades que você sugere. Tenho, sim, muitos traços de calvinismo na minha personalidade, sobretudo no que diz respeito à disciplina do estudo e do trabalho, ao rigor no cumprimento de minhas obrigações como professor, a certa intolerância com a boa vida e a vagabundagem. Mas, esse suposto calvinismo existe difuso nos ambientes acadêmicos sérios que conheço, no Brasil e fora. Aliás, ao contrário do que muita gente pensa, a tradição crítica na Universidade de São Paulo vem em parte dos professores protestantes e judeus, uma marca própria da USP. Acho mais correto dizer que tenho uma formação calvinista atenuada e adaptada por minha origem católica e preservada pelo próprio estilo de trabalho da Universidade. Isso nunca foi um empecilho ao meu relacionamento com os católicos ou com membros de outras igrejas. Muitos dos católicos com os quais tenho contato passaram por uma educação semelhante nos seminários ou conventos. Sou ecumênico, por exemplo, e oficialmente não sou membro de nenhuma igreja. Vou à missa quando posso ou ao culto quando tenho condições. E tenho muita vontade de ir a uma sinagoga, pois nossa cultura dominante é sobretudo uma cultura judaica.

Lefebvre, que foi membro do Partido Comunista Francês e dele foi expulso por suas críticas ao stalinismo, também era, de certo modo, um homem familiarizado com as questões da fé. Ele lera e citava Santo Agostinho e outros autores religiosos. Além disso, revela-se conhecedor das concepções joaquimitas, o que nos aproxima e muito, pois também eu me identifico com aspectos do joaquimismo.[4] Aliás, a Sociologia, demonstrou-o Robert Nisbet, tem fortes raízes na tradição joaquimita, no pensamento de Gioacchino da Fiore, um monge cisterciense calabrês do século XII, que formulou as bases da moderna concepção de História e de historicidade.[5] Diferentes autores têm reconhecido a influência de Gioacchino na obra de Auguste Comte. Hegel, base do pensamento de Marx, também recebeu influência da concepção de Gioacchino sobre as Três Eras, a sucessão histórica dos tempos e o advento do Tempo do Espírito. [6]

Esse relacionamento é com a Igreja Católica ou com a parte dela identificada com a Teologia da Libertação?

Eu diria que foi e é com a Igreja Católica, como também com algumas Igrejas protestantes históricas, onde, aliás, nasceu uma das versões da Teologia da Libertação. De certo modo, a Teologia é uma coisa e a Igreja é outra. Nesse sentido, fica difícil falar na Teologia da Libertação senão como uma concepção referencial básica de diferentes interpretações da fé e do seu lugar na libertação do homem, na constituição da humanidade do homem. Portanto, há muito simplismo e engano na suposição laica e de não crentes de que a Teologia da Libertação é o nome de um grupo religioso católico constituído em facção política, um partido. Ela é, na verdade, um ponto de vista teológico sobre Deus e o homem. Muito próxima, em muitas coisas, dos pontos de vista de um judeu convertido ao cristianismo chamado Karl Marx, especialmente os que foram expressos na *Questão judaica*.

Muitos bispos e muitas igrejas locais com os quais trabalhei e aos quais dei assessoria nesse trabalho pedagógico de promoção humana e libertação não estão no centro da querela eclesiástica e política sobre a Teologia da Libertação. Mas, pode-se dizer que a imensa maioria do episcopado brasileiro, senão a totalidade, está profundamente identificada com a doutrina social da Igreja, que é muito avançada e sólida e anterior à Teologia da Libertação. É isso que conta, pois o que define a pastoral social da Igreja é essa doutrina e não necessariamente a Teologia da Libertação. Essa Teologia, no meu modo de ver, é um desdobramento extremo, e belo, da doutrina social e do envolvimento dos religiosos e religiosas nas pastorais sociais.

Como você vê a evolução e o desenvolvimento desse ecumenismo teórico e religioso?

Embora eu o considere ainda válido e mais do que nunca necessário, não posso deixar de reconhecer que o ecumenismo teórico (chamemos assim a diversidade de referências teóricas com as quais o sociólogo deve dialogar) tem hoje menos espaço justamente nos grupos que dele se beneficiaram no passado ou que, até, lhe devem a origem. Esses grupos, especialmente os ligados à Igreja, vem manifestando uma crescente intolerância em relação a orientações teóricas que não legitimam sua tendência para o voluntarismo e o corporativismo. A confusão entre ideologia de partido político e conhecimento científico é certamente a grande responsável por esse estreitamento de perspectivas que vem tomando conta do que chamo de grupos de mediação entre os movimentos sociais e o processo histórico. Essa confusão foi produzida pela ação pedagógica de ideólogos de partido, pseudoeducadores populares, que se infiltraram nos criativos espaços abertos ou ampliados por pessoas que faziam ou fazem um trabalho de municiamento dos movimentos sociais com os instrumentos da ciência.

A atitude de manter-se desligado da Igreja e das instituições políticas, como os partidos e os sindicatos, e de tomar as coisas no nível ético e pessoal, é uma tendência que se pode observar no Brasil ou é próprio de algumas personalidades?

A tendência maior e mais visível tem sido claramente a da partidarização das condutas e envolvimentos, da lealdade indiscutível às orientações ideológicas dos partidos, tendência que é, ao mesmo tempo, a da recusa do pensamento crítico e da distinção entre o político e o partidário. Insisto em dizer que a atitude que você menciona, que em grande parte é a minha e de outras poucas pessoas, é essencialmente política e não partidária. Não é, portanto, uma postura pessoal, mas profissional. Sobretudo porque é uma atitude centrada na questão política do desvendamento pedagógico das condições em que se pode fazer História e interferir no destino histórico de todos. Se você quiser, essa é uma atitude utópica, no sentido que Mannheim dá ao conceito, a utopia como esperança plena de conteúdo e de possibilidade histórica.

O que vejo aí é uma postura mais protestante que católica, que se aproxima mais do calvinismo. Mas também encontrei essa postura em padres da Igreja Católica vinculados à Teologia da Libertação. Você acha que há uma influência do protestantismo sobre os católicos?

Não tenho certeza de que seja uma postura mais protestante do que católica. Sou um caso muito particular de alguém que recebeu influências católicas e protestantes e que hoje não tem vínculo formal e institucional com nenhuma igreja, embora vá à missa de vez em quando. Não sirvo como referência para discutir essa afirmação que parece muito mais uma tentativa de propor uma tese. Como eu disse antes, a Igreja Católica no Brasil tem um diálogo rico e significativo com as igrejas protestantes. Participam juntas do Conic, o Conselho das Igrejas Cristãs, e um pastor protestante é convidado para a assembleia anual da CNBB. Ela tem também um diálogo interessante com judeus. E uma convivência mais do que sincrética e mais articulada do que se pensa com as religiões africanas, especialmente o candomblé, ainda que pela via de iniciativas pessoais e isoladas, porém toleradas. Ela é hoje uma Igreja fortemente marcada pela tolerância ecumênica. Mas, eu lembraria a você que a ética protestante é um desenvolvimento do *ethos* monástico e católico. Características e mentalidades protestantes em sacerdotes ou religiosas católicos têm raízes no próprio catolicismo de que, provavelmente, representam uma exacerbação.

O Brasil é visto como um país muito sincrético ou não?

Sem dúvida, visto ele é como o país do sincretismo religioso. Esse sincretismo atinge muito mais a relação entre o catolicismo e as religiões africanas, como todos sabem. Mas, isso tem muito a ver com as características da difusão do catolicismo no Brasil durante o período colonial, sobretudo no período inicial da Conquista, como se pode ver nas cartas jesuíticas. Seria um erro imaginar que o sincretismo se refere indistintamente a todas as igrejas, seitas e religiões que temos no país e constituiria uma indicação de catolicismo flácido e sem consistência. É preciso não confundir competência para conviver com a diferença e sincretismo, coisas muito distintas entre si. O catolicismo, no Brasil, tem uma identidade básica precisa, como acontece também com protestantes e judeus. Por isso, dialogam.

Na assessoria que você prestou à Comissão Pastoral da Terra (CPT) e a outros grupos, você conseguiu mudar, influenciar as estratégias?

A ideia desse tipo de assessoria a grupos de mediação, como a CPT, não é, evidentemente, a de mudar ou influenciar suas estratégias ou a de dirigir suas ações. Infelizmente, há quem pense assim, com muito mais popularidade, aliás, do que pessoas que pensam como eu. Até porque se trata de uma assessoria tópica, específica para cada encontro, que não alcança o conjunto das orientações doutrinárias e ideológicas do grupo local assistido. Quando a CPT convidava alguém como assessor não era para ser o dirigente ideológico do grupo e sim para ser um interlocutor crítico do grupo. Se há ou se houve, eventualmente, desvios em relação a essa postura pedagógica, isso se deve, muitas vezes, a certa preguiça de estudar e pensar ou a certa confusão entre a luta pelo poder e a luta pela presença consciente nos rumos da História, por parte de quem pedia e recebia assessoria. Muitos desses grupos estão hoje voltados quase que inteiramente para o poder ou para a luta pelo poder, mesmo que comprometendo a precedência necessária do fazer História, que é um precedente libertador, emancipador dos que carregam o fardo do devir.

Aula para agentes de pastoral em Conceição do Araguaia, Pará, num curso sobre "Capitalismo e questão agrária", de 24 a 27 de julho de 1979. *(Desenho do Padre Ricardo Rezende Figueira)*

Não sei se consegui mudar ou influenciar estratégias. Se o consegui é porque cometi algum erro pedagógico grave. Não quero que ninguém me siga nem gosto de dirigir ou mandar. Uma boa prova disso é que nunca aceitei funções de chefia em minha Universidade, embora legalmente pudesse disputar posições e, se quisesse, até mesmo tentar ser reitor, o que na USP significa muito poder. É verdade que sem nenhuma chance. Ao contrário, quero que as pessoas e grupos que possa influenciar tenham condições de debater criticamente o que escrevo, penso e digo. Espero que meu trabalho educativo crie dialeticamente o interlocutor. Se ele for capaz de pensar criticamente minhas lições, com categorias científicas, terá condições de pensar criticamente sua práxis, e é isso o que de fato importa.

Nessa perspectiva, então, tenho quase certeza de que consegui assegurar alguma compreensão de que a consciência crítica é parte integrante da ação histórica e, por extensão, da ação política madura e sólida. Sobretudo, espero ter conseguido que meus ouvintes nesse trabalho, muitas vezes difícil, tenham conseguido fortalecer a sua fé em meio a uma inquietação e um debate que muitas vezes tendem a enfraquecê-la. Espero firmemente que isso tenha acontecido. Porque o trabalho que tenho feito não é só entre agentes de pastoral, pessoas de classe média. Tenho ajudado, também, dando cursos, falando em encontros de estudo, pessoas simples e sofridas, trabalhadores dos mais pobres, indígenas ameaçados no fundamental de sua identidade, operários no limite da esperança. Muitas dessas pessoas e desses grupos que vêm aos encontros de que participo e aos cursos que ministro, vêm porque esperam que eu não os prive, com minha palavra e minhas ideias, da única coisa que elas têm, a única coisa que lhes resta: a fé. É nelas e por elas, aliás, que minha fé se recria. A fé é para elas a base de sua extraordinária luta pelo mundo da promessa, o mundo em que haverá fartura de pão e de alegria.

Quais são os fatos mais importantes para você do processo de democratização?

Seguramente, um dos fatos mais importantes desse processo e desse período foi o vigor e a visibilidade que a pastoral social da Igreja Católica ganhou. Penso que isso ocorreu porque ela se tornou ecumênica e, portanto, abriu-se para um trabalho pastoral fora dos limites corporativos da própria Igreja. De certo modo, algo parecido ocorreu com várias Igrejas protestantes, não raro defensivamente fechadas. Sem dúvida, foi e tem sido um momento de encontro e comunhão que afetou experiências e concepções de todos os protagonistas do processo histórico entre nós. Este tem sido o tempo da conversão dos cristãos em cidadãos, em pessoas que se sentem responsáveis pelo destino da sociedade, pela liberdade e pela justiça.

Um segundo fato importante foi o das transformações no movimento estudantil. Durante a ditadura, os jovens pagaram um alto preço político e humano por suas convicções e suas esperanças. Muitos pagaram com a liberdade e a vida. Nem por isso as sucessivas gerações esmoreceram. Deram demonstrações de extraordinária coragem e firmeza, muitas vezes enfrentando nas ruas os agentes da repressão. Foram os jovens estudantes que nos deram nesse tempo a primeira e grande demonstração de que era preciso perder o medo, perda que foi o principal ingrediente do enfrentamento da ditadura e da repressão.

Um terceiro fato importante foi o aparecimento de novos partidos políticos de esquerda, como o Partido dos Trabalhadores (PT) e o Partido da Social-Democracia Brasileira (PSDB). O fato de que as esquerdas estivessem limitadas à opção de um único partido, o Partido Comunista Brasileiro (PCB), e eventualmente a suas dissidências, foi um sério empecilho a que as esquerdas culturalmente enraizadas no país tivessem condições de se expressar politicamente mais cedo do que se expressaram. As esquerdas limitadas a um único canal de expressão partidária, ainda por cima na ilegalidade a maior parte do tempo, tiveram aí um fator de atraso no estabelecimento de um regime democrático no Brasil. A diversificação ideológica maior e a maior diversificação das classes e categorias sociais referidas às tradições políticas do socialismo e da social-democracia, e com elas identificadas, permitiram que uma parte importante da população pudesse, finalmente, falar uma linguagem política própria. Penso, particularmente, nos cristãos de esquerda, católicos ou protestantes, que tinham muita dificuldade para se expressar politicamente através do Partido Comunista, não só por seu ateísmo intransigente, mas também por seu corporativismo e seu autoritarismo. O Partido Comunista no Brasil nunca se propôs a reconhecer que o povo brasileiro é um povo religioso, ainda que religioso a seu modo, e na verdade sempre competiu com as religiões como se ele fosse igreja e expressão de uma outra religião. Esse, certamente, foi um de seus erros mais sérios. Coisa que não aconteceu com os comunistas na catolicíssima Itália.

Além do mais, esses novos partidos colocaram a sociedade brasileira diante do fato de que a população de esquerda não se restringe ao operariado (que aliás, entre nós, raramente é de fato um operariado de esquerda, manifestando antes fortes tendências populistas). Hoje um brasileiro de esquerda pode democraticamente definir seu voto de maneira não corporativa, compondo uma lista eleitoral para os vários postos eletivos que inclua candidatos de diferentes partidos e tendências políticas.

O que você acha do conceito de democratização? Existe um processo mesmo?

Penso que democratização não é um conceito e discussão de conceito não é tema para se "achar" ou "não se achar" algo. Sobre processo de democratização, sim, é possível falar algo. Certamente, há um processo de democratização no Brasil. Não só porque se instituiu um regime democrático baseado no voto livre dos cidadãos. Mas também porque o autoritarismo que existia e de certo modo, em algum grau, ainda existe em nossos partidos políticos de esquerda, mesmo em novos partidos, vai sendo aos poucos questionado e marginalizado no processo político. O populismo, que já teve a função histórica de direcionar nossa sociedade para objetivos nacionalistas e sociais, também vai sendo empurrado e encurralado no terreno da direita, o que finalmente lhe dá uma cara antipopular e antidemocrática, sobretudo no malufismo. Como já constatei e disse num de meus livros, somos um povo de história lenta.[7]

[É verdade que estamos, também, a partir do governo Lula, em face de um populismo petista, especialmente através do Bolsa Família que, independente de intuitos manipulatórios explícitos, mobiliza lealdades e sujeições inevitáveis, o que tem se refletido nas eleições. Esse neopopulismo foi se impondo como técnica social à medida que o PT se transformou no partido do poder, partido de coalizão política não necessariamente de esquerda nem necessariamente democrática. As metas do discurso de esquerda foram sendo drenadas pela *realpolitik* de alianças políticas e econômicas justamente com os representantes dos diferentes grupos de interesse que inviabilizam a preservação do pacto de origem do partido. O neopopulismo supre no supérfluo o que foi tirado no essencial, cria expectativas de baixo perfil que são suficientes para assegurar lealdade e reciprocidade, em troca de extensa renúncia à grande política das metas de transformação histórica].

Tem algo que me parece um pouco raro. Quando você falou dos fatos importantes da democratização, não falou de fatos institucionais ou políticos, da Constituinte, por exemplo, ou da mudança de regime.

Não mencionei porque as mudanças institucionais foram decorrentes, em grande parte, dos fatos mencionados. O regime político não mudou porque tenha havido uma revolução no Brasil. Mas, sim, porque à ditadura se opôs a resistência moral ativa de amplos e diversificados setores da sociedade brasileira. De certo modo, além do mais, o perecimento da ditadura abriu caminho para um novo pacto político, base do novo regime, que não representa de fato um grande salto histórico em nossa sociedade. De um lado, porque o estado oligárquico se revigorou nesse pacto, embora se modernizando. As mudanças impuseram às oligarquias a modernização de suas bases econômicas e sociais. De outro lado, porque as importantes mudanças políticas pelas quais passamos e estamos passando não concretizam nem viabilizam os "projetos" dos grupos envolvidos nos fatos importantes que destaquei. A Constituinte foi um fato histórico não só porque deu ao país uma Constituição democrática, mas também porque deu ao país uma Constituição num certo sentido híbrida, que anula ou atenua algumas das próprias conquistas que anuncia.

Atualmente você avalia o regime como democrático?

O regime atual é um regime duplo, um regime de composição decorrente do modo como foi possível fazer a transição política no Brasil. Sem dúvida é um regime democrático e para dizê-lo tenho como referência a ditadura abolida em 1985. Mas, é um regime democrático parasitado pelas estruturas oligárquicas, uma tradição política brasileira. Isso fica particularmente visível no Congresso Nacional. A dificuldade está nessa dualidade democracia-oligarquismo. [Na época da entrevista, o país tinha na presidência um democrata, o professor Fernando Henrique Cardoso.[8] Pessoas e grupos identificados com o PT ou a ele filiados entendiam que democracia só existiria com o PT no poder, sobretudo na supressão da hipótese democrática da rotação de partidos na liderança. Nessa estranha concepção, democracia não tinha a ver com a política e o poder, mas com a própria supressão da política na hipótese de um partido funcionalmente único.] Não raro, porém, o presidente do Senado, que, na época, era um oligarca, Antonio Carlos Magalhães, agia e falava como condestável da República, tutor da pátria. [Lula e Dilma também terão suas cruzes a carregar, pelo mesmo motivo, e se acomodarão ao modelo com surpreendente facilidade, sobretudo se levarmos em conta que o PT se recusou a assinar a Constituição de 1988 justamente porque atualizava e confirmava o modelo político que o partido repudiava.] No meu modo de ver, essa duplicidade tem uma consequência política nociva para o país: ela cria condições para a emergência e mando de um terceiro agente de poder, os economistas do governo, que também tutelam o Estado e a sociedade, que não estão sujeitos à crítica do voto nem tem suas decisões submetidas a referendo. Eles preservam um núcleo de poder corporativo que foi criado pela ditadura e que se mantém: estão acima da crítica e do voto soberano do povo. A palavra e a vontade dos economistas oficiais demarcam com precisão as decisões de governo e sobrepõem-se aos interesses sociais e à própria vontade política do povo, mesmo em questões vitais como o emprego, a pobreza, a educação.

Todo o esforço do governo de Fernando Henrique Cardoso, que no fundo é o tema desta pergunta, para fazer a chamada reforma política do Estado, foi um esforço para desoligarquizar o Estado brasileiro. Sem isso, outras propostas de esquerda para gestão do Estado, como as do PT e as de outros partidos, não teriam sido viáveis politicamente, quando lhes tocou a vez, nem a remoção dos tutores da pátria será viável. Quem duvidar, espere e verá. Curiosamente, porém, toda a agressividade e contestação dos outros partidos de esquerda, chamados de partidos de oposição [ao governo Fernando Henrique Cardoso], se dirigia contra a figura que desequilibrava, com a reforma política, a composição dualista que faz do Estado brasileiro um Estado arcaico e reacionário. E não raro vemos representantes daquelas oposições, hoje governo, sendo recebidos por representantes do Estado oligárquico e com eles confraternizando, inclusive o Movimento dos Trabalhadores Rurais Sem-Terra (MST), que se deixou receber demagogicamente pelo presidente do Senado e que aceitou condecoração do presidente Itamar Franco.

O que tem precedência histórica na pauta do processo político brasileiro neste momento, no meu modo de ver, não é a opção por um regime socialista, mas a opção por um regime plenamente democrático, que assegure a quem vencer as eleições o direito de concretizar o projeto partidário que recebeu o voto majoritário. Compreender as limitações da circunstância histórica e saber lidar com elas na perspectiva socialista não implica abrir mão do socialismo. Essa competência enriquece a práxis e engrandece quem luta por mudanças sociais significativas e profundas.

Sou, em princípio, pelo parlamentarismo, que tornaria mais viável essa alternativa de poder, forçando o partido governante a fazer as composições e os acordos mais propícios à efetivação do plano político apresentado ao eleitorado e criando condições para atenuar o poder explícito das oligarquias e o enorme poder oculto dos economistas oficiais.

Como você avalia a relação entre governo, sociedade civil, Estado e os movimentos sociais?

No que se refere ao governo de Fernando Henrique, o político e presidente teve, como não poderia deixar de ser, uma opinião sociológica sobre os movimentos sociais e sua relação com a política. Várias vezes fez referências e apelos aos movimentos sociais como reguladores das crises do Estado e agentes auxiliares do processo de modernização política e de democratização. Ele fez menções claras nesse sentido quando da campanha pelas diretas e quando do impedimento de Collor. Isso está bem de acordo com as tradições teóricas que veem os movimentos sociais, em grande parte, como insurgências da sociedade civil voltadas para o estabelecimento da ordem onde ela possa estar sendo ameaçada por governantes que se desviam do mandato ou que dele são desviados ou ameaçados de desvio por outros agentes da estrutura do Estado. É uma concepção, num outro plano, de tipo profético: o profeta como contestador e questionador do rei, ou até mesmo aquele que declara a ilegitimidade do rei. O rei aqui é o Estado e o profeta é o povo. O povo é, portanto, o depositário da sabedoria histórica e o verdadeiro soberano. Há aí uma importante concepção de democracia, muito mais avançada do que a dos nossos grupos e partidos de esquerda: o povo não manifesta sua vontade política apenas nas eleições e no voto, delegando ou abrindo mão temporariamente de sua soberania, como muitos entendem, mas mantém o direito soberano de manifestar-se durante o governo dos que receberam a delegação de vontades. O povo cidadão não só vota, mas vigia para que seu voto se transforme em vontade política e não em abdicação de vontade política. Fernando Henrique, como se pode ver em seus escritos antigos e atuais, nunca confundiu o poder com a pessoa de quem o personifica num momento dado. Seu livro *O presidente segundo o sociólogo* é um primoroso documento sobre essa concepção.[9] Seus opositores deveriam lê-lo atentamente.

Essa não é, curiosamente, a concepção dos partidos de esquerda que não estão no governo. [Refiro-me, em particular, ao PT que, num certo sentido, se constituiu em partido dos movimentos sociais e nessa condição chegaria ao poder. Sem atentar, porém, para a irremediável contradição que há entre os movimentos sociais e o poder, entre a sociedade e o Estado. Os crescentes confrontos entre os movimentos sociais e os sindicatos, de um lado, e o governo, tanto o de Luiz Inácio quanto o de Dilma Rousseff, são indicações nesse sentido.] Para esses partidos, os movimentos sociais sobrepõem-se ao voto e são sujeitos políticos externos à estrutura do Estado, sujeitos corporativos. Por isso, propuseram e praticam um seccionamento do conceito de movimentos sociais, distinguindo dele o conceito de movimentos populares. E interpretam os movimentos populares como os sujeitos privilegiados da história, aplicando aí (e deturpando) a concepção de sujeito da história que os marxistas aplicam à classe operária. Nesse passo, negam também a concepção mais abrangente e universal de sociedade civil e, por extensão, a de cidadão. Porém, hoje as Ciências Sociais têm clareza de que a concepção de sujeito da história adotada pelo marxismo oficial diz respeito ao sujeito *filosófico* da história, como mostrou Agnes Heller, e não ao sujeito concreto e cotidiano, um sujeito de necessidades históricas reais, necessidades que afetam e desafiam o modo como a realidade social está estruturada.[10]

O sujeito da história atua fundamentalmente no âmbito da sociedade civil e a partir dela no âmbito do Estado. A concepção dos movimentos populares como corpo e sua inacreditável subordinação, no Brasil, a uma "central dos movimentos populares", deles retira toda substância histórica que poderiam ter. Transforma-os em adversários do governo [ou cúmplices, dependendo do partido que governa ou da coalizão que manda] e não em críticos e questionadores do governo e do Estado que ele representa, e em agentes da reforma e transformação da sociedade e do Estado. Foram, portanto, aparelhados por um partido político, o que os esvazia, pois todos os partidos políticos, com representação política, são membros orgânicos do aparelho de Estado. Foi esse um lastimável ato de cooptação das energias proféticas e transformadoras da sociedade pelo poder, em detrimento da democracia e das transformações sociais profundas e autênticas de que este país precisa. Um partido pode não estar no governo, mas como partido com representação no Congresso, outro órgão do Estado, está necessariamente no *poder*, ainda que na oposição ao *governo*.

No conjunto, esses equívocos tornam, mais do que difíceis, desencontradas as relações políticas entre esses diferentes âmbitos da realidade histórica. Esse desencontro favorece os setores mais atrasados da situação política atual e enfraquece muito os setores mais conscientes e mais avançados do quadro político em que nos situamos hoje. Usar os movimentos populares como instrumentos de um confronto político que os transcende, e que não é necessariamente o confronto que os motiva, é uma tentativa de fazê-los saltar por cima de seus próprios objetivos e de abdicar deles. Com isso, deixam de atuar sobre as condições históricas do presente para atuar em nome de discutíveis possibilidades de um futuro que não está entre os mais prováveis nas circunstâncias atuais. Os grupos de mediação dos movimentos e lutas sociais não raro ignoram a grande importância do tempo histórico nas ações da sociedade e do Estado e na relação entre ambos. Com isso, em grande parte esvaziam as lutas que querem viabilizar. No meu modo de ver, é o que está acontecendo com a Comissão Pastoral da Terra, mas sobretudo com o MST, mergulhado na crise de ser protagonista de um projeto histórico para o Brasil que é na verdade apenas projeção de um grupo circunscrito, com necessidades reais e legítimas, sem, porém, a universalidade necessária a que um movimento social se torne protagonista das esperanças do conjunto da sociedade.

Nascimento de uma cidade na selva,
na frente pioneira de Rondônia.
(Foto: 1977)

Entrevistei o João Pedro Stédile e perguntei a ele: "como vocês vão negociar com o governo?" Ele contestou-me dizendo que não vai negociar porque o governo não negocia. O que você acha disso?

O que eu acho vale muito pouco, pois aqui não estamos no terreno do "achar". É possível, porém, que a longo prazo essa se revele uma posição equivocada do MST.[11] Não há política onde não há possibilidade de negociação. E não há negociação onde há apenas misticismo e crendice. No entanto, é fora de dúvida que a posição intransigente do MST tem sido, desde sua origem, o principal fator da realização da reforma agrária do tipo que ele não quer e que, com êxito, está em andamento. No processo histórico isso não é raro: o agente ativo de uma demanda social acaba viabilizando o atendimento de sua demanda de um modo inteiramente estranho e até oposto ao de sua proposta e de suas intenções, na medida em que ela é capturada e redefinida por aqueles aos quais se opõe. Isso vem acontecendo – aconteceu no governo de Fernando Henrique Cardoso, no de Luiz Inácio Lula da Silva e no de Dilma Rousseff. Não tenho dúvida em dizer que se o MST desaparecesse hoje, a reforma agrária que está sendo feita perderia sua vitalidade. Ela se nutre em grande parte das contradições do MST, que exige uma reforma agrária inspirada numa concepção operária das transformações sociais, quando os interessados de fato não são operários, quando são pessoas no limite da exclusão pela inclusão perversa que as vitima. De certo modo, algo parecido aconteceu em outros momentos da história do Brasil. A abolição da escravidão negra se deu de modo inteiramente diferente do modo como a preconizavam os chamados liberais exaltados, que queriam soluções mais radicais e mais rápidas para os problemas representados pelo cativeiro. Sem contar que o principal interessado, o escravo, não se manifestou, não foi chamado a opinar nem poderia, pois sua condição de pessoa não era claramente reconhecida nem mesmo por seus aliados. Isso acelerou as decisões das oligarquias que fizeram, porém, uma reforma social sobretudo compatível com seus interesses de classe.

A reforma agrária que vem sendo executada pelo Estado brasileiro padece de uma óbvia falta de substância, porque é uma reforma agrária executada por funcionários públicos e técnicos do governo. Mesmo que dedicados e até generosos, não têm eles nem podem ter a motivação que move a história, que funda e inventa relações sociais novas. Erram, além do mais, quando querem sobrepor seu tecnicismo às soluções simples e boas que os pobres podem dar a seus problemas. Falta nessa reforma agrária, a alma de qualquer reforma social, que é muito mais do que uma reforma econômica: a presença ativa de um movimento de emancipação dos pobres e do que no passado se chamava de promoção humana. O MST de base tem essa substância, a enorme vitalidade de um anseio de transformação das relações sociais locais, de mudança profunda no modo de vida, de ressocialização das gerações jovens marginalizadas por um sistema econômico iníquo e brutal. Ele tem sido o depositário desse sonho, da mística de uma esperança que passa pela reconciliação do homem com a terra, o mais belo símbolo da vida.

Igarapé em Porto Alegre do Norte, Mato Grosso.
(Foto: 1976)

Pessoalmente, penso que o equívoco do MST está na confusão que faz entre o político e o partidário. Tem cometido o erro de imaginar que o PT é o partido da História e não um partido da circunstância histórica. Com isso, fecha a porta à presença dos trabalhadores rurais que com ele se identificam nas negociações historicamente fundamentais de um momento de transição. Tiveram sua melhor oportunidade no governo de Fernando Henrique Cardoso, que hostilizaram e não compreenderam. Nortearam-se pela mesma intransigência em relação a seus próprios governos, o de Lula e o de Dilma. Não percebem que o governo não precisa deles. Eles é que precisam do governo. Adiam o presente, em nome de concepção impolítica da política. Deixam inteiramente e involuntariamente nas mãos do outro a condução das soluções para os problemas de seus adeptos, os sem-terra.

Por outro lado, desde o próprio golpe de Estado de 1964, os governos vêm progressivamente compreendendo os limites da demanda popular por reforma agrária, uma demanda modesta, circunscrita ao imediato, institucionalizando-a no marco das políticas de Estado e distanciando-a dos movimentos sociais. Isto é, situando, circunscrevendo e distinguindo o que é carência popular dos pobres da terra e o que é demanda política e partidária dos grupos de mediação. Isso já vinha ficando claro nos vários governos militares, em relação aos milhares de conflitos fundiários, antes mesmo do nascimento do MST. E se consolidou a partir do governo Sarney, sobretudo e claramente nos governos Lula e Dilma Rousseff.

Não seria o caso de um partido político articular essa vontade da sociedade civil?

O fato do PT [ainda] não ser governo não quer dizer que isso não tivesse acontecido. O governo de Fernando Henrique Cardoso, através do pacto que o sustentava, articulou a vontade da sociedade civil no que se refere à questão agrária, nos limites das indicações eleitorais dessa vontade. O povo tem votado majoritariamente na direção de uma aliança política entre os partidos de centro-esquerda e os setores liberais das oligarquias. Esse é o máximo de progressismo a que chegamos no conjunto do país. Claramente, a vontade popular se expressa na direção de um eixo de centro, conservador em relação a alguns temas e progressista em relação a outros. Talvez o eleitorado se tivesse manifestado a favor de um governo claramente de centro-esquerda se percebesse que o PT, o PDT, o PSB e outros partidos estivessem dispostos a participar de um pacto num certo sentido conservador que pudesse, no entanto, nesses limites, promover alguns avanços na política social. Porque é a composição do governo que estabelece o que é prioritário na contabilidade do país, nos gastos públicos e nas realizações.

Se a direita consegue fazer a mesma coisa, sem ter um presidente no poder, não precisa ter um candidato...

Não se trata de fazer a mesma coisa, mas sim de fazê-la também. Nem se trata de direita, como tampouco se pode dizer que o PT é um partido de esquerda. Um governante não governa setores e fragmentos de um programa governamental. Ele governa em nome de uma proposta de conjunto, uma resposta política de conjunto a um conjunto de demandas e necessidades. É claro que, no Brasil, um presidente pode até decidir muito. Mas ele decide dentro de certos limites, os limites do pacto que o sustenta. Quem quebra o pacto, cai: Getúlio, Jango, Collor o quebraram por motivos até opostos e caíram. Mantido o quadro atual, vai continuar sendo assim.

O Estado não tem feito exatamente o que as oligarquias querem ou tudo que querem. O embate parece difícil e tenso no interior dos pactos políticos que têm sustentado os governos. As oligarquias estão obtendo menos do que gostariam de receber e estão dando mais do que gostariam de dar. Por seu lado, os governos têm dado mais do que gostariam de dar e recebendo menos do que esperavam receber. É aí que entram as negociações permanentes, diárias. [No governo Lula e no governo Dilma, a situação será inversa do que ocorreu no governo de Fernando Henrique Cardoso: as oligarquias e os partidos residuais receberão mais do que valem e darão menos do que o governo carece].

Reconheço a importância enorme do que da reforma agrária se fez no governo de Fernando Henrique Cardoso, no período em que Raul Jungman foi ministro. Mas, acho que, por diferentes fatores, nos quais incluo os relativos à postura da CPT e do MST, foi muito menos do que deveria e poderia ter sido feito. O governo conseguiu vitórias importantes contra o latifúndio, sobretudo ao reduzir significativamente a importância da renda fundiária no programa da reforma, base maior do nosso capitalismo rentista. Isso significa uma modernização do lugar histórico da propriedade em nosso sistema político e mesmo do sistema econômico. Mas, o problema não se reduz a isso. É necessária e possível uma grande reforma social no campo, que abra de fato o acesso dos pobres ao trabalho na terra, mas não o abra à possibilidade do uso especulativo da terra, como às vezes infelizmente acontece também entre os beneficiários

Igreja de pau a pique e sapé, em estilo românico, no povoado de Porto Alegre do Norte, em São Félix do Araguaia – MT.
(Foto: 1979)

da reforma agrária. Para isso, é necessário introduzir restrições e limites no direito de propriedade, que atinjam a todos os proprietários de terra. Temos que pensar essa questão também em relação à terra urbana. Reforma social no campo significa mais do que o problema da terra, inclui uma revolução educacional, uma nova educação rural que ressocialize crianças e adultos para as possibilidades de vida abertas pelo trabalho na terra. Para isso, é preciso que os partidos de esquerda se entendam sobre a urgência e a necessidade dessa reforma. E compreendam que os pobres da terra são prejudicados por seu corporativismo e intransigência.

Sobre a reforma agrária, você acha que é uma necessidade econômica?

Como eu disse antes, é uma necessidade social e política mais do que uma necessidade econômica. Aqui discordo do MST e discordo do governo. A reforma agrária tem que ser feita por motivos sociais e políticos, mesmo que nos motivos sociais estejam embutidos os motivos econômicos.

Arroz colhido no projeto de colonização
de Canarana, Mato Grosso.
(Foto: 1979)

É preciso criar alternativas de emprego para a população que vem sendo expulsa do campo nas últimas décadas. É preciso reconhecer o trabalho rural como uma profissão como outra qualquer.

Vai ter um mercado para toda essa produção agrícola?

Técnicos que tenho ouvido acham que não. Mas, nós vivemos num país de renda concentradíssima, com um problema real de fome, de populações que comem menos e pior do que deveriam comer.[12] Portanto, os limites estreitos do mercado parecem mais um dado estatístico da atualidade do que um dado sobre as possibilidades da economia rural. É provável que o mercado urbano de alimentos possa crescer muito com uma correção na distribuição de renda e uma melhora nas condições de vida da população trabalhadora. Isso também seria possível no campo, onde trabalha e produz muita gente que não deveria estar trabalhando, como crianças e velhos. Boa parte, portanto, da produção adicional resultante da reforma agrária poderia ser substitutiva, transformando emprego indevido e impróprio de imaturos e de anciãos em emprego de pessoas adultas e maduras. Em rotações como essa, no campo e na cidade, certamente haveria um fator de crescimento do mercado junto com a melhora do padrão de vida das populações mais pobres.

E se tomamos em conta que a reforma agrária seria também um modo de fazer uma reforma política, uma luta contra as elites do norte, do nordeste, não se poderia fazer essa reforma diretamente no nível da lei eleitoral, ou da lei da descentralização, ou da lei sobre o federalismo?

A reforma do Estado de algum modo interfere nesses diferentes âmbitos. Além disso, há diferentes concepções de reforma agrária. O governo está fazendo uma reforma agrária que interpreta como demanda econômica a demanda política do que é uma parcela relativamente pequena de brasileiros. Muitas pessoas que apoiam as famosas marchas promovidas pelo MST apoiam apenas o visível e o inteligível das reivindicações, que são de natureza econômica. O MST não tem conseguido explicitar quais são as mediações que levam da natureza econômica imediata de sua reivindicação de reforma agrária ao socialismo de sua retórica política. Se conseguisse fazê-lo, essa retórica política seria abalada seriamente, pois as mediações são sociais e estão expostas no comunitarismo neocamponês e microcapitalista dos assentamentos em que tem influência. O socialismo da retórica pede mediações e condições históricas que não estão presentes no arsenal de possibilidades da organização e do momento histórico. Vários grupos de esquerda que tem simpatia pelo MST, e não só o PT (simpatia notoriamente em declínio), também acreditam que a luta pela reforma agrária é no Brasil o instrumento principal da luta pelo socialismo (resta saber qual socialismo). Não tenho certeza de que a imensa maioria dos militantes dessa organização e a imensa maioria de seus simpatizantes realmente acredite que a reforma agrária levará ao socialismo. Um grande número dos ativos militantes do MST, os trabalhadores, entende que o socialismo é o projeto de um mundo familístico e comunitário que eles desejam e esperam, no que há, sem dúvida, uma grande sensatez histórica.

A reforma política em si mesma atenuaria o poder das elites retrógradas não só do norte e do nordeste, mas do país inteiro. Uma medida fundamental seria o estabelecimento da verdade eleitoral e o respeito pela igualdade dos eleitores dos diferentes estados. Hoje um eleitor de São Paulo vale menos do que um eleitor do Amapá. O princípio da igualdade jurídica de todos os cidadãos brasileiros fica assim comprometido e ameaçado. Os estados oligárquicos e atrasados elegem proporcionalmente à sua população mais deputados do que os estados mais modernos e desenvolvidos. Esses estados atrasados já têm uma representação enorme no Senado, pois independentemente do número de habitantes todos os estados têm três senadores. Não sei se não é o caso de abrir um debate sobre as funções do Senado e sua eventual extinção num regime parlamentarista, além de uma discussão sobre uma mesma relação entre o número de deputados e o tamanho da população no Brasil inteiro. A criação de novos estados em áreas atrasadas e os mecanismos da desigualdade eleitoral foram estabelecidos no conluio das oligarquias com a ditadura e pelas oligarquias mantidos na Constituição de 1988. Foi uma forma de colocar o país politicamente mais avançado sob tutela do país mais atrasado e conservador.

A reforma agrária em si não resolveria esses problemas todos. Interferiria neles, sem dúvida, como parte de um conjunto de medidas para incorporar as reformas sociais ao processo de modernização e desenvolvimento do país, em que o social se constituísse num valor explícito de orientação das decisões de governo. Mas, isso dependeria de um pacto político abrangente, em que as esquerdas não ficassem em cima do muro, como estão neste momento de crise, e, ao mesmo tempo, de crítica predominantemente eleitoral e retórica.

Quando se fala agora de sociedade civil, sempre se fala também nas ONGs, muito mais do que antes. O que você acha das ONGs, do desenvolvimento das ONGs no Brasil?

No Brasil e em outros lugares, há ONGs e ONGs. Sou desconfiado em relação a elas. Algumas são autênticas, viabilizam muitas manifestações da sociedade civil, funcionam como grupos de apoio, de assessoria, de mobilização etc.

Tenho o maior respeito por esses grupos. Mas há muitas outras que são apenas um meio de vida dos que as organizaram. Elas comprometem o trabalho das ONGS ativas e autênticas.

Para você, quais são os maiores obstáculos ao processo de democratização, ao processo da cidadania, hoje?

O maior obstáculo é a concentração da renda no Brasil. Esse é um desastre na sociedade brasileira, porque a pessoa que passa fome, ou que vive no limite da sobrevivência, não tem condições de ser cidadã, e nem reivindica isso. Ela está desesperada para sobreviver. Um obstáculo, ligado à concentração da renda, é o da concentração da propriedade. Esses certamente são os grandes obstáculos à democratização e, por extensão, à afirmação da cidadania de todos.

Você pode se definir como intelectual orgânico do movimento social, dos movimentos democráticos?

Não, não sou um intelectual orgânico porque não tenho um vínculo com esses movimentos. Não sou deles inspirador nem orientador. Nem quero ser.

Seria um intelectual inorgânico como falou o Jorge Semprun em julho de 1997?

Não, não sou orgânico, mas também não sou inorgânico. Sou um intelectual à disposição dos movimentos e grupos que lutam por justiça, pelos direitos do cidadão, pelas reformas sociais. Essa é uma das funções do intelectual, de um interlocutor crítico da sociedade. A sociedade pensa com a ajuda dele e não sob ordens dele. A função do intelectual é a de educar, para que as pessoas não dependam dos intelectuais quando lutem por esses direitos.

Notas

[1] Excertos de entrevista concedida ao sociólogo Jean Rossiaud, em setembro de 1997, em São Paulo. A transcrição da entrevista foi revista, corrigida e ampliada pelo entrevistado em abril de 1999. Este texto faz parte da antologia de Jean Rossiaud e Ilse Sherer-Warren, *A democratização inacabável:* as memórias do futuro, Petrópolis, Vozes, 2000, pp. 156-275, a que foram feitas posteriormente pequenos acréscimos de atualização e esclarecimento. O ano básico de referência desta entrevista é o de 1999. Nesta transcrição, dela eliminei os parágrafos iniciais, relativos a uma sumária biografia referida ao período anterior ao término do meu curso universitário. Como no capítulo anterior, fiz acréscimos e correções para dar-lhe maior clareza e atualidade, atualizando informações e interpretações, tendo como referência o ano de 2012, quando já fechado em suas significações o ciclo histórico das dúvidas propostas pelo entrevistador.

[2] Já antes do golpe de Estado de 1964, Marialice Mencarini Foracchi, assistente de Florestan Fernandes, desenvolvia um projeto de pesquisa sobre os estudantes e a política, cujos resultados seriam expostos e analisados em sua tese de doutorado. O estudo de Marialice trata de dois

grandes temas: "os vínculos com o sistema" e "os caminhos da emancipação". Isto é, da dialética de reprodução e ruptura, as condições da práxis estudantil e, portanto, as condições sociais da crise de gerações na classe média. Dentre suas conclusões, destaco: "O conteúdo revolucionário desta práxis não atinge, porém, os fundamentos do sistema por estar contido nos limites das aspirações de ascensão, estimuladas pela expansão do próprio sistema." Cf. Marialice Mencarini Foracchi, *O Estudante e a Transformação da Sociedade Brasileira*, São Paulo: Companhia Editora Nacional, 1965, p. 297. Os perfis biográficos pós-ditatoriais dos sobreviventes da luta estudantil e da própria luta armada confirmaram o acerto dessa análise sociológica. Um depoimento extenso e esclarecedor sobre os acontecimentos de 1968 na rua Maria Antonia e seus desdobramentos na opção de grupos do movimento estudantil pela clandestinidade e pela luta armada, sobre o amadorismo e o voluntarismo dessas opções, mas também sobre o estreitamento das alternativas impostas pela repressão violenta, cf. Paulo de Tarso Venceslau, "Memória: Entrevista", em *Teoria e Debate*, n. 15, Fundação Perseu Abramo, ago./set./out. 1991. Disponível em: <http://www.fpabramo.org.br/o-que-fazemos/editora/teoria-e-debate/edicoes-anteriores/memoria-entrevista-paulo-de-tarso-venceslau>, acesso em: 19 mar. 2013. Reproduzo este trecho dessa entrevista: "*Fazendo um balanço hoje, você acha que existe alguma coisa ainda pela qual vale a pena lutar? É uma descoberta recente, dos últimos anos: pela democracia. Você acha que vale a pena morrer por essa causa?* Morrer não, vale a pena viver por ela. Esse negócio de morrer acabou. Eu quero viver. Tem uma frase que ficou famosa na cadeia que exprime muito bem isso: 'Ser herói é acidente de trabalho!'"

[3] Cf. José de Souza Martins (org.), *Henri Lefebvre e o retorno à dialética*, cit.

[4] Cf. Henri Lefebvre, *Introduction a la Modernité*, Paris, Les Éditions de Minuit, 1962, p. 74; Henri Lefebvre, *Métaphilosophie*, Paris, Les Éditions de Minuit, 1965, pp. 286-91.

[5] Cf. Robert Nisbet, *History of the Idea of Progress*, New York, Basic Books, 1980, pp. X e 66 ss.

[6] Sobre o joaquimismo, cf. Antonio Crocco, *Gioacchino Da Fiore e il Gioachimismo*, Napoli, Liguori Editori, 1976.

[7] Cf. José de Souza Martins, *A política do Brasil lúmpen e místico*, cit.

[8] Esta entrevista foi concedida em 1997 e revista em 1999, quando era presidente da República o professor Fernando Henrique Cardoso, ainda em seu primeiro mandato. Foi revista e ampliada na informação e na interpretação, em 2012, após os oito anos do mandato de Lula e após dois anos de mandato de Dilma Rousseff. Portanto, quando o PT já tivera 10 anos de exercício da presidência da República e de execução de seu projeto político, contra os oito anos de Fernando Henrique Cardoso e do PSDB. Quando as dúvidas do entrevistador já haviam perdido sua razão e quando as próprias mudanças históricas do país e os inequívocos realinhamentos e reorientações do PT no poder já haviam mostrado a força das tendências próprias do processo histórico no confronto com a fragilidade da mera opinião partidária. A recontextualização histórica das perguntas deu-lhes novo sentido e manteve a importância de considerá-las e de respondê-las, dado o caráter antecipatório das respostas que lhe foram dadas originalmente.

[9] Cf. Fernando Henrique Cardoso, *O presidente segundo o sociólogo*: entrevista a Roberto Pompeu de Toledo, São Paulo, Companhia das Letras, 1998. Na mesma linha, cf. Fernando Henrique Cardoso, *A arte da política*, Rio de Janeiro, Civilização Brasileira, 2006.

[10] "[...]Marx construiu filosoficamente o sujeito da revolução; isto é, admitiu como hipótese a existência de uma classe que, necessariamente, enquanto classe, através de um processo revolucionário, libertaria toda a humanidade." Cf. Agnes Heller, *Para Cambiar la Vida*, Entrevista a Ferdinando Adornato, trad. Carlos Elordi, Barcelona, Editorial Crítica, 1981, p. 12. Também Fernando Henrique Cardoso observou, num outro plano, revendo sua tese de doutorado para a 5ª edição: "Hoje, eu seria mais cuidadoso na transposição da visão marxista-lukacsiana sobre a impossibilidade do escravo compreender o modo de funcionamento da sociedade escravocrata (a 'totalidade social') a partir de sua 'perspectiva de casta'. Por trás desta afirmação está a ideia de que só o proletariado pode entender criticamente o funcionamento da sociedade capitalista, lançando mão dos conceitos que a desvendem e desmistifiquem." Cf. Fernando Henrique Cardoso, *Capitalismo e Escravidão no Brasil Meridional*, 5. ed. rev., cit., p. 10.

[11] Anos depois desta entrevista, com a eleição e posse de Luiz Inácio Lula da Silva na presidência da República, em janeiro de 2003, o MST, apoiado pela Pastoral da Terra, tentou primeiro constituir um poder paralelo ao do Estado infiltrando-se no Incra, isto é na estrutura do Estado, nos primeiros meses de governo. O presidente Lula, porém, assumindo as razões de Estado, demitiu o presidente do Incra alinhado com essa posição. Ao longo de seus dois mandatos e também no

mandato de sua correligionária, sucessora e seguidora, Dilma Rousseff, o MST e a CPT foram progressivamente afastados dos respectivos governos. Essa divergência indicou com clareza o limite dos movimentos sociais. No caso, os dois governos do PT orientaram-se na direção oposta à da pretendida por essas organizações: desdobraram a política de coalizão numa aliança política e econômica com o agronegócio, do qual o MST tem se declarado inimigo visceral. Cf. José de Souza Martins, *A política do Brasil lúmpen e místico*, cit., pp. 26-7.

[12] Pesquisa nutricional realizada por professores da Universidade de São Paulo, em região canavieira do interior do Estado, mostrou que os braçais da cana alimentam-se de maneira completamente imprópria, do mesmo modo que suas famílias. O estudo comparativo de pesos e medidas de adolescentes dessas famílias com adolescentes de famílias urbanas da mesma região revelou que os primeiros são sensivelmente mais magros e mais de dez centímetros menores que os segundos. Cf. José Eduardo Dutra de Oliveira e Maria Helena Dutra de Oliveira (orgs.), *Boias-frias:* uma realidade brasileira, São Paulo, Academia de Ciências do Estado de São Paulo/Conselho Nacional de Desenvolvimento Científico e Tecnológico, 1981.

Um sociólogo e sua circunstância

Entrevista[1] a Conrado Pires de Castro.

Em texto recuado, acrescentei a esta entrevista a Conrado Pires de Castro extensas notas que têm por objetivo contextualizar minhas respostas. As notas não faziam parte da entrevista originalmente concedida. Foi o modo de manter a íntegra de perguntas e respostas originais e, ao mesmo tempo, acrescentar informações e interpretações não solicitadas. Por meio delas, situo o leitor no âmbito mais amplo do desenrolar do que, no meu modo de ver, foi a história uspiana de Luiz Pereira, personagem e capítulo decisivos dos anos críticos da Sociologia do grupo de Florestan Fernandes no período dominado pela ditadura militar e suas consequências.

De diferentes modos, é esta uma contribuição à história do cotidiano da Faculdade de Filosofia na transição difícil que nos foi imposta nas rupturas promovidas pelo golpe de Estado de 31 de março de 1964. As perguntas, apropriadas ao cenário, nos indicam o quanto a biografia de um intelectual do porte de Luiz Pereira pode ser subsumida nas entrelinhas de um cotidiano adverso que ocultou, em vários níveis, a obra científica dele e de vários outros pesquisadores da época e da instituição. O caminho proposto, nesta entrevista, por Conrado Pires de Castro, é sociologicamente interessante e diferente da concepção usual de biografia intelectual, pois trata de situar o biografado e sua obra em termos de um perfil vivencial, como sujeito de contradições cotidianas na relação com a Universidade.

Justamente por aí, não tenho como deixar de apontar minha visão das descontinuidades e mudanças biográficas das várias personagens direta ou indiretamente envolvidas na trama de relações da pequena sociedade acadêmica que acabou expulsa, a ferro e fogo, do paraíso da rua Maria Antonia para os confins do mundo, na Cidade Universitária. Depois do incêndio da escola, atacada por grupos estudantis de extrema direita, orientados por militares, os professores e alunos da Faculdade de Filosofia tiveram que deixar a rua Maria Antonia, em 1968, transferidos para instalações emprestadas e provisórias no novo *campus*. A professora Maria Isaura Pereira de Queiroz, em sábia manifestação de ironia e crítica política, comentou que ia ter dificuldade para se adaptar ao novo *habitat*, pois, "minha família é tão urbana!" Essa é uma boa indicação do que a mudança representou para muitos de nós, professores e alunos. Pouco se discutiu os desígnios políticos da transferência, mas é mais do que evidente que o grande objetivo não foi o de acomodar a Faculdade de Filosofia em melhores instalações, e sim remover de uma área central e politicamente sensível da cidade o que era um núcleo efervescente de ideias políticas e de crítica social. O desenho da Cidade Universitária completou a obra: não há nela um ponto de convergência que a torne um lugar de encontro da inteligência e de educativa convivência informal de professores e alunos. Uma dispersão proposital que confinava setorialmente a vitalidade acadêmica. Inviabilizava o que era a grande característica da rua Maria Antonia, a interdisciplinaridade, ainda que vários de seus departamentos estivessem distribuídos por diferentes pontos da cidade.

Avenida principal da Cidade Universitária.
(Foto: 2002)

A velha Faculdade de Filosofia cumpria eficazmente o seu propósito de aglutinar ideias e pessoas, no pluralismo da diferença; a nova Faculdade de Filosofia cumpriria eficazmente seu propósito de dispersar ideias e pessoas sob as ilusões corporativas e opressivas de unidades e unanimidades forjadas em mal disfarçados constrangimentos e silêncios. O que se completou com o surgimento de culturas departamentais centradas no poder pessoal de poucos professores e na ideologia de província de muitos alunos. Muitos deles, até hoje, mal enxergam além da aglutinação curricular do diploma que esperam obter: frequentemente dizem que são alunos da Faculdade de Ciências Sociais, da Faculdade de História, da Faculdade de Geografia ou da Faculdade de Letras, que não existem. Nunca dizem que são alunos da Faculdade de Filosofia, Letras e Ciências Humanas. Enquanto na Maria Antonia nos referíamos à Faculdade de Filosofia, os mais "informados" de hoje dizem que são alunos da Fefeleche, que se tornou o nome de fantasia e de botequim de uma escola que fez e faz história nas ideias e na política.

Nessa memória secundária das condições adversas que cercaram a biografia de Luiz Pereira na USP, como professor, creio que se tem evidências dos efeitos desagregadores da intervenção do regime militar na Universidade, que transformou em crise letal as mudanças desencadeadas quase ao mesmo tempo pelo movimento estudantil de 1968.

Prédio da Administração da Faculdade de Filosofia da USP, na Cidade Universitária. (Foto: 2002)

Em que circunstâncias você conheceu Luiz Pereira? Qual o tipo de convivência que teve com ele? Que traços você ressaltaria para compor um perfil pessoal de Luiz Pereira? Qual a importância de Luiz na formação dos sociólogos de sua geração, em geral, e na sua em particular?

O CESIT (Centro de Sociologia Industrial e do Trabalho), anexo à cadeira de Sociologia I, do Professor Florestan Fernandes (1920-1995), dirigido pelo professor Fernando Henrique Cardoso, estava em fase de ampliação do número de projetos de pesquisa. Isso foi aí pelos fins de 1962, início de 1963. Na ampliação, um dos objetivos era incorporar a educação como tema de pesquisa associado aos projetos já em andamento, sobre o empresariado, o operariado e o Estado, relativos ao desenvolvimento econômico e social. Para ampliar o número de pesquisadores, foi convidado o professor Luiz Pereira, formado em Pedagogia, e não em Ciências Sociais, que havia sido aluno de Sociologia do professor Florestan e com ele fizera mestrado em Sociologia e, depois, o doutorado, na mesma semana em que Fernando Henrique e Octavio Ianni (1926-2004) fizeram os seus doutorados. Por indicação de Florestan, Luiz Pereira era Professor de Sociologia na Faculdade de Filosofia de Araraquara, então um instituto isolado da Secretaria da Educação do Estado, que viria a se integrar, posteriormente, à Unesp, quando de sua criação.

Luiz redigiu um projeto de pesquisa sobre "A qualificação da mão de obra na empresa industrial",[2] para conhecer e estudar o modo como a indústria preparava sua própria mão de obra. De certo modo, o quanto a fábrica era também uma escola profissional. Eles precisavam de um auxiliar de pesquisa que fizesse o trabalho de campo: que fosse às nove indústrias de uma amostra probabilística, sorteadas numa lista das indústrias da cidade de São Paulo; que fizesse os contatos, obtivesse listas de operários, reconstituísse o processo de trabalho da empresa e fizesse as entrevistas em residências espalhadas por toda a cidade, especialmente nos bairros operários, o que se daria à noite e nos fins de semana. Eu estava no final do segundo ano do curso de Ciências Sociais noturno da Faculdade de Filosofia, Ciências e Letras da USP e era aluno de Fernando Henrique e de Octavio Ianni. Fernando Henrique convidou-me, então, a trabalhar nessa pesquisa, com uma bolsa, creio que do Instituto Nacional de Estudos Pedagógicos, obtida por meio do Centro Regional de Pesquisas Educacionais, que funcionava na USP. Eu trabalharia junto com outros dois estudantes mais experimentados. Na verdade, eles acabaram recebendo a bolsa, mas não se envolveram na pesquisa.

A experiência foi para mim interessante, apesar de ter deixado o emprego em que ganhava bem e que me mantinha. Luiz estava chegando do interior, contratado pela cadeira do professor Florestan, como docente, e ainda não tivera nenhum contato com os alunos da FFCL. Foi morar num apartamento da rua Caio Prado, perto da Maison Suisse, onde de vez em quando jantava e onde tivemos uma de nossas primeiras conversas. Era um leitor disciplinado, mas pouco motivado para o trabalho de campo, que ficou inteiramente a meu cargo. Além disso, era notívago, passava a noite lendo, dormia tarde e só acordava depois das 11h da manhã. Passei a encontrar-me com ele todos os dias nesse horário para relatar o trabalho feito no dia anterior, obter suas reações, responder suas perguntas e anotar recomendações para o prosseguimento da pesquisa. Fizemos isso durante dois anos, pelo menos. Almoçávamos juntos todos os dias, "rachando" o preço do prato único dividido pelos dois.

Na minha geração, propriamente, Luiz Pereira não teve influência.

> Por essa época, o grupo de participação e de sociabilidade de Luiz Pereira, o seu grupo de referência, como poderia definir Robert Merton, não era o da Faculdade de Filosofia; era o de seus antigos colegas e amigos de um setor da Faculdade, o do curso de Pedagogia, e da área de Educação, com os quais se encontrava para conversar, ir ao teatro ou ao cinema. Fui por ele convidado para um desses encontros, quando o grupo foi ao Teatro Municipal ver o Balé da União Soviética. Os interesses desse grupo não eram muito diferentes dos interesses culturais de quem circulava pelo saguão da Faculdade de Filosofia, na rua Maria Antonia, nº 258, do qual se distanciava apenas pela idade, alunos que haviam sido da mesma escola. Era constituído de pessoas mais maduras, maturidade acentuada pelo comum cometimento profissional à educação. Aquele era o lugar de uma rica troca de ideias e de informações sobre literatura, música, teatro e cinema, além de política, tanto entre alunos quanto entre alunos e professores. Conversas que eram esticadas até o restaurante de seu Osvaldo e dona Luci, no Grêmio da Faculdade; ou até o cafezinho no bar do seu Antônio, na esquina da rua Dr. Vila Nova; ou, ainda, até o restaurante do seu Archimede e da esposa, italianos, no porão de uma das velhas casas, no mesmo lado da Faculdade, entre a Dr. Vila Nova e a rua da Consolação. Até pouco tempo antes, o movimento se encerrava quando passava o último bonde no rumo da cidade, o nº 14, "Vila Buarque", cerca de 10h20 da noite, coincidindo com o final da última aula. Não raro, o motorneiro parava o bonde na porta da Faculdade para esperar a saída de todos os alunos. Às vezes, ia tomar um café no bar da esquina, enquanto isso.

No saguão, os perfis dos alunos se definiam, entre os que se julgavam de esquerda, ainda assim divididos entre militantes ou simpatizantes do Partidão, da Polop (Política Operária – que Octavio Ianni chegou a caracterizar como superego do PCB), os independentes e os que preferiam ser de coisa alguma. Mas a marca das classes sociais de origem estava em todos eles: os generosos e os egoístas; os que compartilhavam o que sabiam e os que escondiam o próprio saber, olhando com desprezo e em silêncio os circunstantes. Principalmente os que, na relativa pobreza de seus argumentos, mostravam que vinham dos cantos escuros e desvalidos da sociedade. Havia uns poucos que economizavam exibições de conhecimento por menosprezo aos demais, eram os dotados de "ego inflado", designação que Luiz Pereira usava com frequência para se referir a eles. Do mesmo modo que se referia aos de língua solta e sem cuidado com a própria imagem como "boquirrotos". É verdade que havia os que não abriam a boca, menos para não exporem o que supostamente sabiam do que para não se exporem. Outros, não abriam a boca para não distribuir as migalhas preciosas de seu capital cultural, preservando-se para os embates mais decisivos da competição que atravessava a vida acadêmica. Ou, então, circunscrevendo a exibição de seu saber aos professores, não raro com a compreensível intenção de acumular prestígio nos ouvidos certos e, quem sabe, no fim do curso, ser convidados por um dos catedráticos para assistentes. Não obstante, no saguão se organizavam, também, pequenos grupos de amigos para ir ao Teatro de Arena, no sábado ou no domingo, ver peças de Augusto Boal, Brecht, Molière ou Gianfrancesco Guarnieri. Ou para ir ao pequeno e acolhedor Cine Bijou, na Praça Roosevelt, ver, sobretudo, filmes franceses e italianos, ou ao Cine Joia, na Liberdade, ver filmes de Akira Kurosawa. Quem tinha dinheiro comprava os *Cahiers du Cinéma*, na Livraria Francesa, na rua Barão de Itapetininga, e eventualmente os comentava no saguão. Quem não tinha dinheiro, os lia do mesmo modo num confortável espaço de leitura que Paul Monteil mantinha num canto de sua Livraria para os duros, como eu, que ali podiam ler livros e revistas, mesmo não tendo dinheiro, eventualmente comprando um livrinho da Coleção "Que sais-je?". Minha primeira compra ali foi a de *De la Division du Travail Social,* de Émile Durkheim. Luiz Pereira era um frequentador da Livraria, de onde raramente saía sem um novo livro ou vários. Era tímido e se precavia contra demonstrações de sabedoria fora do lugar, que tinha o seu templo no saguão. Mas surpreendeu a todos um dia, no meio da arguição de uma tese de doutorado, com um comentário interpretativo competente e denso sobre *La Chinoise*, de Godard, filme de 1967, então muito debatido. Ali no saguão se tramava também aventuras, como foi a de ir em grupo ao Rio de Janeiro, de que participei, em 1962, para visitar a Exposição Soviética, um grande painel sobre o desenvolvimento científico e tecnológico daquele país, especialmente sobre o avanço de seu programa aeroespacial, sobre o qual se sabia pouco.

As alegrias dessa cultura acessória dos cursos da Faculdade de Filosofia terminaram quando do movimento estudantil de 1968, que a pôs entre parênteses. A partir de então, excetuados os poucos que se engajaram sacrificialmente nas diferentes lutas armadas dos vários e minúsculos grupos ideológicos, a humanidade do saguão refugiou-se no privado e na cultura das conversações conspiratórias. Mesmo quem não estava envolvido em coisa alguma, passou a se comportar como dono de algum suposto segredo da luta contra a ditadura, eventualmente sussurrando aqui e ali insinuações de bem informado, de estar "por dentro", para se fazer de importante, pretensos segredos confidencialíssimos quanto a um iminente acontecimento. Só muito depois do fim da ditadura, sobretudo com a publicação das listas de mortos e desaparecidos, é que se ficou sabendo quais eram, na realidade, os relativamente poucos antigos alunos que se envolveram com diferentes grupos ideológicos na ação direta contra a ditadura, não raro luta armada.[3] É quase sempre uma surpresa constatar que determinado morto ou desaparecido era aluno da escola, sem nenhuma visibilidade na "sociedade do saguão", o que é muito significativo. Dessas listas não constam os que se envolveram, mas escaparam. Na verdade, a resistência majoritária contra o regime militar, na Faculdade de Filosofia, seguiu outros caminhos, nos programas de ensino e nas linhas de pesquisa. Ressalvadas essas exceções, as conversas cotidianas, nos recintos de circulação da Faculdade, tornaram-se aborrecidamente sem graça, circunscritas às incertezas do político e às imprecisões, sem imaginação, do ideológico. Uma frase rabiscada, nos primeiros dias que se seguiram ao golpe de 1964, numa das portas internas do banheiro que ficava no topo do primeiro lanço da escada que saía do saguão, já indicava uma predisposição cultural e política na nova circunstância da ditadura: "Em terra de cego, quem tem um olho emigra."

Alunos do curso noturno no ponto de ônibus
do Prédio de Filosofia e Ciências Sociais. *(Foto: 2002)*.

A ruptura se confirmaria na Cidade Universitária, no nascimento de uma enjoativa cultura do exílio, marcada por ambições e ressentimentos, completamente oposta à animada cultura do saguão da rua Maria Antonia. As novas gerações de estudantes, e mesmo as de professores, nunca mais recuperaram o modo de vida da Faculdade, anterior à nossa deportação para o "campus" do Butantã, reduzindo seus temas de convivência e conversação às miudezas insípidas, próprias das incertezas criadas pela ditadura, e das extensas fragmentações da comunidade acadêmica, marcadas pela desconfiança e pelo fuxico. Quando nos mudamos dos barracões (que seriam substituídos depois de nossa mudança pelos edifícios do Instituto de Psicologia), para o prédio de Filosofia e Ciências Sociais, com sua arquitetura pré-fabricada, medonha e burra, de colunas cinzentas no meio dos corredores e mesmo no meio de uma das salas de aula, de paredes brancas, alguém pichou, em vermelho, num dos corredores, esta proclamação significativa e libertadora: "Parede, eu te livro dessa brancura!" Era uma proclamação da cultura do subterrâneo, de que fala Henri Lefebvre, contra a superfície tomada pelos poderes, especialmente o da falta de imaginação do corporativismo, o da dominação burocrática e o do niilismo da falta de projeto institucional para compreensão da circunstância kafkiana que solapara o cotidiano da criação e difusão de conhecimento.

Corredor de acesso ao prédio de Filosofia e Ciências Sociais, na Cidade Universitária.
(Foto: 2002)

A partir de nossa mudança da rua Maria Antonia, Luiz Pereira, que morava perto da Faculdade, exacerbou o seu autoconfinamento, quebrado quase que apenas pelas saídas para as aulas na distante Cidade Universitária. Seus escritos refluíram para um formalismo seco, perdendo certo encanto poético que tiveram, como em seu artigo sobre "Mulher e trabalho"[4] e em seu projeto sobre "A qualificação da mão de obra na empresa industrial"[5] e que só excepcionalmente retornaria, como em seu ensaio sobre a urbanização "sociopática". Mesmo suas aulas perderam o lirismo que eventualmente tinham, como quando, para dar uma aula sobre socialização, usou a *Auto-*

biografia Precoce, de Evutchenko, jovem poeta russo dissidente.[6] Ele mergulhou numa sociabilidade redutiva e impaciente, expondo-se progressivamente a demandas alheias, imaturas e até oportunistas. O silêncio que cobriu sua obra após sua morte é a significativa indicação de quanto fora ele vitimado por esse recuo e pelo cerco que dele resultou. Não lhe sobrou um único discípulo, alguém que levasse adiante aspectos importantes de sua obra tanto na questão do desenvolvimento econômico quanto na questão de seus desdobramentos patológicos e anômicos, campo em que, de certo modo, foi pioneiro e criativo.

O silêncio, aliás, cobre também a obra fundamental de Florestan Fernandes, de Fernando Henrique Cardoso, de Octavio Ianni, de Marialice Mencarini Foracchi, de Maria Sylvia de Carvalho Franco, o núcleo mais denso de docentes e autores da antiga cadeira de Sociologia I. E também a obra dos docentes da antiga cadeira de Sociologia II – Fernando de Azevedo, Maria Isaura Pereira de Queiroz, Ruy Coelho, Azis Simão. Sem contar Gioconda Mussolini, da Cadeira de Antropologia, e Lourival Gomes Machado, Paula Beiguelman e Oliveiros da Silva Ferreira, da Cadeira de Ciência Política. Uma espécie de revogação geral do pensamento de cientistas sociais originais e criativos, que nunca foram superados, decretada pela ideologização dos temas e das interpretações em nome de uma esquerda difusa e inconsistente, em nome da ignorância, do tipo "não li e sou contra", que cheguei a ouvir de alunos. Professores que em qualquer universidade se sentiriam honrados com o desafio de dar continuidade e desdobramento críticos ao legado de sua inserção institucional, são os primeiros a omitir-se e a cavar o abismo que confina seus antecessores no cárcere do esquecimento.

De um modo geral, a saída da rua Maria Antonia impôs a vários de nós um modo radicalmente diverso de relacionamento com a Universidade, marcado sobretudo pela pobreza de esperança. Uma única vez, deparei-me, no prédio da Administração da Faculdade de Filosofia, na Cidade Universitária, com a bela surpresa de uma extemporânea manifestação do espírito da Maria Antonia. Encontrei-me, no *hall*, com os professores Isaac Nicolau Salum, de Linguística, e Alfredo Bosi, de Teoria Literária, entretidos em animada conversação sobre a *Oração do Pai Nosso*. Salum, pastor presbiteriano que, na Faculdade, dava continuidade à profícua linhagem dos linguistas protestantes, que foi marca da escola, ponderava com Bosi, católico devotado e praticante, autor competente e fino, a importância de organizarem juntos um seminário exegético sobre aquela oração bíblica. Um luxo poético inimaginável na aridez do campus. Salum, aliás, é o autor da tradução literária para o português do belíssimo hino "Descansa, ó alma", do poema sinfônico *Finlândia*, de Jan Sibelius.

Acesso ao prédio de Filosofia e Ciências Sociais, na Cidade Universitária. *(Foto: 2002)*

Como me esclareceu um dia o professor João Baptista Borges Pereira, na Faculdade de Filosofia foi por muito tempo historicamente forte a tradição de uma postura protestante, tanto na Linguística quanto nas Ciências Sociais, neste caso especialmente com Roger Bastide e Paul Arbousse-Bastide, que não eram parentes entre si, este último até mesmo professor da escola dominical de sua igreja. Em outras áreas do conhecimento da Faculdade original também havia protestantes. Fora uma escolha aparentemente intencional dos fundadores da USP para, com protestantes e judeus, republicanamente, evitar que a universidade pública se tornasse uma universidade católica financiada com dinheiro público, coisa que, de certa maneira, aconteceria com a

Universidade do Brasil, no Rio de Janeiro.[7] Embora não se possa afirmar ter sido esse um propósito excludente: Pierre Deffontaines, que instituiu na USP a cátedra de Geografia Humana, era não só católico, mas um ativista católico.[8] Mas, em boa medida, a tradição crítica na Faculdade de Filosofia aparentemente muito deve ao objetivismo protestante e ao distanciamento que possibilitava numa sociedade cujo senso comum era e ainda é católico.

Traços de um ascetismo de tipo protestante chegaram a Florestan Fernandes através da cultura germânica de seu professor de Antropologia, Emílio Willems, alemão de família católica, que deixou marcas fundas em sua personalidade. Como me contou o professor Antonio Candido, foi Willems quem o instou a adotar as regras do rigor ascético na administração do seu tempo e de seus horários. O que lembra muito o modo protestante como Benjamin Franklin organizava seu cotidiano, com o "esquema do emprego das 24 horas de um dia natural".[9] Esse livro, aliás, é um dos documentos de referência de Max Weber, em *A ética protestante e o espírito do capitalismo*.[10] A espantosa capacidade de trabalho de Florestan ajustou-se aos rigores da ética protestante e dela se beneficiou. Ele levantava muito cedo para estudar e escrever. No início de 1969, quando já estávamos desalojados da rua Maria Antonia e muito mal acomodados na Cidade Universitária, marcou um encontro comigo, em sua casa, no Brooklin, às 7h da manhã! Conversamos em seu banheiro sobre minha pesquisa, enquanto ele fazia a barba. Foi quando decidiu que eu fosse trabalhar diretamente com ele, como seu assistente, transferindo-me para a Cadeira de Sociologia I, pois meu projeto sobre o mundo rural se acomodava mal no CESIT, que tratava da indústria e da classe operária. A transferência saiu no dia 2 de abril e ele foi cassado 25 dias depois. Aliás, com essa transferência, Florestan formalmente me tirava da influência de Luiz Pereira e me passava para a sua influência direta, o que é um significativo indício do complicado cenário de relacionamentos que já se desenhava, antes mesmo das cassações. Luiz Pereira, muito influenciado por Florestan, herdou em sua personalidade esse protestantismo sem religião, no modo como administrava seus horários e fazia seu dia valer por dois, tornando-se um autêntico campeão de leituras.

Luiz começaria a influenciar a formação da geração seguinte, com uma marca própria, pois Fernando Henrique partira para o exílio no Chile, em 1964, e o grupo de Florestan mudou um pouco de rumo, organizado com base na nova composição que Luiz representava. Nessa mudança, Marialice Mencarini Foracchi (1929-1972), apesar de portadora de grave cardiopatia, passou a ter grande influência, seja no diálogo de Luiz Pereira com as tradições do grupo original, seja na formação de um pequeno grupo de pesquisadores, após as cassações de 1969, que viriam a ser os docentes da geração seguinte à minha: Maria Helena Augusto, Maria Célia Pinheiro Machado, Sergio Miceli, Irene Cardoso. Luiz Pereira, dos que se tornariam docentes, formou apenas José Jeremias de Oliveira Filho, Heloisa Fernandes, Paulo Silveira, Brasílio Sallum. No que ao mestrado e ao doutorado se refere, praticamente, fui autodidata, orientado informalmente, porém, por Octavio Ianni e, formalmente, por Florestan Fernandes (e por Luiz Pereira, quando houve as cassações em 1969).

Nas conversas cotidianas com o Luiz, fui conhecendo outra visão da Sociologia, de alguém que pensava a sociedade como educador, na perspectiva de Florestan e de Durkheim, a educação como instrumento de mudança e de civilização. Essa concepção de educação, porém, começava a entrar em crise, desafiada, de um lado, pelas acelerações políticas do nacional-desenvolvimentismo, pela ânsia por mudanças que, na esquerda, não seriam apenas mudanças sociais mas, também, e sobretudo, mudanças políticas. De certo modo, a Sociologia como instrumento de conhecimento e transformação social, no marco da superação da anomia e do atraso e, portanto, no marco da ordem, foi atropelada pela rapidez dos fatos. Aquela Sociologia foi superada pelos acontecimentos.

De outro lado, o golpe de Estado de 1964, e a guinada política do país para a direita, impôs aos sociólogos uma inevitável revisão crítica de rumos na pesquisa e na interpretação.

> O Brasil a ser conhecido e explicado pela Sociologia deixara de ser o que havia sido até então para tornar-se a incógnita de outro país, que passava a se mover nos marcos de outras referências: no plano político, com a ditadura e a supressão das liberdades políticas; no plano econômico, com a economia dependente e voltada para fora e a supressão das orientações da economia voltada para dentro, do nacional-desenvolvimentismo; no plano social, com o arrocho salarial, com o terror da repressão e das prisões arbitrárias; no plano cultural, com a censura. A extensa e profunda mudança propunha novos temas, novos problemas e novos desafios interpretativos. Com a supressão política de alternativas históricas, tornara carentes de reproblematização temas de pesquisas em andamento, ainda que não necessariamente todos. Embora a ditadura não interferis-

se diretamente nos projetos de pesquisa, criava uma circunstância peculiar e adversa para o trabalho científico, o que, em determinados temas, obrigava o pesquisador a redobradas cautelas. Era o caso do meu tema, relativo à questão agrária e à crise social no campo. Justamente, no campo via a ditadura um dos territórios de seus inimigos, o que se podia notar pelas prisões arbitrárias de líderes rurais. E se podia notar pela repressão brutal contra as Ligas Camponesas e contra o MEB (Movimento de Educação de Base), uma organização educacional católica que, em cursos de alfabetização e conscientização de trabalhadores rurais, usava o método de Paulo Freire.[11] Não obstante, foi no início da ditadura que se completou a formação da Contag (Confederação Nacional dos Trabalhadores na Agricultura), numa aliança tácita de comunistas e católicos concretizada nos últimos tempos do governo de João Goulart. Os trabalhadores organizados num sindicato oficial, tutelado pelo Ministério do Trabalho, não preocupavam o governo militar. O que o preocupava era o trabalhador rural ligado, real ou supostamente, a organizações e movimentos não oficiais. Contrariando os interesses dos grandes proprietários de terra, que haviam apoiado decisivamente o golpe de Estado, com participação da Igreja, que se opunha à reforma agrária de Goulart, nas chamadas Marchas da Família, com Deus pela Liberdade, o regime militar fez aprovar no Congresso Nacional a emenda constitucional que permitia as desapropriações por interesse social. Fez aprovar, também, o Estatuto da Terra, que definia o modelo de reforma agrária a ser adotado. Nos casos de agitação no campo, promovia a desapropriação da terra e o assentamento dos litigantes. Mas no geral mandava prender e processar as lideranças: tentava cortar a cabeça político-ideológica da agitação rural, reduzindo-a de questão política a uma questão social e econômica.

Todos nós, no grupo de Florestan Fernandes, fomos afetados de diferentes modos. O projeto de estudo "Economia e sociedade no Brasil", de Florestan,[12] que servia de referência e articulava os projetos individuais de pesquisa, aí incluído o de Luiz Pereira, de certo modo, funcionalmente, ficou obsoleto.

No entanto, o projeto serviu-me como guia de orientações teóricas para leituras e buscas bibliográficas. Nele estavam contidas as conexões entre temas sociologicamente relevantes e uma linha de interpretação teórica que, apesar dos fatos e da ruptura histórica que propuseram novas questões, continha a consistência universal própria do trabalho científico. O projeto foi para mim uma espécie de testamento do orientador ausente, que me remetia todo o tempo para a obra teórica dos que dele partiram e nela para os fios desatados de sua continuidade na nova e adversa circunstância social, política e institucional. Os temas do projeto estavam definidos numa perspectiva macrossociológica. Propus-me, então, em face das características sociológicas das novas circunstâncias, que constatava sobretudo no trabalho de campo, a continuar minhas pesquisas, numa perspectiva que fosse também microssociológica. À luz, porém, do reconhecimento, que em pouco tempo se tornou inevitável, de que a tendência política da sociedade pressuposta no projeto "Economia e Sociedade no Brasil", fora vencida e anulada pelo golpe de Estado, pela ditadura e pela repressão política. Mas à luz do reconhecimento, também, de que havia um rico elenco de possibilidades e alternativas históricas na realidade social reprimida pela ditadura, no marco de uma historicidade reorientada pelo bloqueio político do nacional-desenvolvimentismo. Nos pressupostos sociológicos do projeto havia um estimulante conjunto de densas orientações interpretativas da realidade social, mesmo politicamente deslocada, que continuei a levar em conta em meus trabalhos. Orientações, aliás, definidoras da obra de Florestan Fernandes até a primeira parte de *A revolução burguesa no Brasil*,[13] cuja primeira edição é de 1975. Orientações também presentes, ainda que na sua criativa diferença, nas obras de Fernando Henrique Cardoso, Octavio Ianni, Marialice Mencarini Foracchi, Maria Sylvia de Carvalho Franco e mesmo na de Luiz Pereira.

A ditadura, concebida, causada e motivada pela geopolítica da Guerra Fria e pelo combate ao comunismo genérico, ao esquerdismo em geral, não conseguira anular alternativas sociais e históricas menos visíveis no período anterior à sua implantação, porque diversas do que pressupunha a polarização ideológica do confronto. Ao contrário, ao promover a repressão política, desatou a explosão social nos cenários inesperados da sociedade brasileira. Onde historicamente houvera apenas lugar para o que Hobsbawm classifica como movimentos sociais pré-políticos, como o messianismo e o banditismo rural,[14] surgiram os chamados movimentos populares e os novos sujeitos políticos da sociedade brasileira.[15]

O reavivamento político, de fundo religioso, a mística popular, o neomilenarismo brasileiro, o surgimento das pastorais sociais, católica e luterana, e nelas a emergência do Movimento dos Sem-Terra, nos anos 1970 e 1980, que acompanhei muito de perto, o novo sindicalismo, os movimentos sociais populares, me confirmaram o acerto dessa opção teórica no reconhecimento de uma riqueza de possibilidades sociais e históricas. E, também, interpretativas, que não eram visíveis na situação dominada pelo populismo do nacional-desenvolvimentismo.

Para usar a linguagem lefebvriana, o possível e o inovador foram vencidos pelo repetitivo e pelo reprodutivo, o progresso histórico pelo primado da ordem, numa inversão de precedências. Ocultações das deslocadas e transfiguradas forças sociais de inovação e mudança. Ao fechar o caminho da transformação social enquanto modernização do tipo pressuposto no projeto "Economia e Sociedade no Brasil", o regime militar abriu, sem pretender, reprimindo-o, o caminho do potencial de transformação social fundada na sociedade alternativa e oculta, da historicamente menosprezada tradição conservadora brasileira, e nos movimentos populares, dela decorrentes, que ocuparam o vazio político imposto pela ditadura. A explosão surpreendeu o regime e as esquerdas, desacostumados com a insurgência originada de setores politicamente improváveis da sociedade, como se veria no esquema repressivo montado mais tarde, em 1978, para aniquilar militarmente, pelo cerco e pela inviabilização, o acampamento da Encruzilhada Natalino, em Ronda Alta, no Rio Grande do Sul. Ali se refugiaram famílias de agricultores sem-terra expulsos pelos índios Kaingang da reserva de Nonoai porque os exploravam. Era o prenúncio do surgimento do MST, que se daria vários anos depois.

A visibilidade vencida pelo golpe não significava a supressão de possibilidades históricas nas persistentes singularidades desta sociedade. No cume político dessa nova e inesperada cara conservadora da transição brasileira nasceram os movimentos populares do período ditatorial, como mencionei, e nasceu o PT, que deles se nutriu, sobretudo de suas bases católicas. Devido aos rumos leninistas de seu marxismo e de sua compreensão do processo político brasileiro após o golpe de Estado e, sobretudo, após a cassação dos professores, Florestan intuiu e temeu essas novas características da realidade política. Quando a comissão de notáveis do Partido dos Trabalhadores foi à sua casa, na Rua Nebraska, para convidá-lo a nele ingressar, muito preocupado, com dúvidas, e firme com o que pudesse ser o novo partido nesse estranho cenário, Florestan disse a Lula que "ingressaria no partido se ele lhe garantisse que o PT não era um partido de direita". Lula garantiu. Isso ouvi de um membro da comissão, que estava presente.

Foi no desafio de compreensão dessas extensas e significativas mudanças que propus a introdução da disciplina de Sociologia da Vida Cotidiana no currículo de Ciências Sociais da Faculdade de Filosofia, em 1975, o que estranhamente deixou Luiz Pereira irritado e contrariado, como ele mesmo me manifestou numa conversa de corredor nos barracões da Faculdade de Filosofia, sem sequer explicar-me suas razões. A proposta desse curso deixava bem clara a diferença que me mantinha alinhado com as orientações teóricas criativas do grupo original da Cadeira de Sociologia I e me separava das orientações teóricas e temáticas de Luiz e do que estava se tornando o "seu grupo" ou (na linguagem que ele aplicava a outros) a "sua curriola". Nessa ocasião reorientei meu curso de pós-graduação para que se tornasse um seminário de estudo, que acabaria durando 18 anos, sobre o método dialético, um retorno à dialética, como instrumento de pesquisa e interpretação de uma realidade em que o processo histórico se propunha na poderosa mediação do cotidiano e do reprodutivo. Durante o seminário semanal das manhãs de sexta-feira, foi lida e, em parte, relida, durante 12 anos, boa parte da obra de Marx e, nos 6 anos seguintes, boa parte da obra de Lefebvre. Esse seminário foi encerrado em maio de 1993, com o Colóquio sobre "A aventura intelectual de Henri Lefebvre", em função do seu esgotamento natural e também em função de minha ida para a Universidade de Cambridge, para assumir a Cátedra Simon Bolívar e a condição de *fellow* de Trinity Hall, para as quais fora eleito em 1992. Os resultados do Colóquio foram publicados numa antologia que organizei, com as comunicações apresentadas.[16]

Trinity Hall, no final da Senate Passage, Cambridge. (Foto: 2010)

Nessa orientação, propus ao professor Florestan Fernandes, que me pedira sugestões, a inclusão de um volume dedicado a Robert Nisbet em sua coleção "Grandes Cientistas Sociais", da Editora Ática, que eu prepararia. Seria uma antologia de textos representativos da obra de um dos mais importantes sociólogos contemporâneos. Como se dera com Karl Mannheim, Nisbet compreendera a tradição conservadora, a importância do pensamento conservador nas origens e nos fundamentos da Sociologia e a relevância dessa tradição na dinâmica da sociedade moderna. Essa perspectiva tornava sua obra relativamente próxima de orientações e preocupações do grupo original de Florestan e iluminava alguns de seus temas mais relevantes, relativos às resistências sociais à mudança.

Florestan aceitou a proposta, mas Octavio Ianni me procurou e me instou a desistir porque, no seu modo de ver, Nisbet era um sociólogo desconhecido e sem importância. Embora dele discordasse, vi-me desestimulado a levar adiante a proposta da antologia, sobretudo porque Florestan tampouco insistiu comigo para que a organizasse. Nisbet já se tornara o grande e competente nome da Sociologia americana, sua obra ganhara visibilidade tardiamente e tivera o reconhecimento de sua importância na era pós-Parsons, como também acontecera com a obra de C. Wright-Mills. Ianni acabaria, de algum modo, se inteirando da relevância da obra de Nisbet, o que ficou evidente em sua aula magna na Faculdade de Filosofia, Letras e Ciências Humanas da usp, em 3 de março de 2004, um mês antes de falecer,[17] aula influenciada por um notável texto de Nisbet, "A Sociologia como uma forma de arte".[18]

Trinity Hall (Avery Court), em Cambridge.
(Foto: 2002)

Cada um de nós, portanto, reagiu a seu modo à transformação política do país e da Universidade, desde os que não se deram conta das verdadeiras e profundas mudanças até os que, como Florestan, sobretudo em *A revolução burguesa no Brasil*, se interessaram pela compreensão das alternativas reveladas pela interpretação radical que indicassem as possíveis novas tendências históricas da sociedade brasileira. Numa visita que lhe fiz, no final de julho de 1995, alguns dias antes de sua morte, dentre os assuntos da conversa entrou minha pesquisa sobre os conflitos na Amazônia, em particular o anômalo recrudescimento da escravidão por dívida e o eficiente programa criado por Fernando Henrique Cardoso para combatê-la. A abertura de Florestan para a compreensão do inesperado na mutilada história brasileira manifestou-se aí também, quando, mesmo surpreso, me pediu dados para escrever um artigo a respeito para sua coluna semanal na *Folha de S.Paulo*. Ainda voltamos a conversar a respeito por telefone, alguns dias depois. Ele faleceu antes de poder escrevê-lo.

A inflexão no projeto de Luiz Pereira ganha sentido nessa busca dispersa. O livro resultante da pesquisa sobre qualificação da mão de obra na indústria propõe uma interpretação do Brasil já não como país culturalmente atrasado, de um atraso superável, desbloqueável, o Brasil das resistências à mudança (o Brasil do projeto "Economia e Sociedade"), o Brasil da Sociologia aplicada, mas como país periférico do capitalismo, limitado, por isso, no seu desenvolvimento. No entanto, em 1965, quando ele terminou a redação de *Trabalho e desenvolvimento no Brasil*, sua tese de livre-docência, era significativo seu diálogo com Lucien Goldman, Jean-Paul Sartre e, sobretudo, Henri Lefebvre, em especial os livros de implicação metodológica e de crítica ao marxismo vulgar como *Problemas atuais do marxismo* e os dois primeiros volumes da *Crítica da vida cotidiana*.[19] São obras que propõem a questão metodológica no pressuposto da totalidade e o diálogo da dialética com as chamadas disciplinas auxiliares, como a Sociologia e a Antropologia. Luiz Pereira chegou a esses autores, em parte, também estimulado pelo bom domínio que tinha da obra de Karl Mannheim, especialmente de sua Sociologia do conhecimento, um autor difundido por Florestan Fernandes entre seus alunos e discípulos e que aparece como o grande interlocutor de todos eles. Em tudo, obras opostas à trajetória estruturalista e esquematizante que Althusser e Poulantzas percorriam.

Pode-se compreender a limitada opção althusseriana de Luiz Pereira como recurso para interpretar o Brasil na perspectiva classificatória e nominalista, em face de classificações e conceituações vencidas pelas mudanças políticas, como aconteceu com muitos, na Universidade e na esquerda.[20] Na perspectiva do desânimo e do conformismo dos intelectuais abatidos pelo poder da ordem, como se pode ver pelos temas que percorreram e os procedimentos que adotaram.

O marxismo de Althusser é um marxismo classificatório, que permite dar nome ao que nome não tem, ordenar o desordenado e construir o que é no fundo uma visão sistêmica da sociedade. Um marxismo desvinculado da riqueza essencial do método científico de Marx, relativa à multiplicidade dinâmica dos tempos sociais, sua realização desigual e suas personificações, as persistências sociais e o historicamente possível, enfim as contradições. Um marxismo tomista que se compreende no perfil de seu autor, originário da direita católica, cuja obra, sobretudo por iniciativa de estudantes brasileiros na Universidade Católica de Louvain, na Bélgica, se difundiu no Brasil, mais entre comunistas e católicos de esquerda no Rio de Janeiro.

Através das bases católicas, viria a ser a orientação ideológica de ponderáveis grupos do PT, radicada especialmente no MST, que adotaria uma discípula de Althusser, a chilena Martha Harnecker, como referência teórica de sua prática. Harnecker, também católica, foi dirigente da Ação Católica Universitária chilena. A Ação Católica foi criada por Pio XI (1922-1939), o Papa que fez incisivos questionamentos do comunismo e do socialismo, mas que revalorizou a Doutrina Social da Igreja e por meio dela propôs a crítica católica do capitalismo, a sua crítica conservadora e pré-moderna. Após a Segunda Guerra Mundial, a Ação Católica tendeu a perder suas características de direita e tornou-se a grande base de disseminação do catolicismo social. Tornou-se importante referência da esquerda católica, sobretudo através da obra de Emmanuel Mounier e sua revista *Esprit*, que era vendida na Livraria Francesa e assinada durante muito tempo pela biblioteca da Faculdade de Filosofia da USP.

No mecanicista marxismo althusseriano, as concepções de instâncias, de articulação de instâncias, de aparelho e de articulação de modos de produção formalizam e atenuam as contradições sociais ao sujeitá-las a uma totalidade construída, abstrata, e restritiva da criatividade histórica das tensões. Viabiliza situar a fé no âmbito da superestrutura, como determinação social e não como ideologia, o que é compreensível e ajuda a compreender essa opção do catolicismo social.

Há opção althusseriana no marxismo de retaguarda teórica que, ao menos desde os anos de 1970, vem informando os movimentos populares amparados na ação pastoral católica e, desde os anos 1980, nas ações do MST (Movimento dos Trabalhadores Rurais Sem-Terra), nascido na Pastoral da Terra. É uma opção que bem demonstra o abismo que separa a ideologia desses movimentos da práxis rica e potencialmente criativa neles contida. As dificuldades são maiores na conceituação cotidiana e direta dessa práxis por parte de seus próprios agentes e militantes. O althusserianismo encobre e empobrece as dimensões complexas e profundas da vivência dos pobres, empobrecendo, portanto, a consciência social potencialmente contida no modo cotidiano de experienciar a vida em condições de adversidade extrema.[21]

A influência althusseriana se torna mais nítida na obra de Luiz Pereira com a publicação de *Anotações sobre o capitalismo*[22] e a inclinação do autor para os estudos macroestruturais sobre os rumos do desenvolvimento capitalista.

Escadaria de acesso ao Instituto de Geociências, na Cidade Universitária – USP. *(Foto: 2002)*

O marxismo althusseriano se infiltrou na Sociologia, em confronto com a leitura da obra de Marx proposta pelos dois grupos que a fizeram na Faculdade de Filosofia da USP, o dos anos 1960 e o iniciado na segunda metade dos anos 1970, basicamente os grupos de algum modo, mesmo criticamente, radicados na tradição intelectual representada por Florestan Fernandes. A maior limitação do marxismo althusseriano é a da omissão na compreensão da singularidade histórica das sociedades particulares, no nosso caso, a sociedade brasileira. A grande marca da Sociologia de Florestan Fernandes e de seus assistentes estava justamente no fato de ser uma Sociologia enraizada, conforme as grandes tradições do pensamento sociológico. Uma leitura sociológica original das singularidades sociais, de que resulta uma maneira de ver e compreender o mundo a partir da margem, em oposição a uma Sociologia que propõe a compreensão da sociedade a partir do centro. O marxismo althusseriano empobrece aquela compreensão, pois universaliza pela supressão das mediações e não pela interpretação das contradições.[23] No PT, aliás, pelo qual seria deputado federal em dois sucessivos mandatos, Florestan nunca teve suas ricas interpretações do Brasil e do capitalismo assimiladas pelo partido, prioritariamente interessado nas simplificações interpretativas e conceituais, mais adequadas às urgências da busca do poder. No entanto, nele permaneceu até o fim como contraponto crítico, como lúcida e desafiadora nota de rodapé.

As novas demandas de conhecimento sociológico e os novos desafios interpretativos da sociedade brasileira se refletiram na reorientação dos projetos de pesquisa de cada um, já no período entre 1964 e 1969. Velhos temas e orientações foram abandonados, novos temas e novos desafios foram aceitos. Luiz Pereira mudou radicalmente seu projeto durante a execução, escoimando-o dos intuitos práticos e aplicados que o definiam, como se pode ver no livro dele resultante.[24] As mudanças políticas se refletiram na própria obra de Florestan Fernandes, que abandona a perspectiva sociológica da qual era eminente representante, politicamente a do nacional-desenvolvimentismo e sociologicamente a das reformas sociais.

No citado projeto *Economia e sociedade no Brasil*, essas identificações estavam claramente propostas, apenas dois anos antes do golpe militar de 1964. O projeto cobre quatro temas, que correspondem a obras previstas para os cinco anos seguintes: "Esses temas são: a mentalidade do empresário industrial, elemento decisivo para a compreensão do crescimento econômico e das tendências de consolidação da ordem social competitiva na sociedade brasileira; a intervenção construtiva do Estado na criação ou fomento de condições para provocar ou acelerar o desenvolvimento econômico em geral; a mobilização da força de trabalho, sob as condições de transição da economia tradicional para a era tecnológica, com vistas para os desequilíbrios econômicos, demográficos e sociais resultantes, bem como para os influxos positivos da racionalização do aproveitamento do fator humano na reintegração da ordem econômica, social e política; os fatores societários residuais do crescimento econômico no Brasil, na forma em que eles se revelam à análise sociológica comparada de comunidades bem-sucedidas na instauração da ordem social competitiva." [25]

De certo modo, o projeto se centra numa questão de referência: o que a Sociologia poderia fazer pelo capitalismo difícil de um país subdesenvolvido, a partir do conhecimento sociológico acumulado quanto à transição das sociedades tradicionais para a sociedade moderna, um tema forte da Sociologia latino-americana daquela época e, em particular, da Sociologia da USP. O problema era saber quais as deficiências de compreensão do empresariado industrial em relação às possibilidades de expansão e afirmação do capitalismo no Brasil. Mas também, as resistências do operariado à modernização tecnológica da indústria. E, finalmente, o déficit de competência política do Estado para atuar como Estado demiurgo em relação às possibilidades que se abriam ao desenvolvimento capitalista do país. A pesquisa teve apoio financeiro da Confederação Nacional da Indústria e do Governo Carvalho Pinto, de São Paulo.

Tendo em vista esse projeto de estudo e a trajetória intelectual de Luiz Pereira até então, devotado estritamente a temas relativos à educação, é minha impressão desde o começo que foi Florestan Fernandes quem lhe propôs a inflexão temática e biográfica representada pela pesquisa sobre "A qualificação da mão de obra na empresa industrial". A pesquisa de Luiz era das que melhor se enquadravam no pressuposto principal do projeto, que é um dos aspectos mais importantes da Sociologia de Florestan Fernandes, dos raros sociólogos que a ele se dedicaram com competência e contribuição teórica original, o da Sociologia aplicada.

A ideologização da interpretação da obra de Florestan Fernandes, após sua morte, mesmo pelos que hoje se proclamam dele próximos e seus únicos intérpretes legítimos e credenciados, os que procuram reduzi-lo à condição de um panfletário da política partidária, coisa que ele nunca foi, anulou completamente a visibilidade desse verdadeiro marco na sua Sociologia e no pensamento sociológico. Diz ele, para concluir e justificar o projeto: "os conhecimentos empíricos e teóricos que lograrmos obter dizem respeito a problemas sociais que se vinculam nos processos de mudança que irão decidir, historicamente, o 'destino' do Brasil, nos quadros da civilização de que participamos. [...] Além de orientar-nos para tarefas intelectuais que pressupõem um verdadeiro 'salto histórico' no desenvolvimento da sociologia no Brasil, asseguram-nos a perspectiva de contribuirmos, vantajosamente, para o progresso da teoria sociológica em um campo no qual os conhecimentos teóricos possuem enorme interesse prático."[26]

Florestan radicaliza sua sociologia nos anos setenta e a liberta das contenções que, na sua biografia, a haviam colocado num nicho acadêmico protetivo e estritamente científico.

Mudanças de curso e alterações nas prioridades temáticas dos pesquisadores não são raras na Sociologia, expressões e solicitações das circunstâncias e da própria dinâmica social. Nestes tempos de racialização da interpretação do Brasil, com vistas à obtenção de privilégios estamentais compensatórios por parte de quem assim se identifica, a obra de Florestan Fernandes sobre o negro vem sendo invocada pela classe média mulata para legitimar a opção do movimento social que reduz a diferenciação da sociedade a uma diferenciação racial. No entanto, o interesse de Florestan pelo tema tem uma origem peculiar e significativa. Foi Roger Bastide quem o atraiu para o tema, um protestante, branco, interessado na relação entre Sociologia e Psicanálise, curso por ele ministrado na Faculdade de Filosofia da USP, em 1940, e nas estruturas sociais e mentais profundas.[27] Bastide seria iniciado no candomblé, em que descobriria de maneira competente os densos conteúdos das remanescentes culturas negras no Brasil, especialmente seus conteúdos religiosos.[28] Foi ele quem convidou Florestan Fernandes, seu discípulo e assistente, para realizarem, juntos, uma pesquisa sobre relações raciais em São Paulo, com apoio da Unesco. Florestan estava bem longe desse tema e mergulhado na pesquisa teórica, nos temas abstratos e na produção dos estudos que culminariam na publicação de *Fundamentos empíricos da explicação sociológica*.[29] Disse a Bastide que, justamente em função dos estudos teóricos que realizava, não tinha interesse em participar do projeto. Contou-me ele que, ao ver os olhos de Bastide cheios de lágrimas por aquilo que de certo modo representava um afastamento entre os dois, voltou atrás e aceitou a proposta. Eles acabaram colhendo riquíssimo material sobre o tema e até mesmo inovando como precursores da técnica da pesquisa-participante (ou pesquisa-ação), com esse nome, autônoma e independentemente, sistematizada e difundida pelo sociólogo colombiano Orlando Fals Borda. Roger Bastide e Florestan Fernandes publicaram *Brancos e negros em São Paulo.*[30] Foi com base nesse material único que Florestan escreveu *A integração do negro na sociedade de classes,*[31] sua tese de cátedra, e, na sequência, a significativa obra nesse livro teoricamente motivada que é *Sociedade de classes e subdesenvolvimento,*[32] o início dos estudos mais consistentes de Florestan sobre o capitalismo no Brasil. Esse trajeto da temática na obra de Florestan introduziu um inovador pressuposto antropológico no estudo do capitalismo e uma compreensão rica e desafiadora do subdesenvolvimento como retardamento histórico, inicialmente em *relação ao dominante* e, depois, em *relação ao possível*, como pode ser definida numa perspectiva que é lefebvriana. É aí que se propõem as urgências políticas do grupo da antiga cadeira de Sociologia I e o próprio desabrochar de um Florestan político (e, no caso dele, pouco provavelmente num passado estudantil de curta militância como trotskista).

Bosque da Botânica, na Cidade Universitária – USP. *(Foto: 2002)*

Embora Luiz Pereira não tenha politizado sua Sociologia, ao optar pela Sociologia do desenvolvimento, numa certa perspectiva de esquerda, rompe, também ele, com o reformismo da tradição que perfilhava. Por essa época, teve certa repercussão um livro de Harry Magdoff,[33] que propõe um retorno crítico ao tema referencial de Lenin, em *Imperialismo, etapa superior do capitalismo*, livro que Luiz foi dos primeiros a ler e comentar. Portanto, ele se aproxima de uma esquerda também ela em crise, que procurava retomar seus temas de origem, independente dos fatos que estavam ocorrendo no Brasil. Os anos 1960 e 1970 foram de profundas mudanças sociais e políticas no mundo, que afetaram largamente a consciência sociológica que do mundo se podia ter. Vi os reflexos e o andamento dessas mudanças nos meus diálogos cotidianos com o Luiz, nesse período, em que havia frequentes referências às leituras que ele estava fazendo.

Comente o modo de Luiz Pereira se relacionar com seus alunos e orientandos. O modo de encaminhar essa relação não poderia levá-lo a angariar conflito ou cooperação com os corpos docente e discente para levar adiante seus projetos? Aliás, era possível falar na existência de um projeto acadêmico pessoal de Luiz Pereira? Em caso afirmativo, ele foi bem-sucedido ou teve que abandonar suas pretensões? Caso contrário, quais as fidelidades que sustentava no exercício de seu ofício?

Não tive, propriamente, contato com Luiz Pereira como orientando. Ele foi apenas meu orientador formal na fase final do doutorado, um orientador meramente administrativo. Tanto meu mestrado (1966) quanto meu doutorado (1970) foram feitos em regime de urgência e emergência, em virtude do vazio criado pelo golpe de Estado, primeiro, e, depois, sobretudo, pela aposentadoria política e compulsória dos principais docentes da cadeira de Florestan Fernandes.

Ainda na graduação, no último ano, em 1964, apresentei a Octavio Ianni um projeto de pesquisa para um eventual mestrado (que, então, se chamava especialização), a ser orientado por ele, sobre "As condições sociais do desenvolvimento agrário no Estado de São Paulo". Usei "agrário" e não "rural" porque não pretendia fazer uma Sociologia rural, muito influenciado pelas aulas de Florestan, Fernando Henrique e Ianni, e leituras que sugeriram, opostas ao positivismo das fragmentações do tipo rural e urbano, que alertavam para a riqueza sociológica do princípio da totalidade na Sociologia para compreender justamente transições e mudanças, a dinâmica social. Essa orientação expressava uma crítica sociológica da Sociologia rural.[34] Fiz a pesquisa comparativa em três municípios do interior, em 1965. Apresentei os resultados preliminares em dois relatórios para a Fapesp, que Florestan leu e recomendou para publicação, e foram publicados, em 1969, respectivamente na *Revista do Instituto de Estudos Brasileiros*, da USP, e na revista *América Latina*, do Centro Latino-americano de Pesquisas em Ciências Sociais, do Rio de Janeiro, que já mencionei.[35] Como eu tivesse sido preso pelo Dops, em 1966, e já temendo pelo conjunto de seu grupo (Fernando Henrique que ia ser preso pelo Dops, em 1964, e só não o foi porque conseguiu deixar o país, e o próprio Florestan submetido a inquérito policial-militar e preso pelo Exército), Florestan insistiu comigo para que acelerasse a redação da dissertação. Sugeriu-me, então, que transformasse em dissertação uma das monografias que eu redigira para a Universidade do Brasil, sobre o grupo Matarazzo, na pesquisa sobre grupos econômicos multibilionários, de Maurício Vinhas de Queiroz. No doutorado, o problema se repetiu. Eu havia feito, no início de 1970, extensa e complexa pesquisa sobre agricultura tradicional e agricultura moderna no Alto e no Médio Paraíba, mas a apuração dos dados e a redação da tese me tomariam ainda uns dois anos. Luiz pediu-me, então, que usasse para isso os dados já colhidos de outra pesquisa minha, sobre a imigração italiana no núcleo colonial de São Caetano, o que fiz.

Luiz Pereira herdara de orientadores cassados um número enorme de alunos, o que de fato inviabilizava a sua função de orientador, tendo ainda que dar conta de cursos de graduação. De modo que nos entendemos quanto ao fato de que tendo condições de trabalhar sozinho, tocaria o trabalho e, eventualmente, o consultaria sobre pontos específicos, o que não foi necessário. Ele faria, apenas, a leitura final do texto para os reparos e sugestões devidos. Aliás, tanto o tema quanto o material de pesquisa no meu mestrado e no meu doutorado foram substitutivos de emergência de uma pesquisa comparada sobre a transição no mundo rural e uma extensa e bem cuidada pesquisa de campo que fiz no Médio e no Alto Paraíba sobre a crise da modernização no mundo caipira.

Ele não tinha projeto institucional, tinha um projeto pessoal. O que fora o projeto da Cadeira de Sociologia I, escrito por Florestan[36] cessou com as cassações, em 1969, sobretudo porque já não havia lugar para os intuitos de uma Sociologia aplicada. O próprio Luiz deu uma guinada radical na sua participação no projeto de Florestan, como mencionei. Se você ler atentamente seu livro (que foi também sua livre-docência) *Trabalho e desenvolvimento no Brasil*, verá que a pesquisa sobre qualificação da mão de obra na indústria ficou reduzida a um capítulo. No meio da pesquisa, ele literalmente perdeu interesse pelo tema e ficou muito motivado pela Sociologia do desenvolvimento, um tema que era marca de Octavio Ianni, que dava cursos sobre o assunto. Com as aposentadorias compulsórias de 1969, Luiz assumiu esse tema e praticamente passou a se dedicar apenas a ele.

A que se deve atribuir o aparente medo que os cursos de Luiz Pereira inspiravam aos alunos? Em que medida é preciso ponderar o elemento repressivo, de violência política e ideológica instaurado no campus após o golpe de 1964, nesse tipo de atitude de distanciamento do professor? Seu temperamento retraído teria propiciado barreiras de comunicação com seus pares e alunos? Em que medida isso pode ter levado a uma situação de isolamento real ou artificial no Departamento de Sociologia?

Luiz Pereira era muito exigente com os alunos (e muito exigente com ele mesmo). Não obstante, seus cursos tinham grande popularidade, na graduação e na pós, quando viemos a ter cursos de pós-graduação. Florestan e Fernando Henrique eram exigentíssimos e não tiveram problemas com alunos nem seus cursos deixaram de ser muito procurados. Nessa altura, aliás, no início da incorporação de Luiz ao grupo da cadeira de Sociologia I, nem se podia falar em *campus*. Nossos cursos ainda eram na rua Maria Antonia e a repressão era externa e não interna. Só no segundo semestre de 1968 fomos para a Cidade Universitária. Os alunos se davam bem com Luiz Pereira, que fez entre eles muitos amigos. Ele era propriamente o professor, exigente, respeitado e admirado.

Eram perceptíveis distinções de status em função do background escolar, familiar, social ou econômico? O fato de ter sua formação de origem em Pedagogia influía ou podia ter influência na avaliação que dele faziam seus pares? Ou então, não poderia torná-lo mais suscetível a uma eventual filiação diferencial do ponto de vista de maior aproximação com valores das gerações anteriores à sua – como as de Fernando de Azevedo e Florestan Fernandes –, situando-o numa unidade de geração mais próxima dos pioneiros que também transitavam entre os campos da Educação e Pedagogia?

Que eu saiba, não havia nada disso.

Luiz Pereira, no curso de Pedagogia da Faculdade de Filosofia, cursara Sociologia e cursara Sociologia na Escola Normal, além de ter feito especialização e doutorado em Sociologia. Portanto, mesmo que diversa de toda a Sociologia que se aprendia no curso de Ciências Sociais, ele tinha informações teóricas suficientes para suprir qualquer diferença na comparação entre os dois bacharelados. O convite para que se tornasse assistente da cadeira de Sociologia I, em 1963, não era só de Florestan, mas também de seus assistentes que, assim, reconheciam sua competência na área da Sociologia. O autodidatismo de Luiz e a voracidade com que se dedicou a ampliar e atualizar seus conhecimentos sociológicos, ainda em Araraquara, são boas indicações de uma competência que não se limitava aos temas da educação e da sociologia da educação. Foi Luiz Pereira que chamou minha atenção para o fato de que uns poucos jovens auxiliares de ensino, na Faculdade de Filosofia, simpáticos aliás, tinham propensão a se superestimarem, equiparando-se aos nossos melhores professores, que inconscientemente imitavam nos gestos e na entonação da voz. Olhavam os demais de cima para baixo e tratavam o próprio Luiz como alguém que ainda teria que provar a que viera, como ele mesmo percebia. Luiz ficava amolado com isso e os ironizava, entre amigos, definindo-os como "gênios irreconhecíveis", cuja presunção decorria de suporem-se "autores de uma obra tão vasta quanto as estrelas, que faltava apenas colocar no papel".

Florestan teve origem muito pobre, lúmpen, como ele dizia, e não obstante nunca foi discriminado por isso.

No entanto, como me narrou o próprio Luiz Pereira, Florestan era muito sensível a tudo que pudesse interpretar, ou pudesse ser interpretado pelos outros, como subestimação de sua pessoa e da função pública que personificava como catedrático da USP, mesmo entre seus colegas e grandes amigos acadêmicos. Sua sensibilidade decorria da consciência das obrigações de seu status e era a sensibilidade da instituição, no estilo europeu, muito comum, na época, entre catedráticos mais conscientes das obrigações e da função social de seu posto numa universidade do porte da Universidade de São Paulo. Não a sensibilidade de um militante partidário que, na ocasião, ele não era.

No meu modo de ver, foi nessa perspectiva sua reação à presença de um tenente-coronel do Exército na Faculdade de Filosofia, aliás, ex-aluno da USP, de Arquitetura, tolerada pelo diretor, professor Mário Guimarães Ferri, que lhe forneceu até um funcionário para auxiliá-lo como escrivão. O oficial ali estava para proceder ao inquérito policial-militar sobre atividades subversivas de um aluno, Fuad Daher Saad, do curso de Física e presidente do Grêmio da Faculdade de Filosofia, e de quatro professores: Mário Schenberg, João Cruz Costa, Fernando Henrique Cardoso e Florestan Fernandes. Fernando Henrique, ao ser procurado por dois agentes do Dops, que foram à Faculdade para prendê-lo e não o encontraram, nos primeiros dias que se seguiram ao golpe de Estado, se licenciou e foi para o Chile. Foi considerado foragido desde 16 de abril de 1964, coisa que não era, e como tal passou a constar do processo.[37] Florestan reagiu em nome da instituição, de que era um dos representantes e que se encontrava abandonada, na afirmação de seus valores fundamentais, pela maioria dos catedráticos, intimidados pelas prisões e cassações. Em nenhum momento houve evidência de que a reação de Florestan tivesse ocorrido em nome de uma bandeira político-partidária ou de uma posição "de esquerda", embora posteriormente pudesse ser interpretada como tal e acabaria sendo.

Florestan era muito cioso do que a Universidade pública representava e da sua missão civilizadora, como instituição de respeito que não podia tolerar a humilhação a que estava sendo submetida: os quatro inquiridos tinham que provar que não eram subversivos, cantando o Hino Nacional e descrevendo a Bandeira Nacional, como se fossem escolares do ensino primário. Cada um dos inquiridos reagiu a seu modo. O sempre bem humorado professor João Cruz Costa, de Filosofia, tratou o oficial com larga ironia: "O Sr. sabe cantar o Hino Nacional?" Resposta: "Se o coronel acompanhar, eu canto." "O Sr. sabe o que quer dizer 'Ordem e Progresso'?" "Ah, disso eu sei um pouco!" Cruz Costa era na época o maior especialista brasileiro em Positivismo e na obra de Augusto Comte, de quem vinha a frase incorporada à nossa bandeira!

Já Florestan reagiu em defesa de uma fortaleza, a fortaleza moral do conhecimento e da emancipação do povo brasileiro, que era como professores e alunos entendiam a Universidade de São Paulo e as universidades em geral. O protesto escrito de Florestan valeu-lhe a prisão no ato, diante do diretor da Faculdade, que não reagiu, e o seu recolhimento ao Batalhão de Guardas, no Parque Dom Pedro II. Aliás, o mesmo lugar em que funcionara no século XIX o Hospício de Alienados, onde morreu o poeta abolicionista Paulo Eiró (1836-1871). O professor Fernando de Azevedo (1894-1974), já idoso e aposentado, reagiu às cassações, em 1969, movido pelos mesmos valores relativos ao poder da cátedra. Saiu de sua casa e, dirigindo seu próprio carro, apesar da visão diminuída, foi a uma reunião da Congregação da Faculdade de Filosofia, de que era membro vitalício, para lamentar e repreender a omissão dos catedráticos em relação à violência contra a Universidade, alcançada pelas cassações. A isenção partidária do professor Florestan, nesse episódio, se evidenciou em dois fatos curiosos, ambos narrados por ele mesmo aos que lhe eram próximos. Um deles, o de que foi procurado em sua casa, pouco depois de ter sido solto, após a ampla repercussão de sua prisão, pelo mesmo tenente-coronel que o prendera, para uma respeitosa conversa política, a pretexto de lhe pedir um autógrafo. O oficial aparentemente falava em nome de jovens oficiais do Exército no que parecia ser uma sondagem para envolvimento de Florestan num movimento que organizavam. Por essa época, ou pouco depois, o jornal *O Estado de S. Paulo* publicou um manifesto político de página inteira, de iniciativa, sobretudo, de oficiais das Forças Armadas, em favor da criação de um Partido Nacional. Na lista dos autores citados, cujas obras serviram de referência na elaboração do manifesto, está o nome de Florestan Fernandes. No outro, naquela mesma tarde, o professor Oliveiros da Silva Ferreira, de Ciência Política e também jornalista de *O Estado de S. Paulo*, fechou-se com Florestan numa das salas de professores, para uma longa conversa política, em que se pôs à sua disposição, para segui-lo. Florestan não assumiu nenhuma dessas solicitações, explicando que seu gesto tinha outro sentido.

Ele teria uma reação parecida à que teve contra o IPM da Filosofia quando surgisse o primeiro episódio do chamado problema dos excedentes, nome que se dera aos candidatos aprovados no vestibular, mas não classificados para as vagas disponíveis. O problema surgiu, inicialmente, nos cursos de Psicologia e de Ciências Biológicas, um ano antes de seu agravamento em 1968, com a nova ocupação da escola. A Congregação da Faculdade o designou como seu porta-voz, para que anunciasse a decisão de aceitá-los e também as condições e limitações da decisão tomada, seja por falta de docentes seja por falta de espaço nos laboratórios. Para eles, os cursos seriam de 5 anos e não de 4. Florestan foi direto na crítica ao movimento estudantil: "Vocês gastaram o canhão para matar o passarinho. Não os culpo, mas lamento essa necessidade." E acrescentou: "A ocupação da Faculdade de Filosofia foi um ato que o corpo docente não merecia. Fazemos parte da mesma trincheira. A Faculdade deve ser respeitada e preservada, pois a reforma universitária exige uma luta conjunta." [...] "Depois de rememorar as posições de vanguarda assumidas pela Faculdade de Filosofia, o professor Florestan Fernandes não pôde conter sua crítica: 'Vocês forçaram a mão contra a única Faculdade que não merecia esse tratamento'." [38]

Também Luiz Pereira era sensível a gestos e atos que pudesse interpretar como "passar por cima" ou suposta minimização de sua pessoa e mesmo do que supunha ser a sua missão como educador e, posteriormente, como gestor e líder do grupo remanescente da cadeira de Sociologia I. Com facilidade se sentia discriminado, mesmo que não fosse essa a intenção de terceiros. Tive um enorme problema com ele quando precisei pedir um afastamento formal para dar andamento à minha pesquisa sobre modernização na agricultura no interior de São Paulo, em 1965. Ele não estava disponível, creio que estava viajando, nem estava disponível o professor Florestan. Pedi, então, a Octavio Ianni que assinasse o documento de autorização de ausência para que eu pudesse viajar sem o risco de incorrer em abandono do emprego, pois ficaria mais de um mês no campo. Além do que, eu usaria na viagem a perua Kombi do CESIT e a autorização escrita era necessária. Ianni era o docente de mais alta hierarquia presente na cadeira de Sociologia I, naquele dia, à qual estava subordinado o CESIT, a cujo quadro eu pertencia. Por lei ele devia assinar o papel em face da ausência de Luiz, que era o diretor. Ao tomar conhecimento do que ocorrera, Luiz Pereira sentiu-se inferiorizado, enquanto o professor Florestan nem se manifestou porque o meu procedimento fora o procedimento de rotina. Foi um custo superar o problema com Luiz. Teve uma reação parecida quando recebeu os primeiros exemplares da antologia *Educação e sociedade*,[39] que ele organizara em parceria com Marialice Mencarini Foracchi. Ele se desdobrara na realização desse trabalho, que coincidiu com o agravamento da doença de Marialice. Ele próprio se incumbira do acabamento dos originais. Diferente do original, o livro impresso, porém, trazia o nome de Marialice antes do dele, na capa e na página de rosto, por iniciativa de funcionário graduado da editora, que explicou ingenuamente, depois, entender ser gesto de cavalheirismo, em casos assim, dar precedência ao nome da coautora. Luiz desabafou comigo, durante horas, à noite, caminhando ao redor do imenso quarteirão formado pelas ruas Maria Antonia, Consolação, Piauí e Itambé. Falava e não ouvia nem queria ouvir minhas sugestões e ponderações. O ponto de queixa era o de que tinha sido transformado de autor em mero coautor. Suspeitava que a troca ocorrera porque o dono da editora, homem de família tradicional e abastada, era tio de Marialice e o tratava como pessoa insignificante, o que era um exagero. Foi à editora e exigiu a troca da capa e do primeiro caderno do livro que começava a ser distribuído, o que foi feito. Ficou, porém, a evidência do que ocorrera na ficha catalográfica, que não foi mudada.

Ele prestava muita atenção em estigmas de caráter nos outros, o que aparecia nas piadas que contava, e ele próprio fizera enorme esforço para superar o sotaque caipira de sua região de Piracicaba, exagerando nos erres da pronúncia, pronunciando-os no fundo da garganta e não na ponta da língua como fazem os falantes desse dialeto. Esse era, sem dúvida, um motivo de sofrimento para ele, que acarretava tensão nos seus relacionamentos, sempre prevenido quanto a uma discriminação eventual, mesmo suposta. Levava em conta o quanto as pessoas com sotaque caipira eram subestimadas na Universidade, mesmo sendo pesquisadores de pública e notória competência. Nem por isso deixavam de ser explorados por aqueles que julgavam que o sotaque caipira indicava a pessoa tola e ingênua, indigna do conhecimento que fosse capaz de produzir e que, por isso, deveria passar a mãos alheias e em obra alheia aparecer. Preocupado, mais de uma vez ele chamou minha atenção para o fato de que terceiros fingiam me ouvir e se interessar pelos resultados de minhas pesquisas para deles se apropriar. Além disso, posso testemunhar que os próprios alunos do diurno, de famílias bem situadas, ignoravam os alunos do noturno, como eu, que tinham que trabalhar durante o dia e, com dificuldade, estudavam à noite. Luiz, aliás, por ter sido classificado em primeiro lugar na sua turma do Curso Normal, fora beneficiado com a cadeira-prêmio que lhe assegurara o salário durante quatro anos, para fazer o curso de Pedagogia na USP, em tempo integral, no diurno.

Esses sentimentos de Luiz tinham duas faces. Se, de um lado, ele era sensível ao menosprezo, em relação a ele e em relação aos outros, era também muito sensível às manifestações opostas. Foi ele quem me contou, muito impressionado, o que o próprio Florestan lhe confidenciara. Sabendo Florestan pai de seis filhos em idade escolar e com a aposentadoria da cassação apenas proporcional ao tempo de serviço, inferior, portanto, ao necessário para cumprir suas obrigações familiares, procurou-o em casa o professor Eduardo d'Oliveira França (1917-2003), catedrático de História da Faculdade de Filosofia, que se ofereceu para pagar as despesas da educação de seus filhos. Explicou-lhe que, não tendo filhos (ele e a esposa adotariam duas crianças mais tarde), e tendo meios, podia arcar com essa obrigação. O professor França era um liberal de velho estilo, formal e ético, que frequentemente, na congregação da Faculdade, estivera em campo oposto ao de Florestan. Por ser liberal, era pelos alunos, injusta e levianamente, definido como de direita, coisa que efetivamente não era. Mais tarde, diretor da Faculdade de Filosofia, o Dops o obrigaria a renunciar, sob pena de prisão. Luiz ficou, também, muito sensibilizado pelo fato de que um funcionário, negro, da seção de pessoal da Faculdade, quando da cassação, tenha procurado Florestan e lhe comunicado, para tranquilizá-lo, que faria a contagem de seu tempo de serviço por número de dias e não por ano, como era praxe. A aposentadoria compulsória alcançara Florestan alguns dias antes da aquisição do direito à sexta-parte, um bônus concedido aos funcionários públicos após completarem 20 anos de serviço. Com os dias adicionais dos anos bissextos, contados desse modo, Florestan alcançou o tempo necessário à obtenção da sexta-parte e à melhora de seus proventos, mesmo assim muito aquém da aposentadoria integral.

A sensibilidade ao menosprezo era disseminada entre estudantes e professores de minha geração. Octavio Ianni, de quem fui bastante próximo, durante muito tempo, várias vezes se referiu à sua indignação ao tratamento de "italianinho" que recebera na infância, em Itu, sua cidade natal e cidade de brasileiros de velha cepa, uma designação que em vários lugares procurava colocar os filhos do imigrante italiano "em seu lugar". Ianni era filho de um tripeiro oriundo de Castellabate e ele próprio, na época em que cursava Ciências Sociais na USP, fora tipógrafo, em Osasco. Essa sensibilidade antropológica às questões da diferença social, marcante em Luiz Pereira, em Florestan Fernandes, em Octavio Ianni e em mim mesmo, tem sido própria de pessoas e grupos sociais que experimentaram ascensão social e transição entre posições sociais muito contrastadas.

Marialice Foracchi vivera essa transição de outro modo e desenvolvera a mesma sensibilidade em outra perspectiva, o que a tornou muito próxima de Ianni e de Luiz. Sua mãe era irmã de Octales Marcondes, dono da Companhia Editora Nacional, gente de velhas e ricas famílias do Vale do Paraíba. Seu pai era italiano e fora dono da torrefação do famoso Café Jardim. Ela se lembrava de que muitas vezes toda a família tinha que descer do sobrado em que morava para ajudar, em baixo, no empacotamento de café. Mesmo nesse casamento misto, as linhas de separação social eram duras. Quando Marialice se casou com Mário Foracchi, sua mãe impôs o regime de separação de bens, o que Mário aceitou, como me disse, "numa boa" porque casava apaixonado. O apaixonado relacionamento entre eles, até o fim, esteve muito acima das miudezas jurídicas de um consórcio socialmente desigual.

Foi de minha turma e foi meu amigo, Eduardo de Oliveira e Oliveira, intelectual refinado e culto, mulato, dos meus conhecidos e amigos o que melhor compreendia as gradações e implicações da diferenciação social naquele estranho e fascinante mundo da Faculdade de Filosofia da rua Maria Antonia, perto da qual morava. Ele era filho de um estivador do porto do Rio de Janeiro, que se tornara líder sindical e, como ele mesmo dizia, pelego do trabalhismo de Vargas. Eduardo tivera a melhor educação que alguém poderia receber em sua época no Rio. De vez em quando, seu pai o embarcava na limusine de seu uso e dava um passeio pelas docas, mostrava-lhe os estivadores que carregavam nas costas pesada sacaria e lhe fazia esta advertência: "Não se esqueça nunca de que o que você é e virá a ser, deve a essa negrada." Eduardo não esqueceu. De vez em quando convidava seus amigos negros e vários de nós, que vínhamos "de baixo", e também alguns professores, artistas e intelectuais para uma mesa de queijos e vinhos finos em seu apartamento para, no estilo das velhas famílias, um sarau de conversação culta. Organizou para negros do bairro da Casa Verde uma escola, para a qual convidava professores da USP, com razão convencido da função emancipadora dessa ressocialização. Escreveu uma peça teatral emblemática, a cuja estreia compareci, sobre as contradições e armadilhas da ascensão social no meio negro – *E, agora, falamos nós* –, dirigida e apresentada no Teatro do Masp por sua amiga, a atriz Thereza Santos.[40] O título da peça foi inspirado num incidente que presenciei, ocorrido no prédio de Filosofia e Ciências Sociais, na Cidade Universitária. Eduardo organizara um seminário sobre o negro, numa das salas, para o qual convidara vários professores da Faculdade de Filosofia e vários negros. Uma das professoras, ao terminar sua exposição, que foi a primeira, explicou que precisava retirar-se, pois tinha outro compromisso. Ela já estava na soleira da porta quando Eduardo pediu-lhe que voltasse, pois tinha algo importante a dizer. E disse mais ou menos o seguinte: "Nós (negros) passamos séculos ouvindo vocês. Quando chega a hora de falarmos, vocês dizem que não têm tempo para nos ouvir." Ela ficou muito embaraçada com a interpelação inesperada, se desculpou, disse que não era nada daquilo e foi embora. Desiludido com o oportunismo e a precedência das aspirações de ascensão social e de branqueamento dos negros que o cercavam no projeto da Casa Verde, Eduardo suicidou-se, deixando-se morrer de fome e sede, trancado em seu apartamento, a alguns passos da velha Faculdade de Filosofia.

Tenho uma origem parecida e nunca me vi, intelectualmente, menosprezado por isso, por Florestan e seu grupo. A Faculdade de Filosofia era historicamente um lugar de encontro mannheimiano de intelectuais de origens sociais diversas e desencontradas. Claude Lévi-Strauss, em *Tristes trópicos*, já havia notado o quanto a Faculdade, de que fora um dos fundadores, quebrava linhas de separação social arraigada na sociedade paulistana.[41] Ela abria democraticamente o acesso à Universidade a populações que, sem a escola pública, teriam ficado fora dela, como era o caso de Florestan, de Luiz e o meu próprio. A maioria dos professores não vinha propriamente da elite, e sim dessas camadas médias em ascensão, caso do próprio Luiz. Ele foi sempre muito bem tratado e acolhido por alunos, mesmo os originários das famílias mais ricas. Sabendo-o solteiro e solitário, um dos alunos, que muito o admirava, de uma família quatrocentona de São Paulo, de pai intelectual respeitadíssimo, certa vez convidou-o a passar as festas de fim de ano com sua família, o que o deixou encantado e feliz.

Como você descreveria as relações entre Luiz Pereira e Florestan Fernandes? E com os demais assistentes e alunos de Florestan? Como caracterizá-lo dentre os colaboradores da cadeira de Sociologia I? Em que medida essa caracterização o colocava em condição de desvantagem ou de vantagem, o habilitando para suceder os professores compulsoriamente aposentados em 1969?

Com as aposentadorias compulsórias de 1969, vários dos docentes que permaneceram tiveram que assumir as responsabilidades pelas tarefas da sucessão dos docentes aposentados, provisória e temporariamente, assim entendíamos, até que houvesse uma anistia política: Marialice Mencarini Foracchi, Luiz Pereira, Leôncio Martins Rodrigues. Com a criação do Departamento de

Ciências Sociais, que já estava em andamento antes das cassações, não havia propriamente sucessor, já que não havia as tarefas administrativas próprias da cátedra. A formalização do Departamento, com a reforma universitária do tempo em que o professor Miguel Reale foi reitor, redefiniu completamente a estrutura e a organização das antigas cadeiras da área de Ciências Sociais, deixando de haver a dependência administrativa entre os docentes e o catedrático. As referências passaram a ser o chefe do Departamento e o Conselho Departamental em que, supostamente, estávamos todos representados. O tempo indicaria que a democracia departamental, em oposição à autocracia da cátedra, era uma farsa.

Apesar das aposentadorias compulsórias promovidas pela ditadura, com as cassações dos professores, Luiz continuou mantendo contato com o professor Florestan, fosse indo com frequência à sua casa, na rua Nebraska, fosse lhe telefonando. Fez o mesmo com Octavio Ianni. Nos dois casos, ele supostamente o fazia para ouvi-los quanto a decisões a tomar ou que havia tomado no Departamento, nas questões relativas ao grupo remanescente da cadeira de Sociologia I e do CESIT, ampliado com os auxiliares de ensino que lhe foram agregados. Mas não tenho a menor indicação de que ambos aceitassem essa interlocução como reconhecimento de que Luiz lhes devesse vassalagem ou que tivessem a expectativa de gerir indiretamente o grupo, através de Luiz. Por outro lado, quase todos nós alimentávamos a esperança de um retorno mais ou menos rápido dos cassados, o que não aconteceu.

> A expectativa do retorno dos professores cassados, com o tempo, entrou em declínio sem motivo claro. Quando começou a campanha em favor da anistia aos perseguidos políticos e aos cassados e punidos pelo regime militar, a sra. Terezinha Zerbini, líder desse movimento, esposa do General Euryale de Jesus Zerbini, cassado das primeiras horas do golpe e que, já idoso, se tornara aluno do curso de Filosofia da FFLCH, promoveu um ato pela anistia no prédio de Filosofia e Ciências Sociais, na Cidade Universitária. Dos cassados, compareceu apenas o professor Fernando Henrique Cardoso. Dos professores de Sociologia, apenas a professora Maria Helena Oliva Augusto, a professora Heloisa Helena Teixeira de Souza Martins e eu. Apareceram alguns professores de antropologia e o professor Isaac Nicolau Salum, de Letras, além de uns poucos alunos. Após o discurso duro, da sra. Zerbini, surpresa com a omissão de professores e alunos da Faculdade em relação à questão da anistia, tomei a palavra. Sublinhei que punidos pela ditadura

eram, também, os docentes que ficaram à espera do retorno dos cassados e carregavam em silêncio o fardo do legado e da cruz. O ato foi noticiado, com fotografia, pela *Folha de S.Paulo*.

Quando a anistia, finalmente, saiu, fomos convocados para um encontro com os docentes cassados. Foi uma reunião melancólica, descabidamente burocrática, numa sala de aula. O chefe e o vice-chefe do Departamento, sentados à mesa, diante dos professores Florestan Fernandes, Elsa Berquó, do Cebrap e cassada da Faculdade de Saúde Pública, e Paulo Singer, da mesma Faculdade, também do Cebrap, perguntaram formalmente se os cassados queriam retornar aos quadros da Universidade. A lei da anistia preconizava que os afastados do serviço público pela ditadura requeressem o benefício, se o quisessem. Ao que responderam que não tinham interesse. Houve insistência com Florestan, quanto à importância de sua presença na escola para a formação dos alunos. Ele respondeu que o que poderia fazer na Faculdade poderia fazer fora da Faculdade e o fizera, sem ser convidado, durante o longo período da cassação. Elsa Berquó e Paulo Singer, embora não tivessem feito parte dos quadros da Faculdade de Filosofia, também disseram que não tinham interesse no retorno. Optavam pela aposentadoria definitiva. Dei carona a Paulo Singer até a Paineira, na saída da Cidade Universitária, e creio que contribuí para sensibilizá-lo na reconsideração da opção pela aposentadoria definitiva.

Mais adiante, designados por uma assembleia departamental, José César Gnaccarini e eu fomos conversar com Octavio Ianni, com quem mantivéramos contato muito próximo durante todo o período em que esteve cassado, para convencê-lo a retornar. Com a mesma missão, fomos com Ianni falar com Florestan, em sua casa. Ianni optou pela aposentadoria definitiva, mas aceitou a hipótese de ser contratado pelo Departamento, o que o Departamento nem considerou, com base no argumento, descabido, de que não era possível contratar aposentado para a mesma vaga que ocupara antes (pois não se tratava da mesma vaga, uma vez que as vagas dos cassados já haviam sido preenchidas). Ianni ainda chegou a dar um ano de curso de pós-graduação na expectativa da contratação. Saiu aborrecido e indevidamente ofendido com os que se empenharam em trazê-lo de volta e não teve a mesma atitude com os que não mexeram uma palha para tê-lo conosco novamente. Confessou-me, no entanto, com amargura, que era evidente que os professores de Sociologia do Departamento não queriam o retorno dos cassados. Mais adiante, quando foi aberto um concurso de professor titular, reuniu os papéis e preparou-se para prestá-lo, mas desistiu quando soube que outra pessoa já se inscrevera. Teria sido a oportunidade legal de sua volta à USP, pois aprovado em concurso para cargo diverso do que ocupara, não teria a Faculdade pretexto administrativo ou legal para não nomeá-lo. Já Florestan insistiu na opção pela aposentadoria definitiva e explicou-nos que tinha plano de entrar na política e que, por isso, já não cogitava de um retorno à Universidade. Foi com surpresa que, muito depois de seu falecimento, num depoimento de seu filho Florestan Fernandes Jr. à TV Câmara, em fevereiro de 2004, soube que ele desistira do retorno à USP porque, na Faculdade de Filosofia, "os cargos tinham sido ocupados por outros intelectuais, por outros professores". No fundo, tomou o fato como um veto ao seu retorno à USP e ao retorno de seus antigos assistentes.

Eu nunca me candidatara à função nem nunca fora membro do conselho departamental. Não participava das reuniões departamentais nem dos encontros informais e dos conchavos em que se decidia o destino do Departamento e o destino de todos nós. Portanto, só com o tempo ficou claro para mim que houvera uma segunda cassação dos cassados, posta em prática pela própria Faculdade de Filosofia e até mesmo pelo próprio setor de Sociologia do Departamento de Ciências Sociais, se não na intenção, certamente na indiferença e na omissão. O Departamento sequer debateu a atitude a tomar em relação às implicações políticas da colocação em concurso dos cargos dos cassados. O retorno desses professores, e isso era visível, implicaria completa reordenação do Departamento com base no histórico prestígio dos que haviam sido punidos pela ditadura, mas também pelo prestígio intelectual enormemente acrescido, que granjearam durante o período de afastamento, vários com projeção internacional, como Florestan, Fernando Henrique e Ianni, em franco contraste com a provinciana carreira de substitutos involuntários a que o burocratismo da USP condenara os que ficaram. Prestígios presumidos dos que permaneceram, firmados no vazio das cassações, seriam fatalmente revistos, sem contar inevitáveis novas tematizações na pesquisa e no ensino, novos padrões de trabalho científico que nos trariam, induzindo mudanças inovadoras e estimulando amplos reajustes e adaptações na inserção de cada um no ensino e na pesquisa. Um injustificável cenário de injustiças involuntárias se desenhava, pois vários dos que ficaram também progrediram intelectualmente e davam contribuições significativas em suas respectivas áreas de conhecimento.

Também conversei com Fernando Henrique, num encontro que tive casualmente com ele numa cerimônia na reitoria da USP, sobre a importância do retorno, já que havia sido outro o docente incumbido de contatá-lo para a insistência na sua volta, e não o tinha procurado. Mas ele me explicou que, como estava ingressando na política, não pretendia solicitar a anistia, cujo pedido teria que ser encaminhado ao governador do Estado. Explicou-me que não pediria anistia a Paulo Maluf. No entanto, dispunha-se a lecionar gratuitamente na Faculdade, com os proventos da aposentadoria, disposição generosa em face de terem sido os cassados castigados com vencimentos apenas proporcionais ao tempo de serviço, durante o longo período de seu banimento. De fato, por iniciativa do professor Lúcio Kowarick, arranjos foram feitos para que ele desse um curso no Departamento de Ciência Política, de que fora titular por breves meses entre 1968 e 1969.

Desde o momento de sua chegada à cadeira de Sociologia I, Luiz passou a fazer parte do pequeno círculo de docentes com os quais o professor Florestan compartilhava decisões e traçava planos, os que eram, propriamente, os seus assistentes. Apesar de ser um catedrático cioso do poder da cátedra, que era grande, e de nunca ter aberto mão desse poder, Florestan se diferençava dos demais catedráticos ao instituir uma espécie de colegialidade em relação a certas decisões. Esse grupo, que se reunia periodicamente, era constituído de seus assistentes: Fernando Henrique Cardoso, Octavio Ianni, Marialice Mencarini Foracchi, Maria Sylvia de Carvalho Franco e Luiz Pereira. Fernando Henrique, que era o braço direito de Florestan, e ocupava o cargo de primeiro-assistente, empenhou-se para que Luiz se integrasse rapidamente no esquema de funcionamento e divisão do trabalho da cadeira de Sociologia I, já que era o diretor do CESIT, no qual seria desenvolvido o seu projeto.

Luiz Pereira teve alguma participação em algum dos muitos seminários e grupos de estudos de O capital? Havia tensões, disputas intelectuais entre Luiz Pereira e os remanescentes do grupo de O capital que fundariam o Cebrap?

A pergunta se baseia num equívoco de informação. O grupo de *O capital* era muito anterior à vinda do Luiz Pereira para a Cadeira de Sociologia I.[42] Além do que, esse grupo nunca reivindicou uma identidade nem uma posição institucional na Faculdade. O seminário não era um seminário da instituição. Houve quem, de seus participantes, estranhasse publicamente a mitificação desse seminário pelas gerações atuais. Eles se reuniam aos sábados, na casa de um deles, informalmente, num ambiente de camaradagem, já que eram amigos de geração e de Faculdade, dos tempos de estudantes. Até onde sei, as reuniões do grupo cessaram quando se completou a leitura do livro de Marx e quando Fernando Henrique e Ianni fizeram seus doutorados. Luiz Pereira fez o seu na mesma semana em que eles fizeram os deles, quando ainda era professor em Araraquara e não circulava, obviamente, no efervescente mundo da cultura acadêmica da rua Maria Antonia. Nessa época, Marx estava bem longe de seu horizonte, como se vê, aliás, na sua dissertação de mestrado e na sua tese de doutorado.[43]

Não houve nenhuma tensão nem disputa entre Luiz Pereira e os participantes do seminário sobre *O capital*, até porque o seminário é de uma época e Luiz, como docente da cadeira de Sociologia I, é de outra.

Eu arriscaria, sem muita convicção, na questão da suposta distância entre Luiz Pereira e o primeiro grupo de leitura de *O capital*, quanto à linha de compreensão da obra de Marx, a propor a hipótese de um desinteresse de Luiz pela linha interpretativa que fora adotada nessa leitura. E que já se expressava nas obras de seus participantes, o que não quer dizer desinteresse pela leitura de Marx, como se veria. Era um modo de manter identidade. Nessa questão, destacava-se na Faculdade de Filosofia, Ciências e Letras de Araraquara o professor Fausto Castilho, de Filosofia, colega de Luiz, cujo pensamento estava numa relação antagônica ao do professor José Arthur Gianotti que, na USP, definira a linha do seminário sobre *O capital*. A tensão, portanto, existia, mas era de outra natureza, entre escolas de interpretação, e não envolvia diretamente Luiz Pereira. Uma pesquisa comparativa entre as duas tendências interpretativas, combinada com uma análise de conteúdo da obra de Luiz Pereira poderia indicar o quanto essa polarização se refletiu, ou não, na concepção de dialética que nela prevaleceu, mesmo na relativamente cautelosa incorporação que fez de Althusser. Sartre, acompanhado de Simone de Beauvoir, quando de sua vinda ao Brasil, em 1960, decidiu ir a Araraquara justamente para, numa conferência, responder a uma questão filosófica relativa à dialética, que em carta lhe propusera Fausto Castilho, concluída com a pergunta: "Em suma, é possível superar a Filosofia sem realizá-la?"[44] A ida de Sartre a Araraquara foi, sem dúvida, um triunfo de Castilho. Mas a influência que o seminário sobre

O capital teve sobre a obra dos jovens sociólogos e historiadores da USP foi um triunfo de Gianotti.

Convém lembrar que Luiz teve grande e decisivo amparo em dois desses antigos participantes do seminário, Marialice Mencarini Foracchi e Octavio Ianni, além do apoio que recebeu de Fernando Henrique no início. O que houve, uns sete ou oito anos depois de sua vinda para a Cadeira de Florestan, foi a recusa de Luiz Pereira de apoiar o Cebrap, que tinha entre seus fundadores alguns dos cassados, que também participaram do seminário.

Nessa linha, ele seguiu Florestan que, embora convidado por Fernando Henrique, não quis fazer parte do Cebrap (como, aliás, inicialmente, o próprio Octavio Ianni), alegando que pretendia continuar atuando como professor em instituição universitária.

> Octavio Ianni, que conversou muito comigo sobre a opção a fazer, dividido que estava, acabou seguindo o conselho de José Albertino Rodrigues e aceitou seu convite para trabalhar no setor de pesquisas sociais da Hidroservice. Só se decidiria pelo Cebrap depois, por insistente convite de Fernando Henrique Cardoso, quando percebeu que a opção pela Hidroservice implicava renúncia à condição de pesquisador de temas propriamente científicos. Se lá ficasse, para ele, a Sociologia se tornaria um bico. Ianni relutou, sobretudo, porque temia a impossibilidade de ter um emprego estável, já que aos cassados estava vedado o acesso ao magistério superior em universidade pública. No dia 12 de fevereiro de 1969, cerca de dois meses antes das cassações, escreveu-me da Universidade de Oxford: "Martins, creio que em fevereiro saiu ou sairá a tal lista. Saindo algo a meu respeito converse com a Éline [Éline Zollner Ianni, esposa de Octavio] e mande-me um telegrama, via Western. Pode ser sumário: demitido. Creio que pode haver cassação ou aposentadoria. Em qualquer caso 'demitido' significa que preciso procurar emprego. E fazer minhas economias multiplicarem./ Às vezes penso que não haverá nada especial comigo ou Florestan. Mas a escassez de informações torna mais difícil avaliar a coisa./ Em qualquer caso, é importante me mandarem imediatamente a publicação de nomes da Faculdade, a página do jornal, via aérea."

Florestan se exilaria no Canadá, como professor na Universidade de Toronto. Luiz, claramente, temia contrariar o professor Florestan. E Florestan, aparentemente, tinha dificuldade para aceitar a reordenação hierárquica que, em relação à sua antiga posição de catedrático, o Cebrap representava. Ele já ficara aborrecido com a quase destruição da Faculdade de Filosofia pelo movimento estudantil de 1968, que era um movimento contra a cátedra, o que incluía a sua, recém-conquistada. O que sobrara, teve na ação de Fernando Henrique e de outros docentes que com ele se alinharam, a providência salvadora que, com a criação de um Departamento de Ciências Sociais, informal, agregara as cátedras e reunira forças para retomar as atividades de docência e pesquisa. Foi ele que conseguiu a rápida construção dos barracões na Cidade Universitária, que abrigariam esse novo Departamento e o Departamento de Filosofia. Fernando Henrique voltara do exílio aí pelo final de 1967, creio, e reassumira suas funções na Universidade. A própria estrutura espacial das novas instalações já indicava a superação da cátedra como instituição dirigente e de poder. Na verdade, com essa providência modernizadora, poder e autoridade, inerentes à cátedra, ficavam separados. O fato de que Fernando Henrique tenha sido eleito diretor do novo Departamento (sem o que, aliás, o Departamento não teria sido constituído) e não Florestan, afetou muito o professor Florestan, no que lhe pareceu agudo episódio da crise de gerações e a própria morte da figura do pai, como sugeriu num de seus textos posteriores, sem mencionar especificamente o episódio.

Como Luiz Pereira via o encaminhamento da reforma universitária?

Não tenho a menor ideia. A reforma foi imposta, veio de cima para baixo. No âmbito dos próprios docentes, o encaminhamento foi só administrativo. Os docentes puderam apenas optar pelo departamento a que queriam agregar-se e trabalhar em conjunto para "formatar" o novo Departamento de Ciências Sociais. Somente as unidades desagregadas da velha Faculdade de Filosofia puderam definir um perfil próprio, atualizado e moderno. Embora a Faculdade de Filosofia, Letras e Ciências Humanas, em consequência da desagregação, fosse de fato uma nova unidade, os docentes que tinham poder na congregação e nos departamentos não compreenderam desse modo a mudança. O que implicou em fazer da FFLCH uma unidade residual mutilada, defeito que a marca até hoje, impedindo sua modernização e dificultando sua conversão numa escola ágil e criativa. Além do que, criar uma nova unidade com o nome de Faculdade de Filosofia, com o pessoal docente e administrativo que vinha da velha escola, parece ter sido entendido como um fechamento definitivo das portas da USP aos docentes cassados, caso houvesse a anistia e retornassem. O que não impediu, aliás, que os cargos vagos com as cassações fossem postos em concurso e fossem ocupados.

Tudo, na escola, ocorreu em meio a uma grande inércia, atenuada apenas por nossa típica pendência para as assembleias, em que se discute muito e se resolve pouco. Luiz Pereira nem mesmo se empenhou em salvar o CESIT, que ele dirigira e que foi extinto com a reforma. O que se compreende: o grupo original de Florestan Fernandes estava reduzido a poucas pessoas. A permanência do CESIT teria dispersado ainda mais o grupo e inviabilizado a sua continuidade. Aquele era um momento de reunir forças e não de dispersá-las. Mas foi também um momento de perdas institucionais significativas para o grupo remanescente da Cadeira de Florestan Fernandes.

O que dizer de sua atuação como primeiro presidente da Associação dos Sociólogos do Estado de São Paulo? Como se deu o processo de sua eleição?

Sei muito pouco sobre isso, já que participei de uma única e inicial reunião de fundação da entidade. Lembro que houve problemas decorrentes do espírito corporativo muito forte dos sociólogos que não estavam vinculados às universidades, muito preocupados em preservar privilégios corporativos e assegurar empregos, na linha que vinha dos debates de estudantes da década de sessenta, da regulamentação da profissão. Na hora de eleger a diretoria, Luiz Pereira era francamente o candidato favorito à presidência, em boa parte porque ele simbolizava o grupo de Florestan. Mas o estatuto aprovado minutos antes dizia que só podia fazer parte da diretoria quem fosse diplomado em Ciências Sociais ou Sociologia e Política. Não era o caso dele. Remendaram, então, o estatuto, na hora, para habilitar quem tivesse mestrado ou doutorado em Sociologia, e ele foi eleito.

Apenas de ouvir dizer, sei que ele se empenhou muito para consolidar a Associação, até porque ela poderia ter um papel político na anistia e no retorno dos professores cassados à Universidade. Papel que, ao que parece, ela acabou não tendo, quando ele já não era o presidente, porque as coisas fluíram por outras vias, na anistia vinda de cima para baixo. A Associação poderia ter pesado na decisão dos cassados de aceitarem ou não a anistia e não pesou: os do grupo de Florestan a recusaram e optaram pela aposentadoria definitiva, como disse antes.

A propósito de Luiz Pereira é cabível falar da presença de um "ecletismo bem temperado"?

Luiz Pereira foi, inicialmente, um competente funcionalista, na linha do rico funcionalismo de Florestan Fernandes. Quando fez o doutorado, percebeu que havia um debate sério sobre a obra de Marx nos meios acadêmicos. Leu vulgarizadores de Marx que eram de moda para construir uma pauta de reeducação teórica. E depois leu *O capital*, de Marx, leu Poulantzas, leu Althusser. Seguiu um roteiro oposto ao roteiro que fora seguido pelo grupo de *O capital* e diferente do roteiro de Florestan Fernandes. Aí é importante você comparar entre si a obra dos diferentes autores, vinculados à cadeira de Sociologia I, para compreender em que consistia a diferença.

Aquele era um momento, em todas as partes, de diálogo entre as sociologias. Marx começava a ser admitido como sociólogo (e Florestan contribuíra pioneira e decisivamente para isso, ele fora mundialmente pioneiro), mas havia consciência profissional de que a Sociologia de Marx tinha insuficiências em face da indiscutível riqueza das outras sociologias, coisa que, aliás, Florestan já havia assinalado num de seus textos.[45] O chamado ecletismo, que não existiu, pois era uma busca teórica e não uma colagem de ideias sociológicas, foi o tom dominante da Sociologia em todas as partes. Luiz Pereira representou uma das tentativas de contribuição pessoal para esse diálogo.[46]

Como situá-lo no cenário da sociologia brasileira em geral e qual o lugar a ele reservado na história da "escola paulista de sociologia", em particular?

Florestan dizia, com razão, que não havia uma "escola paulista de Sociologia". Esse rótulo veio de fora e mencioná-lo virou moda bem depois das cassações, numa espécie de nostalgia de um passado imaginário. Essa é uma designação que, desconfio, tem por objetivo confinar a Sociologia do grupo da USP e evitar o confronto de consistência com outras sociologias. Uma sociologia com a qual nem conviria dialogar, porque enraizada nas singularidades da sociedade brasileira e que estaria aquém do pretenso universalismo da Sociologia de supostas sumidades dos países dominantes. De certo modo, a obra de Luiz Pereira, como a de outros autores, também por isso, caiu no esquecimento. O mesmo aconteceu com a obra de Marialice Mencarini Foracchi.[47] Em nossas ciências sociais, aqui no Brasil, mais por ignorância do que por intenção, não temos a tradição da continuidade como referência do pensamento sociológico crítico, que fica, assim, mutilado. A ditadura foi fator de uma ruptura que se firmou e consolidou. Nossa Sociologia de hoje, fragmentária, estrangeira e sem tradição, é a principal expressão da devastação de ideias que a ditadura nos impôs. Além do que, de certo modo, a sociologia brasileira tornou-se em boa parte "brazilianeira" e não se livrou dos efeitos da ditadura até agora.

> Após as cassações, foi se tornando moda, no país inteiro, uma Sociologia dependente, adjetiva, numa ruptura quase radical com a sociologia brasileira, que era uma sociologia do diálogo com os grandes autores, mas ciosa da sua originalidade, decorrente das singularidades de nossa sociedade. O pensamento dos sociólogos brasileiros de então se expressara nas primeiras reuniões da Sociedade Brasileira de

Sociologia. Como disse Florestan Fernandes: "Na medida em que o nosso trabalho cresceu, nós tivemos de enfrentar os dilemas de construir uma teoria sociológica original, adaptada à situação brasileira."[48] Embora essa Sociologia tenha sobrevivido residualmente (e eu mesmo me identifico com ela), difundiu-se entre nós uma sociologia colonizada, de "direita" e de "esquerda", desprovida de inquietações mais profundas com as singularidades desta sociedade, uma sociologia atemporal e atópica. O abandono do interesse pelo possível e pelo propriamente histórico se reflete nessa nova Sociologia de que no geral estão ausentes o sentido de nação e o sentido de destino. A Florestan eram caras duas ideias de Hans Freyer, hoje ausentes: a Sociologia é a autoconsciência científica da sociedade e "só vê algo sociologicamente quem quer algo socialmente".[49] No caso do silêncio sobre a obra de Luiz Pereira, há que considerar, ainda, que as obras sobre a escola saíram de moda e ele praticamente não deixou seguidores, sobretudo porque não é obra propriamente marxista, num momento em que não ser marxista é considerado praticamente um defeito de caráter. Seu pequeno artigo sobre "Mulher e trabalho" pode ser visto como pioneiro e seminal.[50] Luiz, praticamente, inaugurou no Brasil os estudos sociológicos sobre a condição feminina, mas ele mesmo não deu continuidade a essa linha de pesquisa e estudo, a única que vinga até hoje. Nem seus alunos foram adiante nesse tema. Seus estudos sobre marginalidade não eram pioneiros, mas tinham certa e interessante originalidade que, juntamente com o pequeno e criativo (e último!) estudo de Marialice Mencarini Foracchi sobre o tema, influenciaram alguns autores e influenciaram meus dois livros sobre exclusão social.[51]

Mas ele fez bem em oferecer uma contribuição pessoal ao debate sobre o tema, muito intenso na época, a respeito do qual escreveram vários autores, sobretudo porque marginalidade era conceito que esbarrava nas diferentes concepções marxistas de classe social. Foi o único de seus temas situados, propriamente, no corpo de um debate. A Sociologia do desenvolvimento, com a qual trabalhou mais intensamente, entrou em declínio em face dos estudos sobre dependência e, principalmente, em face da crise e do perecimento do nacional-desenvolvimentismo. Os discípulos de Luiz Pereira não deram continuidade à sua obra nem se interessaram em divulgá-la. Isso terá que acontecer quando alguém resolver, a sério, dar um balanço teórico na obra do grupo de São Paulo e na história da crise do pensamento sociológico no Brasil.

É correto atribuir o relativo esquecimento da sua obra e de sua figura apenas às questões de ordem geracionais ou suas contribuições foram assimiladas e superadas pela própria evolução e desenvolvimento da disciplina sociológica no país? Seus livros eram lidos? Então por que deixaram de constar na bibliografia de cursos ou de pesquisas sobre temas afins (Ex. marginalidade, trabalho e educação, condições da participação da mulher no mercado de trabalho, discussão teórica acerca do materialismo histórico etc.).

As grandes transformações sociais e políticas do Brasil e da América Latina nestes quarenta anos tornaram boa parte da nossa reflexão sociológica daquela época relativamente ultrapassada.

> Faço essa afirmação na perspectiva do que se poderia definir como uma história das mentalidades. Na mudança de mentalidade, entre os anos 1960 e os dias de hoje, esta sociedade se tornou muito menos indagadora em relação ao que era, agora cheia de certezas políticas falsamente definitivas num cenário de incertezas sociais e históricas. Aquela Sociologia, supostamente ultrapassada, particularmente a do grupo de São Paulo, está construída sobre indagações teóricas profundas, universais e permanentes, como é próprio da ciência, sobre as singularidades da sociedade brasileira e seus dilemas históricos. O acerto e a validade dessa orientação crescem à medida que nos afundamos no milenarismo político, pretensamente de esquerda, que assegura o conformismo necessário à obtenção de espantosos índices de êxito econômico com espantosos índices de pobreza.

Mas isso é próprio da Sociologia em todas as partes. Nos Estados Unidos, a Sociologia de Parsons tornou-se obsoleta, apesar de sua relevância teórica e do impacto no conhecimento sociológico de sua época. Parsons, aliás, influenciou bem menos do que vários de seus contemporâneos. O fato de Luiz Pereira ter morrido cedo contribuiu de maneira decisiva para que não estivesse presente, acompanhando e contribuindo, na redefinição dos temas sociológicos e no debate, na reproposição e na atualização de sua própria obra e seus potenciais desdobramentos. Algo que nos países sérios é feito pelos discípulos.

Teria sido Luiz Pereira vitimado pelo espírito de competição aberta patrocinado por Florestan Fernandes ao longo do processo de seleção de seus colaboradores? Em outras palavras, o apego e a lealdade que devotava ao legado de Florestan não teria conduzido à saturação do eclético padrão de trabalho científico propugnado pelo último catedrático da Sociologia I em meio ao processo de diversificação do próprio campo intelectual? Em que medida essa orientação não aprofundou o isolamento real ou a sensação imaginária dele que atingiu Luiz Pereira?

Luiz Pereira não foi vítima de coisa alguma. Por que haveria de ser vítima? Na época, todos tínhamos um único e poderoso adversário, a ditadura militar, que criou reiterados problemas nas universidades. Nem todos compreenderam isso e nem sempre a reação a ela foi a mesma. A promoção da competição por Florestan entre seus assistentes é ficção. O que havia de fato é que Florestan era bem diferente dos atuais orientadores de tese, dos quais não raro se espera que "deem papinha na boca" do orientando. Florestan tinha especial sensibilidade para reconhecer traços individuais de personalidade, competências individuais nas quais apostava, deixando a alunos e assistentes a responsabilidade por desenvolvê-las. Atuava como interlocutor e dialogava criticamente no território da opção do aluno e do assistente. Não me lembro dele jogando um contra o outro. Se o fizesse, teria destruído seu próprio grupo.

Luiz Pereira foi muito protegido por Florestan Fernandes após as cassações. Com razão. Luiz era tímido e gostava do isolamento, o que o atrapalhava. O que ele fez pela Sociologia na USP, fez como guardião de um legado. Pôs entre parênteses conflitos pessoais, generosamente, em nome da missão que recebeu de preservar o grupo, na medida do possível. Na noite das cassações, em reunião na casa de Florestan, foi decidido, e a opinião de Florestan foi nisso decisiva, que os docentes remanescentes não se demitiriam em solidariedade aos cassados, para não se cometer o erro já cometido por um grupo grande de docentes da Universidade de Brasília, quando lá houve problema semelhante. Ficariam, para preservar a obra de muitos anos e de várias gerações.

Essa história de um Florestan patrocinador de competição entre seus assistentes tem muito de lenda. Os acadêmicos são no geral muito competitivos, com Florestan ou sem ele. O grupo de Florestan não era diferente. Justamente por isso, não raro, ele interferia para evitar que a competição acabasse afetando o grupo. O seu projeto "Economia e sociedade no Brasil", um projeto que pressupunha divisão do trabalho e convergência de resultados das pesquisas, era em si mesmo negação dessa competição.

É verdade que a lealdade de Luiz Pereira ao legado de Florestan, muito proclamada por pessoas que têm outros interesses no assunto, de certo modo "amarrou" Luiz Pereira, bloqueou-o.

Um problema na relação de Luiz Pereira com vários de nós era quanto à concepção de "legado da cadeira de Sociologia I", que ele entendia de um modo, Florestan Fernandes entendia de outro e cada um de nós entendia de um jeito. Para Luiz o legado parecia incluir a preservação corporativa tanto do grupo que originalmente estivera ligado a Florestan na Universidade quanto das pessoas que ele mesmo reunira ao seu redor. A partir das cassações, em nenhum momento Florestan manifestou-se sobre a preservação institucional, como núcleo de poder e de diferença no interior da Faculdade de Filosofia, do que foram a cadeira de Sociologia I e o CESIT. Sua posterior desapontadora recusa da anistia confirmou que aos poucos ele se distanciara de qualquer ideia de "seu grupo" como instituição. O "grupo de Florestan" está significativamente identificado na dedicatória de seu livro *A revolução burguesa no Brasil*,[52] constituído por aqueles para cuja formação ele contribuiu diretamente.

Florestan tinha especial preocupação com os ex-alunos, tanto os que recrutara como assistentes para sua própria cadeira de Sociologia, quanto com os que indicara para outras escolas superiores e universidades, como Luiz Pereira, indicado para a Faculdade de Filosofia, Ciências e Letras de Araraquara, e Perseu Abramo e José César Gnaccarini, indicados para a Universidade Nacional de Brasília, fundada por Darcy Ribeiro e Anísio Teixeira, que eram amigos de Florestan. Gnaccarini seria um dos primeiros demitidos, quando houve a ocupação militar daquela Universidade, logo após o golpe de 1964. Abramo também deixaria a Universidade.[53]

Ele seria provisoriamente acolhido por Florestan, até que se definisse sua ida para a Universidade da Bahia, a convite do professor Thales de Azevedo. Quanto a Gnaccarini, Florestan conseguiu-lhe, junto ao professor Warwick Kerr, que era o diretor científico da Fapesp e que fora preso nos primeiros dias do golpe militar, uma bolsa de pesquisa. Pediu ao professor Érico da Rocha Nobre, seu amigo, admirador de Max Weber, catedrático de Economia e Sociologia na Escola Superior de Agricultura "Luís de Queirós", da USP, em Piracicaba, para acolhê-lo, o que o deixaria mais protegido do que na rua Maria Antonia. Um dia de manhã, sem maior preâmbulo, Florestan convidou Ianni e a mim, e também um aluno, Ferrinho, sobrinho do professor Mário Guimarães Ferri, a acompanhá-lo até Piracicaba, para uma visita a Gnaccarini. Ele estava preocupado com a situação do antigo aluno. A visita seria, também, de agradecimento ao professor Nobre, pelo acolhimento a José César. Era um modo de estender seu prestígio pessoal a Gnaccarini que ficaria associado a essa enorme e generosa deferência para que pudesse continuar sua vida de pesquisador. O catedrático foi surpreendido no meio de uma aula e ficou desvanecido com a visita. Pediu, então, a Florestan que desse uma aula magna de improviso, o que Florestan fez com erudição e competência, para assombro de todos os presentes, e de nós mesmos que o conhecíamos e acompanhávamos. Tomou como mote a própria aula que o professor estava dando, à vista de algumas palavras escritas na lousa. Para mim, o legado de Florestan é o dessa generosidade, que não se reproduziu na escola com as cassações. Era e é o legado intelectual, a contribuição teórica complexa, as problematizações abertas e inacabadas, porque interrompidas, que ofereciam pistas de continuidade de uma reflexão interpretativa profunda sobre o Brasil e a sociedade contemporânea. Não era o que terminava, mas o que poderia continuar e continuava. Em 1978, quando se realizou um concurso compulsório de efetivação dos docentes de Sociologia no Departamento de Ciências Sociais, alguns contratados há muitos anos, como eu, admitido em 1965, as tensões surgidas mostraram que falava e reivindicava como grupo de Florestan Fernandes o que se tornara, na verdade, o grupo de Luiz Pereira, já distante de Florestan e sua obra. Mais tarde, alguém dirá e disseminará, que havia e há dois Florestans, o que, traduzido em dialeto ideológico, quer dizer o Florestan "de esquerda" e o Florestan acadêmico, o que vai frontalmente contra as ideias que Florestan defendera, em particular no debate com Costa Pinto, já citado. Por aí, tem havido considerável empenho em desconstruir a obra do sociólogo através do filtro da ideologia do deputado e político, como se ele, ao se tornar político, tivesse renunciado à condição de sociólogo. Traduzido na linguagem das conveniências pessoais, quer dizer o Florestan do suposto grupo de Luiz e o Florestan do grupo por ele mesmo identificado. Como faziam os autoritários burocratas da nomenclatura soviética, aqui também se apaga nomes, se inventa relações e lealdades e se sataniza quem não se submeteu a tramas e ajustes dessas conveniências. É inacreditável que haja quem venha agora, em relação a Florestan Fernandes, com a ideia do "esqueçam o que ele escreveu" antes que radicalizasse suas posições político-ideológicas em função de seu compreensível engajamento político-partidário. Numa sociedade dinâmica e rica em sua diversidade, como esta, é reducionista esse retoque mistificador da figura pública de Florestan Fernandes. Em cada momento de sua biografia, e até mesmo a partir da criativa interação com seus assistentes e suas respectivas originalidades, ele foi sensível aos novos e diferentes aspectos da realidade social. Os que se propunham à compreensão do sociólogo à medida que a sociedade se transformava. Reagiu em face de cada um produzindo interpretações e refinando orientações metodológicas que constituem o marco da diversidade teórica de sua obra.

Mas o Florestan dessa lealdade era um Florestan imaginário. O próprio Florestan não permaneceu fiel ao seu legado, o que não é surpresa, uma vez que um de seus ensinamentos foi em favor da compreensão de que o conhecimento sociológico é expressão da dinâmica da sociedade. A sociedade mudou muito, e já estava mudando rapidamente, quando das cassações. A obra de Florestan sofre uma guinada, claramente presente na fratura que separa o começo e o fim de *A revolução burguesa no Brasil*.[54] Já a obra de Luiz Pereira não sofre propriamente inflexão teórica, apenas uma inflexão temática no meio de uma pesquisa em andamento, como se vê em seu livro, já citado, *Trabalho e desenvolvimento no Brasil*.

Em várias menções sobre Luiz Pereira parecem predominar o reconhecimento do desempenho do papel de professor sobre o do pesquisador. Pergunto: Luiz não chegou a produzir conhecimento original que mereça seu reconhecimento também como pesquisador? Qual o legado que fica de suas ideias ou então por que lê-lo hoje? O que permanece de atual e o que já se pode considerar datado em suas reflexões?

De fato, Luiz Pereira foi mais professor do que pesquisador. Ele era um professor apaixonado pela profissão, reflexo, sem dúvida, de sua formação em Pedagogia e do fato de que fora professor primário em Santo André. Mas ele sabia arquitetar pesquisas de campo, minucioso e lógico, com certa tendência ao quantitativo. Ele sabia o que queria saber e o que deveria perguntar. Não sabia executá-las se fossem além do artesanato intelectual, que era uma das grandes características da Sociologia do grupo de Florestan. A pesquisa sobre "A qualificação da mão de obra na empresa industrial" baseava-se numa amostra ampla, três setores industriais (têxtil, marcenaria e mecânica) e, em cada um, empresas grandes, médias e pequenas. Nove empresas no total. Não só as empresas foram escolhidas em amostra randômica como, a partir de listagens de mestres, contramestres e operários, obtidas nas empresas, os entrevistados foram escolhidos por amostragem. Era um trabalho enorme, que fiz sozinho para ele.[55]

Na fase de preparação do trabalho de campo e de visita às fábricas, ele não foi uma única vez a nenhuma delas. Quando comecei as entrevistas, que se estenderam por uns dois anos, ele foi uma só vez comigo ao campo, para uma entrevista. Ficava impaciente, queria respostas "teóricas", que confirmassem ou não suas hipóteses. Não tinha a paciência antropológica nem a visão antropológica que se precisa num trabalho assim, para encarar o entrevistado como intérprete primário da realidade social e não como mero autor de respostas classificadas. Em consequência, acabei me dando conta de que ele não lia as entrevistas maçudas que lhe entregava: fazia uma longa entrevista comigo durante o almoço, todos os dias, de modo que eu traduzia as respostas obtidas no campo para as indagações que me apresentava diariamente. Isso ajuda a entender porque ele optou pelo ensaio sociológico e não pelo positivismo das análises de dados. Apenas quando da redação do capítulo correspondente à pesquisa, em sua tese de livre-docência, ele foi ler as trabalhosas entrevistas que eu havia feito. Foi quando, só então, começou a me fazer perguntas sobre minha caligrafia, ao ter dificuldade para compreender o que eu havia escrito.

Pessoalmente, acho que Luiz Pereira não deixou um legado propriamente teórico, até porque ele estava muito ocupado administrando a herança intelectual de Florestan e do grupo da antiga cadeira de Sociologia I, que se manteve como grupo informal no interior do formal Departamento de Ciências Sociais. Mas seus trabalhos não só podem como devem ser lidos, em conjunto com outros da mesma geração, como robustos documentos da Sociologia brasileira daquela época, os dilemas interpretativos propostos por uma transição social e política rápida e violenta. Gosto do pequeno texto sobre "Mulher e trabalho", que já mencionei, assim como gosto de suas reflexões teóricas e criativas sobre marginalidade, que seriam muito úteis hoje, sobretudo para os que afundaram nas bobagens da concepção de exclusão social. Foi Luiz quem propôs que nos preocupássemos com a exclusão como exclusão integrativa, uma ideia que abre pistas e fica de pé até hoje.

Florestan Fernandes fala que sobre Luiz Pereira recaíram "deveres impossíveis" na direção da "preservação da unidade do pequeno grupo de professores a que pertencia, pois seu temperamento retraído e altruísta não se casava bem com os papéis que devia desempenhar. [...] travou com coragem exemplar os seus combates e esses combates não eram dele e por ele", e assim, nesse processo, "soube fazer e resguardar aliados preciosos, perdeu outros e perdeu-se ele pró-

prio na terrível selva dourada da vida acadêmica" ("Luta em surdina", Folha de S.Paulo, 24.07.1985). Que combates eram estes? O que dizer acerca destes papéis, combates e aliados resguardados e perdidos? Em que medida os possíveis "desajustes" devem ser atribuídos ao temperamento de Luiz Pereira ou à concomitância daquilo que o mesmo Florestan chamava de crise da USP e do poder burguês?

O professor Florestan foi muito generoso com Luiz Pereira, nessa elegia, como não poderia deixar de ser e como era próprio dele. Ele acompanhou como professor e orientador os sofrimentos de Luiz Pereira para administrar o legado da antiga cadeira de Sociologia I.

> Nunca tive evidências minimamente sérias, porém, de que o professor Florestan tenha sido convertido por Luiz Pereira em seu "confessor" e "diretor político" quanto ao que fazer e como fazer com o grupo que se congregava em torno de Luiz. Como sugerem os que, usando esse recurso, insinuam que as decisões de Luiz em relação ao grupo (o que, em consequência incluiria erros e acertos) eram expressas manifestações da vontade de Florestan e não eram, portanto, do próprio Luiz Pereira. Esse tem sido o pretexto para difundir a suposição de que questionar decisões de Luiz e delas discordar teriam constituído atos de ruptura com o legado do próprio Florestan Fernandes. O que não combina com a integridade, a cultura e a inteligência do velho professor, que nunca precisou de prepostos para se manifestar e que após as cassações manteve postura discretíssima em relação ao que se fazia ou se deixava de fazer na Faculdade de Filosofia.

Luiz se propôs a essa tarefa como missão e calvário, em boa parte para não desapontar Florestan. Cometeu o erro, por timidez, de não assumir que as cassações não haviam paralisado a história e, sobretudo, não haviam paralisado a Sociologia. Logo que Fernando Henrique teve que sair do Brasil, em 1964, porque foi o primeiro dos assistentes de Florestan a ser procurado por agentes do Dops, que vieram para prendê-lo, Luiz foi designado para dirigir o CESIT, anexo à cadeira de Sociologia I. Ele mesmo dizia que assumira o encargo até que Fernando Henrique voltasse. Ora, estávamos no começo da ditadura, cada dia mais agressiva, e não havia nenhum sinal no horizonte de que o processo seria revertido no curto prazo. Com isso, a instituição ficou bloqueada e perdeu completamente a dinâmica que tivera anteriormente. Luiz ficou intimidado com o encargo. Cada um de nós deu continuidade à sua própria pesquisa de mestrado ou doutorado e ficamos nisso. Por conta de sua timidez, Luiz, em nome do que supunha ser a herança que lhe cabia proteger e administrar, como efetivamente o fez, começou, involuntariamente, a bloquear os outros e a incomodar-se com voos pessoais. Ele radicalizou essa postura quando houve as cassações de 1969, atemorizado com a possibilidade de que a herança intelectual do professor Florestan fosse desfigurada e ele ficasse em situação adversa quando tivesse que prestar contas do legado recebido. Em relação a todos nós, usava, frequentemente, uma expressão ruim no caso, muito usada na roça, mas muito significativa, para definir seu papel, quando lhe cobravam iniciativas e inovações: "Eu?! Banana, macaco! Não sou o dono da porcada".

As coisas ficaram difíceis para todos nós porque Luiz, com a doença e a morte de Marialice Mencarini Foracchi, começou a agir como se fosse intermediário do professor Florestan, o que efetivamente não era nem Florestan o desejava. Nele, essa postura era autodefensiva. Vários de nós tinham contatos pessoais regulares com o professor Florestan. Eu tinha contatos com ele, que foram até frequentes, nos anos de publicação da revista *Debate & Crítica* (que se chamou, depois, *Contexto*), de 1973 a 1978, de cuja direção éramos membros, e que foi ponto de aglutinação entre docentes cassados e docentes não cassados. Luiz foi colaborador da revista e só lateralmente dela participou. Florestan nunca sugeriu que Luiz devesse ter nela outro papel. A revista era uma iniciativa de Jaime Pinsky e as reuniões se realizavam em sua casa. Além disso, ele nunca mandou recado para ninguém nem jamais disse que os que ficaram na Universidade deveriam fazer isto ou aquilo. Dessa convivência nasceria uma grande amizade entre Florestan e Pinsky, que se tornaria seu confidente.

Luiz imaginava o que seria o legado e quais seriam suas decorrentes e supostas obrigações e nisso se desencontrou com vários de nós. Tive diversas indicações de que ele ficara muito amolado com a proposta de curso de Introdução à Sociologia, de Marialice Foracchi, que depois assumi e ampliei, e que se configurou na antologia *Sociologia e sociedade*. Ficou, também, muito contrariado, e expressou diretamente a mim a contrariedade, quando deixei o curso de Introdução à Sociologia e inaugurei um curso de Sociologia da Vida Cotidiana, uma proposta pioneira e inovadora. Quando lhe mostrei o programa e pedi seu comentário e suas sugestões, em 1974 ou 1975, disse-me cruamente que "era um curso impertinente". Na verdade, não era. Era um curso de ponta, uma inovação temática e uma abertura teórica em face da realidade social e política contemporânea, da história reprimida e refugiada no cotidiano.

Nosso afastamento recíproco acentuou-se por essa época e culminaria com nosso rompimento já antes de 1978, quando da renovação de meu último contrato, como docente, antes de minha efetivação por concurso. Ele expressamente declarou, em reunião do conselho departamental, que se abstinha de votar porque não tinha condições de opinar sobre meus méritos. Sem expressá-lo abertamente, punia-me por ter-me tornado refratário à tutela e ao controle que regulava seu relacionamento com "o grupo" e pelo distanciamento que se tornara inevitável. Luiz Pereira não tinha nenhum motivo acadêmico e profissional para justificar essa pública e drástica posição, nem um pouco inocente, pois lhe compreendia perfeitamente a gravidade. Nosso distanciamento expressava minha resistência ao corporativismo que ele passara a personificar e aos riscos decorrentes ao meu trabalho e à minha maneira de conceber ensino e pes-

Antiga ponte sobre o rio Cam, no King's College, em Cambridge.
(Foto: 2010)

quisa de Sociologia. Nessa altura, eu já havia publicado um bom número de artigos e livros e nesse sentido me destacava da média dos docentes da Universidade na minha categoria. Aquele foi um fato insólito, atenuado por manifestação, a meu favor, da professora Maria Isaura Pereira de Queiroz e agravado pelo fato de que a ata dessa reunião desapareceu quando solicitei dela uma cópia e não a obtive. O sumiço da ata me confirmou o quanto alguns se tornaram vítimas e cúmplices de uma cultura conspiratória, destrutiva e de acobertamento em suposto benefício próprio. Nesse ato grave, já começava a ficar claro que a imagem pública de Luiz Pereira, tudo indica que já doente, começava a ser retocada e refabricada, sem que ele soubesse, o que culminaria com a sua segunda morte, a do silêncio sobre sua pessoa e sua obra.

Tudo parecia decorrer do desencontro de orientações teóricas entre nós, o que era um fato, embora não fosse um motivo. Foi para mim uma surpresa constatar que o distanciamento decorria do injustificado mal estar de alguns com o convite que eu recebera, em 1975, da Universidade de Cambridge, três anos antes do concurso de efetivação, para tornar-me *visiting-scholar* do Center of Latin American Studies, em 1976. Ficou claro que havia no grupo uma sutil hierarquia imaginária que se expressava cotidianamente, no interior da escola. Em especial, na deferência maior ou menor com que cada um de nós era tratado pelos próprios diferentes membros do grupo. Era uma hierarquia pressuposta e, no geral, sem fundamento, fruto de impressões autoindulgentes e de conveniências pessoais, mas distante dos fatos, como o tempo acabaria demonstrando. Quando os fatos começaram a falar mais alto do que essas impressões gratuitas, certa desnecessária inquietação instalou-se no espírito de vários, o que foi muito ruim para o grupo todo. O recebimento pessoal de um convite sem patrocínio, que eu não pedira, contrapartida de meus próprios méritos, vindo de uma Universidade de grande prestígio e renome, e sua aceitação foram interpretados por alguns como quebra indevida dessa hierarquia, pois de fato alterava os elementos de avaliação gratuita e subjetiva do lugar de cada um no grupo e na Universidade. Pior: o reconhecimento de meus méritos foi interpretado, indevidamente, como se fosse descabida e injusta negação dos méritos de outros. Como se méritos e competência os tivessem apenas dois ou três.

Universidade de Cambridge: Senate House.
(Foto: 2002)

O grupo revelou-se incapaz de reconhecer nos êxitos pessoais de cada um também sua valorização como grupo de competência e prestígio, como êxitos da instituição e da herança, que é o que acontece nas grandes universidades. No caso desse meu primeiro convite de Cambridge, passei a ser tratado por alguns como se fosse um usurpador de direito alheio, coisa que eu não era, de direito que, aliás, eu não tinha razões para reconhecer. Afinal, o convite era para mim e não para outros, um convite pessoal, um reconhecimento da importância de meu trabalho, documentada em minhas publicações. Um colega chegou a passar mal quando lhe comuniquei que havia recebido o convite, foi ao banheiro e não voltava. Uma outra pessoa, muito ligada a ele, veio procurar-me para dizer que não o esperasse, pois "ele estava muito mal, com muita inveja", frase que reproduzo textualmente pela revelação que continha e pela impressão que me causou.

Esses compreensíveis sentimentos menores foram escamoteados com a difusão da falsa informação de que o distanciamento que me segregaria, daí em diante, especialmente a partir de 1978, ocorria em nome da defesa do legado de Florestan Fernandes, do qual eu supostamente estaria me afastando. Na verdade, eu era dos raros que a ele permanecia fiel, porque era a sua e de seu grupo a Sociologia mais rica e mais apropriada para pensar o Brasil. A segregação encontrou pretexto definitivo nos descontentamentos com os resultados do concurso de ingresso na carreira docente realizado nesse ano. Por lei, todos os docentes contratados deveriam submeter-se a concurso de ingresso na carreira, o que quer dizer que deveriam reiniciá-la do ponto de vista jurídico. O cenário era muito complicado porque as verbas já aplicadas nas contratações tornavam-se as verbas vinculadas aos cargos do concurso. Se houvesse candidatos "de fora" que se classificassem ou se algum docente não conseguisse classificação nos limites dos cargos disponíveis, haveria demissões. Numa de minhas passagens por Brasília, retornando da Amazônia, fui ao Supremo Tribunal Federal para localizar e reproduzir as decisões que haviam fixado jurisprudência em relação à estabilidade de funcionários públicos não concursados, cujos direitos estavam assegurados pela Constituição. Havia várias decisões da Suprema Corte a respeito. Convoquei os docentes de toda a Faculdade, obrigados ao concurso, para expor essas informações, em reunião na sala da Congregação, que ficou cheia. Uma das docentes, justamente do Departamento de Ciências Sociais, sugeriu o nome de conhecido advogado, especializado no assunto, que veio à Faculdade expor seu ponto de vista. De fato, muitos docentes estavam cobertos pela jurisprudência. Os interessados deveriam entrar com ação judicial. Ele se incumbiu do caso, recolheu procurações, mas nunca mais tivemos notícia a respeito. No meio tempo, a urgência dos prazos e a inevitabilidade do concurso acabaram convencendo a todos que era muito arriscado não fazê-lo para aguardar o andamento do processo, o que poderia levar anos. Os cargos seriam preenchidos por quem aparecesse, como se os contratados tivessem desistido da carreira.

Começou, então, a parte mais complicada da questão. No caso da Sociologia, havia apenas cinco cargos a serem postos em concurso e havia mais de 20 docentes obrigados a fazê-lo. O concurso era para professor-assistente. Quem fosse aprovado e já tivesse o doutorado, seria imediatamente promovido à função de professor assistente-doutor, vagando automaticamente o cargo preenchido. Tendo o concurso validade de um ano, seria chamado a ocupar o cargo o docente seguinte na classificação geral. Tendo ele doutorado, a sistemática se repetiria, de modo que havia condições de efetivar a maioria, menos um, pois nem os cargos disponíveis nem a sistemática permitiriam efetivar a todos. Esse risco desencadeou uma grande tensão entre os docentes de Sociologia, especialmente entre os que tinham apenas mestrado. Mas havia, também, o risco de docentes que tivessem apenas o mestrado obterem melhor classificação do que docentes com doutorado. Nesse caso, doutores seriam demitidos. Ao menos um dos concorrentes estava condenado à perda de seu lugar na USP.

Em princípio, estávamos todos conformados com esse recurso, que implicava uma disputada classificação no grupo dos mestres e outra disputada classificação no grupo dos doutores. Doutores seriam classificados primeiro, para que os cargos vagassem em seguida, vindo depois os mestres. As regras oficiais do concurso não previam essa solução nem previam um bônus, fosse para os que tivessem títulos, como o de livre-docente, fosse para os que estivessem há mais tempo na carreira. De qualquer modo, no interior de cada categoria a classificação dependeria do desempenho pessoal. Esse era o trato. Para minha surpresa, num começo de tarde, entrou em minha sala uma de minhas colegas, que, eufórica e ingenuamente, confessou-me que a "questão do concurso já estava resolvida": havia sido feita uma lista prévia com o resultado final e enumerou-me, de cor, a posição que cada um obteria. Explicou-me que Luiz Pereira levaria a lista à banca examinadora, da qual ele faria parte, para que a classificação dos concursados fosse aquela, independentemente do desempenho de cada um. A lista era uma iniquidade. Além da já aceita precedência dos doutores, havia nela uma classificação por mérito e competência presumíveis, no interior de cada categoria, independentemente dos resultados que cada um alcançasse nas diferentes provas. De onde saiu esse julgamento, ninguém disse. Ora, Luiz era justamente um crítico das reputações difundidas com base em presunção, não raras na Faculdade, sobretudo em relação a estudantes que já na graduação ansiavam pelo ingresso na carreira acadêmica. Acontecia de alguém bem aprumado conseguir que algum professor o mencionasse favoravelmente em conversas com outros docentes, o que acabava difundindo prestígios que raramente se confirmavam com o tempo, mas que embaralhavam as relações e confundiam as avaliações. Os professores mais maduros e experientes muito raramente se deixavam levar por esse ardil, contornando diplomaticamente o assédio.

Ao tomar conhecimento da lista que a colega me trazia, tive consciência de que o incidente recente da renovação de meu contrato, em que Luiz Pereira se abstivera, tinha forte probabilidade de se repetir durante o concurso, manchando indevidamente minha reputação. Em seguida, o desaparecimento da ata da reunião do conselho departamental, em que o fato constava obrigatoriamente, pois houvera declaração de voto, mostrou que a reputação de alguns de nós não seria decidida pelo concurso, mas estava sendo decidida no conchavo. Pedi por telefone a uma colega, que fora membro do conselho, que também concorreria a um dos cargos, para que me confirmasse a existência da ata, o que ela fez sem relutar. Cinco minutos depois, telefonou-me de volta para dizer que mentira, que a ata não existia, o que era estranhíssimo, pois fazer a ata era de lei. Era evidente que havia sentimentos e fatores extraconcurso interferindo no concurso. Decidi impugnar a indicação de Luiz Pereira junto à Congregação da Faculdade, pedindo para que fosse substituído na comissão examinadora. Se as coisas chegaram a esse ponto e ele, em episódio recente, declarara-se incapaz de opinar sobre meu desempenho profissional e sobre minha competência (tinha sido membro de minha banca de doutorado!), não estava, obviamente, em condições de examinar-me e de avaliar com isenção meu desempenho no disputado concurso. Não mencionei a lista de que me dera conhecimento a outra colega, porque isso poderia implicar a abertura de um inquérito administrativo, o que praticamente sustaria o concurso, que era de urgência e da conveniência de quase todos nós, pois regularizaria definitivamente a situação funcional dos que fossem aprovados. Esse era um passo adiante na libertação de cada um em relação à tutela e à dependência pessoal, coisa que muitos não compreenderam e até temeram.

Meu pedido provocou a nomeação de uma comissão que viesse conversar comigo em nome da Congregação, composta dos professores Ruy Galvão de Andrada Coelho, Aparecida Joly Gouveia e Francisco Weffort. Eles ponderaram que não havia o risco mencionado por mim. Argumentei que eles não tinham nenhuma evidência de que o risco não existia, embora eu tivesse indicações contrárias. Finalmente, garantiram-me, em nome da Congregação, que se houvesse qualquer indício de resultado anômalo do concurso, a própria Congregação tomaria a iniciativa de anulá-lo. Em face dessa garantia, retirei o pedido de impugnação. A comissão me garantira que a classificação dos docentes no concurso seria feita pelas notas obtidas no desempenho pessoal. Luiz Pereira, porém, acabou renunciando à sua designação para compor a banca. Aliás, já havia algumas indicações de que Luiz sabia estar doente. Em seu lugar, a Congregação nomeou o professor Eduardo d'Oliveira França, de História, mas também diplomado em Direito, conhecido por seu legalismo. Nessa nomeação, era evidente que a Congregação não queria problemas com a legalidade do concurso e não queria correr o risco de que arranjos extralegais levassem à impugnação de seus resultados na Justiça. Ainda assim, interposta pessoa dirigiu-se ao professor França para exibir-lhe a lista já mencionada, com a sugestão de que fosse levada em conta, o que ele repudiou ofendido e com veemência.

O concurso transcorreu normalmente, com a exceção de que pessoa dele também participante, envolvida na história da lista, veio acintosamente observar minhas provas, sem ser admoestada pela banca. Se isso não era ilegal, tampouco era ético. Fiz a última prova, a de exame do memorial, e dali mesmo saí para o aeroporto de Congonhas, pois tinha encontros marcados no sul do Pará, no dia seguinte, para dar continuidade à minha pesquisa sobre os conflitos na região amazônica, interrompida pela realização do concurso. Quando voltei, um mês depois, tomei conhecimento do resultado das provas, que não confirmou as presunções da lista apócrifa, desencadeando descontentamentos e infelicidades duradouros. Por seu desempenho, duas candidatas que ainda não tinham o doutorado se classificaram antes de doutores e na lista final dois dos concursados, já docentes, um deles já doutor, não obtiveram classificação. O concurso pôs a devida ordem num cenário dominado indevidamente por bajulações, futricas, paternalismo, prestígios propostos de maneira impressionista, que causaram enormes danos ao setor de Sociologia do Departamento.

Diferente de outras reações em face do convite para ir a Cambridge em 1976, Florestan, com quem eu mantinha e manteria contatos frequentes, até que se tornasse deputado federal, manifestou-me expressamente seu apreço por meus êxitos nas duas idas a Cambridge, em 1976 e em 1993/94, sentimento que ele me reiterou em relação à minha carreira quando nos encontramos pela última vez: na despedida, ele me abraçou na entrada do elevador do prédio em que morava, poucos dias antes de sua morte, e comentou comigo o grande orgulho que sentia de mim por minha carreira. Até o fim, ele se manteve isento em relação aos destrutivos embates cotidianos do grupo referido e expressou isso de maneira objetiva na comovente elegia que escreveu quando da morte de Luiz Pereira.

Graduation
Day, na Senate
House, em
Cambridge.
(Foto: 2007)

Já em 1975, meu descontentamento com o Departamento e o grupo, e também com Luiz Pereira, havia crescido muito. Eu estava preparando a pesquisa solitária, que acabaria sendo muito gratificante, embora complicada e de muito risco, sobre os conflitos na frente de expansão da Amazônia, à qual daria início em julho de 1977, em São Félix do Araguaia, no Mato Grosso. Solitária, sobretudo, porque parecia não ter sentido no grupo de Luiz Pereira que tendia acentuadamente para se constituir numa intelectualidade sedentária, muito distante do padrão de trabalho científico que fora a marca do grupo de Florestan Fernandes. Já em pesquisas anteriores, de campo, eu não tivera interlocutores no meu Departamento, que tendia para uma cultura acadêmica de gabinete. Considerei seriamente a possibilidade de aceitar um excelente convite do professor Roberto Cardoso de Oliveira para deixar a USP e me tornar professor da Universidade de Brasília. O que incluía o reconhecimento de meu tempo de serviço público e função docente bem mais alta da que eu tinha e poderia ter aqui na USP. Poderia fazer lá a carreira que aqui me parecia inviável. Em maio de 1975, fui a Brasília, com a família, para conhecer as condições de trabalho e de moradia. Fiz na Universidade uma conferência para os alunos de pós-graduação, no estilo das que são feitas nas universidades americanas quando convidam um novo professor. O convite foi confirmado e fui recebido num jantar, com minha família, pelos futuros colegas, com uma deferência que eu não conhecia na USP. Até apartamento a Universidade me oferecia. Mas avaliei cuidadosamente as possíveis repercussões da mudança no projeto laboriosamente formulado sobre a frente de expansão e decidi permanecer em São Paulo, por um motivo: a UnB ficava perto demais do poder para um pesquisador que estava iniciando pesquisa sobre conflitos sociais e étnicos numa extensa região, muito vigiada e muito central na geopolítica da ditadura, sobretudo após a recente Guerrilha do Araguaia. Se ficasse dependente de verbas de convênios com Ministérios, eu teria que expor precocemente meus dados e, consequentemente, expor lugares e grupos humanos em situação de tensão e risco. Isso afetaria minha liberdade de pesquisa, pois, para protegê-los, teria que limitar minhas indagações e deixar de lado aspectos importantes da conflitividade da fronteira para a compreensão do Brasil a partir do limite do humano.

Pouco depois, em Cambridge, conheci e desfrutei a civilidade de uma Universidade tradicional e renomada, com regras cerimoniais de relacionamento, respeito e deferência entre docentes, entre alunos e entre ambos. Em Cambridge, o professor é tratado como expressão de sua obra, mesmo que seja ela obra inicial, mero anúncio de uma promessa. Na Faculdade de Filosofia da USP, na época pós-cassações, havia professores que eram tratados como expressões da competência presumível, da obra provável e, sobretudo, de seu poder de manipulação da rede de influências pessoais e da subalternidade dos que por esse meio asseguravam-se um lugar ao sol. Competências indiscutíveis dos mais tímidos, como a do professor José César A. Gnaccarini, um de nossos melhores especialistas em Sociologia rural, ficaram injustamente na sombra, inseguros em relação aos verdadeiros parâmetros de uma instituição universitária séria e às tradições renomadas do próprio grupo originário de Florestan

Fernandes. Seu primoroso estudo sobre o casamento por rapto na população rural da região açucareira de Piracicaba[56] é das últimas expressões, no Brasil, de uma sociologia rural criativa e indagativa porque em diálogo com a Antropologia. O próprio Luiz Pereira, um estudioso devotado ao seu trabalho, que em pouco tempo granjeara reconhecimento e admiração, em condições políticas mais do que adversas, foi uma das grandes vítimas dessa armadilha. Nela caiu imaginando que sua sujeição a ela era o modo inevitável de proteger o que de modo muito específico e equivocado considerava o legado de Florestan Fernandes. A missão do legado não era a de proteger interesses pessoais deste ou daquele, menos ainda em nome de competências presumíveis. Aliás, aquelas pessoas não precisavam de protecionismo e sabiam que seu futuro não dependia de favores, e sim da materialização de seu potencial acadêmico. Em princípio, essa era a razão pela qual faziam parte do quadro de docentes.

Cambridge: Passagem de Todos os Santos. (Foto: 2003)

A marginalização que me alcançou na volta de Cambridge, embora me prejudicasse no acesso às obrigações da instituição em relação a seus docentes e pesquisadores, pouco me afetou no trabalho, na docência e na pesquisa. Para mim, a prioridade era a continuidade da pesquisa na Amazônia, que me tomaria longos anos ainda e seria um refúgio gratificante no contraponto do clima ruim, deteriorado e destrutivo do meu Departamento e da adversa situação do país. Uma aventura intelectual e uma experiência, como pesquisador, revestidas de todo o fascínio que experimentaram os que na USP descobriram o Brasil profundo, o dos limites. E a enorme importância científica de trabalhar com grupos sociais na fronteira do humano e na riqueza sociológica e antropológica das situações extremas de transição social. Quando fui aluno de graduação, essa era uma herança ainda viva e forte, que vinha dos professores de Sociologia e de Antropologia que marcaram a história dessas ciências na Faculdade de Filosofia e na USP: Claude Lévi-Strauss, Roger Bastide, Antonio Candido, Florestan Fernandes, Gioconda Mussolini, Maria Isaura Pereira de Queiroz, nas duas primeiras gerações. Ainda me lembro de uma conversa com Florestan sobre sua experiência, de aluno, como auxiliar de pesquisa de Emilio Willems quando foi feita, nos anos 1940, a pesquisa que resultaria no primeiro estudo de comunidade realizado no Brasil,[57] a experiência da descoberta do estranho e do diferente no rico e diversificado mundo caipira.

O que eu menos queria era me alinhar com as orientações de um grupo completamente insensível à riqueza desse desafio para um pesquisador, grupo que de certo modo perdera as referências e não tinha senão regras de competição destrutiva, centradas num corporativismo nocivo ao trabalho pedagógico e ao trabalho científico. A existência do grupo tornara-se cada vez mais anômala. Tecnicamente, cada docente devia reportar-se ao chefe do Departamento e, por meio dele e dos supostos e nem sempre verdadeiros representantes de categorias, ao conselho departamental, como faziam todos os outros docentes. Não era isso, porém, o que ocorria. Luiz, em nome do legado, empurrado pelas circunstâncias, em vez de mandar cada um cuidar da própria vida, interpunha-se, na maioria das vezes, sem uma conversa aberta com todo o grupo sobre decisões que eram só dele, tomadas por telefone em conversa com mais um ou dois professores, seus confidentes. Ele reproduzia a estrutura de cátedra na estrutura departamental, o que nos submetia todos a um difícil esquema de dupla e não raro contraditória orientação, divididos entre a liberdade propriamente acadêmica e as regras não oficiais e nem sempre reconhecíveis do que ele julgava ser o seu mandato. O próprio Luiz Pereira, no meu modo de ver, acabou prejudicado pelo cerco que o privou dos horizontes a que tinha direito acima de qualquer dúvida para dar vazão à sua criativa competência teórica. Privou-nos a todos desse benefício em nome de cuidados com o grupo que já não tinham o menor sentido e grupo que de fato já não o era.

Tanto na docência quanto na pesquisa optei, definitivamente, pelo trabalho solitário, o que me libertou dos incômodos de uma dependência que se tornara descabida e prejudicial. Eu estava completamente abandonado pelo meu próprio Departamento, que nunca manifestou nem interesse nem cuidado pela arriscada pesquisa que eu fazia, com meus próprios recursos, pesquisa da maior relevância: tratava-se do primeiro estudo sociológico de pesquisador brasileiro sobre a fronteira, estudo de urgência, pois aquela era a última fronteira do mundo, um cenário social de transição rapidamente modificado, marcado por muita violência. Resultados dessa demorada pesquisa estão apresentados em dez dos meus livros.[58]

Havia muitos antropólogos fazendo pesquisas nas áreas penetradas, vários deles da Faculdade de Filosofia, com populações indígenas em situação de risco, ameaçadas e mesmo vitimadas por ações genocidas, várias de contato relativamente recente. Eu não tinha, portanto, condições de enfrentar as tensões da pesquisa na Amazônia, iniciada em 1975, em que cheguei a ser ameaçado de morte ao menos em duas ocasiões, no Mato Grosso e na Pré-Amazônia Maranhense. E, ao mesmo tempo, conviver com as tensões pueris e as futricas do meu Departamento, derivadas da mesquinharia, da ambição de poder, da competição e da inveja. Durante a pesquisa, ao menos uma dezena de pessoas que me acolheram e me ajudaram foi assassinada porque profundamente envolvida na resistência de suas comunidades à agressão armada de grileiros de terra. A Faculdade de Filosofia da USP, aliás, dominada por seus burocratas de Departamento e burocratas de Congregação, nunca se interessou pelo amplo e significativo trabalho de seus pesquisadores na região amazônica, nos anos 1970 e 1980. Todos trabalhando em pesquisas pioneiras e em situação de imenso risco, de que resultou um grande número de livros e artigos científicos, trabalhos respeitados e citados internacionalmente, caso único de uma grande coleção de estudos singulares sobre um momento da história e da realidade social do país que, sem eles, nem seria conhecido. Número que aumenta consideravelmente se levarmos em conta as teses de mestrado e doutorado produzidas sob orientação dos docentes do Departamento de Antropologia. Destaco aqui o generosíssimo trabalho de antropóloga competente e professora exemplar que tem sido o de Lux Vidal, formadora de toda uma geração de etnólogos de alto nível.

Pude, então, compreender melhor o conjunto dos temores de Luiz Pereira nos seus relacionamentos com todos nós. A carência do que, difusamente, em seu nome se definia como lealdade, o era na verdade a um ente imaginário. Tanto podia ser Florestan quanto podia ser ele mesmo, e geralmente era, o que constituía a expressão dos temores que atravessavam seu dia a dia e que o professor Florestan de certo modo reconheceu na elegia com que o homenageou num artigo na *Folha de S.Paulo*, já citado. Na verdade, o fim da cátedra e as cassações nos privaram da proteção institucional e do equilíbrio de referência de que carecem, sobretudo, os jovens docentes quando iniciam sua carreira acadêmica. Esse foi o desastre que nos dispersou e que alguns não tiveram disposição de reconhecer e compreender nem podiam. O poder da cátedra administrava os desencontros entre os assistentes (função que na Universidade de Cambridge cabe aos *colleges*). Com seu desaparecimento, deixou de existir essa função reguladora. Isso fica claro no fato de que tensões do relacionamento de Luiz Pereira comigo já vinham sendo aparadas pelo professor Florestan desde o início de minha carreira docente e, por isso, não ganharam a visibilidade como tensões de grupo, que ganhariam depois.

Um ponto de desentendimento entre ele, de um lado, e Marialice e eu, de outro, era quanto ao apoio que o grupo remanescente estava na obrigação moral de dar ao Cebrap. Ele se opunha a isso com veemência, temendo que a remanescente Sociologia de Florestan, na USP, se tornasse subalterna em relação ao grupo do Cebrap, um grupo que, na verdade, avançava sobre temas novos e que ganhava visibilidade através de sua bem feita revista, coisa que na USP não tínhamos. Testemunhei a última e dramática conversa de Marialice com ele, na casa dela, justamente sobre isso. Ele foi obstinado. Marialice, que era uma mulher alegre, caiu em prantos, dizendo-lhe que aquilo não tinha sentido, pois se tratava de nossos colegas, punidos pela repressão. Era-lhe doloroso enfrentar a posição de Luiz, pois ela fora colega de turma dos professores cassados, participara do seminário sobre *O capital*, e tinha com eles um vínculo fortemente afetivo. Além do que, tinha ela melhor compreensão política do que ele em relação ao que estava acontecendo no país e do desastre que as cassações representavam para a Universidade. O golpe deixara Luiz muito tenso e lembro bem de suas apreensões com o destino do grupo num pequeno encontro em sua casa nos dias seguintes à queda de Goulart. As cassações reforçaram seus temores, quase como se fossem ato de genocídio, que lhe impunha a missão de salvar o grupo, missão que ele desempenhou com dedicação e renúncia exemplares.

Aqui havia um trágico e influente detalhe na vida de Luiz Pereira, conforme ele mesmo me contou. Sua mãe cometera suicídio. Luiz teve que assumir a responsabilidade pelas irmãs, o que o deixava apreensivo quanto ao que propriamente fazer e decidir. Quando veio para a cadeira de Sociologia I, trazia essa compreensível apreensão com sua vida familiar. O que parece ter afetado, também, seu namoro com uma antiga aluna, de Araraquara, com quem cheguei a conversar uma vez. Acompanhei bem essa fase de sua vida. Não foi uma surpresa que ele tivesse sido tomado por uma preocupação muito parecida, de paternidade putativa, em relação ao que considerava o grupo de Florestan, supostamente órfão em decorrência das cassações, sobretudo após a morte de Marialice.
Essa preocupação, e a tutela decorrente, tiveram desdobramentos surpreendentes. Quando, em 1977, encaminhei à Comissão de Pós-graduação a dissertação de mestrado de meu aluno José Vicente Tavares dos Santos, hoje professor na Universidade Federal do Rio Grande do Sul, Luiz Pereira, que era dela membro, vetou o nome de Octavio Ianni, que eu propusera para ser um dos examinadores. Procurou-me e, sem meios termos, repreendeu-me pela indicação. Classificou minha proposta como irresponsável, como ato de provocação à ditadura, que poderia ter consequências para o grupo todo, o que era um exagero e não era a intenção. Numa conversa comigo, em sua casa, bem antes disso, o próprio Luiz comentara que já era evidente o fato de que os órgãos de repressão estavam interessados unicamente nas pessoas envolvidas, direta ou indiretamente, na luta armada e não em professores e autores. Colegas nossos, da Universidade, foram presos e torturados, porém, por terem abrigado pessoas nessas condições, ajudado nas conexões ou supostamente guardado, sem saber, armas ou materiais empregados nos conflitos. Eu conversara com José Vicente sobre a indicação, que ele desejava, expliquei-lhe as possíveis conse-

quências, como a eventual e pouco provável anulação de seu mestrado e a possível perda de todo o trabalho que ele tivera. José Vicente explicou-me que queria assumir o risco. Seria uma forma de romper a interdição extralegal dos nomes dos docentes cassados à participação em atividades na Universidade, como a de fazer parte de bancas de mestrado e doutorado. O próprio Ianni não se opusera à indicação e ficou surpreso e desapontado com o veto.

No mesmo texto citado anteriormente, Florestan Fernandes afirma que após a cassação realizou "esforços possíveis para ajudar a redefinir a unidade do grupo [da cadeira de Sociologia I] e suas perspectivas de trabalho", articulando "um novo 'estado-maior', com professores de méritos equivalentes, ainda que de vocações saudavelmente contrapostas – Luiz Pereira, José de Souza Martins e Gabriel Cohn. A evolução (e a história) da sociologia de São Paulo iria atravessar, daí em diante, suas pessoas e realizações, mas, infelizmente, não contaria com o dinamismo que resultaria de sua união, mesmo que ela fosse só autodefensiva e pragmática". Quais razões e quais circunstâncias poderiam explicar por que este novo "estado-maior" teria falhado em imprimir dinamismo nas perspectivas de trabalho e unidade de ação no Departamento de Sociologia da Faculdade de Filosofia da USP nos anos 1970?

"Estado-maior" é expressão *ex-post-facto*. Não havia estado-maior nenhum. Apesar de ter os dias contados, devido à doença cardíaca grave, Marialice Foracchi compôs com Luiz Pereira o verdadeiro núcleo de animação do grupo e de preservação de valores e orientações teóricas. Vários novos e jovens docentes foram recrutados em consequência das cassações, entre os pós-graduandos, e ambos assumiram, sozinhos, a responsabilidade das escolhas. Marialice até mais do que Luiz Pereira, pois se incumbiu pessoalmente de orientar a maioria, montar um seminário de grupo sobre os ensaios de metodologia de Max Weber (no estilo do seminário sobre *O capital*, de que participara) e articular o grupo como corpo de assistentes de seu curso de Introdução à Sociologia.

Luiz tinha dificuldade para trabalhar em equipe, era impaciente, dificuldade que Marialice não tinha. Eu já tivera uma experiência difícil com ele, antes das cassações, quando fui, por curto tempo, seu assistente no curso de Introdução à Sociologia. Ele não se reunia comigo, nem comigo compartilhava orientações para que houvesse afinação entre as aulas que ele dava e os seminários que eu tinha que dar, sobre autores escolhidos por ele. No entanto, queria que os seminários fossem dados como se ele próprio fosse o expositor, negando-me a liberdade pedagógica necessária. Eu não me opunha a isso, pois considerava que era essa uma forma de aprender com ele, que muito sabia. Acabou me dispensando, deixando um bilhete embaixo da porta do meu apartamento, embora eu estivesse em casa. Florestan, ao saber do ocorrido, convidou-me imediatamente para ser seu assistente no curso sobre Formação e Desenvolvimento da Sociedade Brasileira, cujas aulas seriam publicadas em livro, depois da cassação e do exílio no Canadá, com o título de *A revolução burguesa no Brasil*. A atitude de Florestan era completamente diferente da de Luiz. Florestan ficou muito contrariado com o que ocorrera. Em 1967, ele me designaria para titular do curso de Sociologia para Pedagogia e, em 1968, me convidaria para assumir um dos cursos de Introdução à Sociologia para as novas turmas de excedentes, junto com Marialice Foracchi e o próprio Luiz Pereira. Por indicação de Marialice, eu acabaria assumindo a responsabilidade exclusiva desse curso, por muitos anos, junto com o grupo de auxiliares de ensino que ela organizara quando das cassações.

Até que ponto a interpretação anterior, de Florestan, pode ser lida como uma espécie de desajuste provisório decorrente dos desdobramentos da diversificação do próprio campo intelectual após a destruição do princípio de autoridade da cátedra, com a articulação ou rearticulação de vários grupos de interesses antagônicos? Dada esta nova situação institucional, até que ponto, neste caso, é legítimo falar em sucessão dos catedráticos num regime de organização departamental?

De fato, não tem sentido falar em cátedra numa estrutura departamental. Apesar de haver um consenso entre alguns de nós quanto à importância de preservar a identidade, em relação ao grupo que estivera efetivamente vinculado à cadeira de Sociologia I, os novos assistentes, recrutados quando das cassações, não tinham qualquer compromisso com essa orientação. Com a morte de Marialice, em 30 de junho de 1972, acabariam identificados com Luiz Pereira e não propriamente com Florestan. E os que tinham o compromisso, como eu, não compartilhavam temas de pesquisa nem orientações teóricas com Luiz. Valiam as orientações gerais e básicas fortemente presentes nas obras de Florestan Fernandes, Fernando Henrique Cardoso, Octavio Ianni, Marialice Mencarini Foracchi e Maria Sylvia de Carvalho Franco, que deixara a cadeira, ainda no tempo de Florestan, e se transferira para o Departamento de Filosofia. Nessa altura, Luiz estava apenas começando a publicar e tinha só os dois livros, resultantes do mestrado e do doutorado, relativos a temas da educação, que não eram os temas que nos motivavam. Cada um de nós fazia leituras teóricas próprias, em função dos temas de que tratava.

A Sociologia que eu fazia estava muito próxima da Sociologia de Florestan e de Roger Bastide (1898-1974), até porque eu fazia pesquisa sobre o mundo rural, muito distante do que os outros faziam, o que me pedia uma Sociologia

Vista de Cambridge, em 1841. (*View of Cambridge from Castle Hill*, F. Mackenzie / J. Le Keux)

bem próxima da Antropologia. Também por isso, no curso de Introdução à Sociologia, eu preferia me distanciar de sociologias como a de Parsons e me aproximar da sociologia fenomenológica e, na dialética, da sociologia da vida cotidiana, de Henri Lefebvre.[59] Nesse sentido, eu estava bem longe de Luiz Pereira e razoavelmente identificado com as possibilidades abertas com a crise da Sociologia originada da revolta estudantil de 1968, nos Estados Unidos e na França.[60]

Com Marialice, eu podia conversar sobre isso e dessa conversa resultou a mencionada antologia *Sociologia e sociedade*,[61] que mudava a proposta do que deveria ser um curso de Introdução à Sociologia.

A eleição dos trabalhos de Althusser como objeto exaustivo de estudo não faria parte de uma tentativa de conciliar a tarefa bifronte de "dar conta do que seria a Sociologia convencional, nas Ciências Sociais e, ao mesmo tempo, responder às exigências de um marxismo fortemente engajado no momento presente" [Gabriel Cohn, Conversas com sociólogos brasileiros, *p. 118]? Isto é, nas palavras de Gabriel Cohn, de responder aos desafios colocados pelo modo "complicado e pernicioso [...] pelo qual a universidade foi forçada a internalizar o marxismo (um resultado paradoxal da ditadura)? Teria Luiz Pereira escolhido as armas erradas para promover uma suposta "atualização" dos fundamentos empíricos da explicação sociológica e conferir cientificidade à abordagem da análise dialética da Sociologia?*

Não creio que Luiz Pereira tenha feito dessa opção pessoal um projeto intelectual para todos nós. Ele não tinha esse poder nem tinha essa pretensão. Nem
Florestan conseguira impor a seu grupo de assistentes uma orientação teórica
uniforme. O Marx do grupo de *O capital* era muito diferente do Marx de Florestan Fernandes. Além disso, naquele momento, o interesse por Marx no grupo
de Sociologia não era uniforme. Era, sem dúvida, defensivo. A Universidade
estava sendo assediada por diferentes grupos de uma esquerda partidária que
se dividia, com graves conflitos entre as várias facções, que conheciam a obra
de Marx ou superficialmente, através dos manuais de vulgarização, sempre sob
controle ideológico de um grupo partidário, ou insuficientemente. Um marxismo economicista e ideológico, da pior qualidade, nos desafiava na sala de aula
todos os dias, através dos alunos. A ditadura desmotivara os alunos completamente para a Sociologia como ciência. Luiz tinha ligações pessoais no Rio de
Janeiro, sobretudo no Museu Nacional, e adotou a moda carioca de leitura e
assimilação de Althusser. Na USP, com o exílio de Fernando Henrique, a opção

Prédio de Filosofia e
Ciências Sociais, da USP,
na Cidade Universitária.
(Foto: 2002)

fora pela leitura direta da obra de Marx, por aqueles que fizeram essa escolha, sobretudo por influência de Octavio Ianni, o oposto da opção de Luiz e dos cariocas, que leram Marx através do estruturalismo althusseriano. Ao menos em relação a mim, isso representava um imenso abismo. Eu acabaria seguindo a própria tradição da USP, na leitura direta da obra de Marx e de um marxista contemporâneo de envergadura clássica, Henri Lefebvre, com o qual cheguei a trocar breve correspondência. Propus, dirigi e mantive durante 18 anos um seminário sobre o método dialético, na pós-graduação, a partir de 1975. Durante 12 anos, lemos Marx e, nos 6 anos seguintes, lemos a obra de Lefebvre, como já mencionei.

Creio, pois, que Luiz Pereira tentou, sim, agregar Marx à sociologia acadêmica, que ele conhecia bem, mas um Marx ainda afinado com os temas dessa Sociologia, um Marx contido nos limites de um sistema conceitual diverso, agregado. Mas nada parecido com novos "fundamentos empíricos da explicação sociológica". Marx entrava como um complemento teórico. No meu caso, entrava e entra com o método.

Em que medida o modo de tratamento conferido ao marxismo althusseriano por Luiz Pereira não poderia representar uma retomada (ou aprofundamento) em outro nível de seu antigo pendão estrutural-funcionalista de corte mertoniano e parsoniano presentes em seus primeiros escritos?

Talvez, mas os últimos trabalhos de Luiz Pereira, sobre marginalidade, não confirmam essa hipótese. Ele avançou muito numa linha própria, em relação ao desenvolvimento intelectual de Florestan que, nesse momento, estava indo na direção de Lenin, muito em função de sua opção político-partidária. Florestan estava se tornando cético quanto à Sociologia, sem deixar de ser o competente e excelente sociólogo que era. Luiz Pereira, ao contrário, em nenhum momento questionou a Sociologia em nome de supostos valores de uma classe operária filosoficamente concebida, ainda que classe teórica, como a define Agnes Heller, notoriamente distante do cotidiano do trabalhador. A Sociologia era para ele um conhecimento a ser enriquecido e não um conhecimento a ser relativizado em nome da luta de classes ou de hipotética revolução social.

Notas

[1]   Entrevista realizada, em 23 de janeiro de 2008, pela internet. É parte da pesquisa de Conrado Pires de Castro sobre a biografia e a obra de Luiz Pereira, que foi professor de Sociologia na Faculdade de Filosofia de Araraquara e, a partir de 1963, até pouco antes de sua morte, em 1985. Inicialmente na cadeira de Sociologia I, como assistente do professor Florestan Fernandes, na Faculdade de Filosofia, Ciências e Letras, e depois no Departamento de Ciências Sociais da Faculdade de Filosofia, Letras e Ciências Humanas da Universidade de São Paulo. Os resultados

da pesquisa foram apresentados e analisados em sua tese de doutorado: Conrado Pires de Castro, *Desenvolvimento nas sombras e nas sobras:* ensaio sobre a trajetória intelectual de Luiz Pereira, Departamento de Sociologia, Instituto de Filosofia e Ciências Humanas da Universidade Estadual de Campinas, Campinas, ago. 2009. Com o título de "Luiz Pereira e sua circunstância", a entrevista foi publicada em *Tempo Social – Revista de Sociologia da* USP, v. 27, n. 1, São Paulo, jun. 2010, pp. 211-76.

[2] Cf. Luiz Pereira, "A qualificação do operário na empresa industrial", *Revista Brasiliense*, n. 45, São Paulo, jan./fev. de 1963. Reproduzido em Luiz Pereira, *Estudos sobre o Brasil Contemporâneo*, São Paulo, Pioneira, 1971, pp. 135-43.

[3] Cf. AA. VV., *Dossiê Ditadura:* mortos e desaparecidos Políticos no Brasil (1964-1985), São Paulo, Instituto de Estudos sobre Violência do Estado – Imprensa Oficial, 2009.

[4] Cf. Luiz Pereira, "Mulher e trabalho", em *Educação e Ciências Sociais*, ano 5, n. 15, v. 8, set. 1960.

[5] Cf. Luiz Pereira, "A qualificação do operário na empresa industrial", cit.

[6] Cf. Eugenio Evtuchenko, *Autobiografia precoce*, trad. Yedda Boechat Medeiros, Rio de Janeiro, José Álvaro Editor, 1966.

[7] Georges Dumas, o psicólogo francês que foi encarregado de recrutar os professores destinados à formação da Universidade de São Paulo, era originário de uma família burguesa e protestante da França meridional. Cf. C. Lévi-Strauss, *Tristes trópicos*, trad. Wilson Martins, São Paulo, Editora Anhembi Limitada, 1957, p. 13.

[8] Cf. Marieta de Moraes Ferreira, "Diário pessoal, autobiografia e fontes orais: a trajetória de Pierre Deffontaines", em Ilana Strozemberg (et al.), eds., *Oral history challenges for the 21st century:* proceedings [of the] X International Oral History Conference, v. I, Rio de Janeiro, CPDOC/FGV/ Casa Oswaldo Cruz, 1998, p.379-86.

[9] Cf. Benjamin Franklin, *Autobiografia*, trad. Aydano Arruda, São Paulo, Ibrasa, 1963, esp. p. 82-6.

[10] Cf. Max Weber, *A ética protestante e o espírito do capitalismo*, trad. M. Irene de Q. F. Szmrecsányi e Tamás J. M. K. Szmrecsányi, São Paulo, Pioneira, 1967.

[11] Cf. Emanuel De Kadt, *Catholic Radicals in Brazil*, London-New York, Oxford University Press, 1970.

[12] Cf. Florestan Fernandes, *Economia e sociedade no Brasil*, São Paulo, Secção Gráfica da Faculdade de Filosofia, Ciências e Letras da Universidade de São Paulo, 1962, pp. 10-1.

[13] Cf. Florestan Fernandes, *A revolução burguesa no Brasil*: ensaio de interpretação sociológica, 5. ed., São Paulo, Editora Globo, 2006. (1. ed. 1975)

[14] Cf. Eric Hobsbawm, *Rebeldes primitivos*, trad. Joaquín Romero Maura, Barcelona, Ariel, 1968.

[15] Cf. José de Souza Martins, "Os novos sujeitos das lutas sociais, dos direitos e da política no Brasil rural", em *A militarização da questão agrária no Brasil*, Petrópolis, Vozes, 1984, pp. 75-112.

[16] Cf. José de Souza Martins, "As temporalidades da História na dialética de Lefebvre", em José de Souza Martins (org.), *Henri Lefebvre e o retorno à dialética*, cit., pp. 13-23.

[17] Cf. Octavio Ianni, "Variações sobre ciência e arte", em *Jornal da* USP, ano XIX, n. 683, 19 a 25 abr. 2004, pp. 10-1.

[18] Cf. Robert A. Nisbet, *Tradition and Revolt*: Historical and Sociological Essays, New York, Vintage Books, 1970, pp. 143-62.

[19] Cf. Lucien Goldmann, *Las Ciencias Humanas y la Filosofía*, trad. Josefina Martinez Alinari, Buenos Aires, Ediciones Galatea Nueva Visión, 1958; Jean-Paul Sartre, *Questão de método*, São Paulo, Difusão Europeia do Livro, 1966; Henri Lefebvre, *Problémes Actuels du Marxisme*, Paris, Presses Universitaires de France, 1963; Henri Lefebvre, *Critique de la Vie Quotidienne*, Paris, L'Arche Éditeur, 1958, v. I; *Critique de la Vie Quotidienne*, Paris, L'Arche Éditeur, Paris, 1961, v. II. Essa obra de Lefebvre teve um terceiro volume: *Critique de la Vie Quotidienne*, Paris, L'Arche Éditeur, 1981, v. III. Publicado, porém, quando o interesse teórico de Luiz Pereira já havia se orientado preferencialmente para a obra de Althusser, da qual Lefebvre era crítico.

[20] No entanto, não obstante o que no conjunto de sua obra parece limitada opção pelo althusserianismo, especialmente em *Trabalho e desenvolvimento no Brasil* (Cf. Luiz Pereira, *Trabalho e desenvolvimento no Brasil*, São Paulo, Difusão Europeia do Livro, 1965), depois desse livro, durante cuja elaboração leu Althusser e Poulantzas, Luiz Pereira mergulhou profundamente no pensamento althusseriano e dos althusserianos e claramente com ele se identificou. Destaco, em particular, o que ele próprio, apoiado em Nicolas Poulantzas, classifica como "topografia", uma visão estrutural e topográfica da sociedade. É o que se vê num denso texto de 1976, só agora publicado, o da arguição no concurso de livre-docência de Maria Cecília F. Donnangelo no Departamento de Medicina Preventiva da Faculdade de Medicina da Universidade de São Paulo. Cf. Luiz Pereira, "Medicina e saúde", em Maria Cecília F. Donnangelo e Luiz Pereira, *Saúde &*

Sociedade, 2. ed., São Paulo, Hucitec, 2011, pp. 131-67, esp. p. 137. É nesse sentido que a obra de Luiz Pereira se desenvolve em oposição às orientações teóricas decorrentes tanto do seminário sobre *O Capital* quanto do seminário posterior sobre o método dialético, que coordenei, já citados, que privilegiavam os *processos sociais* em relação às *estruturas sociais*, a dinâmica da mudança social decorrente da práxis de sujeitos sociais ativos e não as recorrências estruturais e a implícita negação da História.

[21] Documentos e análises de minha crítica a esse reducionismo e do meu diálogo com os movimentos populares em cursos de esclarecimento e treinamento para militantes e agentes de pastoral estão em José de Souza Martins, *Exclusão Social e a Nova Desigualdade*, 5. reimp., Editora Paulus, 2012, esp. p.7-23; e José de Souza Martins, *A Sociedade Vista do Abismo* (Novos estudos sobre exclusão, pobreza e classes sociais), 4. ed., Editora Vozes, Petrópolis, 2012.

[22] Cf. Luiz Pereira, *Anotações sobre o capitalismo*, São Paulo, Pioneira, 1977.

[23] Agnes Heller, que foi discípula e assistente de György Lukács, e que, como Henri Lefebvre, ainda que em linha teórica diversa, se insere na orientação de retorno à tradição crítica do pensamento marxiano, comenta: "[...] sem dúvida, também o marxismo de Althusser é um marxismo de matriz positivista." Cf. Agnes Heller, *Para Cambiar la Vida*, Entrevista a Ferdinando Adornato, trad. Carlos Elordi, Barcelona, Editorial Crítica, 1981, p. 22.

[24] Cf. Luiz Pereira, *Trabalho e desenvolvimento no Brasil*, cit.

[25] Cf. Florestan Fernandes, *Economia e sociedade no Brasil*, cit., p. 10-1.

[26] Cf. Florestan Fernandes, *Economia e sociedade no Brasil*, cit., p. 34. A proposta teórica de uma Sociologia aplicada na obra de Florestan Fernandes encontra-se em *Ensaios de sociologia geral e aplicada*, cit., um de seus melhores livros. Sobre o lugar da Sociologia aplicada, em sua obra, cf. José de Souza Martins, "Prefácio à quinta edição", em Florestan Fernandes, *A revolução burguesa no Brasil*, cit., pp. 9-23.

[27] Cf. Roger Bastide, *Sociologia e Psicanálise*, São Paulo, Instituto Progresso Editorial, 1948.

[28] Cf. Roger Bastide, *Le Rêve, la Transe et la Folie*, Paris, Flammarion, 1972.

[29] Cf. Florestan Fernandes, *Fundamentos Empíricos da Explicação Sociológica*, cit.

[30] Cf. Roger Bastide e Florestan Fernandes publicaram *Brancos e negros em São Paulo*, 2. ed., São Paulo, Companhia Editora Nacional, 1959.(1. ed. 1955)

[31] Cf. Florestan Fernandes, *A integração do negro na sociedade de classes*, São Paulo, Faculdade de Filosofia, Ciências e Letras da Universidade de São Paulo, 1964. Esse livro foi reeditado comercialmente no ano seguinte: cf. Florestan Fernandes, *A integração do negro na sociedade de classes*, São Paulo, Dominus/Edusp, 1965.

[32] Cf. Florestan Fernandes, *Sociedade de Classes e Subdesenvolvimento*, Rio de Janeiro, Zahar, 1968.

[33] Cf. Harry Magdoff, *The Age of Imperialism*, New York and London, Monthly Review Press, 1969.

[34] Interpretação crítica que expus em "As coisas no lugar (Da ambiguidade à dualidade na reflexão sociológica sobre a relação cidade-campo)", em José de Souza Martins, *Introdução crítica à Sociologia rural*, 2. ed., São Paulo, Hucitec,1986, pp. 11-38.

[35] Incluí os dois textos no meu livro *Capitalismo e tradicionalismo*, cit.

[36] Cf. Florestan Fernandes, *Economia e Sociedade no Brasil*, cit. O pequeno volume tem uma esclarecedora introdução de Fernando Henrique Cardoso, diretor do CESIT (Centro de Sociologia Industrial e do Trabalho) (p. 3).

[37] Cf. "Subversão: promotor denuncia três professores e um aluno", em *O Estado de S. Paulo*, 30 mar. 1965, p. 18.

[38] Cf. "A Filosofia da USP aceita os excedentes", em *O Estado de S. Paulo*, 28 abr. 1967, p. 12. O movimento estudantil era liderado pelo mineiro José Dirceu de Oliveira e Silva, aluno do curso de Direito da PUC de São Paulo, que não tinha, portanto, nenhuma ligação com a Faculdade de Filosofia da USP.

[39] Cf. Luiz Pereira e Marialice Mencarini Foracchi (orgs.), *Educação e sociedade*: leituras de sociologia da educação, São Paulo, Companhia Editora Nacional, 1964.

[40] A estreia da peça se deu em 5 de outubro de 1971.

[41] Cf. C. Lévi-Strauss, *Tristes trópicos*, cit., pp. 13 e 104-6. O autor notou que na nascente Faculdade de Filosofia, Ciências e Letras da USP, cujo alunado ou era originário de famílias relativamente modestas ou de famílias decadentes, "estavam todos minados por um espírito satírico e destruidor..." (p. 104). Essa cultura de algum modo tem persistido na Faculdade de Filosofia. Compreende-se, portanto, a prontidão autodefensiva das pessoas mais sensíveis à discriminação, como Florestan Fernandes e Luiz Pereira, que dela tinham melhor compreensão.

[42] Para um artigo sobre o seminário, escrito naquela época por um de seus participantes e seu idealizador, cf. J. Arthur Gianotti, "Notas para uma análise metodológica de *O capital*", em *Revista Brasiliense*, n. 29, mai./jun. 1960, pp. 60-72. Antes do erudito seminário sobre *O capital*, reunindo docentes da Faculdade de Filosofia da USP, Gianotti mantivera, quando aluno do curso colegial, um outro seminário de leitura dessa obra de Marx no Centro Acadêmico do Colégio Estadual Presidente Roosevelt. (Cf. José Gregori, *Os sonhos que alimentam a vida*, São Paulo, Jaboticaba, 2009, p. 67). Para um esclarecedor artigo de outro participante, publicado muitos anos depois do seminário encerrado, cf. Roberto Schwarz, "Um Seminário de Marx", em *Folha de S.Paulo*, caderno *Mais!*, 8 out. 1995, pp. 4-5. Fernando Henrique Cardoso, escrevendo em 2003 sobre esse seminário, esclarece: "Na época, entretanto, tanto Lukács como Sartre foram o oásis que nos permitiu escapar do marxismo vulgar cujo mecanicismo nos assustava." Cf. Fernando Henrique Cardoso, "Prefácio à 5ª edição: Relendo papéis antigos", em *Capitalismo e escravidão no Brasil Meridional*, 5. ed. rev., cit., p. 11. O seminário, aparentemente, cessou em 1961, ou antes, com as teses de doutorado de Fernando Henrique Cardoso (*Capitalismo e escravidão no Brasil Meridional*, cit.) e de Octavio Ianni (*As metamorfoses do escravo*, cit.), cerca de dois anos antes da vinda de Luiz Pereira para a cadeira de Sociologia I.

[43] Cf. Luiz Pereira, *O magistério primário numa sociedade de classes*, São Paulo, Pioneira, 1969. Este livro teve uma primeira edição na coleção de boletins da Faculdade de Filosofia, Ciências e Letras da USP.

[44] Cf. Jean-Paul Sartre, *Sartre no Brasil:* A conferência de Araraquara, 2. ed. São Paulo, Editora Unesp, 2005, p. 23.

[45] Num artigo de 1947, de embate com ideias do sociólogo Luiz da Costa Pinto, seu amigo, do Rio de Janeiro, republicado sem retificações em 1960, sobre "O problema do método na investigação sociológica", diz Florestan Fernandes: "A história da Sociologia não se reduz à história do Marxismo; e também é algo duvidoso que a parte da história da Sociologia que se distingue da história do Marxismo possa ser indicada com suficiente clareza pela expressão 'Sociologia acadêmica'." Cf. Florestan Fernandes, *Ensaios de Sociologia Geral e aplicada*, cit., p. 411.

[46] Inspirado, aliás, em Florestan Fernandes que, ao questionar a crítica de Costa Pinto ao ecletismo não intencional de autores de referência da Sociologia da época, apoiados no materialismo histórico e no que chamava de "sociologia acadêmica", sublinha "o significado positivo dessas 'crises de conciliação'". Nessa obra, Florestan ressalta a conciliação na perspectiva de uma Sociologia do conhecimento e não na de uma Sociologia propriamente eclética. Cf. Florestan Fernandes, *Ensaios de Sociologia Geral e aplicada*, pp. 411-2.

[47] As próprias obras de Florestan Fernandes, Fernando Henrique Cardoso e Octavio Ianni sobre cor e raça (e também a de Oracy Nogueira) foram deixadas de lado no debate mais recente e nos cursos de Sociologia menos sensíveis à enorme relevância de seus livros a respeito, o que é bem indicativo da nossa indigência intelectual e de um perigoso sectarismo ideológico que alcança as universidades e alcança até mesmo aqueles que se dizem, indevidamente aliás, seguidores políticos de Florestan Fernandes e defensores de sua biografia e de sua obra.

[48] Cf. Florestan Fernandes, *A condição de sociólogo*, São Paulo, Hucitec, 1978, p. 28.

[49] Cf. Florestan Fernandes, *Ensaios de Sociologia geral e aplicada*, cit., pp. 114 e 119.

[50] Cf. Luiz Pereira, "Mulher e Trabalho", em *Educação e Ciências Sociais*, ano V, v. 8, n. 15, set. 1960. Mulher e trabalho é o tema mais amplo de referência da tese de doutorado de Luiz Pereira.

[51] Refiro-me ao texto "A noção de 'participação-exclusão' no estudo das populações marginais", de um projeto de pesquisa concluído em 4 de janeiro de 1972 e apresentado como relatório final à Fundação de Amparo à Pesquisa do Estado de São Paulo. Esse texto era também o esboço da comunicação que ela modestamente inscrevera, como se fosse uma estudante de pós-graduação, apesar de seu renome e de sua competência, para apresentar na XXIV Reunião Anual da Sociedade Brasileira para o Progresso da Ciência, em São Paulo. Marialice faleceu alguns dias antes da apresentação do trabalho, apresentação que fiz em seu nome. Ainda que viesse se dedicando ao tema e fosse uma pioneira e competente pesquisadora no campo da sociologia dos movimentos sociais (cf. suas teses de doutorado e de livre-docência, *O Estudante e a Transformação da sociedade brasileira*, São Paulo, Companhia Editora Nacional, 1965; e *A juventude na sociedade moderna*, São Paulo, Pioneira, 1972) não fora convidada para participar do debate desse tema na Reunião, embora vários de seus alunos tivessem sido. O texto de Marialice está na antologia de seus pequenos trabalhos, que organizei após sua morte: Marialice Mencarini Foracchi, *A participação social dos excluídos*, São Paulo, Hucitec, 1982, p. 11-7.

[52] Cf. Florestan Fernandes, *A revolução burguesa no Brasil:* ensaio de interpretação sociológica, 5. ed., São Paulo, Globo, 2006 (1. ed. 1975)

[53] Cf. Perseu Abramo, *Depoimento de Perseu Abramo sobre as ocorrências na Universidade de Brasília*, outubro de 1964. Disponível em: http://www.fpabramo.org.br/o-que-fazemos/memoria-e-historia/depoimento-de-perseu-abramo-sobre-ocorrencias-na-universidade-de-br, acesso: 20/3/2013.

[54] As razões da fratura estão expostas pelo próprio autor. Cf. Florestan Fernandes, *A revolução burguesa no Brasil*, cit., pp. 9-10.

[55] Os recursos financeiros de que Luiz Pereira dispunha para realização das entrevistas esgotaram-se antes que fossem todas realizadas, pois os outros dois entrevistadores receberam a bolsa, mas não foram mobilizados para fazer as entrevistas nem o procuraram para se inteirar do que deles era esperado. Temeroso de ferir patrocínios, Luiz não os convocou. Em consequência, teve que solicitar à Fapesp um auxílio financeiro específico para a realização das entrevistas faltantes, feitas por alunos de graduação. Coube-me recrutar, treinar e orientar vários deles. Uma referência incompleta às condições de realização das entrevistas encontra-se em Luiz Pereira, *Trabalho e desenvolvimento no Brasil*, cit., p. 26 (nota).

[56] Cf. José César A. Gnaccarini, "Organização do trabalho e da família em grupos marginais rurais do Estado de S. Paulo", *Revista de Administração de Empresas*, v. 11, n. 1, Rio de Janeiro, Fundação Getúlio Vargas, jan./mar. 1971, pp. 75-94.

[57] Cf. Emilio Willems, *Uma vila brasileira:* tradição e transição, São Paulo, Difusão Europeia do Livro, 1961. (Publicado originalmente com o título de *Cunha:* tradição e transição de uma cultura rural do Brasil, São Paulo, Secretaria da Agricultura, 1947).

[58] Cf. *Expropriação e violência:* a questão política no campo, 3. ed. ver. e aum., São Paulo, Hucitec, 1991 (1. ed. 1980); *Os camponeses e a política no Brasil*, cit.; *A militarização da questão agrária no Brasil:* terra e poder – o problema da terra na crise política, 2. ed., Petrópolis, Vozes, 1985 (1. ed. 1984); *Não há terra para plantar neste verão:* o cerco das terras indígenas e das terras de trabalho no renascimento político do campo, 2. ed., Petrópolis, Vozes, 1988, (1. ed. 1986), (Edição italiana: *Non C'è Terra da Coltivare Quest'Estate*, trad. de Piera Feloj Galli, Vecchio Faggio Editore, Chieti, 1988); *Caminhada no chão da noite:* emancipação política e libertação nos movimentos sociais do campo, São Paulo, Hucitec, 1989; *A chegada do estranho*, São Paulo, Hucitec, 1993 (Prêmio Jabuti 1994 de Ciências Humanas, da Câmara Brasileira do Livro); *Fronteira:* a degradação do Outro nos confins do humano, 2. ed, ver. e atual., São Paulo, Contexto, 2009 (1. ed. 1997); *Reforma agrária:* o impossível diálogo, São Paulo, Edusp, 2000; *A sociedade vista do abismo:* novos estudos sobre exclusão, pobreza e classes sociais, 3. ed., Petrópolis, Vozes, 2008; *O sujeito oculto:* ordem e transgressão na reforma agrária, Porto Alegre, Editora da Universidade Federal do Rio Grande do Sul, 2003.

[59] Em perspectiva diversa, constatei que há várias aproximações entre a obra de Henri Lefebvre e a de Florestan Fernandes, especialmente em relação à questão histórica do atraso social, que em Lefebvre aparece como atraso do real em relação ao possível. Cf. José de Souza Martins, *Florestan:* Sociologia e consciência social no Brasil, São Paulo, Edusp/Fapesp, 1998, esp. pp. 97-105.

[60] Luiz Pereira era um bom conhecedor da obra de Talcott Parsons. Quando da visita do sociólogo americano à Faculdade de Filosofia, na rua Maria Antonia, por solicitação do Consulado Americano, pouco tempo depois da prisão e libertação de Florestan Fernandes, foi ele o cicerone de Parsons em São Paulo e, a pedido de Florestan, fez a saudação que precedeu a conferência do visitante, sintetizando com competência sua obra complexa. Parsons, aliás, que era seco e antipático, como lembram antigos *fellows* de meu College, em Cambridge, do qual também foi membro, tornou-se amigo de Florestan e o recebeu em Harvard com grande apreço e deferência, como testemunhou o professor Roque de Barros Laraia, que lá se encontrava na época. No salão nobre da Faculdade de Filosofia da USP, Parsons fez uma conferência sobre "Perspectivas da Sociologia norte-americana", na noite de 10 de agosto de 1965. A inclinação sistêmica e parsoniana de Luiz Pereira, apesar das citações de Marx, aparece tanto em *Trabalho e desenvolvimento no Brasil* quanto em seu estudo sobre marginalidade, no trato do capitalismo como sistema e da existência das populações "marginais" como participação-exclusão. Cf. Luiz Pereira, *Estudos sobre o Brasil contemporâneo*, cit., pp. 168-9.

[61] Cf. Marialice Mencarini Foracchi e José de Souza Martins, *Sociologia e sociedade*, Rio de Janeiro, LTC, 1977. Após o falecimento de Marialice, concluí a organização da antologia e escrevi a respectiva introdução. O curso proposto por ela atualizava e modificava um curso proposto, originalmente, muitos anos antes, por Florestan Fernandes, mantido, com adaptações, até então. A modificação foi ampliada quando assumi o curso, por indicação de Marialice, pois abri um diálogo com a sociologia fenomenológica e com a sociologia do retorno à dialética, proposta por Henri Lefebvre.

Exclusão fora de foco

Entrevista[1] a Caio Caramico Soares.

No seu livro A sociedade vista do abismo[2], *o sr. define o conceito de exclusão social como "superficial" e "expressão ideológica de uma práxis limitada, de classe média". Poderia explicar melhor esse ponto?*

Venho polemizando com a concepção de exclusão há alguns anos, sobretudo com a tentativa partidária de colocá-la no centro da explicação da realidade social contemporânea num país como o Brasil. Para um sociólogo, essa é uma peleja necessária, já que aceitar a centralidade do "conceito" de exclusão social seria o mesmo que recusar toda a tradição do pensamento sociológico. Seria, sobretudo, recusar a relevância teórica e explicativa de outras concepções mais ricas e mais abrangentes dos problemas da sociedade atual. A concepção de "exclusão" é antidialética, baseada no princípio da identidade. Ela nega o princípio da contradição, nega a História e nega a historicidade das ações humanas. Em suma, nega a política. O que mais incomoda na concepção de exclusão é seu uso indiscriminado por grupos políticos e religiosos que se julgam de esquerda e que se apresentam como grupos de esquerda. Uma etnografia dos propósitos da ideia de exclusão, das alternativas que ela proclama, mostra claramente que o máximo limite de redenção social nela contida é o da própria sociedade que exclui. Por outro lado, quando o uso da concepção de exclusão aparece associado, o que é frequente, com ideias e propósitos supostamente revolucionários e radicais fica evidente que alguma coisa não vai bem: é impossível transformar profundamente uma sociedade com base num instrumento funcional, linear e identitário que é o "conceito" de exclusão e sua contrapartida, a inclusão social. Inclusão não nos fala do possível; fala apenas do real e atual. É um "conceito" ideologicamente útil à classe média e seu afã conformista de mudar para manter. Para recorrer a Florestan Fernandes, haveria aí mudança social, mas certamente não haveria nem transformação nem revolução como pretendem muitos usuários dessa concepção. Trata-se, portanto, de determinar os limites e, sobretudo, as limitações da concepção de exclusão e seu uso. Minha crítica da concepção de exclusão e da ideologia que dela decorre é para proclamar que aí se oculta o verdadeiro problema a ser debatido e a ser resolvido: as formas perversas de inclusão social que decorrem de um modelo de reprodução ampliada do capital que, no limite, produz escravidão, desenraizamentos, pobreza e também ilusões de inserção social.

"Vida de cachorro", São Paulo.
(Foto: 1998)

O sr. afirma que o governo de FHC *deu "dimensionamento político" ao projeto sociológico da "geração Maria Antonia". Por quê? Este governo não é corresponsável pelo aumento da desigualdade social apontado em seu novo livro?*

A grave desigualdade social que há no Brasil é antiga e tem suas raízes na escravidão. Desde o fim da escravidão negra, em 1888, nosso país tem progredido lentamente no sentido de superá-la. O problema é a lentidão. É preciso não esquecer de que se faz necessário distinguir desigualdade econômica e desigualdade social, processos que não ocorrem necessariamente no mesmo ritmo. Conheci, há alguns anos, em Rondônia, um jovem empresário muito dinâmico e já razoavelmente rico, migrado do Nordeste agrícola e pobre, com passagem por Brasília, como lavador de carros, que acabou na frente pioneira como grande comerciante. No entanto, era analfabeto. Embora pudesse ser considerado pelos ricos do lugar, economicamente, um igual, era socialmente desigual, e disso se ressentia desenvolvendo estratégias para escamotear com dinheiro sua desigualdade real. Estamos vivendo, sobretudo a partir do fim da Segunda Guerra Mundial, um lento processo de transição social que se materializa na ascensão social de uma geração em relação à geração anterior. Esse processo sofreu grave truncamento durante a economia do regime militar, uma economia cujas virtudes foram elogiadas por Lula quando na presidência da República. De fato, entre o fim do governo Goulart e os primeiros meses da ditadura, houve uma drástica redução nas condições de vida da classe trabalhadora, em consequência do chamado "arrocho salarial", fator nutriente do aparecimento de Lula como vibrante e competente líder sindical no ABC. Em curto tempo, para manter os mesmos ganhos de uma família foi necessário duplicar o número de seus membros no trabalho: antes, um operário sustentava uma família; depois, eram necessários dois operários para assegurar o mesmo sustento. Ao mesmo tempo, em consequência da mesma política econômica planejada que recebeu o elogio de Lula, milhares de trabalhadores foram expulsos do campo, reduzidos a miseráveis assalariados rurais temporários, vivendo nas beiras de rua do interior ou transferindo-se definitivamente para favelas e cortiços das grandes cidades. Em pouco tempo, na área metropolitana de São Paulo, o número de favelas passou de quatro para mil, e o número de moradores em cortiços subiu para um milhão de pessoas. Varamos quase três décadas testemunhando um amplo processo de empobrecimento da população, seu desenraizamento e sua redução a um estado generalizado de carências que parecia justificar, primeiro, um amplo uso da concepção de marginalidade e, depois, sua substituição por uma definição de sonoridade mais radical, que é a de exclusão social. Seria uma ingenuidade imaginar que Fernando Henrique Cardoso criou a desigualdade social no Brasil (ou que Florestan Fernandes, por estudá-lo, tivesse criado entre nós o preconceito racial, como dizem os versos do samba-enredo de uma escola de samba do Rio, segundo um colega meu). Na verdade, ele chegou ao governo consciente da missão de ter que reverter esse processo e estancar o fluxo solto de uma ampla reversão de tendências em relação aos anos dourados do getulismo e do juscelinismo, anos de ascensão social e de progresso social e pessoal para muitos brasileiros. Desde que Fernando Henrique assumiu o governo, tem se posto essa missão histórica que é a de reconciliar desenvolvimento econômico com desenvolvimento social. Essa será, também, a missão dos próximos governantes, quaisquer que sejam eles, e uma geração inteira se passará até que possamos ter ao menos a maioria da população brasileira numa situação de bem-estar social.

"Com estilo", Mooca, São Paulo.
(Foto: 2008)

Posso, agora, responder à sua questão. Não falo da "geração Maria Antonia", e sim do grupo que constituiu a chamada "escola sociológica de São Paulo", um grupo reunido em torno de Florestan Fernandes que, com suas pesquisas, indagações e formulações teóricas, foi inevitavelmente construindo um projeto para o Brasil. Isso estava na própria cultura que dera origem à Universidade de São Paulo e não foram insensíveis a ela os professores da Missão Francesa. Lá nas páginas introdutórias de *Tristes trópicos*, Lévi-Strauss faz expressas referências aos efeitos sociais da criação da USP e, em particular, de sua Faculdade de Filosofia, Ciências e Letras.[3] A Faculdade foi criada para se constituir num núcleo de criação de conhecimento enraizado na sociedade brasileira e para ser, ao mesmo tempo, uma ponte vital entre o grande conhecimento que ali se produzia e difundia e os professores primários disseminados pelas escolas da cidade e do campo. Toda a preocupação empírica e teórica dos sociólogos e antropólogos da Maria Antonia, até meados dos anos cinquenta, era com a transição social, o atraso cultural e social, o mundo rústico, o caipira, o rural enraizado no mundo que a escravidão nos legara e que emperrava o nosso desenvolvimento, as resistências à modernização e à mudança. Em meados dos anos 1960, pouco antes do golpe de Estado de 1964, essa mesma preocupação incorporou novos temas, mais de natureza política, como as classes sociais, os movimentos sociais, o Estado, o imperialismo, o empresariado, a classe operária, os sindicatos. Isto é, passa-se das causas do atraso para o estudo dos protagonistas do atraso e da eventual ruptura do ciclo vicioso do atraso. A pesquisa sociológica na USP passa a orientar-se, também, para o desvendamento e compreensão dos potenciais de mudança e seus protagonistas prováveis. Os vários pesquisadores aglutinados em torno de Florestan Fernandes trataram articuladamente desses temas. Fernando Henrique Cardoso, assistente de Florestan, havia feito um importante estudo sobre a escravidão no Brasil meridional. Esse estudo, bem como o de Octavio Ianni sobre a escravidão no Paraná, repensava a escravidão no processo de expansão do capitalismo, na lógica do processo de reprodução ampliada do capital e, portanto, no processo de formação das modernas classes sociais. Uma das grandes preocupações era com o surgimento de um empresariado a partir da escravidão e com a existência ou não de uma competência inovadora e política nesse empresariado. E havia também preocupações com a função do Estado no desenvolvimento. Embora todos continuassem pensando na educação como um fator de mudança, as pesquisas sugeriam uma busca de outros protagonistas da mudança ou, eventualmente, protagonistas da resistência à mudança que pudessem emperrar um projeto de desenvolvimento. Um dos trabalhos mais importantes e criativos de Florestan, nessa época, foi o livro sobre a Sociologia Aplicada, o que bem indica o intuito de intervenção na realidade social.[4] O golpe de Estado, a prisão de Florestan, o exílio de Fernando Henrique e a posterior cassação de um núcleo significativo de pesquisadores e pensadores da Faculdade da rua Maria Antonia, comprometeu profundamente essa reflexão e o projeto que ela encerrava: a de um desenvolvimento econômico voltado para dentro e comprometido com um projeto de emancipação social do povo brasileiro. Era um projeto implícito, mas projeto, de cunho nacionalista. Mas de um nacionalismo progressista, de esquerda, porém distante dos chavões anti-imperialistas que marcavam a palavra dos partidos de esquerda, em particular do Partido Comunista. O grupo da Maria Antonia era antiestalinista e crítico do Partido Comunista na teoria e na prática. Diferia, também, do grupo do ISEB (Insti-

"Desânimo", São Paulo.
(Foto: 1998)

tuto Superior de Estudos Brasileiros), do Rio de Janeiro. A pesquisa sobre os empresários e as pesquisas sobre a história da industrialização no Brasil, que o grupo realizara, propunham uma visão pragmática da relação entre o empresário brasileiro e o capital internacional. Estávamos divididos entre o socialismo e o subcapitalismo, como o próprio Fernando Henrique escreveu na sua tese de livre-docência. A verdade é que, no fundo, também nos defrontávamos com a hipótese de um subsocialismo autoritário e retrógrado.

O golpe no Brasil foi parte de um elenco de golpes de Estado na América Latina que fez refluir completamente a esperança e a possibilidade de um desenvolvimento autônomo voltado para dentro, no fundo uma das bandeiras da Cepal (Comissão Econômica para a América Latina), das Nações Unidas. No exílio, os cientistas sociais e economistas exilados tiveram que rever seus pontos de vista em face das próprias transformações profundas nas condições da ação histórica e política. A teoria da dependência, no meu modo de ver, nasce nesse contexto e expressa uma certa aspiração de trilhar um caminho ao menos de desenvolvimento associado, de luta por um lugar no concerto das nações ricas, desenvolvendo estratégias políticas de associação com contra-

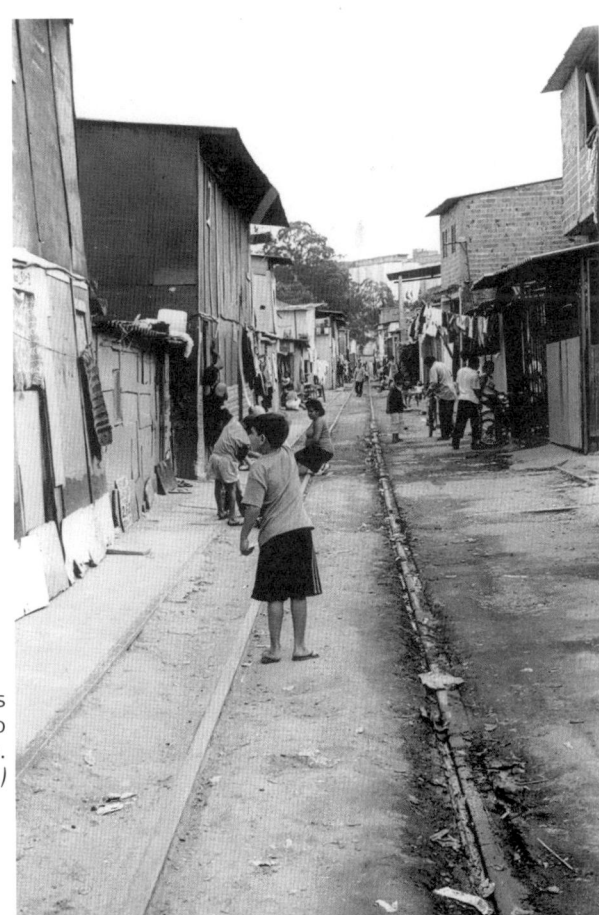

"A vida fora dos trilhos", Favela do Jaguaré, São Paulo. (Foto: 2000)

partida. Ou isso ou o isolamento, como aconteceu com Cuba, um país, que visitei, economicamente paralisado lá atrás, nos anos 1950, e sem qualquer perspectiva de desenvolvimento econômico autônomo, ao mesmo tempo restrito a um desenvolvimento social interessante, mas modesto; ou o golpe de Estado, como ocorreu em vários países, como o nosso; ou a intervenção, como em Santo Domingo; ou a guerra civil, como na Nicarágua. E a lista pode ser esticada. Outras alternativas de fato não se propuseram ou foram abortadas a peso de grandes sacrifícios de suas populações.

De certo modo, as linhas mais gerais do desenvolvimento e da autonomia do país estão propostas no projeto que articulou as pesquisas do grupo da Maria Antonia, redigido por Florestan Fernandes e publicado com o título de *Economia e sociedade no Brasil*. Adaptadas às inevitáveis circunstâncias econômicas profundamente adversas herdadas da ditadura, essas reflexões, no meu

"Telégrafo da Mojiana", Campinas.
(Foto: 2002)

modo de ver, inspiram as linhas gerais do governo de Fernando Henrique Cardoso. Há que observar com objetividade e sem paixões (o que parece impossível para uma ponderável parcela da nossa intelectualidade, sobretudo em momentos eleitorais). Nas ações do governo de Fernando Henrique e no projeto que ele cumpriu na adversidade, mas com persistência, reconheceremos o projeto do Brasil soberano, economicamente desenvolvido e empenhado em realizar a justiça social muito além do convencional e dos supostos modelos dos países ricos. Somos um dos raros países que venceu a obstinada resistência das elites à realização da reforma agrária (resistência que fora o pretexto para o golpe de Estado de 1964) e que teve condições de implantar as bases de um significativo programa de ampliação e fortalecimento da agricultura familiar e de uma reforma agrária a ela associada. O salto de modernização econômica, com todos os problemas que sempre acarreta, foi dado. Trata-se, agora, de corrigir os efeitos adversos de um processo radical como esse e assegurar que seus frutos sejam distribuídos com equidade.

O projeto do núcleo de pesquisadores reunidos ao redor de Florestan Fernandes era, em síntese, no meu entender, um projeto de desenvolvimento social centrado num projeto de desenvolvimento econômico voltado para dentro, isto é, marcado pela interiorização das decisões nas condições históricas possíveis.

O marxismo e a "micro-história" (em suas várias facetas) são muitas vezes tidos como tendências inconciliáveis. No entanto, o sr. se define como discípulo de Marx e, ao mesmo tempo, se interessa em ver como "a história atravessa a vida de pessoas bem concretas". Não há aí uma contradição?

Sou um sociólogo educado na tradição da "escola sociológica de São Paulo", justamente no momento em que se realizava na Maria Antonia o chamado Seminário sobre *O capital*. Eu era aluno de graduação. Não participei, portanto, desse seminário. Mas, suas descobertas e suas análises chegavam até às salas de aula nas aulas de Fernando Henrique Cardoso, Octávio Ianni, Marialice Mencarini Foracchi, Maria Sylvia de Carvalho Franco, Ruth Cardoso, José Arthur Gianotti, Roberto Schwarz, Fernando Antônio Novais, e nas palestras e textos de Paulo Singer, entre outros. Nos *Fundamentos empíricos da explicação sociológica*, Florestan Fernandes, que era o catedrático e que não participava desse seminário, já propunha que se lesse Marx como cientista social. O grupo da Maria Antonia também se inspirava, ainda que por uma via completamente diferente, no pressuposto de que havia em Marx um cientista social e que o segredo de sua ciência estava no método dialético. Ora, o método e o

"O Direito
e o sono",
São Paulo.
(Foto: 2006)

pensamento de Marx tinham se tornado monopólio dos partidos de esquerda, para os quais só era possível utilizar Marx como ideólogo: era impensável adotar a orientação científica de Marx e não ser comunista ao mesmo tempo. Havia transgressões desafiadoras que nos chegavam lateralmente através da obra do jesuíta Jean-Yves Calvez, ou de insubmissos como Jean-Paul Sartre, Henri Lefebvre, Lucien Goldmann.

Marx é um cientista bem diferente do autor vulgarizado nas doutrinas partidárias, que acabaram erodindo suas contribuições científicas e reduzindo-as a um conjunto banal de "conceitos" e classificações. No entanto, lido na América

Latina, ou mais especificamente num país como o Brasil, Marx se revela um pesquisador de grande sensibilidade antropológica e sociológica e, ao mesmo tempo, um produtor de conhecimento teórico que faz teoria colado na pesquisa empírica e nos fatos históricos. Retomei essa preocupação no já mencionado seminário de pós-graduação, que mantive na Faculdade de Filosofia por quase dezoito anos, nos anos setenta e oitenta, quando propus aos meus alunos de pós-graduação, e coordenei, uma leitura de quase toda a obra de Marx e de boa parte da obra de Henri Lefebvre, com quem cheguei a trocar correspondência.

Há em Marx, antes de tudo, uma teoria da alienação. Portanto, há nele uma preocupação com a dimensão fenomenológica da História e dos processos históricos, isto é, a vida cotidiana e os fragmentos de que ela é constituída. Se não posso, ou não consigo por insuficiência teórica, interrogar sociológica e dialeticamente o fragmento, não posso pensar a práxis, pois a práxis, como mostra o próprio Marx, e mais expressamente Henri Lefebvre, se dá no âmbito do que é dado, para transformá-lo, para desvendar nele o possível e, portanto, a sua historicidade. Podemos ver ao nosso redor, todos os dias pessoas que fazem eloquentes discursos revolucionários com gestos historicamente pobres e reacionários, o corpo conservador rebelado na prática contra a mente anômica da inserção mutilada nas possibilidades históricas do presente. Temos, aliás, uma já longa e penosa história de desencontro entre consciência social e prática social.

Portanto, não se trata de micro-história, que é outra coisa, bem diversa, um cânone e um limite da indagação e do conhecimento resultante. Ao contrário, o que proponho e faço é interrogar sociologicamente a complexidade antropológica das miúdas relações e compreensões que no dia a dia erguem um véu cinzento que separa aparentemente o homem cotidiano de sua história e da sua competência para concretizar esperanças. Não há, portanto, nenhuma incompatibilidade no trato sociológico desses distintos e desencontrados níveis da realidade social e histórica.

O sr. prepara um livro sobre o fenômeno dos linchamentos. Já é possível antecipar algumas das constatações a que esse estudo o conduz?

Tenho exposto resultados parciais de uma demorada pesquisa de mais de vinte anos sobre linchamentos no Brasil em conferências e artigos publicados em revistas científicas. Uma de minhas preocupações sociológicas tem sido com os movimentos sociais e sobre isso tenho feito pesquisa e publicado trabalhos. À medida, porém, que os movimentos sociais foram perdendo sua vitalidade, instrumentalizados e esvaziados por partidos políticos e pelo próprio Estado, começou a ficar mais problemático o estudo dessa forma importante do que os sociólogos antigos definiam como dinâmica social. Além disso, por ter me dedicado ao estudo dos chamados movimentos camponeses, sempre tive uma especial preocupação em separar os movimentos propriamente ditos e as mediações que procuram dar-lhes direção política. É evidente que as mediações são sociologicamente tão importantes quanto os movimentos e não raro constituem outro movimento, referido a situações sociais diversas dos movimentos que instrumentalizam. Isso porque, na história dos movimentos camponeses, em algum momento há um desencontro entre suas motivações, a consciência social que neles se expressa, e os grupos de mediação que procuram torná-los "lógicos" e politicamente racionais. É de grande interesse sociológico o desvendamento e a compreensão do que se poderia definir como "substrato" do comportamento coletivo. A observação sociológica dessa característica dos movimentos sociais é possível nos estudos sobre linchamentos: praticamente, não há grupos que queiram instrumentalizá-los. Além disso, eles se desenrolam numa temporalidade súbita e curta, muito peculiar, que praticamente anula interveniências: devem ser estudados *a posteriori*.

A pesquisa sobre os linchamentos me permite conhecer o que se poderia chamar de "estruturas profundas" do nosso modo de ser. Desse modo, o estudo me revelou um Brasil que nós não conhecemos e uma sociedade bem menos idílica do que aquela que imaginamos. Na verdade, somos um país violento e constituímos uma sociedade muito mais complexa do que parece e até mesmo da que aparece num grande número de análises sociológicas. No livro que resultará dessa pesquisa, espero contribuir para enriquecer a compreensão do que somos.

Como surgiu o seu interesse pela fotografia, enquanto fonte de conhecimento sociológico?

De fato, meu interesse pela fotografia não é, primariamente, interesse de sociólogo. Sou também fotógrafo e me interesso pela fotografia desde a adolescência (há poucos dias, terminou uma exposição de minhas primeiras fotos, feitas há quase meio século, que, sob o título de "Olhar adolescente", foi apresentada na Fundação Pró-Memória de São Caetano do Sul). Nos últimos anos, resolvi me aperfeiçoar fazendo cursos de fotografia, participando de debates e passando a fotografar regularmente. Também passei a expor minhas fotos à crítica de meus colegas fotógrafos, um meio de corrigir erros e desenvolver tendências. Era inevitável, portanto, que o fotógrafo dialogasse com o sociólogo. Reconheço, porém, um conflito no relacionamento dessas duas personalidades. O sociólogo me pede que faça de preferência fotografia documental, que registre o mais minuciosamente possível os "fatos sociais", que faça uma fotografia descritiva, etnográfica. Mas, o fotógrafo se insurge contra essa demanda, prefere o diálogo com o expressionismo da xilogravura de Osvaldo Goeldi e, por meio dele, com os duplos significados, com as ocultações, com o antietnográfico da demanda documental, com os sobressignificados das sombras que decodificam o mundo da luz, que é o mundo da fotografia. É claro que dessa tensão nasce, também, um sociólogo preocupado com a fotografia enquanto instrumento de investigação sociológica e nasce, portanto, minha orientação muito pessoal na Sociologia Visual. Uma disciplina que prefiro definir como sociologia do conhecimento visual, contrariamente a outros sociólogos e antropólogos que preferem tratá-la como técnica de pesquisa, uma forma de investigação que economiza anotações escritas. Ora, nas mãos de um sociólogo, a câmera pode muito mais do que isso. E essa é a minha linha de trabalho.

"Vidraça",
Cerâmica
São Caetano.
(Foto: 2002)

Fale um pouco sobre suas atividades no grupo Phora-de-Phoco. Quando começou? Como se dá? A que se propõe? O sr. mantém algum outro tipo de vínculo "formal" na área de fotografia? Onde e com que regularidade – dentro ou fora do grupo – desenvolve trabalhos fotográficos?

O grupo Phora-de-phoco surgiu aqui na USP, no curso de fotografia do Cursinho do Grêmio da Poli. Ingressei num dos cursos quando decidi levar a sério meu interesse por fotografia. Havia muita camaradagem entre os alunos, em parte estudantes da Universidade, mas também pessoas já formadas ou candidatos a cursos na USP. Logo se estabeleceu uma certa coesão entre nós, sobretudo nas saídas fotográficas, e começamos a fotografar juntos, regularmente. O grupo, surgido há vários anos, mudou, refluiu, desapareceu por longo tempo e vem se recompondo, em composição bem diversa do grupo original. Não é um grupo formal, não tem estatuto, não tem sede. Reúne-se quando dá, num bar ou num restaurante, e é hoje um grupo muito heterogêneo quanto à formação em fotografia, quanto aos estilos, quanto aos temas e motivações. Somos, nesse sentido, muito ecumênicos. Basicamente, é um grupo de troca de ideias sobre fotografia. Aprendemos uns com os outros. Quando não estamos juntos por motivo de excursão, nos reunimos para trocar ideias sobre o trabalho feito ou para planejar alguma excursão ou exposição. Também procuramos visitar, juntos, exposições fotográficas para depois trocar impressões. Trocamos informações, ouvimos críticas, tentamos aperfeiçoar nosso trabalho. O grupo já fotografou com razoável frequência. Tentávamos fazer uma saída por mês, o que vem se tornando difícil. Isoladamente, cada um fotografa com mais frequência. Às vezes, reúnem-se apenas alguns membros do grupo para fazer excursões fotográficas, fora dessas excursões mais amplas. Alguns membros do grupo têm outros vínculos regulares, seja no Museu Lasar Segall seja com algum fotógrafo renomado. Neste momento, limito meu relacionamento ao Phora-de-Phoco.

Que fotógrafos fariam parte de sua "galeria" de favoritos? Por quê?

Meu maior interesse é pela fotografia latino-americana em preto e branco – a do escritor mexicano Juan Rulfo, a do também mexicano Manuel Álvarez Bravo, a maravilhosa fotografia do peruano Martin Chambi, a de Pierre Verger, a de Sebastião Salgado, dentre tantos outros que me comovem e me inquietam. Há certa literatura na fotografia desses autores, muito de Guimarães Rosa, de Manuel Scorza, de Garcia Marquez e, sobretudo, do próprio Rulfo. A fotografia não é aí apenas a escrita da luz, mas também a fala da alma latino-americana. Mas gosto muito, também, da fotografia estritamente urbana de Thomas Farkas, de German Lorca e de Cristiano Mascaro. Admiro a obra dos fotógrafos sociais americanos: Walker Evans, Dorothea Lange, Weegee, Lewis Hime. Sem contar, é claro, Atget, Kertész e Cartier-Bresson. Uma lista completa seria enorme.

O que o sr. acha do trabalho de Sebastião Salgado?

Tenho uma grande admiração pela obra de Sebastião Salgado. Ele é, sem dúvida, um grande fotógrafo e discordo completamente dos que, na França, o acusam de "voyeurismo" social, uma manifestação de despeito numa profissão muito competitiva. Discordo dele na interpretação que faz

"Chegando", Ferrovia de Paranaguá.
(Foto: 2011)

de sua própria obra. Já conversamos pessoalmente sobre isso e já divulguei uma série de crônicas sobre sua exposição *Êxodos* em que trato do assunto. Ele se considera um fotojornalista, preocupado com a questão social. Tem horror a qualquer interpretação que o defina como um artista. E nisso ele se engana e é em relação a isso que discordamos. A crítica social na fotografia de Sebastião Salgado decorre essencialmente de sua dimensão propriamente estética, de sua qualidade como obra de arte. Não fosse isso, suas fotos não causariam o impacto que causam. Elas seriam como as fotos de qualquer um com forte motivação ideológica. Entendo, perfeitamente, as objeções que ele faz ao reconhecimento de sua obra fotográfica como obra de arte. Esse é um ponto de vista que se fortaleceu, ao que parece, a partir do momento em que ele se aproximou do MST. Nas chamadas organizações populares, há muita crítica ao trabalho intelectual, ao prazer estético, à criação artística. Seus membros procuram incutir nos intelectuais que deles se aproximam certa culpa pela dedicação ao "inútil", ao que não é propriamente trabalho, isto é, trabalho manual. Trata-se de uma deturpação injusta que põe em risco o trabalho criativo. Torço para que Salgado não se convença definitivamente de que essa deva ser a perspectiva de seu trabalho.

Gostaria que o sr. explicasse a sua afirmação de que "a modernidade fez dos fotógrafos artistas e intelectuais".

A fotografia é um meio técnico limitado e durante muito tempo foi apenas uma paleta com variações de tons de cinza entre dois extremos, o branco e o preto. A fotografia é um produto da ciência e da técnica e nasce demarcada pelas limitações desses produtos da razão e do que é propriamente moderno. A modernidade, porém, libertou o moderno das precisões da razão, produziu cenários e situações sociais que tornaram possível a fotografia surrealista, por exemplo. Em boa parte, a fotografia desde o início propunha o duplo sentido, o negativo e o positivo, a convivência dos contrários, os enormes desafios do avesso e da ilusão de ótica. A fotografia que nasceu para trazer precisão ao mundo da imagem, na modernidade descobriu as possibilidades da imprecisão, das granulações, das infinitas possibilidades do cinza, contra as limitadas possibilidades do contraste agudo de branco e preto. Com a foto colorida, então, as possibilidades se multiplicaram. O fotógrafo Frank Horvat diz, com razão, que "a fotografia é a arte de não apertar o botão". Ou seja, é muito mais do que clicar mecanicamente o botão da câmera. É preciso pensar antes de fotografar. A fotografia não é uma reprodução do que está diante da câmera, mas é sempre uma criação, uma invenção, um produto do imaginário. Mesmo a fotografia documental, cuja maior importância é a imprecisão e não a precisão como pretendem sociólogos e antropólogos.

Notas

[1] Entrevista publicada na *Folha de S.Paulo* (Caderno *Mais!*), 15 set. 2002.
[2] Cf. José de Souza Martins, *Exclusão social e a nova desigualdade*, 5. ed., São Paulo, Paulus, 2012 (1. ed. 1997); *A sociedade vista do abismo:* novos estudos sobre exclusão, pobreza e classes sociais, 4. ed., Petrópolis, Vozes, 2012. (1· ed. 2002)
[3] Cf. C. Lévi-Strauss, *Tristes trópicos*, cit., p. 13.
[4] Cf. Florestan Fernandes, *Ensaios de Sociologia geral e aplicada*, cit.

Sociologia, ciência da esperança

Sou de uma geração que, com espanto e orgulho e com os papéis de inscrição no vestibular nas mãos, subiu pela primeira vez os degraus de acesso ao saguão do prédio da Faculdade de Filosofia, Ciências e Letras da Universidade de São Paulo, na rua Maria Antonia, n. 258. Subir era bem o termo: da rua para o solene, do senso comum para a ciência, da repetição para a criação, da resposta para a pergunta, do obscuro para o desvelado, do escuro para o claro (mesmo sendo minha única alternativa a do curso noturno), do feio para o belo. Aprovado no exame, subi novamente aqueles degraus para a matrícula e as aulas. Nem de longe me ocorria que estava atravessando o pórtico de meu lugar definitivo na instituição a que me dedicaria para o restante da vida. Era o meu lugar de chegada.

Em minha vida acadêmica houve, principalmente, Florestan Fernandes, que como professor era bem diferente do autor, embora nos dois casos fosse denso e erudito, desafiador. Quase desisti de fazer Ciências Sociais quando, antes de entrar na Universidade, comprei e tentei ler *Fundamentos empíricos da explicação sociológica*.[1] Fiz essa aquisição com o dinheiro de um prêmio ganho em concurso estadual de monografias, em 1960, sobre a biografia de Américo Brasiliense de Almeida Melo,[2] patrono do Instituto de Educação em que eu fazia o curso Normal para me tornar professor primário na roça, que era o meu projeto de vida. Era um prêmio de cinco mil cruzeiros, que

Escadarias internas da Faculdade de
Filosofia da usp, na Rua Maria Antonia.
(Foto: 2003)

deviam ser gastos na compra de livros. Fui à Livraria Brasiliense e comprei quase uma prateleira inteira de livros de Ciências Sociais e de Ciências Humanas, que sem o prêmio nunca teria podido comprar, uns 40 volumes: Ralph Linton, Caio Prado Júnior, Sérgio Buarque de Holanda, Florestan Fernandes, Josué de Castro e muitos mais. Foi o começo de minha biblioteca.

Pórtico da velha Faculdade de Filosofia
da USP, na Rua Maria Antonia.
(Foto: 2003)

Era o demônio tecendo sua trama, me tentando para as Ciências Sociais, me tirando do caminho da roça. É que depois da família voltar da roça para o subúrbio operário, no fim de 1949, comecei a trabalhar. Em pouco tempo, eu estava trabalhando numa pequena fábrica de fundo de quintal. Do meio para o fim da adolescência já estava trabalhando numa das grandes fábricas do ABC. Estudava à noite, em curso pago pela empresa. Tinha pela frente um provável destino de técnico da grande indústria. No entanto, acalentava o sonho de fazer o curso normal e me tornar professor primário numa escola rural. Saí da fábrica, fiz o vestibular e entrei no curso de formação de professores primários do Instituto de Educação Dr. Américo Brasiliense, em Santo André. Lá descobri a Sociologia e a História e me desencaminhei para a Universidade.

Como aluno do curso de graduação, vivi na Faculdade os últimos anos da era de ilusões e alegrias do nacional-desenvolvimentismo. A da esperança de que o Brasil subdesenvolvido e imperfeito se transformaria num país de sonhos, em que as exceções como eu e meus colegas de turma do curso noturno, que trabalhávamos durante o dia, eram evidências de que o futuro estava chegando, o caminho da Universidade aberto a todos, todos com um livro nas mãos e um sonho na alma. O Brasil precisava apenas ser destravado. E as Ciências Sociais, particularmente a Sociologia, estavam aí para diagnosticar as causas e os fatores do que, desde os anos cinquenta, os sociólogos brasileiros definiam como resistências à mudança social. É verdade que ninguém se perguntava o que a mudança tinha de bom e necessário que a justificasse. Mas o país tinha que mudar. Até porque havia diversas mudanças possíveis em jogo e poucos falavam sobre as radicais diferenças e até os conflitos entre elas. Num certo sentido imaginávamos, à luz dos clássicos, que a mudança era inevitável e que resistir a ela, para os mais formais, era anômico, e para os mais afoitos, era alienação. Ninguém se perguntava qual é o desafio do anômico à criatividade social e como fator de sociabilidade. Nem se perguntava, como Marx já o fizera, aliás, o quanto a alienação é mediação necessária na práxis e na invenção social, o quanto na refinada música objetivada e alienadora estava o meio de ocupar ouvidos rudes com os refinamentos educativos da grande música para que, de fato, ouvissem. Nunca ouvi ninguém falando da eunomia de Durkheim como um modo sem graça de viver, a ação racional com relação a fins, de Weber, como uma doença social que pede com frequência o socorro da psiquiatria. Nem ouvi ninguém mencionar a alienação pessoal de Marx como postura patológica em face da vida das filhas, que ele vitorianamente reprimia, como se pode ler na troca de cartas entre ele e elas.[3]

A sociologia parecia carregada de certezas lineares que a postura crítica do grupo da USP propunha que se visse na perspectiva rigorosa da dúvida e da indagação fundamentadas teoricamente. Fernando Henrique Cardoso, no final de sua tese de livre-docência, *Empresário industrial e desenvolvimento econômico*, propôs o legado de uma pergunta de limite que poderia demarcar os dilemas dos sociólogos brasileiros durante os anos seguintes. Uma pergunta de quando ainda não se sabia que os próximos anos seriam os anos sombrios de uma ditadura: subcapitalismo ou socialismo?[4]

Esses dilemas foram sumarizados por Florestan Fernandes no projeto de estudo *Economia e sociedade no Brasil*, que sintetizava as criativas descobertas e interpretações suas e de seus assistentes numa definição de rumos da investigação sociológica na cadeira de Sociologia I, de que ele era o titular, como sucessor de Roger Bastide e de Claude Lévi-Strauss, nosso primeiro professor de Sociologia. Creio que foi a única vez em que a sociologia brasileira teve um projeto abrangente, que trazia as indagações teóricas para o plano não só das contradições da realidade social, mas também, e sobretudo, para a pesquisa sobre o possível. Os estudos que já vinham sendo realizados na cátedra de Florestan propunham um inovador terreno de pesquisa numa linha que poderia ser definida como a Sociologia crítica da escola sociológica da USP. Crítica porque revia o conhecimento social e sociológico na perspectiva das interrogações de uma sociedade concreta e não como Sociologia aplicada. A Sociologia vista como uma ciência de indagações empíricas e questionamentos teóricos, a Sociologia encarada como modalidade de conhecimento que sempre tem algo mais a dizer sobre o já explicado, como conhecimento do atual e também do a mais que a dinâmica social propõe no objeto permanentemente em mudança. Nesse sentido, a própria Sociologia como objeto de conhecimento em face da realidade que é sempre potencialmente outra em relação ao já descrito e já explicado.

Cheguei à Universidade nesse momento. Fui aluno de Ciências Sociais, portanto, quando a cadeira de Sociologia I desenvolvia projetos de pesquisa que propunham a sociologia como ciência não só do que a sociedade é, mas também do que pode ser no vir a ser bloqueado pelos atores e causas do atraso, da demora social em face das possibilidades históricas da sociedade.

Minha turma, a que ingressou em 1961, foi beneficiada pela agitação interpretativa que esse momento propunha aos seus protagonistas. As reformulações teóricas, a crítica do conhecimento dualista, a própria revisão sociológica de Marx, chegavam à sala de aula nas exposições dos diferentes professores e nas leituras que nos indicavam.

No golpe de Estado de 1964, num certo sentido, há uma resposta à pergunta de Fernando Henrique, feita no livro, por coincidência, publicado alguns dias depois, mas formulada muito antes. O golpe alterou os rumos do país e se refletiu em seguida na orientação teórica dos pesquisadores do grupo, até mesmo numa significativa reformulação de concepções. A realidade propunha novas e diferentes questões. Isso fica claro se juntarmos num mesmo acontecimento o golpe de 1964 e as cassações de 1969, tendo pelo meio os pequenos episódios de repressão, intimidação e deterioração das condições do trabalho acadêmico. O trabalho em que o impacto ficou mais visível foi o de Luiz Pereira, surpreendido pelo golpe no meio de uma pesquisa empírica. Fundado no projeto "Economia e Sociedade no Brasil", ele se propunha a um estudo sobre a qualificação da mão de obra na empresa industrial. O real fora interrogado em relação àquilo que, agora, deixava de ser. Apesar de pronto o trabalho de campo, Luiz Pereira praticamente deixou a pesquisa de lado, reduzindo-a a um único capítulo da tese e do livro resultante, para fazer o que é principalmente um extenso ensaio sobre o lugar do trabalho no novo cenário da expansão do capitalismo no Brasil.[5]

De certo modo, a mesma coisa aconteceu com Florestan Fernandes, em dois de seus livros interpretativamente polarizados. No meu modo de ver, *A revolução burguesa no Brasil*[6] nasce no interior de *A integração do negro na sociedade de classes*,[7] na medida em que os acontecimentos históricos do momento fazem do capitalismo um "sujeito" sem meandros e incertezas, um problema em si mesmo, revelado pelas rupturas do golpe de Estado e seus desdobramentos. Os dois livros tratam de momentos polares do capitalismo brasileiro.

Uma das consequências das mudanças para o grupo de Florestan Fernandes foi seu livro *Sociedade de classes e subdesenvolvimento*, de 1968. Nele é possível encontrar uma preocupação organizada com a capacidade do capitalismo manter relações historicamente atrasadas e arcaicas para assegurar sua própria sobrevivência nas condições do subdesenvolvimento e de capitalismo dependente.[8] Florestan Fernandes, que em *Mudanças sociais no Brasil*[9] já havia chamado a atenção para o fato de que nem todas as mudanças são necessariamente progressivas, podendo haver mudanças no sentido inverso ao do progresso, amplia sua análise ao dar-lhe consistência histórica. No entanto, toda uma parte final de *A revolução burguesa no Brasil* radicaliza e rompe a interpretação de Florestan de 1968 (que negava a possibilidade do socialismo[10]), ao se propor como análise de cunho leninista do processo histórico brasileiro. O desencontro da linha de interpretação entre o começo e o fim do livro permite uma verdadeira arqueologia das ideias no grupo de Sociologia da USP.

Em meu trabalho, o tema dos bloqueios históricos é beneficiado por essa expansão de perspectiva. Fica claro, então, que a crítica da razão dualista pedia a pesquisa empírica que confirmasse, na realidade social, que havia processos claramente antidualistas operando; que os pontos extremos dos processos aparentemente duais eram engendrados num mesmo e único movimento histórico, o da reprodução ampliada do capital. O atraso social e econômico em relação ao modelo que se desenhava na ponta do processo histórico não era obstáculo ao desenvolvimento econômico, mas seu resultado e condição, ao mesmo tempo. Os primeiros sinais de que era possível colher evidências empíricas da concomitância de processos de reprodução social com processos

Na sala de aula, nos Barracões, na Cidade Universitária da USP,
abrigo provisório para os cursos expulsos da rua Maria Antonia em
consequência do ataque ao prédio da Faculdade de Filosofia com
coquetéis molotov por estudantes de extrema-direita, em 1968.
(Foto: Autor não identificado, 1977)

de inovação, como propõe Lefebvre, surgiram em minha mencionada pesquisa exploratória e comparativa, de 1965, cujos resultados expus nos trabalhos publicados em 1969.

Observei que os bloqueios à modernização não vinham de uma socialização imprópria das classes sociais para a modernização. Vinham das singularidades da reprodução ampliada do capital nas condições específicas de uma sociedade de origem colonial e escravista, que fizeram da renda territorial e, portanto, do tributo, um modo peculiar de acumulação. No caso brasileiro, o capitalismo não é exatamente o mesmo do modelo europeu e americano. Aqui ele se torna um capitalismo rentista. O Estado está bloqueado porque expressa os interesses e o domínio das classes rentistas. Daí, também, meu interesse pelo jogo que envolve os protagonistas do processo político. O rentismo escamoteia o confronto social, tece a trama de dificuldades de compreensão das tensões e problemas sociais, desloca as contradições como evidências e instrumentos da consciência social. Em *Os camponeses e a política no Brasil*,[11] mostro que os camponeses, tendo por mediação e antagonismo a burguesia rentista, fazem a história indiretamente: reivindicam, pressionam, lutam; são reprimidos, e a própria classe dominante faz defensivamente reformas que esvaziam essas lutas. Os trabalhadores rurais se tornam protagonistas do imaginário épico, mas não se tornam protagonistas diretos do processo histórico, apenas indiretos, mediados por interesses e possibilidades diversos dos seus – ou dominados ou tutelados. De qualquer modo, mesmo pela via de um protagonismo lateral, justamente porque, ativos agentes de uma versão local da acumulação primitiva, ganhavam visibilidade histórica e política no cenário do golpe de Estado. Sobretudo porque a drástica acentuação da ocupação territorial, com a expansão da fronteira econômica, e da recriação das condições da acumulação originária, toda a violência do processo expunha as estruturas profundas da sociedade e da economia, demolindo os acobertamentos tão essenciais aos processos sociais reprodutivos. Uma situação dramática e trágica ao mesmo tempo, que abria o leque dos temas da Sociologia e propunha questões particularmente desafiadoras à investigação sociológica.

Em 1968, época da agitação estudantil, discutia-se apaixonadamente a superioridade histórica da classe operária, o que cegava para os temas emergentes como o da questão agrária, o da questão da escravidão por dívida e o da questão da fronteira. Essa concepção permaneceria no pensamento acadêmico, mesmo dos que faziam do mundo rural sua referência sociológica. Quando comecei a publicar meus trabalhos com as constatações do que podia observar diretamente no trabalho de campo, críticas raramente fundamentadas e raramente sérias começaram a surgir ao que eu fazia. À medida que meu trabalho se desenvolvia, e mais adiante se desdobrava na pesquisa da Amazônia, sobre os conflitos fundiários, minha pesquisa e meus trabalhos indicavam uma inquietação nova no campo, que não era a inquietação operária protagonizada pelos boias-frias (em cuja competência para dinamizar o conflito social no campo muitos apostavam).[12] Proliferava um ensaísmo cheio de certezas, enquanto a realidade pedia pesquisa empírica que propusesse uma ampla revisão de teses sobre o campesinato, sobre seu lugar na história e sobre sua relação com a política e com os partidos políticos. É o momento das primeiras constatações que faço de uma práxis tolhida que produz resultados mediados e indiretos.

Nessas constatações, aquilo que era metodologicamente o "partir da margem", como mencionei antes, evolui para a definição do lugar historicamente privilegiado da vítima (como na "escola" de Florestan Fernandes, que se interessou pela relevância histórica da situação social do negro e não pela do operário). A vítima expressa e expõe a complexidade sociológica (e antropológica) da situação social que a gera. Ao vivenciar dramaticamente a alteridade, a vítima expõe os limites reais das relações sociais, os confrontos de fato nelas embutidas. Desse modo, procuro reencontrar o lugar da subjetividade e da consciência no processo histórico, nas situações sociais que investigo. Era esse o meio de superar a concepção coisificada dos pobres (dos negros, dos operários, dos trabalhadores rurais, dos índios); superar a concepção de um camponês folclórico e pré-político, musical e messiânico. Minha busca não foi para negar o lugar do pobre como sujeito histórico, mas para descobrir como, apesar de quem é e de como é, se torna sujeito da história. A eficácia histórica dos movimentos camponeses está limitada pela mediação histórica de quem os domina e imobiliza; eles atuam indiretamente; protagonizam por interpostas pessoas. Aí está a força histórica dos pobres e o modo peculiar de sua atuação entre nós, o da temporalidade da história lenta a que me refiro num dos meus livros.[13]

A singularidade desses temas depende do modo de pesquisar e de interpretar, o que é uma questão metodológica, uma questão teórica e não uma questão técnica. O problema metodológico sempre ocupou um lugar central na sociologia do grupo do professor Florestan Fernandes, diferente do que aconteceu em outras universidades brasileiras, em que a questão do método não raro foi tratada como questão adjetiva. Já nos anos 1950, em *Fundamentos empíricos da explicação sociológica*, ele trabalha as dificuldades dos métodos de explicação no confronto com uma realidade histórica em relação à qual os métodos pareciam híbridos e descontextualizados.[14] Isso tinha muito a ver com a proposta de uma Sociologia enraizada, a premissa de que a Sociologia é a autoconsciência científica da sociedade e de que existe uma recíproca influência entre a sociologia e a sociedade que ela explica. Justamente por isso o conhecimento sociológico não é mera rotulação conceitual, mera aplicação de conceitos, mero transplante de conhecimento "estrangeiro" e desenraizado. É, obviamente, diálogo com o conhecimento "clássico", mas diálogo fundado historicamente e enraizado.

De certo modo, reencontrei a preocupação metodológica com o que está à margem, em Henri Lefebvre, na concepção de revelador-analisador, que aparece em diferentes momentos de sua obra. Essa concepção se refere a situações particularmente significativas para a compreensão da realidade social.

As transgressões são analisadoras-reveladoras, pois promovem rupturas que desencadeiam interpretações, reações, transformações reveladoras do que é aquilo que está sendo rompido.[15] As ocultações, próprias sobretudo da sociedade capitalista, ficam expostas e permitem, assim, a compreensão integral da realidade social.

Quando, já em 1963, antes do golpe, a incerteza política começou a invadir o cenário social, o projeto de Florestan Fernandes e seus assistentes começou a mostrar todo seu sentido e toda sua importância como programa de ciência. Naqueles dias, já era visível que estávamos na iminência de mudanças que poderiam ser bruscas e profundas. Lembro que, sendo eu ainda aluno e já auxiliar de pesquisa, visitou o grupo de Florestan o sociólogo colombiano Orlando Fals Borda, pai da pesquisa-participante ou pesquisa-ação. A conversa girou em torno das incertezas políticas do Brasil e terminou com o oferecimento de acolher em Bogotá os que eventualmente viessem a precisar de um lugar para dar continuidade às suas pesquisas. Na véspera do golpe de Estado, numa reunião na sala 1 do prédio da rua Maria Antonia, professores debateram o desfecho iminente dos impasses políticos e o grande temor era o de que João Goulart tentasse o golpe. O que tinha sentido e fundamento. Jango tentava repetir Getúlio. Mas, como já dissera em tempos idos um alemão barbudo muito sábio, a história não se repete senão como farsa.

Muitos intelectuais temiam essa possibilidade, como também temiam a do contragolpe, que acabou ocorrendo, pois tanto num caso como no outro o retrocesso político era evidente e a alteração das condições do ensino e da pesquisa na área de ciências humanas era um risco real. O golpe militar, horas depois, as primeiras prisões, os inquéritos policial-militares, tudo criou um cenário adverso na Universidade, cujo extremo alcance Florestan Fernandes compreendeu. Nos quatro anos seguintes, antes das cassações de professores, promoveu a aceleração das pesquisas dos que ainda não haviam feito mestrado e doutorado. Em 1964, ainda aluno de graduação, eu já estava com um projeto de pesquisa pronto sobre a modernização na agricultura paulista, orientado por Octavio Ianni. Em poucos meses, em 1965, realizei a pesquisa comparativa em diferentes e díspares regiões do Estado e fiz minhas primeiras observações relativas à revisão crítica do dualismo que, no plano teórico, Ianni tinha proposto em seus cursos de graduação e em seus artigos e livros.

Minha pesquisa sobre "As condições sociais do desenvolvimento agrário no Estado de São Paulo" foi realizada em três regiões, cultural e economicamente bem diferentes, para permitir um estudo comparativo: Cunha, no Alto Paraíba, região caipira e antiquada, produtora de gêneros de subsistência, na qual Emilio Willems realizara vinte anos antes o primeiro estudo de comunidade no Brasil;[16] Amparo, na Baixa Mojiana, tradicional região de café e de grandes e ricos fazendeiros, que passava por grandes mudanças com a substituição do café por outras culturas, pela dispensa dos colonos residentes e pelo aparecimento dos primeiros trabalhadores volantes, mais tarde chamados de "boias-frias"; e Santo Anastácio, na Alta Sorocabana, ainda com fortes sinais da frente pioneira, que se deslocava em direção ao Mato Grosso (do Sul), e seus conflitos característicos, uma área de pastagens e de culturas modernas, como a do algodão e do amendoim e de relações de trabalho baseadas no arrendamento.

Como já mencionei, em 1966, escrevi dois textos relativos a essa pesquisa, expondo indicações de um tratamento antidualista da realidade rural, o que era possível por se tratar de estudo comparativo. Um era artigo-relatório para a Fapesp e outro um texto-projeto que serviria como referência para o tratamento do material colhido. Ambos acabaram sendo publicados, em 1969, por iniciativa do professor Florestan Fernandes, respectivamente, na *Revista do Instituto de Estudos Brasileiros*, da USP, e na revista *América Latina*, do Centro Latino-americano de Pesquisa em Ciências Sociais, do Rio de Janeiro.[17]

Ianni sublinhava o quanto o dualismo era uma explicação mecanicista que no plano do conhecimento impedia que se visse, se reconhecesse e se compreendesse a historicidade contida na mesma realidade social aparentemente dual. O dualismo restringia a interpretação sociológica ao polarizar a realidade social e nela pressupor dinâmicas polares e antagônicas e, mesmo, sem a mediação de determinações recíprocas.

Na Faculdade de Filosofia da USP, a crítica do dualismo tinha duas referências originárias e originais. De um lado, nos anos 1950, o questionamento dos estudos de comunidade (e da correspondente concepção de tradicionalismo) por Gioconda Mussolini, estudiosa das comunidades caiçaras. Foi ela quem primeiro sublinhou que o modelo tribal de comunidade que constituía o pressuposto teórico de autores como Robert Redfield e George Foster não dava conta de que as comunidades camponesas, no nosso caso as comunidades caipiras e caiçaras, não são comunidades fechadas porque atravessadas por relações e tensões societárias.[18] De outro lado, a interpretação de Antonio Candido sobre o que se poderia chamar, e assim tenho interpretado, de historicidade do tradicionalismo.[19] Em *Os parceiros do Rio Bonito*, ele faz uma leitura das concepções de Robert Redfield sobre a relação sociedade e natureza à luz das ideias de Karl Marx e Friedrich Engels, em *A ideologia alemã*, sobre o mesmo tema. Ao identificar no bairro rural a unidade dos mínimos sociais, historicamente determinada, correspondente dos mínimos vitais das populações caipiras, de uma modalidade de relação do homem com a natureza e de construção da sua própria humanidade, que é momento de uma totalidade em movimento, abriu um dos caminhos criativos para o uso da comunidade como método de investigação. E o fez sem desconectá-la da totalidade dinâmica de seu sentido no movimento das determinações históricas da transformação social ou, como interpretava o antropólogo americano, da transição. Tanto as análises antropológicas de Gioconda Mussolini quanto as análises sociológicas de Antonio Candido constituem ricas evidências do que foi o pensamento crítico enraizado do grupo da USP. Constituem bases e referências do desenvolvimento de uma crítica da razão dualista, de natureza metodológica, uma busca para fazer descobertas nas contradições de uma polarização que encobria ao reduzir e simplificar a dinâmica social.

Antes que o dualismo se firmasse ou durante a fase mais aguda da sua disseminação, a partir da obra de Jacques Lambert, as constatações de Gioconda e de Antonio Candido ofereciam uma referência fundamental para situá-lo no que se poderia chamar de ideologia do desenvolvimentismo e, portanto, descobrir o que por trás do desenvolvimentismo se ocultava, aquilo que o dualismo não permitia ver nem compreender. *Os dois Brasis*, de Lambert,[20] ganharia uma edição em português patrocinada pelo Ministério da Educação e marcaria, direta ou indiretamente, as outras polarizações que dominaram o pensamento social e econômico no Brasil desse período, como a de subdesenvolvimento e desenvolvimento, título, aliás, de um livro de Celso Furtado, as formas tradicionais de economia e sociedade responsabilizadas pelo atraso do país, o Estado desenvolvimentista empenhado em vencê-las. A própria sociologia, nas escolas de agronomia, era usada como instrumento de identificação não apenas das causas do atraso, mas, num certo sentido, identificação dos *culpados* pelo atraso.

Em meu trabalho de campo, fora fácil colher evidências de que o tradicional e o moderno eram abstrações que não tinham substância social, a não ser analítica, e não se opunham, antes se condicionavam reciprocamente nas condições adversas da economia agrícola de base familiar. Fatos, relações sociais, instituições, atitudes, formas de conduta, mentalidades, tradições costumes, prontidão para a inovação e aceitação de traços culturais novos podiam ser datados e classificados, segundo a nomenclatura do tradicional e do moderno. Cada item tinha uma realidade própria e substantiva. Mas diferente da suposição dualista, coexistiam e, sobretudo, não se estranhavam. O homem comum da roça não era posto diante de um dilema em face de elementos culturais que coexistiam no vivencial, embora na instância analítica tivessem sua própria data e indicassem rumos desencontrados do processo social.

É aquela uma economia de excedentes não monetários que garantem a redução de custos da produção propriamente mercantil. Era, também, o meio, e tem sido a forma do trabalho agrícola reduzir os custos de reprodução da força de trabalho industrial, viabilizando salários reduzidos. A produção direta dos meios de vida do agricultor autônomo torna-o doador de um subsídio ao barateamento do trabalho urbano, nos setores mais dinâmicos da economia, ao produzir alimentos não regulados pelos custos de reprodução do capital. Criando, pois, um lucro extraordinário nos setores de mais alta composição orgânica do capital, justamente os mais modernos. Isto é, o moderno nutrindo-se do tradicional e também do atrasado, recriando-os nas insuficiências que o aprisionam. Tanto reduz a economia de excedentes os custos da sua própria força de trabalho quanto põe entre parênteses a renda fundiária, o que a faz, no conjunto da economia, uma variante da acumulação primitiva do capital e um fator da reprodução ampliada do capital. O atraso e o rústico estavam plena e significativamente inseridos na racionalidade do capital e da acumulação capitalista.

Embora a pesquisa já estivesse pronta, o professor Florestan Fernandes conversou comigo sobre a possibilidade de adiantar o meu mestrado, ainda que eu estivesse dentro dos prazos. A tentativa de prisão de Fernando Henrique pelo Dops, em 1964, e seu exílio no Chile, a prisão de Florestan pelo Exército, em 1965, e minha prisão pelo Dops, em 1966, o deixaram preocupado com a possibilidade de que o grupo, por falta de enraizamento institucional e de estabilidade, pudesse ser desfeito por simples demissão sumária de vários de nós. Expliquei-lhe que eu tinha participado de uma pesquisa sobre a formação e desenvolvimento dos grupos econômicos no Brasil, do professor Maurício Vinhas de Queiroz,[21] e havia preparado uma dúzia de monografias sobre a formação de grupos econômicos paulistas. Poderia retomar uma dessas monografias, sobre a formação do grupo Matarazzo, e transformá-la numa dissertação de mestrado. Foi o que fiz.

Com as aposentadorias compulsórias em 1969, a Faculdade de Filosofia e sua cadeira de Sociologia I perderam vários de seus nomes de referência. Logo após o anúncio da aposentadoria do professor Florestan Fernandes, pela *Voz do Brasil*, seus assistentes se reuniram em sua casa. A primeira recomendação dele foi a de que não se cometesse mesmo erro já acontecido antes na Universidade de Brasília, em que os não cassados se demitiram em solidariedade aos cassados, abrindo caminho para a mutilação política do projeto de Universidade de Anísio Teixeira e Darcy Ribeiro e facilitando a intervenção da ditadura. Deveríamos ficar e dar continuidade ao projeto acadêmico da cadeira de Sociologia I. Dias depois, mais professores foram cassados nos vários cursos. O Conselho de Segurança Nacional, em que tinham assento pelo menos dois professores da USP, um deles o próprio ministro da Justiça, que fora reitor desta

Universidade, decidiu dar um golpe de morte na Universidade de São Paulo.[22] Em particular na sua Faculdade de Filosofia, privilegiado reduto da influência da Missão Francesa e do pensamento crítico gestado pelo enraizamento das várias ciências humanas e sociais, particularmente a Sociologia, a Ciência Política, a Filosofia e a História. Para servir à ditadura, o ministro não hesitou em sacrificar sua própria Universidade.

No início de 1970, fui para o campo fazer minha pesquisa de doutorado, no Médio e no Alto Paraíba, em São Paulo. Região propícia ao estudo comparativo entre uma área de agricultura e pecuária muito modernas, a do Vale, e outra reconhecida, desde o famoso estudo de comunidade de Emilio Willems, a da montanha, como reduto da cultura e da sociabilidade caipiras e tradicionalistas.[23] Na ausência de listagens confiáveis de bairros e famílias para seleção de uma amostra dos estabelecimentos rurais e das famílias a serem estudados, como mencionei antes, adotei o levantamento aerofotogramétrico já existente como base de referência para calcular e extrair uma amostra em que tivesse acesso aos diferentes grupos sociais com base num critério objetivo. E não com base na intuição e na informação impressionista que limitavam os estudos de antropólogos, sociólogos e geógrafos sobre a sociedade e a cultura caipiras. Esse recurso apresentava séria dificuldade. No percurso de uma trajetória linear, o avião que fotografa sobrepõe 60% de uma fotografia a outra para compensar a deformação da curvatura da terra na hora de fazer os mapas. Não era possível simplesmente sortear as fotos da amostra porque haveria esse viés, algumas áreas do chão com maior probabilidade de integrar a amostra do que outras. Encontrei uma solução por meio da identificação do retângulo no solo, o que foi feito por estudantes de Geologia, localizando os bairros rurais que tinham sua maior área em determinada foto e, portanto, só nela. Desse modo, a unidade sociológica de referência da pesquisa, o bairro, passava a ter uma única probabilidade de entrar na amostra. Bairros eram identificados, listagens de moradores eram feitas e então tinha início o trabalho de campo.

Naquela época, já estava em andamento uma clara desqualificação dos estudos rurais entre estudantes de Ciências Sociais, e mesmo entre professores. Na Universidade, uma difusa e complicada ideologia do progresso inevitável e desejável desvalorizava o mundo rural como objeto de pesquisa e, por implicação, estigmatizava pesquisadores que a seu estudo se dedicassem. Era como se não tivessem competência para fazer as supostamente sofisticadas análises pretensamente teóricas porque referidas a objetos abstratos e não raro fantasiosos. Entre estudantes, muitos achavam que do real só era digna do interesse dos sociólogos em formação a classe operária, a classe social do futuro, a única capaz de criar para a classe média politicamente impotente a sociedade nova que essa mesma classe não tinha condições históricas de criar. Mesmo remunerando os pesquisadores, com recursos de um financiamento da Fapesp, comigo em companhia deles no campo, não consegui recrutar na Faculdade de Filosofia da USP um só estudante que se interessasse pela possibilidade dessa experiência única. Consegui formar uma dedicada e competente equipe de entrevistadores com estudantes de Ciências Sociais da Fundação Santo André, com os quais eu tivera contato durante a realização, naquele município, do *Estudo antropométrico de crianças brasileiras de zero a doze anos de idade,* de que foi coordenador o professor Eduardo Marcondes, da Faculdade de Medicina da USP, do qual participei como sociólogo.

Terminada a trabalhosa e minuciosa pesquisa no Vale do Paraíba, seus resultados confirmaram o que foi indevidamente chamado, pelos críticos de ocasião, de "funcionalidade do atraso". Era, na verdade, o processo que, por um conjunto de mediações históricas e culturais, assegurava a dinâmica e a racionalidade dos processos dominantes, modernizadores, que os trabalhos ensaísticos haviam segregado das relações concretas que lhe davam sentido.

Mas fui novamente assediado pela urgência política da situação adversa em que se encontrava o grupo que restara da liderança intelectual do professor Florestan Fernandes. O professor Luiz Pereira, que compartilhava com a professora Marialice Mencarini Foracchi a liderança do que restara do grupo da Sociologia I e com ele dividira a responsabilidade pela orientação dos pós-graduandos que haviam ficado sem orientador, pediu-me que examinasse a possibilidade de acelerar meu doutorado. Era impossível fazê-lo com os dados da complexa pesquisa do Vale do Paraíba, que pediam demorada análise. Sugeri-lhe, então, a alternativa de utilizar os dados de outra pesquisa que fizera, sobre a imigração italiana para o núcleo colonial de São Caetano no século XIX, que eu poderia transformar em tese rapidamente. Combinamos que essa era a alternativa de urgência. Eu havia feito constatações interessantes sobre os estudos de comunidade. Em vez de impugná-los, como era a tendência na literatura sociológica brasileira, tornava-os viáveis se os grupos de tipo comunitário pudessem ser estudados a partir da utopia comunitária que sobrevivia nos interstícios de sua organização, não propriamente comunitária, e nos seus valores de referência. Nesse caso, o estudo crítico a partir de uma totalidade fenomênica de referência, uma superestrutura imaginária, tornava possível reconhecer as tensões societárias desagregadoras, que também estavam presentes na vida desses grupos, como tensões informadas pela busca impossível contida na utopia conservadora e, por isso, questionadora das coisificações e desagregações próprias da sociedade moderna.

Tanto no mestrado quanto no doutorado, a conclusão dos trabalhos foi possível porque desde a adolescência e desde a escola secundária as circunstâncias difíceis me tornaram um autodidata. No mestrado, conversei com meu orientador uma única vez, quando ele considerou boas minhas ponderações sobre as descobertas contidas na pesquisa sobre o caso Matarazzo. O mesmo se deu no doutorado. Expus a Luiz Pereira o meu plano, o travejamento teórico do trabalho, que permitia pensar a imigração como processo de criação social e não propriamente de assimilação, que era a orientação consagrada, e a partir daí trabalhei sozinho. Não lamento esse fato, que seria negativo na história de qualquer instituição universitária. Naquela quadra histórica, não havia outra alternativa e o autodidatismo me dava uma liberdade de interpretação e de criação que eu não teria se ficasse dependente de diretrizes distantes de meus temas de pesquisa caso me ativesse aos pontos de vista dos orientadores formais. Havia apenas a responsabilidade de cada um de nós na preservação da preciosa tradição intelectual de que Florestan era o depositário, o nome e o símbolo.

Tive que deixar temporariamente de lado pesquisas de grande alcance para tratar de temas menores e de urgência. Mas dei a eles tratamento teoricamente inovador em face de orientações interpretativas consolidadas. Aquele era um tempo de ousadias, arriscadas mas necessárias. Há sempre uma descoberta a fazer e uma contribuição teórica possível quando se consegue problematizar apropriadamente mesmo um tema que não está nos grandes destaques da Sociologia do momento ou que parece ter se tornado antiquado em face das preferências da hora. Tenho tido grande prazer no trabalho que faço e penso que temas menores acabam nos colocando em face de desafios maiores e mais compensadores. Acabei, provavelmente por isso, me tornando um pesquisador que vê e interpreta a sociedade a partir de suas referências minúsculas e aparentemente irrelevantes. O que, no geral, pode até contrariar interpretações dominantes e de grande popularidade no meio acadêmico. Todos os meus trabalhos, de livros a artigos, foram beneficiados por essa concepção particular da Sociologia crítica.

Embora desde a pesquisa para o doutorado, sobre a imigração e a formação do colonato, meus interesses não estivessem focados propriamente na reforma agrária, como eventual solução para a questão agrária, esse tema ganhou relevo em minha pauta de interesses em 1973. Verena Martinez-Alier recebera uma solicitação de David Lehmann, de quem fora colega em Oxford, para indicar um brasileiro que pudesse participar de um seminário de estudos de 45 dias sobre a reforma agrária na Universidade de Sussex, com bolsa do British Council. Ela ofereceu a possibilidade a José César Gnacarini, meu colega no Departamento de Sociologia. Gnacarini, porém, não se interessou pela proposta, razão pela qual ela resolveu oferecê-la a mim. Antes de uma decisão final, ainda insisti com Gnacarini para que aceitasse o convite. Mas ele o recusou com veemência. Aceitei o oferecimento e fui para a Inglaterra. Havia no seminário gente de todos os continentes, muitos dos participantes com experiência direta em reforma agrária. Dentre os expositores convidados havia estudiosos e teóricos reputados da reforma, como Theodor Shanin. O programa era intenso: manhã, tarde e noite, apoiado em excelente infraestrutura, um verdadeiro pós-doutorado de alto nível. Voltei de Sussex com uma visão abrangente da questão da reforma agrária, mas também com o conhecimento amplo do panorama dos movimentos sociais nela envolvidos, os diferentes destinos que tiveram ou estavam tendo, os limites e as possibilidades da reforma. Boa parte

Participantes do Seminário de Estudo sobre
a Reforma Agrária, organizado por David
Lehmann, do Institute of Development Studies
da Universidade de Sussex, Inglaterra.
(Foto: IDS, 1973)

do meu ativismo junto aos grupos populares, a partir de 1975, foi muito marcado por essa experiência.

Vários dos temas demarcados no início de minha carreira eram conexos de outros relativos às grandes interpretações sobre o Brasil e às suas implicações teóricas. A questão teórica da crítica da razão dualista e a questão empírica da imigração na formação da força de trabalho agrícola e dos impasses teóricos com esse tema relacionados, quanto ao padrão do processo histórico que se propunha singularmente entre nós, retornou em *O cativeiro da terra*. Esse livro nasceu de um desafio teórico proposto na realização de um seminário sobre modos de produção, promovido pela Universidade Nacional Autônoma do México, em Cuernavaca, em abril de 1978.[24] Ali se reuniram quase todos os autores mais conhecidos do debate latino-americano sobre modos de produção e sobre a transição para o capitalismo. Debate que se esgotara nas suas premissas equivocadas, no que se refere a de que tipo de sociedade a transição partia, e nas insuficiências tanto empíricas quanto teóricas, porque em boa parte desfigurado por um marxismo limitante, formalista e classificatório, de inspiração althusseriana.

Fernando Henrique Cardoso, um dos organizadores do seminário, sumarizou seu fundamental livro sobre *Capitalismo e escravidão no Brasil meridional*, sua criativa e inovadora tese de doutorado sobre a formação do capitalismo no Brasil.[25] Estava a seu lado o famoso historiador marxista francês Pierre Vilar que, completamente surpreso, quis saber se o livro já havia sido publicado, pois aquela interpretação mudava completamente o quadro teórico que, justamente, motivava o debate cujos principais representantes ali se encontravam.

Minha contribuição, então apresentada, desdobrava, justamente, aquela mesma linha de pesquisa e interpretação. A pesquisa sobre o regime de colonato nas fazendas de café mostrara que o trabalho livre, em substituição ao trabalho escravo, não podia ser definido como típico trabalho assalariado nem se tratava de um regime pré-capitalista de trabalho que, por seu caráter pretérito, seria inevitavelmente substituído por relações formais e modernas de assalariamento. O regime de colonato, baseado no trabalho do imigrante, combinava inventivamente o salário, a renda da terra em trabalho e a servidão do trabalho gratuito, num processo de criação de riqueza presidido pelo capital e coroado por uma ideologia da ascensão social pelo trabalho que culminaria na transformação do colono em pequeno proprietário. Uma inventiva inovação social pela qual os grandes fazendeiros de café criaram um poderoso sistema de produção não capitalista de capital, articulado com sua reprodução capitalista. Um dos fundamentos, aliás, da atualização do conservadorismo social e político brasileiro.

Casa de colono, no Acre.
(Foto: 1979)

Os supostos antagonismos dessas realidades polares não se negavam, como supunham os muitos autores de ensaios teóricos que trataram da transição para o capitalismo. Ao contrário, a pesquisa empírica oferecia evidências quanto ao fato de que não estávamos em face de estruturas antagônicas, mas em face de momentos e contradições de um mesmo processo de acumulação e reprodução de capital. Em boa parte, foi essa a opção consciente de uma elite que floresceu já no regime de escravidão e que teve clareza quanto a criar um sistema de acumulação de riqueza que assegurasse a industrialização, o desenvolvimento econômico, a revolução urbana e a revolução cultural. A Universidade de São Paulo é, sem dúvida, um dos mais significativos frutos dessa opção e dessa lucidez. Em decorrência dessas constatações, agreguei que a escravidão ficaria mais bem interpretada se compreendêssemos o escravo como renda capitalizada. E o escravismo não como modo de produção, como se pretendia em nome de um marxismo mutilado. O perecimento da escravidão se propôs historicamente pela mesma razão que a renda territorial capitalizada está em contradição com o capital. Sua anômala existência pressiona no sentido de reformas e mudanças, almejadas até mesmo por sujeitos políticos movidos por interesses contrários entre si. Meu trabalho foi apresentado em Cuernavaca várias semanas antes da publicação de *O escravismo colonial*, de Jacob Gorender,[26] que adota outra perspectiva em relação ao tema, bem distante da que era própria do que, desde os anos 1950, constituía a linha da investigação teórica da chamada escola de sociologia da USP.

Nessa altura, já estava claro para mim que os pressupostos do projeto *Economia e sociedade no Brasil* e a orientação e as descobertas dos diferentes assistentes de Florestan Fernandes, quanto a conhecer criticamente as singularidades da sociedade brasileira, constituíam a fecunda referência para a continuidade da pesquisa sociológica criativa e reveladora. Em 1971, preparei para uma das sessões da Sociedade Brasileira para o Progresso da Ciência (SBPC) um pequeno texto de síntese crítica das ideias correntes, entre geógrafos e antropólogos, sobre a chamada frente pioneira.[27] Estávamos no limiar da avalanche de decisões políticas do regime militar sobre a ocupação da Amazônia, a última grande fronteira do mundo. Usei esse texto como base

De pau de arara, a caminho de uma
reunião no sertão do Heleno, em
São Félix do Araguaia, Mato Grosso.
(Foto: 1977)

de um projeto que comecei a executar em 1975, numa pesquisa artesanal e solitária que se estendeu da pré-Amazônia Maranhense ao Pará, a Goiás, ao Mato Grosso, a Rondônia e ao Acre. Foram cerca de vinte anos de trabalho, cerca de 10 mil páginas de caderno de campo, centenas de horas de gravações e milhares de documentos recolhidos, algumas ameaças de morte, vários conhecidos assassinados, até mesmo pessoas que me abrigaram em suas casas; milhares de quilômetros percorridos de avião, de ônibus, de barco, de carona, de pau de arara, de bicicleta e a pé. Armava minha rede onde desse. Dormi em baixo de altar, em alpendre, em tijupá de roça, em sindicato e até em pensão e hotel. Viajei pelos grandes rios brasileiros, não só na Amazônia: o Amazonas, o Tocantins, o Araguaia, o São Francisco. Em nenhum momento deixei de dar minhas aulas na Faculdade, tentando concentrá-las num semestre para fazer pesquisa em outro. Em 1978, fiz o tumultuado concurso de regularização de minha situação funcional aqui na escola, que foi uma verdadeira feira de vaidades, em meio às complicadas demandas dessa pesquisa. Após a última prova do concurso, viajei naquela mesma tarde e dois dias depois eu já estava em Conceição do Araguaia, dando seguimento à pesquisa. Fui conhecer o resultado do concurso um mês depois, proclamado por uma banca responsável e isenta.

De quebra, recebi uma intimação para depor na Comissão da Amazônia, uma comissão permanente, na Câmara dos Deputados, em que fui acintosamente interrogado sobre as fontes financeiras que asseguravam o meu trabalho de pesquisador. Ao chegar a Belém do Pará, pelo rio, eu denunciara a jornais a ocorrência de trabalho escravo. Provavelmente, queriam saber se por trás da minha pesquisa estava o ouro de Moscou. Não me restou outra alternativa, como pode ser lido no *Diário do Congresso Nacional* em que meu depoimento foi publicado, senão dizer a verdade: minha pesquisa foi praticamente toda financiada pela Fundação Martins de Amparo à Pesquisa, que não existe e que sou eu mesmo, com dinheiro de meu próprio bolso.[28]

A pesquisa sobre os conflitos na Amazônia foi feita em situação de insegurança e risco. Sobretudo porque a fiz como momento de um ativismo de educação popular que era, também, de educação política. E de minha própria ressocialização no contato e aprendizado com a diversidade e a complexidade cultural de populações sertanejas de povoados e localidades distribuídos pelo Maranhão, Pará, Goiás, Mato Grosso, Rondônia e Acre. De tudo fazia anotações no *Diário de Campo*, às vezes sumarizando observações interpretativamente para ter o registro de *insights* teóricos ocorridos na hora e no ato das próprias observações.

Região do rio Jaru, em Rondônia.
(Foto: 1977)

Resultados dessa pesquisa estão no meu já citado livro *Fronteira*. Retrabalhei a concepção de fronteira sociologicamente, como fronteira da condição humana, onde a vida social tem esse limite como referência de valores, de relacionamentos e de conflitos. Na sociedade de fronteira, o ordenamento social também fica no limite, desconstruído na prática, ineficaz e perigoso. A fronteira pode ser estudada como lugar de violência fundadora, constitutiva de sociedade que nasce, de raptos étnicos para cobrir déficits demográficos, de escravidão por dívida para viabilizar o capitalismo onde, de outro modo, ele não chegaria.

Um dos resultados importantes dessa demorada pesquisa, na engenharia política da expansão da frente pioneira na imensa região amazônica, foi a constatação de que a ditadura militar optara por reordenar os fundamentos sociais da sociedade brasileira. Na perspectiva de Marx, a renda da terra está em contradição com o capital, contradição que não só funda os grandes embates e confrontos políticos da sociedade capitalista, como também pede para ser socialmente removida, contradição fundante de um embate político e histórico na consolidação do capitalismo. O regime militar optou por seguir o caminho oposto ao do reconhecimento da negatividade da renda fundiária na reprodução ampliada do capital. Instituiu a política de incentivos fiscais para as empresas que fizessem investimentos na Amazônia, o que se concretizou, sobretudo, com a abertura de fazendas de gado de corte. Na prática, para receber do Estado a doação de 75% do capital da empresa incentivada, o beneficiado tinha que adquirir a propriedade da terra, mesmo que a propriedade tivesse sido constituída por meios ilegais, como a grilagem de terras. Histórica e sociologicamente, isso significa que o Estado, no confronto entre capital e renda da terra, robusteceu a renda fundiária e socializou os custos de redistribuição do capital, privando a sociedade inteira dos benefícios de uma parte dos tributos arrecadáveis. Nesse sentido, colocou definitivamente a renda territorial, consorciada com o capital, como fundamento social e político da sociedade brasileira e do desenvolvimento brasileiro, e optou, em consequência, por permanente referência conservadora para nossa vida política. Esse é o marco político em que nos movemos e nos moveremos durante muito tempo.

Uma segunda constatação importante da pesquisa na Amazônia foi a de que a espantosa disseminação do trabalho escravo, cujo número pode ter passado de 400 mil nos anos 1970,[29] em decorrência da expansão da fronteira

Escola rural em Rondônia.
(Foto: 1977)

econômica, sobretudo na derrubada da mata e na formação das novas fazendas, só é viável como expansão territorial do capital mediante a invenção ou restauração de relações arcaicas de trabalho. O trabalho escravo empregado na abertura das novas fazendas amazônicas não tem sido o mesmo trabalho escravo da escravidão negra e nem mesmo o da escravidão indígena. Na escravidão negra, o escravo era propriedade e coisa, mercadoria, renda capitalizada. Nesta, é trabalhador subjugado, raptado e desviado do mercado de trabalho capitalista, de seus valores e de suas concepções, condenado ao trabalho forçado para se conformar com a redução do valor de sua força de trabalho à manutenção de uma composição orgânica do capital falsamente alta. Para que o novo empreendimento agropecuário se estabeleça como empreendimento capitalista constituído sobre bases não capitalistas, embora não necessariamente pré-capitalistas. Desse modo, essa economia funciona como se fosse economia moderna, regulada pela taxa média de lucro, mas apoiada em artificial redução dos custos do trabalho mediante violência física. Relação de trabalho violenta porque baseada na sobre-exploração da força de trabalho, que, diferente do uso capitalista do trabalho, não é regida pela reprodução do trabalhador, mas sim pela premissa de que se trata de um trabalhador descartável.

Família de peões trabalhando em regime de servidão por dívida, na região de Ariquemes, Rondônia, na derrubada da mata. (Foto: 1977)

Na mesma época, os antropólogos, vários deles de minha Faculdade de Filosofia, foram autores de verdadeira e notável epopeia nas pesquisas que fizeram na Amazônia e nos numerosos e excelentes estudos localizados sobre grupos tribais, verdadeiras maravilhas antropológicas e literárias. A Antropologia brasileira ampliou consideravelmente nessa fase o mapa da condição humana nesta parte do mundo, a riqueza das diferenças, das línguas, das culturas, dos modos de vida. No entanto, a Sociologia não seguiu o mesmo caminho. Não

Boiada na estrada de São Félix do Araguaia a Barra do Garças, no Mato Grosso. Ao fundo vê-se o resto da floresta que foi queimada e convertida em pasto. *(Foto: 1978)*

aproveitou o momento de devastadora expansão da última grande fronteira do mundo para escapar da prisão ideológica que Paris e as metrópoles têm representado para muitos, para se devotar à descoberta das singularidades desta sociedade onde elas se propõem. Nessa quadra, fui dos raros sociólogos brasileiros a se devotarem à pesquisa sobre uma realidade fugidia e em perecimento, que é a da fronteira, em toda sua extensão, fora dos marcos da pesquisa restrita ao território dos estudos de caso. Uma fronteira que tinha que ser estudada com urgência em face da devastação, sobretudo a devastação humana. E por me opor a essa devastação, assim como fizeram os antropólogos em defesa dos índios, retribuí aos que me ensinaram o que eram e o que sabiam, com o que sou e sei. A mediação do conhecimento sociológico, difundido em reuniões, retiros e encontros de estudo com vítimas, trabalhadores, agentes sindicais e agentes de pastoral, foi uma novidade histórica. Uma inovação num amplo movimento social que se desenhava não só em favor dos direitos sociais dos que da terra vivem, mas também em favor, por parte deles, de uma compreensão moderna e não messiânica dos processos sociais e políticos que os vitimavam. Alguém deu o nome de Universidade Popular e Itinerante aos muitos pequenos cursos que dei a trabalhadores rurais, índios, sindicalistas, agentes de pastoral – a Unipop. Contribuí para a formação de quadros no campo, em geral em regiões que nunca conheceram a organização sindical e o partido político. Nesse sentido, como extensão de meu trabalho de pesquisador e de professor, juntei-me ao minúsculo grupo de acadêmicos que, com objetividade e isenção, contribuiu decisivamente para dar uma cara rural às lutas sociais e fazer dos trabalhadores rurais protagonistas definitivos da modernidade política brasileira.

A concepção de sociologia que aprendi aqui na USP não se baseava nas segmentações do tipo rural-urbano. Nada é mais rural do que a cidade de São Paulo. E o urbano pode ser facilmente encontrado nos confins do sertão, lugares a que chegaram o avião, o rádio, a televisão. As situações sociais dos assentamentos humanos estão determinadas por processos sociais cujos tempos desencontrados são indevidamente classificados como "rural" e "urbano". É na dialética de uma orientação teoricamente crítica do real que se pode compreender o que Henri Lefebvre definiu como o desenvolvimento desigual que está no âmago das contradições sociais que determinam, mediatizando-o, o movimento pelo qual a sociedade tende a se repetir e a se transformar ao mesmo tempo. É nele que se constitui tanto a vida cotidiana quanto a cotidianidade. Foi nessa perspectiva que também fiz as pesquisas e os estudos que resultaram em minha trilogia sobre o subúrbio.[30] Assim como ocorreu em minhas outras pesquisas, também nesses trabalhos optei pelo que é liminar, uma opção metodológica que se situa na perspectiva do que Henri Lefebvre define como analisadora-reveladora.[31] O próprio real contém situações que, devidamente identificadas, são metodológicas em si mesmas e, por isso, reveladoras de aspectos substanciais da realidade que de outro modo não se conheceria. No caso, esse foi o caminho para compreender a metrópole naquilo que ela diz não ser e, no entanto, é, na orientação lefebvriana de identificar os descompassos entre o real e o possível, os tempos de mediação da práxis e da constituição do urbano. Nessa orientação, pude trabalhar a questão espacial da acumulação capitalista entre nós, o centro como acumulação de possibilidades, acumulação da cultura e não só do capital. A margem, o subúrbio e a periferia, como lugares residuais do desenvolvimento desigual, como materializações espaciais da privação e da exploração do trabalho.

De certo modo, em *A política do Brasil lúmpen e místico*, um livro sobre o poder do atraso, na proposta de uma sociologia da história lenta, sumarizei as constatações que fiz, em várias pesquisas, sobre a gestação social e a recriação do conservadorismo brasileiro, no campo e na cidade, como uma referência estrutural do que é o Brasil politicamente, do que pode ser e do que não tem condições de ser.[32] Meu interesse pela cultura popular, uma referência para esse tipo de compreensão de uma sociedade como a nossa, é para mim bela herança do que foram, aqui na Faculdade de Filosofia, os valores de orientação do diálogo do europeísmo teórico e erudito dos professores da Missão Francesa com as tradições populares locais, representadas, sobretudo, pela obra de Mário de Andrade. Devemos muito a Roger Bastide por seu lúcido e criativo interesse pelas tradições do povo, que legou a Antonio Candido, Florestan Fernandes, Maria Isaura Pereira de Queiroz, e que, de algum modo, teve herdeiros também em outros docentes da Faculdade de minha época. O primeiro trabalho de Octavio Ianni foi um estudo sobre o samba de terreiro em Itu.[33]

Monte Santo, Bahia, subida do Calvário (onde Euclides da Cunha estivera e que fotografara na Guerra de Canudos), em minha visita motivada pela pesquisa sobre linchamentos, para colher dados sobre violenta ocorrência na região: o linchamento do assassino de uma professora de roça. *(Foto: 1999)*

Sou de uma geração que ainda se beneficiou dessa herança, benefício que, no meu caso, se concretizou em meus estudos sobre a música caipira, sobre o sonho e sobre a morte.[34] Minha compreensão do atraso e do conservadorismo brasileiro, numa perspectiva não folclorística, é voltada para a identificação do possível que foi aprisionado nos marcos e cercos que o iluminismo de muitos intérpretes do Brasil relegou ao descabido desprezo pela cultura subalterna, porque tida como impertinente resíduo do passado. O revigoramento político desse conservadorismo nos movimentos sociais, sobretudo nos movimentos populares, constitui uma das significativas evidências do equívoco desse desprezo. Equívoco, aliás, muito claro nos que tentam aparelhar, instrumentalizar partidariamente e dirigir esses movimentos num cenário de pós-modernidade. Nessa perspectiva, os conteúdos históricos e o possível, contidos nessa cultura, que organiza a inteligência da práxis do homem simples, não raro materializados na utopia joaquimita do Império do Divino, que já presidiu algumas de nossas revoltas populares, como a de Canudos e a do Contestado, perdem-se, deformados pelo voluntarismo de uma concepção redutiva da política.[35]

Os dilemas do suposto atraso social que persiste no mundo moderno, não só no Brasil, como resultado da dinâmica da própria modernidade, e as interpretações que fiz desse atraso e de uma de suas expressões, o trabalho escravo hoje, me levaram à Junta de Curadores do Fundo Voluntário das Nações Unidas contra as Formas Contemporâneas de Escravidão, em Genebra, à qual servi durante 12 anos, em 4 mandatos, a convite de sucessivos Altos Comissários de Direitos Humanos e designado pelo secretário-geral. Foi outro modo de ver sociologicamente o mundo e de contribuir para supressão de uma das mais graves iniquidades da sociedade contemporânea. A chamada Sociologia militante não existe senão como equívoco e deturpação. A neutralidade ética na pesquisa é requisito da produção de conhecimento. Mas não tem que se traduzir em indiferença, sob disfarces hipócritas que privam a sociologia das qualidades que tem e o sociólogo da decência que deve ter.

Por outro lado, militância de sociólogo, enquanto tal, é algo delicado e sutil e de modo algum pode chegar à barbárie de questionar os fundamentos da própria ciência. Militância pressupõe partido político e o primado de sua ideologia de orientação. O conflito entre ciência e militância é inevitável. Foi a consciência do risco desse conflito que levou Hermínio Saccheta, trotskista, a cujo grupo Florestan Fernandes se filiara ainda jovem, a sugerir-lhe que no dilema entre a militância política e a ciência, optasse pela ciência, dado o vislumbre fundamentado de um futuro promissor na biografia do sociólogo. O que não dispensa o sociólogo do ativismo privilegiado que pode desenvolver em favor de causas sociais cuja urgência ele tem condições de ver melhor e

Palais Wilson, em Genebra, local de reunião da Junta de Curadores do Fundo Voluntário da ONU contra as Formas Contemporâneas de Escravidão, de que fui membro durante 12 anos.
(Foto: 2000)

com mais clareza do que os que as veem de um ângulo estritamente partidário. Foi exemplo de ativismo incontornável o de Florestan Fernandes, e de outros professores universitários, na Campanha em Defesa da Escola Pública. Movimento iniciado com um manifesto do professor Fernando de Azevedo, em 1959, mobilizou um grande número de educadores, quase toda a Faculdade de Filosofia da USP, estudantes e sindicatos.[36]

Aliás, a Sociologia é inviável sem a pesquisa empírica, pois é na pesquisa empírica que as inovações teóricas se propõem. Nenhum verdadeiro clássico da Sociologia criou coisa alguma sem a pesquisa empírica e mesmo o trabalho de campo. Nem Weber, tido indevidamente como modelo de sociólogo que dispensa o trabalho de campo. Do mesmo modo que os chamados resenhões do já dito pelos grandes sociólogos estão muito longe de constituir trabalho verdadeiramente teórico, original e criativo.

É verdade que no privilegiamento do trabalho de campo sempre se corre o risco de ouvir a pergunta difícil que ouvi certo dia, num povoado do Maranhão, de um homem simples que me observava curioso enquanto eu entrevistava crianças

No caminho de Massacará, aldeamento indígena do século XVII, na região de Monte Santo, no sertão da Bahia, onde estive colhendo dados, entre moradores muito idosos, sobre Canudos e sobre o cangaço. Alguns haviam conhecido Lampião, que lá estivera. *(Foto: 1999)*

de uma escola: "Vem cá: além de bater papo com as pessoas, você trabalha?" Ou, pior ainda, quando fui procurado por uma jovem no barraco em que eu me arranchara, no mesmo povoado, e de sopetão perguntou ao grupo que ali se encontrava: "Cadê o cientista que chegou aí?" Fiquei entre preocupado com a possibilidade de que era mais uma observadora trabalhando para a repressão e feliz por saber que ali, nos confins do sertão, uma cidadã lúcida me tratava apropriadamente pela qualificação que eu tinha. "Sou eu mesmo", respondi, orgulhoso. Ela não teve dúvida: estendeu-me a mão aberta e ordenou: "Então, leia a minha mão!"

Mas há aí, também, a riqueza teórica potencial que na pesquisa empírica emerge da aguda consciência das contradições do vivido. Não poucas vezes, foi nos cursos que dei para trabalhadores, usando a técnica da pergunta que provoca respostas densas e esclarecedoras, e das respostas como ponto de partida do esclarecimento, que fiz descobertas sobre a concepção popular da realidade que podiam dar novo rumo ao meu trabalho. Num curso para cortadores de cana do interior de São Paulo, pediram-me para lhes explicar por que, tendo que trabalhar mais, ganhavam sempre menos, o que mediam pela crescente redução da capacidade de compra de seu salário. Disse-lhes que o nome disso era exploração do trabalho, embora achassem que eram explorados pelos vendeiros. E pedi a cada um que me explicasse o que o fazia pensar que era explorado. Uma cortadora de cana relativamente jovem, mãe de família, me explicou que sabia que era explorada porque quando fazia amor com seu marido, seu corpo doía. Mas seu corpo não doía quando estava cortando cana no canavial, no trabalho pesado de uma jornada inteira, de sol a sol. Era explorada porque seu corpo já não era seu: pertencia ao canavial. Nesse sentido, a própria fala de quem depõe, derivada da pergunta dirigida do sociólogo, raramente revela as dimensões ocultas e invisíveis, profundas, tanto da consciência do homem comum quanto do modo como ele vive e interpreta as relações sociais.

Ao mesmo tempo, a pesquisa empírica em si mesma em nada contribui para descobertas e aprimoramentos teóricos senão com base na pesquisa teórica, na dialética de teoria e pesquisa. É nesse sentido que ressalto a importância das oportunidades que tive de trabalhar em universidades no exterior. Primeiramente, na Universidade de Cambridge (onde fui pesquisador-visitante do Center of Latin-American Studies em 1976), cujas bibliotecas frequentei com avidez. Em segundo lugar, na Universidade da Flórida, nos Estados Unidos, onde fui professor visitante, em 1983, cuja biblioteca foi minha cotidiana oficina de trabalho. Em terceiro lugar, na Universidade de Lisboa, da qual fui professor-visitante em 2000. Finalmente, o privilégio e a honra que tive de ser indicado para a cátedra Simon Bolívar, da Universidade de Cambridge, em 1993/94, ao mesmo tempo em que fui eleito *fellow* de Trinity Hall, um de seus mais antigos Colleges.

Os imensos recursos bibliográficos de que dispõem as bibliotecas de Cambridge, em particular a University Library, têm me permitido atualização e crescimento nos vários campos temáticos a que me dedico, como têm sido fundamentais, também, para minha atual pesquisa sobre linchamentos no Brasil. Da extensa bibliografia disponível, encontrei em nossas bibliotecas menos de 20% da literatura existente, o que representaria grave empobrecimento e mutilação para um pesquisador que se visse circunscrito a uma insuficiência dessa ordem. Nesse sentido, viajar para estagiar, pesquisar e ensinar é hoje uma condição para definir um perfil competente em qualquer área e certamente o é, mais ainda, na Sociologia. Especialmente aqui, em que temos um buraco imenso de carências bibliográficas, principalmente de periódicos, decorrente dos muitos anos em que, sobretudo no regime militar, não tivemos recursos para atualizar as bibliotecas de Ciências Humanas e Sociais. Minha participação em numerosos congressos internacionais, com apresentação de trabalhos, me permitiu diálogos e aprendizados que a rotina acadêmica de uma instituição formal não permitem. Beneficiei-me, ainda, das facilidades de acesso a bibliotecas acadêmicas como visitante da Università degli Studi di Trento e da Fondazione Internazionale Lélio Basso per il Diritto e la Liberazione dei Popoli, de Roma, na Itália, como membro de seu Conselho; da biblioteca do International Institute of Social History, na Holanda; e, também, da biblioteca da Maison des Sciences de l'Homme, em Paris, generosamente acolhido por Alain Touraine.

Na pesquisa de campo e nessas viagens, pude revigorar e enriquecer as sólidas premissas herdadas sobretudo dos tempos da cadeira de Sociologia I. Como disse no início, na obra dos pesquisadores e docentes da cadeira de Florestan Fernandes, havia uma potencial Sociologia do possível. Essa sociologia ganhou vigor e visibilidade para mim, na minha experiência de pesquisador, num momento em que o Brasil se dilacerava nas tensões relativas a possibilidades históricas conflitivas. Consolidou-se, teoricamente, no seminário de estudos, de 12 anos, sobre a questão do método dialético na obra de Marx e, principalmente, no seminário que o seguiu, de 6 anos, sobre a questão da dialética na obra de Henri Lefebvre.

Lefebvre foi um filósofo com doutorado em Sociologia Rural, um sociólogo da margem, com um perfil parecido com o proposto pela cultura acadêmica da Faculdade de Filosofia e do grupo de Florestan Fernandes. Nessa perspectiva, pode-se compreender sociedades como a brasileira enquanto

Trinity Hall, meu College, em Cambridge.
(Foto: 2006)

Cambridge: pórtico do Fitzwilliam Museum.
(Foto: 2002)

sociedades em que o possível permanece confinado na teia de enganos e de autoenganos da repetição e da permanência. Mas está lá e precisa ser desvendado e interpretativamente libertado. É nesse sentido que as lições desses anos todos me ensinaram que a Sociologia é, também e principalmente, uma libertadora ciência da esperança, debruçada objetivamente sobre o real porque debruçada sobre o possível.

Notas

[1] Cf. Florestan Fernandes, *Fundamentos empíricos da explicação sociológica*, cit.

[2] Cf. José de Souza Martins, *Apontamentos biográficos sobre Américo Brasiliense*, Santo André, Instituto de Educação "Dr. Américo Brasiliense", 1960, mimeo.

[3] Cf. José de Souza Martins, "As cartas de Marx", em Walnice Nogueira Galvão e Nádia Battella Gotlib, *Prezado senhor, prezada senhora:* estudos sobre cartas, São Paulo, Companhia das Letras, 2000, pp. 313-9.

[4] Cf. Fernando Henrique Cardoso, *Empresário industrial e desenvolvimento econômico*, São Paulo, Difusão Europeia do Livro, 1964, p. 187.

[5] Cf. Luiz Pereira, *Trabalho e desenvolvimento no Brasil*, cit.

[6] Cf. Florestan Fernandes, *A revolução burguesa no Brasil*, cit.

[7] Cf. Florestan Fernandes, *A integração do negro na sociedade de classes*, cit.

[8] "[...] a articulação de formas de produção heterogêneas e anacrônicas entre si preenche a função de calibrar o emprego dos fatores econômicos segundo uma linha de rendimento máximo, explorando-se em limites extremos o único fator constantemente abundante, que é o trabalho – em bases anticapitalistas, semicapitalistas ou capitalistas." Cf. Florestan Fernandes, *Sociedade de classes e subdesenvolvimento*, cit., p. 65.

[9] Cf. Florestan Fernandes, *Mudanças sociais no Brasil*, São Paulo, Difusão Europeia do Livro, 1960.

[10] Florestan explica, em relação ao teor desse livro: "A alternativa socialista foi deixada de lado, pois as investigações feitas comprovam que o capitalismo mantém-se, no Brasil (independentemente de qualquer artifício analítico dos investigadores), como a *opção histórica* 'possível' e 'desejada' socialmente [...]." Cf. Florestan Fernandes, *Sociedade de classes e Subdesenvolvimento*, cit., pp. 35-6 (nota). Grifo do original.

[11] Cf. José de Souza Martins, *Os camponeses e a política no Brasil:* as lutas sociais no campo e seu lugar no processo político, 5. ed., Petrópolis, Vozes, 1995. (1. ed. 1981)

[12] O que não me fez menos atento ao conflito propriamente operário no campo. Cf. José de Souza Martins, "Boias-frias: a explosão previsível", *Folha de S.Paulo*, 17 maio 1984, p. 3. No entanto, a extensa e surpreendente greve dos trabalhadores boias-frias nos canaviais da região de Guariba, em São Paulo, aí comentada, foi recebida com euforia por diferentes sociólogos interessados na questão do trabalho rural porque, finalmente, suas teses sobre a expansão do capitalismo no campo pareciam confirmar-se. Não obstante, na mesma época, o contraste entre essa greve e os milhares de litígios envolvendo a questão agrária, centenas dos quais beirando a insurgência e como tais tratados pelo regime militar, sugeria uma questão sociologicamente diversa e mais complexa.

[13] Cf. José de Souza Martins, *A política do Brasil lúmpen e místico*, cit.

[14] "[...] a experiência acabará ensinando ao especialista quais são as limitações do método de interpretação que utiliza e a conveniência de recorrer a outros métodos, quando o exigir a natureza dos problemas investigados. Poderão formar-se, assim, algumas convicções sobre a 'especialização' lógica e a complementaridade dos métodos de interpretação, essenciais para os atuais desenvolvimentos empírico-indutivos da sociologia". Cf. Florestan Fernandes, *Fundamentos empíricos da explicação sociológica*, cit., p. 321.

[15] Para Lefebvre, "as transgressões servem de analisadores-reveladores; este processo, por efeito das transgressões, aparece na sua totalidade contraditória, dialética." Cf. Henri Lefebvre, *La Survie du Capitalisme*: la re-production des raportes de production, Paris, Anthropos, 1973, p. 16.

[16] Cf. Emilio Willems, *Uma vila brasileira*: tradição e transição, São Paulo, Difusão Europeia do Livro, 1961.

[17] Cf. José de Souza Martins, "Modernização e problema agrário no Estado de São Paulo", *Revista do Instituto de Estudos Brasileiros*, n. 6, Universidade de São Paulo, 1969, pp. 121-45; e José de Souza Martins, "Modernização agrária e industrialização no Brasil", *América Latina*, ano 12, n. 2, Rio de Janeiro, Centro Latino-americano de Pesquisas em Ciências Sociais, abr./jun. 1969, pp. 3-16. Os dois artigos foram reeditados como capítulos do livro de José de Souza Martins, *Capitalismo e tradicionalismo*, cit.

[18] Cf. Gioconda Mussolini, "Persistência e mudança em sociedades de 'folk' no Brasil", em Florestan Fernandes (org.), *Symposium etnossociológico sobre comunidades Humanas no Brasil*, Separata dos Anais do XXXI Congresso Internacional de Americanistas, São Paulo, 1955, pp. 333-55.

[19] Cf. Antonio Candido, "L'état actuel e les problémes les plus importants des études sur les sociétés rurales du Brésil", em Florestan Fernandes (org.), cit., pp. 321-32; e *Os parceiros do Rio Bonito:* estudo sobre o caipira paulista e a transformação dos seus meios de vida, Rio de Janeiro, José Olympio, 1964.

[20] Cf. Jacques Lambert, *Os dois Brasis*, Rio de Janeiro, MEC/Inep, 1959.

[21] Maurício Vinhas de Queiroz (que não deve ser confundido com M. Vinhas, que é outro autor) professor de Sociologia na Universidade do Brasil (depois, Universidade Federal do Rio de Janeiro) e, mais tarde, da Universidade Nacional de Brasília, onde se aposentou, foi uma das vítimas das circunstâncias adversas para as Ciências Sociais nos anos 1970 e 1980. Seu irmão, Mauro, que trabalhava na Editorial Vitória, do PCB, suicidou-se logo após o golpe de 1964. Em virtude da desarticulação da pós-graduação na Universidade do Brasil, acabou desistindo de defender sua tese sobre a Guerra do Contestado, publicando-a como livro (Cf. Maurício Vinhas de Queiroz, *Messianismo e Conflito Social:* a Guerra Sertaneja do Contestado – 1912-1916, Rio de Janeiro, Civilização Brasileira, 1966). Teria que começar tudo de novo, escrevendo uma tese sobre os grupos econômicos no Brasil, que seria defendida na USP, sob orientação de Luiz Pereira.

[22] Eram eles o professor Luiz Antônio da Gama e Silva, da Faculdade de Direito, ex-reitor da Universidade de São Paulo, ministro da Justiça; e o então ministro da Fazenda, professor Antonio Delfim Neto, da Faculdade de Economia e Administração, ex-suplente do professor Fernando Henrique Cardoso no Conselho Universitário da USP. Delfim seria colega de Florestan na Câmara dos Deputados. A primeira coroa de flores a chegar ao prédio da Administração da Faculdade de Filosofia, Letras e Ciências Humanas, da USP, na Cidade Universitária, na manhã de 10 de agosto de 1995, em cujo salão nobre seria velado o corpo do professor Florestan, foi a enviada por Delfim Neto.

[23] Cf. Emilio Willems, *Uma vila brasileira:* tradição e transição, cit.

[24] Sabendo que iria para Cuernavaca, Dom Pedro Casaldáliga sugeriu-me que visitasse Dom Sergio Mendez Arceo, o famoso arcebispo já conhecido como "o bispo vermelho", adepto da Teologia da Libertação, que em 1972 havia participado do Congresso dos Cristãos pelo Socialismo. Entretive com Dom Mendez Arceo uma longa conversa sobre a situação latino-americana e os graves problemas criados pelas ditaduras militares. Em janeiro daquele ano de 1978, o general Ernesto Geisel fizera uma viagem oficial de quatro dias ao México. Contou-me Mendez Arceo que se postou na porta de sua catedral como se estivesse admirando a paisagem. É claro que, sabendo-o adversário dos regimes militares e vendo-o tão disponível, os jornalistas o abordaram com perguntas sobre a ditadura brasileira. E ele disse o que achava que devia dizer. Isso causou irritação ao governo brasileiro e ao governo mexicano, que, historicamente, não tem boas relações com a Igreja. "Não fui procurar ninguém para falar contra o regime brasileiro. Os jornalistas é que vieram à minha casa fazer perguntas. Eu estava na porta, mas do lado de dentro da catedral. Aqui falo o que quero." Terminou o encontro levando-me para ver os belos e antigos afrescos do início do século XVI.

[25] Cf. Fernando Henrique Cardoso, *Capitalismo e escravidão no Brasil meridional*, cit.

[26] Cf. Jacob Gorender, *O escravismo colonial*, São Paulo, Ática, 1978.

[27] Cf. José de Souza Martins, "Frente pioneira: contribuição para uma caracterização sociológica", em *Estudos Históricos*, n. 10, Departamento de História da Faculdade de Filosofia, Ciências e Letras de Marília, 1971, pp. 33-41. Reproduzido em José de Souza Martins, *Capitalismo e tradicionalismo*, cit., pp. 43-50.

[28] A exposição que fiz na Câmara dos Deputados (e, também, os apartes e o debate), na reunião de 8 de abril de 1980 da *Comissão Parlamentar de Inquérito destinada a investigar distorções ocorridas na execução dos Planos de Desenvolvimento da Amazônia*, da Câmara dos Deputados foi publicada no *Diário do Congresso Nacional*, seção I, ano XXXV, Suplemento ao n. 156, Capital Federal, sexta-feira, 5 dez. 1980, pp. 243-67. A referência à "fundação Martins" encontra-se na p. 254.

[29] Cf. Sue Branford e Oriel Glock, *The Last Frontier*, London, Zed Books, 1985, p. 55.

[30] Cf. José de Souza Martins, *Subúrbio:* vida cotidiana e História no subúrbio da cidade de São Paulo, 2. ed., São Paulo, Hucitec/Editora da Unesp, 2002 (1. ed. 1992); *A sociabilidade do homem simples:* cotidiano e história na modernidade anômala, 2. ed., São Paulo, Contexto, 2010 (1ª ed. 2000); *A aparição do demônio na fábrica*, cit.

[31] Cf. Henri Lefebvre, *La Survie du Capitalisme*, cit.

[32] Cf. José de Souza Martins, *A política do Brasil lúmpen e místico*, cit.

[33] Cf. Octavio Ianni, "O samba de terreiro em Itu", *Revista de História*, n. 26, Faculdade de Filosofia, Ciências e Letras, Universidade de São Paulo, 1956, pp. 403-26.

[34] Cf. José de Souza Martins, "Música sertaneja: a dissimulação na linguagem dos humilhados", *Capitalismo e tradicionalismo*, cit.; "A música sertaneja entre o pão e o circo", *Travessia*, ano III, n. 7, São Paulo, Centro de Estudos Migratórios, maio/ago. 1990, pp. 13-6; "A peleja da vida cotidiana em nosso imaginário onírico", *A sociabilidade do homem simples*, cit.; "A morte e o morto: tempo e espaço nos ritos fúnebres da roça", em José de Souza Martins (org.), *A morte e os mortos na sociedade brasileira*, São Paulo, Hucitec, 1983, pp. 258-69; "Anotações do meu caderno de campo sobre a cultura funerária no Brasil", em Marcos Fleury de Oliveira e Marcos H. P. Callia (orgs.), *Reflexões sobre a morte no Brasil*, São Paulo, Paulus, 2005, pp. 73-91.

[35] Sobre as concepções teológicas de Gioacchino da Fiore, cf. Henry Mottu, *La Manifestazione dello Spirito secondo Gioacchino da Fiore*, trad. Roberto Usseglio, Casale Monf, Casa Editrice Marietti, 1983.

[36] Antonio Candido, referindo-se à questão da política na biografia de Florestan Fernandes, fala, de maneira esclarecedora, em "senso de militância que nunca cessa". No meu modo de ver, algo radicalmente diferente de uma ciência social subjugada pelas premissas de juízos de valor dos interesses e da ação partidários. Cf. Antonio Candido, "Prefácio", em Florestan Fernandes, *A condição de sociólogo*, São Paulo, Hucitec, 1978, p. IX.

O peso da cruz e de seus cravos

Comecei a organizar-me para realizar na Amazônia a extensa pesquisa, a que já me referi, sobre o deslocamento da fronteira e os conflitos sociais e étnicos que o caracterizam. Em 1971, em Curitiba, eu havia apresentado sobre o tema uma comunicação na Reunião Anual da Sociedade Brasileira para o Progresso da Ciência: "Frente pioneira: contribuição para uma caracterização sociológica".[1] Minha motivação vinha das constatações que fizera durante a pesquisa de 1965 sobre "As condições sociais do desenvolvimento agrário no Estado de São Paulo", na parte relativa à Alta Sorocabana, na chamada "frente pioneira". Ali fora possível observar uma espécie de estratificação das sequelas sociais da expansão territorial da economia agrícola moderna sobre terras virgens. Vencedores e derrotados se concentravam em camadas específicas de vivência e de mentalidade, quase como se fossem humanidades entre si diferentes, vinculadas unicamente pelo violento conflito que, de fato, as separava.

Fiz o costumeiro balanço da bibliografia pertinente e observei que a questão do território se propunha de maneira diversa nas pesquisas antropológicas sobre as frentes de expansão e nas pesquisas geográficas sobre as frentes pioneiras. Essas frentes eram realidades sociologicamente distintas se vistas na perspectiva de uma Sociologia do conhecimento que tomasse como objeto a antropologia ou a geografia da fronteira. Nos novos territórios da expansão da sociedade nacional, os antropólogos viam uma coisa e os geógrafos viam outra. Esse "ver" é que poderia constituir o ponto de partida da sociologia da fronteira que eu planejava. Na verdade, viam movimentos distintos e simultâneos pelos quais se propunham tanto as contradições da relação entre terra e capital, quanto as tensões próprias da expansão do domínio territorial do Estado. Uma pesquisa sociológica teria que considerar o que antropólogos e geógrafos não consideravam, tanto a dinâmica peculiar da frente de expansão quanto a dinâmica peculiar da frente pioneira, a tensão que as sobrepunha e as datas que as distinguiam. E os conflitos sociais e étnicos decorrentes dos desencontros entre elas, de ritmo, de projeto e de consequências inovadoras e, ao mesmo tempo, cultural e socialmente danosas. Ou seja, a historicidade desse duplo e contraditório movimento e sua conflitiva espacialidade.

Pôr do sol em Porto Velho na BR-364, a caminho de Ariquemes, Jaru, Ouro Preto d'Oeste e Ji-Paraná. (Foto: 1977)

A Amazônia era e é a última fronteira do mundo, o último recanto da terra em que povos desconhecidos estavam na iminência de um contato catastrófico com as forças corrosivas e genocidas da chamada civilização ou, mais corretamente, da sociedade moderna. Em que populações camponesas, abandonadas à própria sorte pelo fracasso econômico de anteriores ondas de expansão territorial do capital, como a da borracha, começavam a ser arrancadas de seu sossego e de seu ajuste a uma plácida relação entre o homem e a natureza para o desenraizamento e a escravidão. A própria natureza exuberante de uma verde espontaneidade de milhões de anos começava a sofrer a devastação do machado, da motosserra e dos correntões, árvores seculares reduzidas a cinzas em questões de dias para serem substituídas pelo verde ferruginoso de muito pasto para poucas vacas. Estávamos em face do apocalipse da Amazônia para o advento do reino da Besta-fera, como me sugeriu um posseiro desolado pela visão de uma devastação cataclísmica jamais vista. Aquilo era um desafio ético e científico para os cientistas sociais, convocados a testemunhar e documentar o que era de fato o fim do mundo até então conhecido. O fim dos tempos de que falavam os habitantes do sertão e os militantes dos movimentos populares.

Os antropólogos e os geógrafos já estavam em campo, fazendo pesquisas decisivas sobre a explosão de um novo e diferente Brasil nas selvas míticas do Centro-Oeste e do Norte. Mas os sociólogos não tinham a mesma tradição temática nem a mesma prontidão. Sociólogos se interessam por sociedades instituídas e organizadas e não propriamente por sociedades nascentes, ainda nos primeiros dias de formação e reformulação, que era o que ocorria na região amazônica. Uma sociedade velha que renascia e se reinventava no banho de sangue da anulação de regras sociais estabelecidas e criação das regras provisórias dominadas pela lei do mais forte. Além do que, sendo lugar e momento de um desencontrado encontro de sociedades, propunha, também, de maneira aguda, a questão do tempo histórico nas relações sociais. Coisa raramente perceptível em sociedades urbanas estabilizadas e secularizadas, com regras seguras e horizontes definidos. A sociedade da fronteira era um desafio na última oportunidade que se abria para o estudo sociológico desse momento do processo histórico numa sociedade nova. A Amazônia se propunha como um cenário experimental para a ciência e, por razões éticas, como cenário de ativismos inevitáveis em defesa da vida, da sobrevivência das vítimas e de seus direitos.

Pedro Afonso, à margem do rio do Sono, no antigo estado de Goiás, hoje Tocantins, na trajetória dos romeiros do Padre Cícero, na busca milenarista do lugar da Bandeira Verde. *(Foto: 1979)*

A partir das informações disponíveis sobre as características regionais do amplo movimento de ocupação da fronteira, desde a Pré-Amazônia maranhense até o Acre e Rondônia, decidi que a diversidade seria apropriadamente observada através da pesquisa de campo no Mato Grosso, no Pará e em Rondônia. De lá procediam diariamente as notícias sobre as tensões e os conflitos. A escolha das três regiões para realização da pesquisa me poria diante de três frentes de dinâmicas distintas. Em Rondônia, o cenário era mais parecido com o da frente pioneira americana do século XIX, a característica frente pioneira da literatura geográfica e histórica, o grande conflito basicamente reduzido ao confronto do branco invasor com o índio. O governo criara projetos de colonização racional e planejada, atraía migrantes de regiões de agricultura familiar já consolidada, dava uma forma legal à ocupação e até adotava, disfarçadamente, atributos religiosos como valores positivos de eventuais colonos. Já no campo pude observar que certa valorização de colonos movidos pela ética protestante definia um dos eixos dos projetos de colonização oficial naquela região de terras férteis.

No Mato Grosso, era o oposto. Penetravam as grandes empresas, financeiramente sustentadas e motivadas pelos incentivos fiscais do governo federal, expulsavam posseiros, antigos e novos, cercavam índios, invadiam-lhes os territórios. A violência era muito grande e a presença da Igreja Católica era significativa. Era, praticamente, o único baluarte de defesa das vítimas da voracidade genocida do capital e do Estado, contra o modo sangrento como se dava ali a modernização da sociedade brasileira, a ferro e fogo. No Pará, o processo era o mesmo, porém sem um significativo protagonismo da Igreja, que só se daria um pouco mais tarde.

Pedi à Fapesp (Fundação de Amparo à Pesquisa do Estado de São Paulo) uma pequena quantia para as despesas de meu deslocamento na região amazônica. Como pretendia fazer a pesquisa sozinho, mais no estilo dos antropólogos do que dos sociólogos, de maneira artesanal, achei que a pequena importância seria suficiente para realização do meu trabalho. Imaginava que poderia concluí-lo em um ano, dois anos, quando muito. O tempo da seca já estava terminando e a Fapesp não me dava uma resposta. Eu temia que a eventual resposta aprovativa acabasse sendo dada já no início do tempo das chuvas, o que inviabilizaria a pesquisa naquele ano. Pedi uma audiência ao diretor-científico da instituição, professor William Saad Hossne, para explicar-lhe minha urgência. Expus-lhe as razões da urgência, mas também disse-lhe que, no meu modo de ver, a Fapesp estava no direito de aprovar ou negar aprovação ao projeto, era de seu regulamento, pois se tratava de dinheiro público. Mas, justamente por isso, eu estava no direito de receber uma resposta por escrito, com o parecer, para contra-argumentar, se fosse o caso. Ele mandou buscar o processo e o foi lendo de um modo que eu não pudesse ver o que estava escrito. Disse-me que o parecerista era meu amigo. Mas não me disse qual era o teor do parecer. Tendo preparado um projeto num campo incomum aos temas da Sociologia, eu temia que tivesse ido parar nas mãos de um sociólogo típico, mais afeito às questões urbanas e despreparado para opinar sobre um projeto tematicamente inovador. Pedi ao professor Saad que me desse uma cópia do parecer, omitindo o nome do parecerista, como era norma, para que eu pudesse recorrer. Ele sugeriu outra alternativa. Pediu que eu lhe mandasse uma carta detalhando todos os esclarecimentos técnicos e teóricos que lhe havia dado. Ele mesmo despacharia o processo favoravelmente. Os esclarecimentos que eu lhe dera eram mais que satisfatórios. E assim fiz naquele mesmo dia. Aproveitei para sugerir-lhe que a Fapesp passasse a se valer mais dos assessores *ad hoc* antes de aceitar a decisão final do assessor oficial. Isso evitaria decisões tecnicamente insuficientes e injustas, como houve o risco de ocorrer naquele caso. E foi o que acabou acontecendo.

Minha ida para a Amazônia dependia de conseguir uma base de apoio nos locais da pesquisa: a região de Jaru, Ariquemes e Ji-Paraná, em Rondônia; a de Barra do Garças e São Félix do Araguaia, no Mato Grosso; e a de Conceição do Araguaia e Marabá, no Pará. Em toda parte, havia indícios de forte vigilância e repressão militar, sequela do combate à guerrilha do Araguaia, recente, na região de Xambioá, em Goiás, na divisa do Pará. Havia extensa incerteza quanto ao que eu encontraria no trabalho de campo, como é normal na pesquisa em Ciências Sociais, agravada por essa particularidade.

De antemão sabia que, em face da incerteza e da falta de parâmetros em relação à realidade a ser observada e estudada, era praticamente certo que eu teria que fazer sucessivos reajustes nas hipóteses teóricas do projeto, incorporando as descobertas que fosse fazendo e formulando novas e complementares hipóteses. Provavelmente, eu teria que ampliar o território de abrangência da pesquisa. Os indícios de milenarismo no trabalho de campo do Mato Grosso e, depois, no do Pará, em torno da chamada Bandeira Verde, me levaram à infrutífera busca no Rio de Janeiro, na Casa de Rui Barbosa, do folheto de cordel que supostamente continha as profecias do padre Cícero relativas à busca, pelos romeiros, de uma terra mítica na Amazônia. Por vários indícios, constatei que a profecia era antiga, provavelmente ainda do tempo da chamada Marcha para o Oeste, na época do Estado Novo. Mas ela se revigorara no novo deslocamento da fronteira dos anos 1970 e até ganhara muita intensidade. Encontrei e entrevistei no Mato Grosso e no Pará grupos inteiros que migraram em direção à mítica margem esquerda, da profecia, inicialmente do rio Tocantins e, depois, do rio Araguaia.

Nessa busca, fui a Juazeiro, no Ceará, atrás de evidências locais, com os cordelistas, da profecia anunciada. Já não havia nada. Ninguém se lembrava do que o padre Cícero Romão Batista dissera a respeito. Nem as beatas da Casa dos Milagres. Quarenta anos depois de sua morte, no entanto, sua profecia esquecida em Juazeiro, migrava, ainda vívida, como se fosse de ontem, para o interior das terras violentas da Amazônia. Ainda lembro de uma velhinha, originária do Nordeste seco, que, no Pará, era líder de um desses grupos, havia me contado que certo dia ouvira uma voz no meio da neblina para que reunisse parentes e vizinhos e fosse à procura da Bandeira Verde, além do grande rio, que ela supunha ser o Tocantins. Como lembro de um grupo inteiro de romeiros do padre Cícero que havia sido recolhido à cadeia de um povoado do norte do Mato Grosso. Entrara numa fazenda quando se deslocava do sertão do Nordeste em direção às terras úmidas e verdes supostamente anunciadas pelo padre Cícero.

Travessia do rio Tocantins, no Pará, entre
Marabá e a estrada para Imperatriz.
(Foto: 1976)

A partir das informações colhidas nas várias localidades onde já estava realizando a pesquisa, tinha feito um mapa dos pontos de passagem dos muitos romeiros que se deslocaram em busca da Bandeira Verde ao longo dos anos. Viajando de ônibus, depois de uma reunião da SBPC em Fortaleza, em julho de 1979, fui a Juazeiro. Ali, conversei com as beatas da Casa dos Milagres, que nada sabiam da profecia. Na sua extrema pobreza de confraria de mendicantes, apenas esperavam de mim uma esmola. Conversei com o Mestre Noza, em seu rústico ateliê, famoso escultor e, diziam, também cordelista. Ele tinha vaga notícia da previsão profética. Devia ser coisa antiga. Sugeriu-me que conversasse com cordelistas ali da terra do padim Ciço, o que fiz. Disse-lhes o que sabia sobre o assunto. Um deles, poeta e tipógrafo, ouviu-me muito atento e disse-me que, a propósito, estava para escrever um folheto de cordel sobre essa profecia do taumaturgo do Cariri (da qual, obviamente, ouvia falar pela primeira vez). Pois não deu outra: tempos depois surgiu um romanço, como os sertanejos denominam o folheto de cordel, justamente com os dados do relato que eu fizera a várias pessoas da localidade para con-

Padre Cícero, escultura do Mestre Noza – Inocêncio Medeiros da Costa (1897-1983), batizado pelo Padim – de Juazeiro do Norte, Ceará. *(Foto: 1979).*

ferir as informações que tinha. A literatura fantástica do cordel nutre-se de seus próprios efeitos, das fantasias que alimenta e recria, o que dela faz em boa parte obra de criação coletiva e, num certo sentido, expressão do imaginário popular. Conversei, ainda, com a historiadora local, Amélia Xavier de Oliveira. Ela se lembrava de que dias antes um romeiro a procurara para se certificar da profecia da Bandeira Verde da qual tampouco tinha notícia.

De Juazeiro fui a Picos, no Piauí. De Picos, atravessei o sul do Maranhão, onde havia antigo, grave e mortal conflito entre os índios guajajara e invasores de suas terras. E fui para Pedro Afonso, velha e decadente cidade do norte de Goiás, que tivera seu tempo áureo nos anos iniciais do deslocamento da frente pioneira, ainda dinamizado pela abertura da rodovia Belém-Brasília. A ela se chegava atravessando de balsa o rio do Sono, uma bifurcação do rio Tocantins. Tampouco ali havia memória da passagem da profecia. Provavelmente, em boa parte porque, sendo lugar de passagem, os depositários da memória eram também arrastados com as levas que buscavam as terras novas da Amazônia. E

Cristo inacabado, escultura em madeira do Mestre Noza, Juazeiro do Norte, Ceará. (Foto: 1979)

os que ficavam eram, justamente, os mais enraizados e os menos sensíveis ao imaginário do êxodo. Fui me deslocando para, enfim, encontrar seguidores da Bandeira Verde no sul do Pará. Só no norte do Mato Grosso encontrei uma mulher que conhecia o bendito da Bandeira Verde e o cantou para mim, para que eu tomasse notas. Era o que dava sentido ao movimento das multidões que se deslocavam em direção à Amazônia.

Havia uma dimensão mística e milenarista nessa busca. Logo nos primeiros momentos da pesquisa, quando quis saber dos entrevistados em que rumo ficava a Bandeira Verde e como sabiam que caminho seguir, disseram-me que seguiam o Caminho de Santiago. Era uma referência às peregrinações a Santiago de Compostela, na Espanha, caminho dos peregrinos, que desde a Idade Média seguiam a direção da Via Láctea, o campo de estrelas, o Compostela, para alcançar o lugar santo em que supostamente está sepultado um dos apóstolos de Jesus Cristo, São Tiago.

Ponte do rio Xavantino, na estrada de Barra do Garças para São Félix do Araguaia, no Mato Grosso. *(Foto: 1979)*

Uma geografia imaginária e encantada, dizia aos romeiros que caminho seguir. Indo certa vez de ônibus, de Barra do Garças para São Félix do Araguaia, no Mato Grosso, tive que desembarcar, com os outros passageiros, à margem do rio Xavantino porque a ponte improvisada estava em ruínas e não suportaria o peso do veículo. O motorista sugeriu que atravessássemos a ponte a pé e esperássemos do outro lado o ônibus que viria em sentido contrário, horas depois. Já noite, deixou os faróis acesos para iluminar a passagem perigosa. Depois, novamente na escuridão, era possível ver no céu o rastro compacto e leitoso de estrelas, extenso e largo, que era a Via Láctea, sinaleiro dos peregrinos da Bandeira Verde. O imaginário da reforma agrária popular passava pelo céu, enquanto a reforma agrária de partidos e militantes de esquerda não subia tão alto. Reforma agrária de posseiro era uma coisa, sagrada, e reforma agrária de governo e de militante político era outra, materialista e econômica. Havia um imenso abismo entre o céu e a terra, que a política não sabia explicar, nem queria. Militante quer mesmo é o poder, só secundariamente a reforma agrária e outras reformas mais. Nem pode querer outra coisa, pois não pode compreendê-las e, menos ainda, aceitá-las, porque são misticismo e alienação, dizem.

A dinâmica da própria pesquisa acabaria me levando ao Acre e a alguns dos seus núcleos de colonização. Em Rio Branco, fui acolhido pelo generoso Dom Moacyr Grecchi, que ali desenvolvia uma pastoral empenhada e criativa, em claro contraste com outras prelazias e dioceses da região. Foi num dos cursos que ali dei que conheci Chico Mendes, um dos alunos, líder dos seringueiros da região de Xapuri, que já se destacavam pela inovação do *empate*. Era uma técnica política de bloqueio coletivo da derrubada da mata, impedindo a destruição dos seringais, empatando o serviço dos peões aliciados por grandes fazendeiros, geralmente paulistas, para a abertura de novas fazendas.

A dinâmica da pesquisa me permitiria testemunhar, observar e registrar fatos e ocorrências paralelos, mas reveladores de aspectos do processo de expansão da fronteira que escapavam à observação convencional, situações que só entram na observação do pesquisador porque "ele está lá". Do contrário, características significativas da realidade social nunca seriam registradas e analisadas, pois não dependem de mera definição de tema de pesquisa. Até porque, muitas vezes, não estão no elenco teoricamente previsível de fatos sociologicamente relevantes.[2] Transcrevo, de meu *Diário de Campo*, estas observações de 1980, feitas na periferia de Rio Branco, por ocasião de uma de minhas idas ao Acre:

> Domingo, visitei a invasão urbana Baía. Das invasões havidas, em Rio Branco (Palheiral, Distrito Industrial) é a mais organizada, dirigida pelos próprios moradores. Ali aconteceu o seguinte: havia

um grande terreno, pertencente à Habitasa, que ia ser dividido em 2.300 lotes para venda à Cohab. Era uma mata imensa. Há algum tempo, dentro do mato, à beira da estrada (de trânsito de moradores pobres da periferia), apareceu o corpo de uma mulher, que havia sido estrangulada fazia quatro dias. Uma grande multidão das vizinhanças desfilou diante do corpo, impressionada. No dia seguinte, cada um saiu de casa com uma ferramenta, como se tivessem combinado. De um dia para outro, toda a mata foi derrubada. O terreno ficou limpo. E foi ocupado, cada um delimitando o seu lote. Foi constituída uma comissão de moradores, que organizou um mapa (num grande papel de embrulho, que me foi mostrado), definiu e delimitou ruas, estabeleceu o tamanho dos lotes. Ouvi depoimentos de moradores. Um dos membros da comissão, à revelia, começou a vender lotes para gente rica (isto é, mais rica do que os pobres da área) na rua principal (que tem o nome, dado por eles mesmos, da mulher que foi morta – rua Dona Hosanah). Argumentava que era preciso ter rico na área, não podia ter só pobre. Houve muita indignação dos moradores e o sujeito foi afastado da comissão.

Um dos moradores me disse que uma pessoa pediu-lhe para derrubar e queimar um trecho para abrir três lotes, prometendo-lhe, em troca, um dos lotes. A promessa não se concretizou. A indignação do morador que me falava vinha do fato de que a derrubada e queima era o "seu serviço", serviço que estava naquela terra, mas que não lhe dava o direito de se apropriar dela porque incumbe à comissão distribuir os lotes em nome dos moradores. Não lhe tendo sido dado o lote, sentia-se no direito de receber um pagamento pelo seu trabalho.

Apesar de abertas as ruas, houve quem abrisse lote e construísse casa nos cruzamentos. Isso tem dado grande trabalho para a comissão, obrigada a demover esses moradores (e convencê-los) a se deslocarem para outros lugares. (Rio Branco, Acre, 2 de setembro de 1980).[3]

Essa ocasional observação, relativa à questão fundiária urbana na frente de expansão, apenas confirmava as reiteradas constatações que fazia, desde o início da pesquisa, quanto à força e à persistência de uma concepção popular de direitos, seja quanto ao direito à terra seja quanto ao direito gerado pelo trabalho. Concepção claramente enraizada no passado colonial e escravista, poderosa sobrevivência de uma mentalidade mediadora tanto do conformismo quanto do inconformismo das populações residuais da Conquista. Marcos de um meandro de valores e orientações de conduta em muitas regiões do país e mesmo nas chamadas regiões modernas.

Diferente das suposições que já norteavam a Pastoral da Terra em seu ideário de defesa dos desvalidos da terra e também das suposições correntes dos partidos e grupos políticos que tinham uma posição quanto à questão, a população carente de terra para trabalhar ou carente de terra para morar, não se sentia no direito de se apossar da terra abundante e ociosa, pura e simplesmente. Foi necessária a ocorrência de brutal injustiça contra uma mulher pobre para que o terreno em que se dera o seu sacrifício pudesse ser reconhecido como um bem comum. O terreno estivera ali, disponível o tempo todo, e nunca ocorrera aos moradores próximos invadi-lo. A mediação sacrificial da vida de uma igual sacralizara o direito à posse popular e à anulação do direito de propriedade da empresa que o possuía. Um claro episódio fundado na economia moral e não na reciprocidade de direitos racionalmente fundados na individualidade e na igualdade jurídica de cada um.

Do mesmo modo, uma relação de autoridade e mando, sem nenhum fundamento reconhecível à primeira vista, estava presente no caso do homem que abrira três lotes, na esperança de receber um deles. Todos os demais invasores abriram e ocuparam seu próprio lote na invasão inicial, uma primeira manifestação do direito popular invisível na ocorrência. O queixoso, que aparentemente chegou depois do primeiro momento da invasão, no reconhecimento de seus direitos julgou-se sujeito à interveniência de um terceiro, ou quem lhe encomendara a abertura dos lotes ou a comissão dos moradores. Passado o primeiro momento da invasão e da posse coletiva, instituiu-se um direito comunitário sobre a terra, novo momento e nova trama de direitos. Nesse cenário, ao abrir os lotes, ele era senhor unicamente do seu, isto é, do trabalho ali aplicado, já não podia sê-la da terra trabalhada. Como ouvi em tantíssimos lugares da Amazônia, tinha apenas direito ao serviço feito, o objeto do trabalho como resultado de um ato de servir, um derivativo da servidão. Tanto que esse direito dependia de reconhecimento por parte do "dono dos lotes", isto é, da pessoa investida de um senhorio sobre eles. O pagamento do trabalho era uma figura secundária de direito, que se propunha apenas em decorrência do descumprimento da reciprocidade moral da figura primária de direito, relativa ao serviço feito. Nesse caso, o reivindicante abriu os lotes porque tinha o débito da servidão, muito provavelmente retribuição moral de débito ou favor anterior. Um detalhe da complicada trama de servidões que constitui o tecido ainda hoje subjacente à estrutura social "visível", isto é, sociologicamente apreensível e descritível.

A dinâmica da pesquisa, nos seus desdobramentos necessários, em função das constatações e descobertas que fazia, me levariam, também, ao vale do Pindaré, no Maranhão, particularmente ao povoado de Floresta, no município de Santa Luzia, lugar de um conflito mortal entre grileiros e posseiros. E, ainda, a São Pedro da Água Branca, enorme povoado a dez quilômetros de distância da estrada de Marabá a Imperatriz.

Tanto para realizar a pesquisa nos lugares previamente escolhidos quanto para realizá-la nos lugares que foram sendo incluídos no projeto, em função dos próprios requisitos teóricos e interpretativos das etapas do trabalho já realizadas, eu precisava de apoio local. Como apoio suplementar, Paulo Sérgio Pinheiro, meu colega e amigo, que na época era colaborador de *IstoÉ*, conseguiu que eu também me tornasse colaborador eventual da revista, em especial escrevendo textos sobre o mundo rural e seu drama. Cheguei a publicar alguns artigos. Para tanto, deu-me uma credencial que eu poderia utilizar no caso de que me visse em situação adversa, sobretudo em face da repressão de rescaldo contra a guerrilha do Araguaia, se tivesse que explicar as razões de minha presença na região. A credencial me seria útil em São Pedro da Água Branca, cuja população, descobri no local, era visada e vigiada por dois informantes do Exército. Um era dono do prostíbulo e não quis conversa comigo e outro vivia fora do povoado, no meio da mata.

A região era muito visada, também, porque tempos antes, não muito longe dali, em enorme fazenda de Vila Rondon, no Pará, houvera violento conflito entre um fazendeiro e sua família, de um lado, e numerosos posseiros de outro. O fazendeiro se chamava John Davis, americano, coronel da Força Aérea de seu país, que lutara na Guerra da Coreia e viera para o Brasil como missionário presbiteriano. Os presbiterianos tinham forte presença na região da rodovia Belém-Brasília. O próprio responsável pela abertura da estrada, Bernardo Sayão, tinha essa filiação religiosa. Davis resolveu ser fazendeiro no sul do Pará e ali implantou a Companhia Agropecuária Água Azul, de onde o nome da fazenda: Capaz. Aos poucos, foi incorporando terras à fazenda, dizem que somando um território de um quarto de milhão de hectares. Foi expulsando os posseiros, que resolveram reagir. Em 1976, pouco tempo antes de minha pesquisa, atacaram e mataram dois filhos do fazendeiro, que saiu mortalmente ferido e também morreria. Naquela região, todo evento dessa natureza entrava no capítulo das questões de segurança nacional e como subversão era tratado. Tudo indicava que toda a população do povoado rústico de minha pesquisa estava sob suspeita. Não é improvável que fugitivos da região da Capaz estivessem refugiados em São Pedro.

Entrada da Fazenda Capaz, em Vila Rondon,
Pará, onde houve o massacre da família Davis.
(Foto: 1978)

A população local estava organizada em bases comunitárias, regida por uma espécie de conselho de velhos e notáveis, como pude observar, também, em outros povoados do Maranhão, uma característica bem regional. Naquele estado, diversamente do que acontece em outros, a população camponesa não gosta de viver isolada no campo. Prefere viver em ajuntamento, em povoados. Sempre adotei, como técnica de pesquisa, expor claramente os objetivos do meu trabalho e dizer quem sou e o que faço e a que instituição estou ligado. Talvez por isso, em vários dos lugares que visitei durante a pesquisa, pude observar que os moradores, de um modo ou de outro, procuravam me usar em favor de sua causa e a apresentar-me a estranhos e curiosos como seu aliado. Minha visita, a seus olhos, conferia legitimidade a sua causa, ainda que não fosse essa a intenção nem houvesse esse alcance naquilo que fazia. Embora não me consultassem a respeito e nem mesmo soubessem exatamente quem eu era, apesar dos esclarecimentos e do que era a pesquisa em ciências sociais. Nessa concepção, o conselho de velhos sugeriu que eu entrevistasse o estranho que vivia sozinho e morava na mata, pois ele teria informações utilíssimas sobre o conflito que os atormentava e me interessava (e que, dei-me conta depois, não podiam obter diretamente). A desinformação era tanta, que o velho e principal líder, em certo momento, confessou-me que recebia do INSS a aposentadoria rural de um salário mínimo, o que não contava a ninguém por ser dono de um quiosque no povoado, onde vendia cachaça, com medo de perder o benefício. Expliquei-lhe que uma coisa nada tinha a ver com outra. A aposentadoria era um direito adquirido por sua condição de trabalhador rural, com base na lei. Legalmente inativo, podia ter a atividade econômica que quisesse, que isso não era da conta de ninguém. A nova atividade não anulava o direito adquirido.

Enveredei pela trilha da mata que conduzia ao rancho do morador solitário, num fim de tarde, com clara ameaça de chuva. Sem me dizer propriamente nada, haviam dito ao estranho que havia um homem chegado de Brasília que queria falar com ele. Gente estranha e de fora, sem um machado nas costas e

Crianças do povoado de São Pedro
de Água Branca, Maranhão.
(Foto: 1978)

sem intenção de tornar-se posseiro, ainda por cima de carona no carro utilitário do Serviço da Malária, só podia ser de Brasília. Descobri que o homem era eu. Cheguei ao rancho e vi que o rapaz já me esperava. Apresentei-me e, um tanto desconfiado de que estava sendo usado numa armação, disse-lhe que era jornalista e estava preparando artigos sobre o desenvolvimento econômico da Amazônia. Mostrei-lhe minha credencial de *IstoÉ*. Perguntei-lhe se poderia gravar nossa conversa. Ele concordou. Liguei o gravador e antes que pudesse fazer qualquer pergunta, falando baixo e reclinado sobre o aparelho foi ele fazendo um relatório detalhado sobre o povoado e seus moradores. Ele sabia nomes completos, coisa que, muitas vezes, nesses lugares, nem mesmo os parentes sabem. Quando tentei fazer uma pergunta, própria do elenco de questões da pesquisa, ele levou um susto e interrompeu o que estava dizendo. "Pera, lá! Quem é você?" Expliquei-lhe, novamente, que estava colhendo dados para uma série de artigos sobre a Amazônia para a revista *IstoÉ*, de fato um dos meus propósitos. Era claro que ele havia cometido um engano. Por sorte, começou a cair a chuva, que ameaçava aumentar. Juntei minhas coisas às pressas, enfiei tudo na bolsa de couro que usava como "escritório" e despedi-me a pretexto de que ainda teria uma boa caminhada pela mata até chegar ao rancho em que me hospedava. A entrevista era notoriamente inviável.

No dia seguinte, bem cedo, ainda na rede, fui por ele despertado. Queria falar comigo, mas não ali. Fomos para a beira da mata, no limite do povoado. Explicou-me, então, que havia cometido um engano e que me contara coisas que não podia. Eu tentava salvar a fita da gravação e as muitas fitas que levava comigo, de outras entrevistas, além das anotações. Expliquei-lhe que tudo que ele me dissera eu já sabia, que não me contara nada de novo. Além disso, nos artigos que pretendia escrever, nomes não seriam citados, porque irrelevantes. Disse-lhe que ficasse tranquilo, que essa era a norma da revista. Ele se retirou, desconfiado. Na verdade, todos os indícios, incluída a armação dos moradores, me diziam que ele era o agente pago do SNI (Serviço Nacional de Informações), o órgão de espionagem política do governo militar, plantado no povoado sob suspeita. Inadvertidamente, enganado pelos moradores, ele me dera verbalmente o seu relatório de espionagem, que devia enviar a Brasília. E eu o gravara.

Mal se afastou, o grupo dirigente da comunidade veio falar comigo. Queria saber o que ele me dissera. Expus-lhes francamente que ele estava muito bem informado sobre todos eles e cada um. Com a gravação do depoimento, tendo em vista a visita que ele acabara de me fazer, eu estava em risco de vida. Disseram que não me preocupasse. Um deles, do grupo, tinha uma camioneta C-10. Embarcaram-me nela imediatamente e, pelo tortuoso caminho improvisado no meio da mata, levaram-me para a beira da estrada, onde poderia pegar um ônibus ou uma carona em caminhão. Disseram-me que, no povoado, estariam atentos ao eventual deslocamento do rapaz e que o seguiriam se viesse na direção da estrada. Decidi não ir para Marabá, de onde viera, onde havia uma guarnição do Exército envolvida na repressão à guerrilha. Aparentemente, era de lá o contato militar com o povoado. Só no fim da tarde consegui pegar um ônibus para Imperatriz, onde cheguei tarde da noite, e no dia seguinte tomar um avião para São Luís.

Não era difícil prever que, na pesquisa, teria que enfrentar situações como essa. Por esse motivo, antes de ir a campo, além de obter a credencial da revista *IstoÉ*, tomei duas outras providências. Uma foi a de recorrer ao médico João Yunes, que eu havia conhecido na Faculdade de Saúde Pública da USP, aí por 1965, quando ele e eu fizemos parte da equipe multidisciplinar, coordenada pela Professora Elsa Berquó, que fez a pesquisa para o "Estudo sobre Fertilidade Humana no Distrito de São Paulo". Yunes era agora assessor do ministro da Saúde. Expliquei-lhe que pesquisa pretendia fazer, minhas apreensões e meus cuidados para que fatores extracientíficos adversos não interferissem em meu trabalho e o inviabilizassem. Eu tinha notícias sobre o chamado Serviço da Malária, da Sucam (Superintendência das Campanhas Especiais do Ministério da Saúde). Eles faziam um extraordinário trabalho na Amazônia. Era o único serviço público brasileiro que tinha penetração e presença regular nos mais remotos lugares do país. Seria uma grande ajuda se pudesse ter o apoio deles nos deslocamentos e na hospedagem nos povoados. Yunes marcou uma entrevista para mim com o superintendente, um médico jovem, muito identificado com o trabalho científico. Expus-lhe claramente o meu tema e as dificuldades da pesquisa. Disse-me que sabia perfeitamente o que eu temia. Deu-me cartas para os superintendentes regionais em Porto Velho e em Belém, de ampla recomendação de apoio e assistência. Foi o que me permitiu realizar a pesquisa nos dois estados e também no Maranhão, que, já no andamento do trabalho, as circunstâncias recomendaram que incluísse no mapa de minhas atividades. O rancho em que me hospedei em São Pedro era, justamente, o da família em que os "soldados" da malária se hospedavam quando iam fazer borrifação de BHC nas casas e ranchos dos povoados e da mata para matar os mosquitos transmissores da malária.

Incluí São Félix do Araguaia no plano da pesquisa, lugar que estava no centro da violência agrária. Levei em conta, também, que o bispo da Prelazia de São Félix, que abrangia todo o norte do Mato Grosso, Dom Pedro Casaldáliga, havia escrito e publicado uma carta pastoral sobre os graves problemas regionais por ocasião de sua posse. Ela contém minucioso relato sobre os conflitos e a prática da escravidão e sobre o trabalho que ali fazia a Igreja com as vítimas, índios, peões e posseiros. Pela primeira vez, alguém escrevia e publicava um documento posicionado "do outro lado", "por trás das linhas" da fronteira, oposto às descrições apologéticas da frente pioneira. O relatório me chegara às mãos através de uma colega no Departamento de Ciências Sociais, Jessita Maria Nogueira Moutinho. Ela era cunhada da Irmã Valéria Moutinho, dominicana que atuava na Amazônia, no Pará e em Goiás, e fora quem lhe passara o livrinho de Dom Pedro.[4] Na pesquisa, eu não estava interessado apenas nos fatos conflitivos e no material para descrição interpretativa dos conflitos. Estava interessado, também, nos movimentos sociais, no modo como a população desvalida enfrentava a violência e a adversidade. Estava interessado no imaginário e na criatividade social de pessoas e grupos que, em face da supressão praticamente brusca das referências costumeiras de sua existência, reinventavam um modo de viver e de resistir. Um dos desdobramentos de minha pesquisa seria o do estudo dos novos sujeitos sociais do processo histórico brasileiro, gestados pela conflitividade peculiar da região amazônica e pelo modo como ali nascia uma sociedade de fronteira. As mudanças redesenhavam o mapa político do Brasil. Um outro país estava nascendo.

Padre Pedro Casaldáliga no sepultamento de um peão, no povoado de São Félix do Araguaia, antes de se tornar bispo em 1971. *(Foto: Autor não identificado, Coleção da Irmã Judite)*

Não só as populações indígenas, pela primeira vez, estavam se tornando sujeitos do processo histórico, de vários modos, mas também os posseiros e os trabalhadores rurais emergiam na cena histórica com uma cara bem diversa da que lhes dava a literatura, em especial a surrada literatura ideológica dos partidos de esquerda. As deformações eram imensas, fundamento de convicções políticas arraigadas e danosas à compreensão de um Brasil oculto, fervilhante e trágico. Dom Pedro havia compreendido perfeitamente o tamanho da tragédia no território de sua ação episcopal.

Contatei Pedro Wilson Guimarães, que havia sido meu aluno de pós-graduação na USP, antes de sofrer grave acidente que o afastara do curso. Muitos anos depois, ele seria um dos ativos membros do PT de Goiás, seria eleito deputado federal e prefeito de Goiânia. Eu o sabia muito ligado à Igreja e, em particular, a Dom Fernando Gomes, arcebispo de Goiânia, grande referência e apoio dos chamados bispos progressistas em Goiás e no Mato Grosso, em cuja casa morava. Conversamos sobre o meu projeto, e ele articulou o meu encontro com Dom Pedro na próxima assembleia da CNBB, em Itaici. Expus a Dom Pedro o que seria minha pesquisa, detalhei meu interesse pelo caso de São Félix e aventei a possibilidade de ser útil, durante o próprio processo de pesquisa, no estudo das questões que afligiam sua Prelazia. Ele sugeriu que um bom modo de ter acesso à realidade regional seria o de participar da próxima assembleia do povo, que reuniria em São Félix o bispo, os religiosos e as religiosas, os agentes de pastoral e outros leigos, com os quais poderia conversar, além de poder ler os relatórios guardados no arquivo da Prelazia. Seria um modo denso de entrar no conhecimento dos problemas da região.

Em julho de 1977, encontrei-me com Pedro Wilson em Goiânia, que me hospedou na casa do arcebispo, localizada na praça da catedral. De lá fomos a Goiás Velho, para que eu conhecesse Dom Tomás Balduíno, especialmente porque Dom Tomás era bispo da pastoral indígena, do Cimi (Conselho Indigenista Missionário). Situada no sul de Goiás, sua diocese era também área de uma parte antiga da frente pioneira do Centro-Oeste. Nós o acompanhamos na visita pastoral que fez naquela noite a casas da roça, numa das paróquias. Voltamos a Goiânia e de lá Pedro Wilson e eu fomos de avião para São Félix do Araguaia, na linha aérea regional que de lá ia até Belém do Pará, descendo em diferentes localidades, uma delas Santa Isabel do Morro, ao lado da aldeia dos índios carajás, na Ilha do Bananal. De lá, ia-se de barco para São Félix, não muito longe, rio acima.

Além de acompanhar a assembleia, dei um curso sobre o capitalismo no campo e sobre as peculiaridades do processo do capital na fronteira e na questão agrária. Foi em São Félix que, de fato, minha compreensão da

Amazônia ganhou consistência e minha compreensão dos movimentos sociais, envolvendo os novos sujeitos do processo histórico, que nasciam dos conflitos da frente de expansão, se enriqueceu. Foi em São Félix que comecei a compreender as enormes mudanças que estavam ocorrendo na Igreja Católica, nas pastorais sociais, e por meio delas o novo desenho político do país que nascia da ação e dos movimentos de sujeitos sociais que não se propunham propriamente como sujeitos políticos. O país que se discutia nos meios acadêmicos estava bem longe do país que abrangia dois terços do território nacional. Também pude ir aos povoados em que mais caracteristicamente se desenrolava o conflito fundiário: Santa Terezinha (onde houvera um confronto armado com os jagunços da Fazenda Codeara e onde fora preso e estava a ponto de ser deportado, como seria, o padre Francisco Jentel), Ribeirão Cascalheira (onde fora assassinado, na frente de Dom Pedro, de tiro ao bispo destinado, o padre João Bosco Burnier), Canarana (região de colonização particular), Porto Alegre do Norte. Fui fazendo registros, gravando entrevistas, copiando documentos, tomando notas no *Diário de Campo* e nele anotando as reflexões provisórias e as provisórias interpretações que fazia em face do que observava e do material colhido.

Pouco antes de que eu fosse a São Félix, Dom Pedro Casaldáliga fora intimado a comparecer a uma comissão parlamentar de inquérito da Câmara dos Deputados, a chamada CPI da Terra, para ser inquirido.[5] Ele me pediu um texto analítico que pudesse incorporar à exposição preliminar que faria. Escrevi e enviei-lhe o texto, assim como fui a Brasília para encontrá-lo e estar presente na hora do depoimento. Com outras pessoas a ele ligadas, acompanhei-o até o recinto em que seria ouvido e arguido. Ainda me lembro de que, caminhando por um comprido corredor, ouvi a locutora convocando os deputados pelo microfone para "o depoimento de Dom Pedro Casaldaliga [*acento no i*], bispo de São Felix [*acento no i*] do Araguaia". A sala estava cheiíssima, muita gente, como eu mesmo, de pé. Toda a imensa corte de bajuladores do regime militar lá se encontrava. Num certo momento, ao ler o trecho escrito por mim, ele citou meu nome e disse que eu estava presente. Como me encontrava no fundo da sala e de pé, pude ver a imediata movimentação de deputados, querendo saber quem era a pessoa citada. Aparentemente, havia no recinto pessoas encarregadas de fazer verificações e munir os deputados do governo com informações que assegurassem o duro interrogatório a que estava sendo submetido o bispo de São Félix. Dentre os mais ativos e agressivos, estava o deputado Siqueira Campos, de Goiás, que se destacaria na criação do estado de Tocantins, do qual seria governador. A interpelação do deputado foi violenta e debochada. Advertiu Dom Pedro: aquilo era uma comissão de inquérito; não

Mutirão de início da construção do Santuário dos
Mártires da Caminhada, em Ribeirão Cascalheira,
no Mato Grosso, em memória do Padre João Bosco
Penido Burnier, assassinado ali perto, em 1976.
(Foto: 1977)

era púlpito nem cátedra de universidade. Era notório que o deputado falava
em nome dos generais. Dom Pedro era candidato certo a prisão e deportação,
o que já estava acontecendo com o padre Francisco Jentel. Não se tratava de
um depoimento em CPI, mas, na prática, de um interrogatório de inquérito
policial-militar. Ele tinha consciência de que o depoimento e o modo como
era feita a inquirição poderia ser um episódio decisivo ao movimento dos militares e da direita para expulsá-lo do país. No fim, dependendo das pressões
que sofresse, suas respostas municiariam o regime para consumar a expulsão.

Dom Pedro mesmo e outros agentes de pastoral de sua Prelazia divulga-
ram meu tipo de análise e o trabalho que estava fazendo. Nas universidades
públicas não havia nenhuma disposição para diálogo com as igrejas, em particular com a Igreja Católica, reflexo de um anticlericalismo crônico e da visão
estereotipada que se tinha da Igreja, especialmente naquele momento político.

A Igreja era tida como uma das responsáveis pela implantação da ditadura e considerada historicamente reacionária e de direita. Na antiga cadeira de Sociologia I, Roger Bastide, protestante, aproximara-se intensamente do candomblé, tanto por motivo de pesquisa quanto por uma disposição existencial decorrente de sua postura crítica em relação à Europa da Razão. Marialice Mencarini Foracchi, que fora assistente de Florestan Fernandes, em várias ocasiões fizera palestras para os frades dominicanos, do convento das Perdizes. Eram exceções.

Minha situação era muito peculiar. Nascido em família muito católica, batizado, fizera primeira comunhão, fora crismado e me casara na Igreja Católica. Mas minha mãe se convertera ao protestantismo e, na adolescência, eu a acompanhara, tornando-me membro professo da Igreja Presbiteriana. Minha ressocialização calvinista acabou sendo decisiva em minha vida, tanto na visão de mundo quanto na disciplina de trabalho. Eu permaneceria ativamente vinculado à igreja protestante até aproximadamente meu ingresso na Universidade de São Paulo, quando dela me desliguei formalmente. A igreja local à qual eu pertencia entrara numa crise de múltiplas causas, minha família estava em crise e eu mesmo caminhava para uma postura politicamente pluralista e confessionalmente ecumênica. Não era correto, portanto, que permanecesse na igreja.

Ainda durante minha fase protestante, quando fazia o curso normal, no Instituto de Educação "Dr. Américo Brasiliense", em Santo André, entrara em contato com Dom Jorge Marcos de Oliveira, o primeiro bispo do ABC. Na época, na escola, eu presidia o Clube de Sociologia "Fernando de Azevedo", que fora criado pela Professora Aracy Ferreira Leite, titular da disciplina. Propus a Dom Jorge a realização, na escola, de um ciclo ecumênico de estudos sobre a Encíclica *Rerum Novarum*, de 1891, do Papa Leão XIII, sobre a condição operária. Por vários motivos, um tema de grande interesse na região, onde o bispo mobilizava o operariado católico em torno da questão do trabalho.

Desde 1954, Dom Jorge estava tentando desenvolver no ABC uma pastoral operária e sensibilizar os católicos da região para as questões sociais. Até então, ali, a Igreja Católica se limitara às atividades de sacristia e de recolhimento. Uma Igreja sacramental. Ele tirara os padres do refúgio da sacristia e removera os descontentes, desacostumados de envolvimento com questões que não lhes pareciam próprias da Igreja. Sofria muita hostilidade dos empresários locais, acostumados com uma Igreja conivente, reclusa e limitada aos ritos de água benta. Os comunistas, de quem tentara se aproximar, viam-no com desconfiança, um bispo que pedira aos padres para substituírem a batina pelo *clergyman* e que ia resolutamente para a porta das fábricas apoiar seus piquetes em dias de greve. A Igreja inimiga, de repente, apresentando-se como aliada.

Originário da Ação Católica, como tantos outros bispos da chamada Igreja Progressista e com identificações com o trabalhismo de Vargas, Dom Jorge se alinhava doutrinariamente com o personalismo de Emmanuel Mounier, fundador e diretor da revista francesa *Esprit*, da qual era leitor. Foi de Dom Jorge que ouvi a primeira referência à revista e a Mounier.

O passar do tempo mostraria que Dom Jorge tentava estimular o ativismo dos operários católicos numa região em que o operariado estava sob liderança comunista e, eventualmente, populista. Mesmo após a cassação do PCB, em 1947, através do Partido Social Trabalhista, no mesmo ano, quando o ABC industrial era um único município, o de Santo André, e o outro município, São Bernardo, apenas começava a se industrializar, os comunistas elegeram prefeito o marceneiro Armando Mazzo e a maioria dos vereadores. Foram todos cassados na hora da posse em decorrência de uma ação do Partido Democrata Cristão e do Partido Social Progressista, do populista Ademar de Barros. Dom Jorge estimulava o surgimento de uma liderança sindical católica que contrastasse com a frieza conformista da católica Liga Operária, que já existia. Com o tempo, o propósito acabaria viabilizando o surgimento da liderança de Lula, já depois de Dom Jorge, fortemente apoiado pelos católicos, pois, como dele disse Dom Claudio Hummes, seu amigo e sucessor de Dom Jorge, é ele um católico a seu modo.[6]

Criado no catolicismo sisudo e reacionário de Pio XII, eu acompanhara com interesse e surpresa a ascensão de Angelo Giuseppe Roncalli ao papado como João XXIII. Anos mais tarde, estando na Itália, fui a Sotto-il-Monte, na região de Bérgamo, visitar a modestíssima casa camponesa em que Roncalli nascera e fora criado. Mais de uma vez em Roma, fui visitar seu túmulo nos subterrâneos da Basílica de São Pedro, onde sempre havia muitos fiéis em oração, em contraste com o túmulo de Pio XII, ali perto, onde nunca havia ninguém. A proposta de um catolicismo despojado e ecumênico era um fato novo e interessava a quem, nas diferentes igrejas, como eu (e os jovens de minha geração), se preocupava com a carência de uma religiosidade mais aberta, socialmente empenhada e participativa.

Conversei algumas vezes com Dom Jorge sobre esses temas e a proposta do ciclo sobre a *Rerum Novarum*. Ele me contou alguma coisa a seu próprio respeito. Era cunhado do General Eurico Gaspar Dutra, sucessor de Vargas na Presidência da República (de 1946 a 1951). Fora bispo auxiliar do Rio de Janeiro, com Dom Hélder Câmara, a figura referencial na renovação da Igreja

Católica no Brasil. Comentou comigo que o cunhado procurava dissuadi-lo das preocupações com os pobres: "Essa gente morrerá naturalmente das consequências de sua pobreza. Não há o que fazer por ela." Finalmente, conseguimos realizar o ciclo, aí por 1959 ou 1960, com a participação dele, de um presbítero protestante especializado no Direito do Trabalho, de um intelectual espírita e de um rabino. Em minha turma da escola havia católicos, protestantes, judeus, espíritas e ateus. Alguns dos oradores não tinham propriamente ideia do que era a Encíclica, mas acabaram falando sobre as questões sociais e sobre a do trabalho, em particular.

Minha história de duplicidade de experiências religiosas facilitou meu relacionamento com a Igreja Católica na fase da pesquisa, inicialmente em São Félix. Desde o início, fiz questão de não esconder, nem tinha motivo para isso, minha dupla experiência e minha origem, católica, primeiro, e protestante, depois. Durante a ditadura, pessoas originárias de igrejas protestantes e politicamente delas divergentes encontraram arrimo em setores da Igreja Católica, acolhidos por bispos de espírito aberto e inspirados nas novas ideias do Concílio Vaticano II. Puderam manter sua fé, embora marginalizados em suas igrejas, no que foi para muitos uma espécie de exílio religioso. Do mesmo modo que alguns bispos acolheram ateus politicamente perseguidos naqueles tempos de prisões, tortura e execuções. Na prática, esses bispos dispersos por distantes lugares do país desenvolviam uma autêntica pastoral do exílio dos refugiados da intolerância.

Durante o regime militar, houve a ascensão política dos protestantes de posição mais conservadora e até reacionária. Até então só um protestante tivera uma posição política proeminente, Café Filho, presbiteriano, que chegou à presidência da República com o suicídio de Getúlio Vargas, em 1954. No geral, havia um veto não explícito da Igreja Católica aos protestantes na política. Justamente por isso, os protestantes procuravam manter-se afastados da política partidária. Com o novo regime, do golpe de 1964, foi governador do Rio de Janeiro um presbítero da Igreja Presbiteriana de Niterói, Jeremias Fontes. Em Pernambuco, foi governador Eraldo Gueiros, presbiteriano de longa carreira na Justiça Militar, tendo chegado a ministro do Superior Tribunal Militar, justiça encarregada de julgar os presos políticos tanto da época do Estado Novo quanto da ditadura de 1964. Em São Paulo, Laudo Natel tinha vínculos fortes com Amador Aguiar, do Bradesco, presbiteriano, o que permitiu que vários protestantes ocupassem posições importantes em seu governo, tanto na prefeitura da capital quanto no Estado, especialmente na área da educação. Além disso, alguns militares protestantes chegaram a posições de poder, como o General Ernesto Geisel, luterano, que se tornou presidente da República. E os comandantes do 2º Exército, generais Humberto de Souza Melo, que era batista, e Eduardo D'Ávila Mello, presbiteriano, durante cujo comando em São Paulo foram torturados e mortos no Doi-Codi o jornalista Vladimir Herzog e o operário Manoel Fiel Filho.

Os protestantes progressistas, discriminados e marginalizados em suas igrejas, acabaram encontrando na abertura ecumênica da Igreja Católica um abrigo, especialmente nas pastorais sociais. Um dos principais colaboradores de Dom Paulo Evaristo Arns, Cardeal-arcebispo de São Paulo, na Comissão de Justiça e Paz, foi o pastor Jaime Wright, presbiteriano, cujo irmão, Paulo Wright, fora assassinado pela repressão.

O ecumenismo inaugurado por João XXIII abria um largo caminho de convivência harmônica, sem que houvesse expectativa de conversão ou de adesão formal ao catolicismo. Algumas igrejas protestantes também aceitavam as posições ecumênicas. De um lado e de outro, não era coisa fácil. Quando casei, sendo minha mulher católica, aceitei sem maior problema que o casamento

Ancoradouro da aldeia dos índios tapirapé, no Mato Grosso, vista do rio Tapirapé, que visitei em 1979, na descida do rio Araguaia, de São Félix para Santa Terezinha.

fosse celebrado na Igreja Católica. Escolhemos uma igreja mais aberta ao ecumenismo, a de São Domingos, nas Perdizes, São Paulo, dos frades dominicanos, do que aquela que ela frequentava, a de São Geraldo, no mesmo bairro. Nosso casamento foi concelebrado por um frade e um pastor presbiteriano e para isso foi preciso obter uma autorização especial do então cardeal-arcebispo de São Paulo, Dom Agnelo Rossi. Assumi, sem relutância, o compromisso solicitado de que meus filhos seriam batizados na Igreja Católica. De fato, minhas filhas seriam batizadas por Dom Pedro Casaldáliga, feita a respectiva preparação na igreja dos dominicanos.

A própria CNBB acolhe, em sua assembleia anual, um observador do Conic (Conselho das Igrejas Cristãs).[7] A CPT (Comissão Pastoral da Terra), que em várias e diferentes ocasiões solicitara minha participação como "assessor de encontro" ou assessor *ad hoc*, tinha como norma que seu presidente fosse um bispo católico e o vice-presidente um pastor luterano. As duas igrejas atuavam juntas na pastoral da terra, e no Paraná e em Rondônia os luteranos eram hegemônicos. Houve um recuo nessa orientação já no papado de João Paulo II, quando a CNBB recomendou à CPT que não seguisse a norma interna, já que a Pastoral da Terra era uma das linhas pastorais da própria conferência episcopal, o que conferia uma posição oficial na Igreja ao seu vice-presidente.

Menino tapirapé no ancoradouro de sua aldeia.
(Foto: 1979)

Os bispos, padres e freiras, os agentes de pastoral com que passei a ter contato em várias regiões, houvesse ou não na igreja local uma pastoral da terra, eram dotados de uma rica experiência de convivência com sertanejos e índios, no que chamavam de "fé encarnada". Em São Félix, além do bispo, ao menos quatro desses agentes se destacavam pela sensibilidade antropológica e pela competência etnográfica para descrever as situações de convivência com as populações locais: a Irmã Judite, o padre Canuto, a Aninha, socióloga que se tornara agente de pastoral no norte do Mato Grosso e, depois, se transferiria para o sul do Pará, e a Irmã Mercês, que era enfermeira. Foi ela quem me acompanhou ao prostíbulo, em Porto Alegre do Norte, onde dava assistência de saúde às prostitutas, para que eu as entrevistasse. Também elas eram etnógrafas populares, dotadas de riquíssimo senso de observação e de consciência das contradições que teciam dramaticamente a vida de toda a população regional: "A puta e o peão são da mesma classe", explicou-me uma delas, para expor as condições servis e adversas de vida dos pobres do sertão, em que os peões das fazendas viviam sob o regime da escravidão por dívida, elas e eles tratados com violência.

Esses agentes de pastoral constituem observadores privilegiados da realidade social tanto pelo vivencial quanto pela competência para o ordenamento interpretativo primário, que constitui a matéria-prima da observação e da interpretação sociológicas. São autores da pré-interpretação que faz a ponte entre a dispersão dos fatos do senso comum popular e o conhecimento teórico. São tradutores culturais da matéria bruta, tradução que permite transpor a narrativa popular da compreensão vivencial para a compreensão sociológica. Nesse sentido, constituem ordenadores do material, da instância empírica, que faz da Sociologia uma sociologia do conhecimento de senso comum. Uma mediação, na linha dos *Fundamentos empíricos da explicação sociológica*, de Florestan Fernandes.[8]

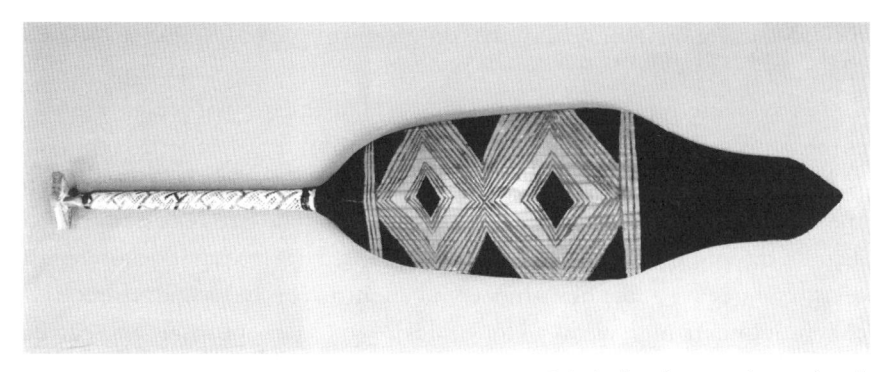

Arte tapirapé: remo de pau-brasil.
(Foto:1979)

Alguns meses depois de minha participação na assembleia da Prelazia de São Félix, em 1977, fui convidado a retornar no ano seguinte e dar continuidade à análise da situação, que havia iniciado no ano anterior. Sugeri que fosse convidado, também, Carlos Rodrigues Brandão, antropólogo formado pela Universidade de Brasília, que tinha forte vínculo com Dom Tomás Balduíno e a histórica diocese de Goiás Velho, onde fizera pesquisa. Minha sugestão decorria da constatação, no ano anterior, de que era conveniente munir os agentes de pastoral de uma visão antropológica dos problemas que enfrentavam e descreviam. Era para atenuar ou evitar o economicismo que lhes chegava por influência de militantes da antiga AP e do PCdoB, que pude perceber logo nas primeiras trocas de ideias.

Um materialismo simplista, decorrente dessa proximidade, estava de fato se difundindo nas pastorais sociais da região amazônica. E vi depois, em toda a Pastoral da Terra. O tempo me mostraria que os responsáveis pela difusão desse materialismo vulgar também resistiam às Ciências Sociais propriamente ditas, particularmente à Antropologia, disseminando preconceitos contra análises que dessem destaque à cultura e às estruturas invisíveis e profundas da realidade. Tudo tendia a se reduzir a uma causalidade do econômico, que era o que viam, distorcidamente, no capitalismo, sem enxergar as mediações e a trama social propriamente dita que fundamentam a alienação de cada um e também a deles. Basicamente, os cursos e palestras que dei ao longo dos cerca de 20 anos do meu ativismo, no que me coube no trabalho de extensão educativa de minha Universidade, para grupos de Igreja, grupos sindicais e de vizinhança e grupos populares, tinham por objetivo permitir-lhes melhor compreensão dos bloqueios interpretativos de seu senso comum. Aquilo que na tradição sociológica se define como alienação. Uma certa consciência sociológica superadora desses bloqueios era supostamente possível, como sugere Florestan Fernandes, e é por ela que se desenvolve o trabalho educativo do sociólogo e, até mesmo, se se quiser, do sociólogo popular, o que se dedica à educação popular.

Era evidente que alguns agentes de pastoral tinham particular interesse em se familiarizar com o que pudesse ser dito sobre a realidade, do ponto de vista do que supunham que o Marx vulgarizado diria. Mais do que com a análise propriamente sociológica da situação social, de suas tensões e contradições e da conjuntura histórica. O que vários esperavam ouvir de mim era o oposto do que eu podia dizer-lhes como cientista social. As opostas motivações ficarão para mim claras ao longo dos 20 anos em que a CPT, em seguida e eventualmente, pediu-me um diálogo tópico e circunscrito às motivações específicas de encontros específicos e de temas definidos.

Cozinha na latada do Heleno, no sertão de São
Félix do Araguaia, durante uma assembleia do povo.
(Foto: 1978)

O interesse por minha palavra nas duas reuniões de São Félix desdobrou-se na sugestão que agentes de pastoral fizeram ao Secretariado Nacional da CPT, em Goiânia, para que me incluísse no elenco de eventuais assessores de encontros. Apesar de se ter espalhado, fora da Igreja, a partir desse desdobramento, que eu era assessor da Pastoral da Terra, nunca o fui. Na Pastoral da Terra e nas pastorais sociais da Igreja Católica assessores são membros dos respectivos quadros, geralmente, recebendo um salário pelo trabalho que fazem. São assessores permanentes, em boa parte responsáveis por diretrizes das entidades. Já o "assessor de encontro", que foi várias vezes o meu caso, é o assessor tópico, chamado a dizer uma palavra específica sobre tema definido pelos anfitriões e em torno dele estabelecer um diálogo pedagógico com os participantes, ocasionalmente.

O fato de que os convites tenham se repetido, tanto na CPT Nacional quanto nos regionais e mesmo nas dioceses, nunca configurou um vínculo e, menos ainda, um vínculo de orientação ideológica ou doutrinária. Sempre tomei muito cuidado para evitar que esse equívoco ocorresse e mais de uma vez recusei convites, da própria CPT, com a sugestão de que, naquele caso, outra pessoa seria mais útil do que eu. De qualquer modo, minha disponibilidade estava demarcada pela prioridade dos cursos na USP e das pesquisas que estivesse desenvolvendo. Aliás, todo o trabalho de educação popular que nesse âmbito realizei era parte integrante da pesquisa sociológica que desenvolvia sobre os conflitos sociais na frente de expansão. Uma troca. Uma modalidade da técnica sociológica da observação participante com reciprocidade intensa, bem maior e mais duradoura que a usual em casos assim.

Logo nos primeiros anos de realização da lenta pesquisa na Amazônia Legal, comecei a publicar artigos, a dar entrevistas, a participar de debates, a fazer palestras atendendo a um número grande de convites de entidades acadêmicas e humanitárias. Em grande parte porque o que estava ocorrendo naquela região do país era completamente desconhecido, não correspondia ao conhecimento usual e difundido sobre o Brasil, especialmente às formas correntes de violência e às categorias sociais mais conhecidas do pensamento social. Também fora do Brasil o desconhecimento era grande e era enorme a apreensão com o caráter genocida da expansão da fronteira econômica, grupos humanos inteiros ameaçados de extermínio. Os convites que recebia vinham de grupos religiosos porque mais sensíveis às questões propriamente humanitárias. Mas vinham também de instituições científicas e acadêmicas, brasileiras e estrangeiras. Nesse longo período, fiz conferências e dei cursos em dezenas de universidades e instituições de pesquisa, daqui e de fora. Sem contar alguns honrosos convites que não pude atender, na Holanda e no Canadá e em várias universidades brasileiras.

Alguns convites produziram vínculos duradouros e gratificantes, como o da Fondazione Internazionale Lelio Basso per Il Diritto e la Liberazione dei Populi, de Roma. Sobretudo porque adota uma orientação muito próxima do que eu fazia e faço, a da preocupação científica e educativa e da atuação nas frinchas nebulosas da civilidade, do direito e da liberdade, da emergência de novos sujeitos históricos, novos personagens do drama humano e político. Cenário dos grandes e belos desafios das Ciências Sociais no mundo contemporâneo. Justamente, na linha oposta à dos modismos interpretativos centrados nos polos prósperos da sociedade atual, os do primado do institucional, da busca de rupturas e inovações sociais onde não ocorrem, senão no plano da mudança superficial e no das grandes e inócuas ilusões do mundo farto e conformado. O mundo que renunciou às superações porque as transformou em teatro, simulação e performance.

A alma da Fondazione Basso está no pequeno e notável grupo de religiosas da Comunitá Brasiliana de Roma e Bastiola, constituído de italianas e brasileiras que foram responsáveis por uma escola católica para moças em Belo Horizonte. Ameaçadas por sua opção contra a ditadura, tiveram que deixar o Brasil e ir para a Itália. Tendo optado por uma vida comunitária e religiosa baseada nos valores do cristianismo primitivo, ficaram à margem das estruturas de poder da própria Igreja. Entre o esplendor do rei e a pobreza da manjedoura, optaram pela riqueza espiritual do profeta, oculta nas palhas de um abrigo improvisado na beira do caminho. Vivem modestamente de seu próprio trabalho na Fundação e em instituições humanitárias, em que realizam o ideal da fé encarnada. Um dos raros grupos que na Igreja fizeram uma autêntica opção preferencial pelos pobres, não só os materialmente pobres, mas as vítimas das múltiplas privações que modernizaram a miséria fazendo-a pobreza de liberdade, de saber e de esperança. Os poucos que no Brasil compreenderam os fundamentos joaquimitas da esperança popular, a esperança de um novo tempo de fartura, justiça e alegria encontram-se imediatamente no espírito que as move nas adversidades cotidianas, sem esmorecer, a serviço do outro.[9]

Um dos convites me veio da Comissão Arquidiocesana da Pastoral dos Direitos Humanos e dos Marginalizados da Arquidiocese de São Paulo para ser um dos expositores em mesa-redonda na Semana de Direitos Humanos, realizada no Instituto Sedes Sapientiae, na rua Marquês de Paranaguá, em 1978. O auditório estava lotadíssimo, com muitos jornalistas presentes, pois a sessão era presidida pelo próprio cardeal Dom Paulo Evaristo Arns. Também participava o padre Gustavo Gutierrez, o autor referencial da Teologia da Libertação. Daí o grande interesse do público e da imprensa. Coube-me falar sobre "Religião e movimentos sociais".

Fazia algum tempo que havia lido pequena nota em jornal com referência a certo Aparecido Galdino Jacintho, boiadeiro, então analfabeto, que em Rubineia, no interior de São Paulo, havia sido violentamente preso com seu grupo e processado por ter organizado um movimento religioso. Dentre outros temas, fazia a crítica do represamento das águas do rio Paraná que impedia a piracema e a reprodução dos peixes e comprometia uma das fontes alimentares da população regional. Galdino era, sem o saber, um corajoso precursor do movimento ambientalista. Embora absolvido, foi acusado de subversão, acabou sendo enviado para São Paulo, recolhido ao presídio político e processado pela Justiça Militar, com base na Lei de Segurança Nacional. Galdino foi definido como esquizofrênico paranoide, julgado inimputável e enviado ao Manicômio Judiciário por dois anos, renováveis a critério médico. A detenção foi sucessivamente renovada a cada dois anos. Quando de minha palestra na Semana de Direitos Humanos, ele já estava preso há mais de nove anos, a maior parte do tempo no Manicômio. Nesse meio tempo, sua mulher o abandonara e sua família se dispersara.

Ocorreu-me que aquele era o momento apropriado para levantar o problema de Galdino, que eu não conhecia pessoalmente. Mencionei seu caso, pois além da injustiça óbvia era um caso em que a repressão usava o Manicômio para recolher um preso político. E terminei dizendo que esse era um procedimento usual na União Soviética contra os adversários políticos, frequentemente denunciado pelos jornais brasileiros, embora não se desse destaque àquele caso parecido, ocorrido aqui mesmo. Para minha surpresa, a denúncia despertou intenso debate, pois de certo modo indicava que desaparecidos políticos pudessem estar nos manicômios. Terminado o seminário, o cardeal foi assediado pelos jornalistas, munidos dessa hipótese, querendo saber que providência tomaria. Dom Paulo colocou o problema nas mãos da Comissão de Justiça e Paz para que investigasse o caso e tentasse a libertação do preso. Jornalistas de *O Globo*, do *Jornal do Brasil* e da *Folha de S.Paulo* passaram a se empenhar a sério para localizar Galdino, colher dados e colocá-lo nas páginas dos jornais, apesar da censura.

Na *Folha*, Ricardo Carvalho envolveu-se de corpo e alma no caso. Alguns dos meus alunos também ajudaram a localizar pessoas que pudessem contribuir para desfazer a injustiça óbvia. Um desses alunos havia sido preso político e na prisão convivera com Galdino, antes do julgamento e da transferência para o Manicômio. Envolvi-me no verdadeiro movimento que se organizou em torno do caso Galdino. Fiz sobre o assunto palestras e escrevi artigos, já no mesmo mês de dezembro de 1978. No dia 10 de janeiro, Ricardo Carvalho convidou-me para ir ao Manicômio Judiciário, com o fotógrafo Ubirajara Dettmar, também da *Folha*. Ele obtivera, para nós três, do Juiz Corregedor dos Presídios, uma autorização para que conversássemos com o preso. Lá chegando, foi possível notar a apreensão do diretor e de um dos médicos que assinara em sucessivos anos a ordem da manutenção de Galdino no confinamento. Ele estava no Manicômio desde 28 de dezembro de 1972.

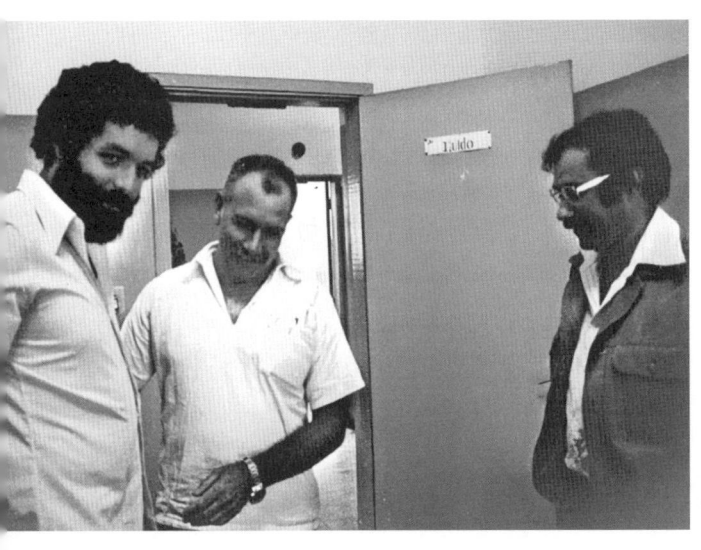

Ricardo Carvalho, Aparecido Galdino Jacintho e eu no Manicômio Judiciário. *(Foto: Ubirajara Dettmar, 1979)*

Tivemos o encontro com Galdino na própria sala do médico, só Ricardo e eu. Dettmar foi proibido de fotografar. No entanto, às escondidas, fez um conjunto grande de fotografias do encontro. Galdino discorreu extensamente sobre sua situação. Transcrevo as anotações que fiz em meu *Diário de Campo*:

> *"Eu vi a perseguição com eles [...] E fui seguindo por outro modo."* (em relação a um movimento de arrendatários da região, liderados por Jofre Correa Netto, em Santa Fé do Sul, nos anos cinquenta).[10]
> Conformou-se quando o mandaram para o manicômio.
> *"Como eu já venho sofrendo, cumprindo pela uma missão, achei que fosse feita a vontade de Deus, que aonde me jogasse, decerto eu tinha a cumpri arguma coisa. Então eu não sinto esses pesar de tá cramando, porque coisas pior já passô com argum na frente minha, pessoas que fazia o bem."*
> *"[...] Não perdi a fé de Deus. Tenho a mesma fé, ou mais um pouco."*
> *"Eu, no meu íntimo, sou o mesmo que entrei dentro das prisão, eu sou o mesmo. Agora, os médico acha que eu podia sê uma pessoa doente, uma pessoa nervoso, uma pessoa que podia sê agressiva. Mas, eles dize anssim,*

*mas no meu íntimo eu tenho fé em Deus e conheço a mim próprio. —
Agora, eles podem dizer o que eu possa sê, se eu sô doente ou o que seja.
Mas eu acredito só em mim e em Deus. Agora, eles pode dizê o que eu
seja. Eu não posso dizê que eu não sô, porque pode sê uma pessoa bem
sadia, se falar que aquela pessoa é doente, está na mão da psiquiatria,
então ele não pode dizer que ele é senhor de si."* [Disse isso sorrindo e,
depois, rindo].

"Se for pra estrová a justícia, eu não benzo, eu sou a favor da justícia."
[...]

[Ricardo Carvalho: *Por que não tentou fugir?*]

*"Óia, eu não atentei fugi porque em tudo lugar que eles pudesse dexá
eu, tanto fazia dentro dos presídio ou como fizesse, eu como fosse detido
num lugar que tivesse solto e que falasse que eu tava preso, eu não deso-
bedecia a orde, eu tirava o anos que fosse da minha vida sem ao meno
dá um pequeno trabaio pra justiça. Eu continuava assim, porque eu sei
mais ou menos que é uma missão que eu tenho de passá."*

[Fim do mundo]:

*"Eu acho que o mundo não acaba. Mas o povo tem que modificar por
um outro modo, que o próprio povo é que não tão tendo mais uma fé
legítima e não tão tendo uma direção certa como deve ser. Então, o
mundo não acaba; poderá sobrar muita gente para as nova geração, mas
o povo tem que modificar por modo de água por vinho."*

[O que está errado]:

*"O povo não estão completamente errado porque vão seguindo mais ou
menos. Mas, só o que está bastante errado é o ponto de fé que o povo de
hoje em dia é muitas pouca pessoa que tem aquela fé viva pra vivê um
pelo outro e estimá o similhante como a si próprio. Então, essas coisa...
então, vem causando muita confusão que a pessoa, não tendo amizade
com outro, então é onde forma sempre muitas política contrária e o povo
pega sempre uma discussão com o outro. Então o povo qué tê muita paz
no mundo, querê bem, amar seu similhante como a si mesmo. E essa paz
no mundo é poucos quem tem."*

*"Se eu vim pará, de prisão em prisão, até no manicômio, porque a jus-
tiça achou que eu devia ser preso, porque eu fiz alguma coisa contra a
justicia. Eles pensavo que eu era contra a justiça, mas eu não sou contra
a justiça, eu sou a favor da justiça; tuda a vida fui. Então, eles considera
que eu tô preso porque sou pessoa que podia ser uma pessoa terrorista,
uma pessoa ruim, mas eu, cá no meu íntimo, eu estou cumprindo uma
missão, porque eu também não era benzedor. E de momento em mo-*

mento larguei de viajá com boi, larguei dos meus negócio, perdi os meus amigo – eu tinha muitos home fazendeiro que me arrumava dinheiro pra negociá com boi, comprar tropa; perdi até o crédito com meus amigo, quando eles viro que eu era um benzedor. Eu fiquei, quando eu passei a ser benzedor, o meu nome era grande no princípio, passei a ser benzedor, o meu nome ficou pequenininho, dali em diante vem acontecendo essas coisas que vem acontecendo. Diz que até cheguei a vir parar no manicômio."

Às escondidas, porque proibido pelo diretor do Manicômio Judiciário de fotografar o encontro, Ubirajara Dettmar, da *Folha de S.Paulo*, registrou a entrevista com Aparecido Galdino Jacintho. *(Foto: Ubirajara Dettmar, 1979)*

[Ricardo: *a justiça pode errar.* Sorriso]
"A justiça tá certa porque é uma crasse de justiça."[11]
Nos pareceres de 1976 e de 1978, os médicos fazem referência ao "sorriso inadequado" de Galdino. Parece que o sorriso é inadequado em face do que está dizendo. O médico reclama a correspondência linear entre a palavra e o gesto. Ou seja, pretende reduzir todas as

linguagens a uma só – a da palavra falada. Esquece da importância do gesto como linguagem que pode ser uma linguagem que decodifica as outras – ou uma metalinguagem ou uma linguagem contrária. Com esse sorriso está provavelmente dizendo outra coisa – está dizendo, por exemplo, do seu ceticismo em relação à capacidade do médico compreender o conjunto da situação. É uma linguagem crítica. Os médicos tomam como indício da doença a falta de crítica de Aparecido. Mas sua crítica não está na palavra falada – está ruidosamente em coisas como o "sorriso inadequado" ou o "Deus te abençoe" com que se despede dos médicos. Aparecido faz a modalidade de crítica característica do subalterno – usa a linguagem dissimulada, própria do caipira [para dizer a sua verdade, discordando, na simulação verbal de que concorda]. A linguagem dissimulada – é uma hipótese minha – somente surge com o surgimento das condições e da necessidade da crítica.

Tomam como indício de loucura o fato de Aparecido não se reconhecer como doente. Estabelecem como condição da sanidade o reconhecimento e a validação do diagnóstico médico e seus critérios. Aparecido não legitima a psiquiatria, por isso é condenado.[12]

Encerrada a entrevista em Franco da Rocha, retornamos a São Paulo, combinando que Dettmar entregaria as fotografias no jornal até a meia-noite e eu entregaria meu artigo sobre o encontro com Galdino, até esse horário, para publicação no suplemento *Folhetim*, de domingo. Embora nada tivéssemos combinado, Dettmar entregou fotos das mãos de Galdino e eu entreguei um artigo justamente sobre o mesmo tema, sublinhando a função desconstrutiva e crítica da linguagem gestual naquele prisioneiro do Manicômio.[13]

Investigando a história do delegado Sérgio Paranhos Fleury, o jornalista Percival de Souza descobriu que a transformação de Galdino de preso comum, por curandeirismo, acusação de que fora absolvido, em preso político por subversão, foi maquinada pelo delegado de polícia local. E o seu confinamento no Manicômio fora armado por Fleury, delegado do Dops, envolvido com o esquadrão de morte e torturador de presos políticos amigo do delegado do interior. Seria um modo de dar sumiço em Galdino, legalmente.[14]

A ação da Comissão de Justiça e Paz, em particular a do Dr. Mário Simas, seu membro, que atuara no caso a pedido do cardeal Arns, e a campanha de Ricardo Carvalho levaram à revisão do caso de Aparecido Galdino Jacintho, por "erro médico". Foi ele libertado no dia 6 de junho de 1979. Retornou a Santa Fé do Sul, onde constituiu nova família.

No ano seguinte, nasceu o PT (Partido dos Trabalhadores), no processo de desagregação do antigo MDB (Movimento Democrático Brasileiro), partido de oposição ao partido da ditadura, a Arena (Aliança Renovadora Nacional). A inclinação das pastorais sociais em favor do alinhamento com o novo partido foi se definindo aos poucos, basicamente através da opção das CEBS, comunidades eclesiais de base, pelo que ia se tornando o partido de Lula. As CEBS aderiram ao novo partido através das lideranças, constituídas não só de leigos, mas também de religiosos, não obstante as restrições de Roma ao envolvimento dos religiosos com partidos políticos e com a política. A ostensiva repreensão, televisionada, do papa João Paulo II, em 1983, ao padre Ernesto Cardenal, ministro do governo sandinista da Nicarágua, quando desembarcou no aeroporto de Manágua, dava bem a medida de quanto o Vaticano levava a sério essa interdição. As comunidades seguiram naturalmente essas lideranças, não propriamente em nome de linhas ideológicas e doutrinárias, mas em nome de valores comunitários e paroquiais, corporativos, bem distintos de valores contratuais e de interesse do grupo hegemônico do partido que era o grupo dos sindicalistas. Sem contar outros grupos, como os intelectuais, os professores e os funcionários públicos, que tinham outras motivações para se agregar ao PT. Cada qual falando uma língua própria e perseguindo um projeto social específico. O PT nascia como um partido dividido, cujas fraturas provocarão rearranjos, descartes e depurações ao longo de sua história subsequente.

Nos primeiros anos do PT e de sua crescente influência na Pastoral da Terra, embora não vinculado ao partido, ainda me foi possível dar continuidade ao atendimento das solicitações advindas das pastorais sociais, sem estranhamentos explícitos nem tensões maiores. Com o tempo, porém, foi ficando claro que as Ciências Sociais já não tinham lugar nas pastorais sociais, que entravam na era do primado do ideológico. A ditadura terminava e um novo tempo surgia. A suplência da educação popular tornava-se irrelevante porque concorrente e crítica.

Embora minha pesquisa sobre as tensões e os conflitos na Amazônia Legal estivesse tecnicamente concluída, continuei a receber e aceitar solicitações de setores da Igreja no sentido de realizar atividades de educação popular com os agentes de pastoral e outros grupos de Igreja. Era um trabalho de extensão cultural que continuava colocando o conhecimento acadêmico, em minha área de Sociologia, ao alcance de agentes de pastoral (desde religiosos e religiosas até os chamados leigos consagrados). Ainda que sendo outro o momento que se iniciava, havia uma extensa demanda de conhecimento em relação à transição, suas oscilações e a falta de clareza sobre o lugar que teriam tantas pessoas mobilizadas para a função de mediadoras da ação entre o cotidiano simples e descomplicado e as estruturas sociais e políticas complicadas.

Algum tempo antes da fundação do partido, eu recebera um convite de Lula para com ele conversar numa tarde de sábado, na casa paroquial de São Bernardo, no Largo da Matriz, tendo o vigário como anfitrião. Ele tivera notícia de meu trabalho em relação ao tema dos trabalhadores rurais. Foi uma conversa extensa, pedagógica, em que atendi ao pedido de uma explanação sobre a questão agrária e a questão social no campo. Lula ouviu-me com atenção, fez perguntas e ponderações. Nessa altura, ele era apenas o hábil sindicalista que se destacara como negociador com as empresas do seu setor sindical, símbolo de um novo sindicalismo e já conhecido internacionalmente. Lula é um ouvinte atento e inteligente, de boa memória, a quem não é preciso repetir nada. Bem diverso de muitos membros de seu partido, sobretudo os que, para impugnar interpretações, impugnavam a Sociologia em favor da reles ideologia. Já para não falar em membros de outros partidos, que nunca manifestaram nem mesmo curiosidade em relação aos graves problemas que ocorriam no campo. Nossa conversa não foi outra que não fosse a conversa entre um sociólogo e um sindicalista, um exercício recíproco de cidadania e de modo algum um ato de cumplicidade ou de conivência ideológica ou de outra natureza.

Sempre falei com diferentes grupos e pessoas como pesquisador e professor. Nunca falei em outra condição que não essa, nunca falei como ideólogo ou intelectual orgânico, coisa que nunca me propus a ser, embora fosse e ainda seja hostilizado por diferentes grupos e por diferentes vaidades por suporem-me atuando nessa condição. Meu ativismo transcorria como desdobramento do trabalho científico, como momento da pesquisa sociológica, como técnica de compreensão dos aspectos menos visíveis da realidade, aqueles não alcançados pelas técnicas convencionais de pesquisa. Do mesmo modo, e por isso mesmo, nunca cobrei ou aceitei pagamento por meu trabalho docente na educação popular, seja no trabalho das igrejas, dos sindicatos ou das associações culturais. E raramente aceitei pagamento de passagem ou de transporte, custeando eu mesmo meus deslocamentos, na maior parte das vezes para regiões distantes da Amazônia.

Lula mesmo sugeriu a Jair Meneguelli, da CUT (Central Única dos Trabalhadores), que eu fizesse à entidade sindical extensa exposição sobre a situação no campo. Tive um dia inteiro de encontro com um grande número de membros da CUT na sede do Sindicato dos Metalúrgicos de São Bernardo do Campo. Havia por parte deles certo temor de que o eixo da conflitividade, na sociedade brasileira, não estivesse na fábrica, como supunham, e sim na roça, que não conheciam. O temor era compreensível em face da polarização ideológica histórica que antepunha PCB e PCdoB, sobre a precedência da luta na fábrica em relação à luta no campo. Ela se disseminara na cultura política dos militantes que atuam a partir de um sistema conceitual e que não tem consciência social e política da práxis que dá sentido ao que fazem. Tentei mostrar aos sindicalistas que a luta pela terra era qualitativamente diferente da luta operária – os fatores, causas e motivos de cada qual eram específicos. Sugeri que não havia uma disputa em relação à superioridade política de uma e outra, como se pensava, porque eram lutas sociais muito distintas entre si.

Já na fase de organização do PT, Lula convidou-me a participar de um encontro no Cedec (Centro de Estudos da Cultura Contemporânea), em São Paulo, a que estavam presentes, além dele, Perseu Abramo, José Álvaro Moisés, Maria da Conceição d'Incao, Francisco Weffort e outros membros do partido dos quais não lembro o nome. Lula me disse, diante de todos, que o PT iria preparar uma cartilha para explicar aos trabalhadores rurais o problema que tinham, as dificuldades pelas quais passavam. Pedia minha ajuda e participação no projeto.

Expliquei-lhe, então, e expliquei a todos, que não era membro do PT nem tinha intenção de filiar-me a partido político, pois entendia que meu trabalho pedagógico de educação popular junto a igrejas, sindicatos e outras entidades seria prejudicado se eu tivesse um vínculo partidário. Era fácil observar resistências de ouvintes a oradores que tivessem identificação partidária. Não tive que explicar, mas levava em conta que o PT nascia como um partido operário, geograficamente no centro na região industrial do ABC e que, justamente, não tinha no horizonte a luta popular no campo e sua gravidade para as populações camponesas e indígenas. No norte do Mato Grosso e no Pará, e parcialmente em Goiás, os agentes de pastoral se inclinavam para o MDB e essa tendência ainda se manteria por um tempo, em parte por influência do PCdoB. Em Goiás, apenas, é que havia uma inclinação em favor do PT. Sem contar os muitos que recusavam a própria ideia de partido político.

Nesse sentido, eu talvez não fosse a pessoa indicada para a tarefa, expliquei-lhe. Além do que, no meu modo de ver, por ser um partido operário, o PT nada tinha propriamente a dizer de original aos trabalhadores rurais, como nada tinham a dizer-lhes os outros partidos políticos. Que o PT deveria, antes, ouvir os trabalhadores rurais a respeito das questões que os afligiam para definir, então, suas diretrizes e seu discurso a respeito, na verdade, os parâmetros de um diálogo.

Lula disse, então, alto e claro, para que todos ouvissem, que não tinha a menor importância que eu não fosse membro do partido. O que eles queriam é que os ajudasse na preparação do documento por meio do qual o partido definiria o seu diálogo com os trabalhadores rurais. Convidava-me a ajudar a comissão de petistas, ligados ao tema, que prepararia o manual previsto para essa interlocução. Assenti e coloquei-me à disposição para auxiliar na preparação do texto.

Jamais fui procurado pela comissão. Os acadêmicos que, no PT, se interessavam pelo assunto e que, supostamente, se envolveriam na tarefa, estavam preferentemente identificados com a presumível superioridade histórica dos assalariados do campo. Eram trabalhadores recentemente desenraizados pela extinção, em andamento, das relações de trabalho rural baseadas na moradia nas próprias fazendas, em grande parte a elas vinculadas pela renda em trabalho. Era o caso dos chamados colonos, nas fazendas de café, regime desaparecido fazia poucos anos, convertidos em boias-frias, e os chamados moradores, das fazendas de cana-de-açúcar, do Nordeste, convertidos em clandestinos. A recente e surpreendente greve dos cortadores de cana na região de Guariba (SP), em 1984, havia despertado entre pesquisadores acadêmicos certo entusiasmo porque, como ouvi de uma dessas pessoas, que se vincularia ao PT, finalmente agiam como operários do campo e verdadeiros trabalhadores assalariados. Era o que se enquadrava no modelo interpretativo mais condizente com a orientação ideológica do novo partido. Mas as numerosas, disseminadas, graves e problemáticas tensões rurais estavam em outro lugar e em outra idade das relações de trabalho. Os numerosos conflitos no campo decorriam, em grande parte, da desagregação de velhas relações de trabalho, do desenraizamento dos trabalhadores rurais e do seu abandono e falta de alternativa de inserção social.

Aparentemente, em diferentes lugares de suas viagens, Lula comentou a conversa que tivera comigo em São Bernardo e sugeriu que militantes locais do partido, interessados no assunto, me procurassem. Soube disso em localidades por onde passei e fui por eles visitado. Numa ida a Fortaleza, para dar um curso breve na Universidade, um desses grupos convidou-me para almoçar e conversar. Ao chegar à residência onde o almoço se realizaria, pelo tom estranhamente confidencial do encaminhamento da conversa, em que o grupo mencionou que ela decorria de sugestão de Lula, achei prudente explicar que eu não era membro do PT e não tinha vínculo com partido algum, embora estivesse à disposição para conversar, se quisessem. O almoço esfriou ali mesmo. O corporativismo de partido é próprio, aliás, de uma tradição das esquerdas brasileiras, que se propõem como grupos semissecretos, incapazes do diálogo aberto com quem não esteja jungido à sua concepção de cumplicidade. Ora, o meu trabalho de educação popular se baseava no pressuposto de que ela só tem sentido para alargar criticamente a consciência social dos que dela se beneficiam e não para estreitá-la.

Ao mesmo tempo, à medida que se processava a abertura política e em que surgiam os partidos que definiriam o regime que Tancredo Neves chamaria de Nova República, o trabalho de apoio acadêmico às pastorais sociais foi perdendo sentido. O PT, em particular, disputava a hegemonia interpretativa com expositores, como eu, desvinculados de partidos, que eram convidados para palestras e aulas. As situações, às vezes, eram cômicas. Numa palestra para mulheres, em 1981, no bairro operário do Itaim Paulista, sobre movimentos sociais, em especial a Guerra do Contestado, um dos organizadores do evento postou-se atrás de mim, de pé, e a cada tanto tempo me interrompia para "traduzir" às presentes o que eu estava dizendo. Ora, um de meus poucos méritos é justamente o de falar com clareza para pessoas mais simples, o que se deve à minha origem numa família simples, a ter vivido na roça e trabalhado em fábrica. A "tradução", na verdade, ajustava minha fala à linha justa do partido, distorcendo o que eu dizia.

Em outra ocasião, em 1985, num curso para agentes de pastoral, em Altamira (PA), um sindicalista me interrompia a cada dez minutos para "interpretar" o que eu estava dizendo, de maneira a ajustar minha fala à interpretação pré-fabricada da CUT. Tive que adverti-lo, pois a interferência desdizia minha exposição e a tornava desnecessária. Uma das participantes do encontro era a Irmã Dorothy Stang, missionária americana, que seria assassinada vinte anos depois.

Nos dois casos, as interrupções me obrigavam a esclarecer que as interpretações do que eu dizia estavam equivocadas e nada tinham a ver com o que dissera. O que me obrigava a retomar o assunto e a reexpô-lo de outro modo para corrigir os equívocos acrescentados à minha fala. Essa experiência se tornou frequente, o que me estimulou a permanecer no embate, por um tempo, já como procedimento metodológico de outra pesquisa, adicional e complementar, sobre a estrutura do pensamento militante e suas raízes ideológicas. Sobretudo, a questão da temporalidade do discurso ideológico, completamente desencontrada com a complexa temporalidade da experiência popular no campo. Interessava-me compreender os limites da Sociologia como fora proposta por Florestan Fernandes, como instrumento de formação de uma consciência sociológica da sociedade, limites de que ele nunca havia cogitado. Do mesmo modo, a experiência daqui desdizia a compreensão antropológica que tinha Gramsci dos grupos populares, quando disse que todo homem é filósofo. Todo homem o é na mediação interpretativa, antropologicamente informada, do intelectual que vê o pensamento popular no marco da grande interpretação teórica. Os limites eram poderosos: iam da deturpação à satanização de quem insistisse no discurso sociológico, coisa de que fui vítima largamente.

O problema se repetia no âmbito da Igreja, as pastorais sociais, em especial a da Terra, cada vez mais convertida em aparelho do PT. Aos poucos foi ficando evidente que a CNBB, a cuja Comissão Episcopal de Pastoral estava ligada a Pastoral da Terra, queria um distanciamento em relação à linha ideológico-partidária que as pastorais sociais vinham assumindo. A indisfarçável partidarização das pastorais parecia conduzir a conferência episcopal a uma reformulação de suas orientações nesse capítulo. A Pastoral da Terra (de 1975), assim como a Pastoral Indígena (de 1973), havia sido considerada e tratada como pastoral de suplência. Três documentos dos regionais da CNBB, de 1973, um dos momentos mais duros da repressão e do agravamento da violência e das questões sociais no campo, definiram uma orientação de emergência dos bispos: "Ouvi os Clamores do Meu Povo", de bispos e superiores do Nordeste; "Marginalização de um Povo: o Grito das Igrejas", de bispos do Centro-Oeste; e "Y-Juca-Pirama: o índio, aquele que deve morrer", de bispos e missionários que trabalhavam na causa dos povos indígenas.

As duas grandes pastorais sociais deles originadas estavam fundamentalmente voltadas para a questão da violação dos direitos humanos, tanto em relação aos índios quanto em relação aos trabalhadores rurais. Era isso que preocupava os bispos e era isso que os motivara na elaboração dos três documentos. Naquele início, a Pastoral da Terra não tinha qualquer compromisso com a reforma agrária, tema que só foi surgindo aos poucos na pauta de suas considerações. Convém lembrar que mesmo setores que não eram ligados à Igreja, como a Contag, não tinham a reforma agrária como item preferencial de sua pauta. O grupo hegemônico da Contag sempre esteve ligado à prioridade política da questão propriamente trabalhista dos assalariados rurais, precarizados pelo trabalho sazonal. As próprias esquerdas, desde antes do golpe de 1964, estavam divididas quanto ao que era historicamente prioritário nas demandas dos trabalhadores rurais: reforma agrária ou implementação dos direitos trabalhistas. Elas entendiam que, ao fortalecerem a tese da reforma agrária, que disseminaria a pequena propriedade da terra, estariam robustecendo uma categoria social historicamente comprometida, em todas as partes, com ideias e bandeiras conservadoras e de direita. Esse era um fato histórico. Enquanto o trabalho assalariado, do trabalhador expropriado, o identificava com as bandeiras do proletariado, potencialmente de esquerda. Aliás, a primeira manifestação da Igreja Católica no Brasil, em favor da reforma agrária, em 1950, foi manifestação de católicos de direita com o objetivo de, por meio da reforma, combater o comunismo. As esquerdas sempre tiveram dificuldade para compreender a função desconstrutiva das lutas camponesas e, em especial, seu anticapitalismo politicamente crítico, fundado na tradição do pensamento conservador. O caso Galdino, mencionado anteriormente, era dessa ordem.

Mesmo a dimensão conservadora da reforma agrária não era claramente compreendida pela Igreja, sobretudo a partir do momento em que a reforma se tornou bandeira de grupos como as Ligas Camponesas e o PCdoB. A mediação ideológica e radical da reforma a ela acrescentava um componente de antagonismo e de classe que não a recomendava à sua pauta de orientações. Convém lembrar que a Igreja Católica se opusera ao governo Goulart justamente por conta da opção do governo pela reforma agrária. A Marcha da Família com Deus pela Liberdade, no dia de São José, de 1964, explicitamente contra a reforma, tivera a participação católica. Durante todo o primeiro ano do regime ditatorial decorrente, a hierarquia manteve uma relação de acata-

Na Assembleia da Comissão Pastoral da Terra, ao lado do padre Mário Aldighieri, que seria seu secretário por muitos anos. Goiânia, Goiás, 22 a 27 de setembro de 1981. *(Desenho do Padre Ricardo Rezende Figueira)*

mento com o governo do marechal Castelo Branco. O próprio Dom Hélder Câmara, figura emblemática da Igreja, teve contatos explícitos com o governo militar, o que só mudaria quando o regime começasse a hostilizar a Igreja, expressão do anticlericalismo histórico do estamento militar.

À medida que a CPT se definia mais como uma pastoral da questão agrária e só em decorrência como uma pastoral dos direitos humanos dos trabalhadores da terra, a suplência se debilitava. O número de bispos que comparecia às suas assembleias gerais, realizadas a cada dois anos, que já era pequeno, foi declinando. Em boa parte, também, porque a dinâmica da Pastoral da Terra dependia pouco dos bispos e muito dos agentes de pastoral. O fato de estar sediada em Goiânia e não em Brasília, onde fica a CNBB, já estabelecia uma distância espacial que era, também, uma distância nas decisões, uma distância política.

Lembro-me, muito bem, de uma conversa de Dom Ivo Lorscheiter com a equipe da CPT Nacional, em Itaici, em fevereiro de 1980, quando a assembleia dos bispos aprovou o documento *Igreja e problemas da terra*. Num dos intervalos, em conversa de corredor, explicou ele aos agentes de pastoral algo como: "fizemos a nossa parte, agora é com vocês". Ao definir a linha da CPT, a CNBB desincumbia-se de ter que se manifestar a cada episódio problemático. O documento fora aprovado pela quase unanimidade do episcopado, omitindo-se apenas quatro dos mais de 300 bispos presentes na assembleia.

A equipe da CPT me convidara, em dezembro de 1979, para participar tanto das reuniões preparatórias da redação do documento, em Goiânia, primeiro, quanto no Rio de Janeiro, depois, para uma conversa com o padre Fernando Bastos Ávila, jesuíta, especialista em doutrina social da Igreja e assessor da CNBB. Ele se encarregaria da parte do documento relativa à fundamentação da proposta dos bispos na doutrina social da Igreja. O convite era, também, para que eu participasse da reunião de Itaici como membro da delegação de peritos da CPT. Em Goiânia, enquanto a equipe cuidava de outros aspectos do documento que viria a ser submetido à apreciação e votação do episcopado, trabalhei separadamente e redigi o texto base para o que viria a ser no documento a parte sobre "A realidade dos fatos".

Para viabilizar o estudo comparativo do texto proposto com o texto aprovado, publiquei o meu separadamente, um pouco mais tarde, como artigo.[15] Nele faço a distinção entre *terra de trabalho* e *terra de negócio*, fundamental para compreender as funções opostas que têm a terra na realidade dos trabalhadores rurais e na realidade de empresários e especuladores. Defender a propriedade *lato sensu*, que era de tradição da Igreja, a colocava em oposição à massa pobre do campo, majoritariamente católica, vitimada pelo primado do jurídico sobre o propriamente social. Distinção que Leonardo Boff considerou "um achado". De fato, por ela era possível quebrar o tabu da propriedade em nome de valores caros para a Igreja, que eram os relativos à pessoa e aos direitos sociais. Nessa distinção se reflete a compreensão que adquiri do que era a questão agrária para os próprios trabalhadores nos muitos anos de observação e pesquisa, muitas vezes na própria experiência da Pastoral da Terra. Coisa que os agentes de pastoral não percebiam, pois alinhados com uma compreensão categorial do que lhes era o capitalismo, fortemente influenciados pelo althusserianismo, em particular na versão de Martha Harnekcker, autores marxistas originários da Ação Católica, na interpretação muito difundida na esquerda católica.

O documento teve uma sina curiosa. Não obstante a conceituação inovadora, que abria caminho para propor a reforma agrária na perspectiva propriamente popular, tanto os bispos em geral quanto os agentes de pastoral o ignoraram. Abriram mão de um instrumento de apoio que facilitava o trato da questão agrária na perspectiva propriamente da Igreja. Houve, no entanto, bispos de diferentes dioceses, incluídas as capitais, que se interessaram por sua divulgação e por sua melhor compreensão.

Recebi, por essa época, diversos convites, também de dioceses, para palestras de esclarecimento, nas várias regiões do país. Mas, se havia quem era a favor, havia quem era contra. Um curioso convite que recebi, em 1981, foi para visitar os índios da tribo Xokó, na Ilha de São Pedro, no rio São Francisco, município de Propriá, em Sergipe, cujo bispo, Dom José Brandão de Castro, dava grande atenção ao problema fundiário e à situação dos índios. Os xokós queriam comemorar o primeiro aniversário da retomada da ilha, imemorialmente sua. Haviam sido transformados em mão de obra barata de um latifundiário de terra firme, que lhes tomara a terra e os proibira de falar a própria língua, surrando-os quando o faziam, até que a esquecessem, como a esqueceram. Depois de anos ausentes, porque expulsos, os índios decidiram retomar sua terra. Viajei para lá de barco e lá pousei naquela noite, para retornar a Aracaju duas noites depois, de madrugada, quando passasse o barco de carreira. Na primeira noite, falei à tribo reunida na antiga e bela capela colonial. Os tamarineiros do terreiro da aldeia ainda eram os mesmos vistos e mencionados por viajantes que por lá passaram no início do século XIX. Os índios tinham um sério dilema. Dependiam da Funai (Fundação Nacional do Índio) e, portanto, do governo, para o reconhecimento de sua indianidade e de seu direito às terras da ilha. Por outro lado, estavam sendo assediados pelo MDB, partido de oposição ao governo militar, oposição que contava com a simpatia dos grupos de mediação que os apoiavam. Isso os deixava numa situação de conflito interior. Fiz com eles uma reflexão sobre o momento histórico, os dilemas que existiam para todos e o fato de que sua prioridade e urgência era o reconhecimento de sua condição tribal e de seus direitos territoriais. Naquele contexto, política partidária era coisa de brancos, que não tinham o dilema que os afligia. No dia seguinte, houve uma missa comemorativa, celebrada pelo frei Enoque, tido como sucessor provável do frei Damião, famoso predicante, havido como sucessor do padre Cícero. No ofertório da missa, as índias entraram na igreja dançando o toré, único elemento cultural de sua tradição, que sobrara da violência sofrida, único elemento de sua identidade perdida. Frei Enoque, surpreso, comentou comigo, que estava ao seu lado: "Acho que o papa não vai gostar desta missa."

Já de volta a Aracaju, me foi pedido que fizesse uma palestra a um pequeno grupo de professores universitários sobre o documento *Igreja e problemas da terra*. No momento das perguntas, houve várias, mas um dos presentes insistia em saber qual era o fundamento marxista do documento e da conceituação *terra de trabalho* e *terra de negócio*. Era uma armadilha. Expliquei-lhe que o documento se baseava na doutrina social da Igreja e que na descrição interpretativa nele contida a conceituação não era marxista nem podia ser. Ela se situava melhor numa fenomenologia do uso e posse diferenciais da terra, conforme a categoria social, a de quem nela trabalha ou a de quem dela lucra, sobretudo especulativamente com a renda da terra. Expliquei-lhe que a teoria da renda da terra não era marxista, mas muito anterior a Marx, embora Marx também a tivesse empregado. Não demorou muito, foi publicado um artigo do arcebispo, notoriamente conservador e um dos adversários do documento, denunciando a inspiração marxista do texto da CNBB e mencionando minha "confissão" na palestra mencionada. Coisas da inquisição, que não é tão santa como se diz.

Uma das evidências do distanciamento dos bispos em relação a atividades partidarizadas nas pastorais sociais ocorreu em julho de 1986, durante o 6º Encontro das Comunidades Eclesiais de Base, em Trindade (Goiás). Fui convidado a dele participar, juntamente com um pequeno grupo de outras pessoas às quais as pastorais sociais recorriam na condição de "peritos", fossem assessores permanentes ou fossem assessores de encontros. Fomos todos alojados num mesmo quarto e dormíamos em colchões colocados no chão, numa casa cedida por uma família local. Estavam lá, dentre outros, o Betinho (Herbert de Souza, irmão do Henfil), os irmãos Boff (Leonardo e Clodovis), Dom Marcelo Barros, monge beneditino de Goiás Velho, e outros mais cujos nomes não lembro. Cerca de 40 bispos de todo o Brasil estiveram presentes, talvez um pouco mais.

Ali foi hospedado, também, o então relativamente jovem Cardeal Simonis, da Holanda, que o papa João Paulo II nomeara em substituição ao velho cardeal, que havia levado a igreja holandesa a posições muito avançadas para o gosto da Cúria Romana. O cardeal tinha como secretário um padre que se desesperava na tentativa de protegê-lo contra a inevitável proximidade com os outros ocupantes da casa. Mas havia um banheiro só e, de manhã, tínhamos que enfrentar a mesma e democrática fila para as abluções matinais e as necessidades fisiológicas. O cardeal encarou a situação com bom humor. Conversava com os outros hóspedes, trocava ideias, ria.

Convidar o cardeal holandês para o encontro nacional das CEBS fora iniciativa de Dom Aloisio Loscheider. Constava, de fonte boa, que Dom Aloisio fora forte candidato de setores importantes da Igreja à sucessão do papa João Paulo I, o que lhe dava grande e merecido prestígio no Vaticano e mesmo junto ao eleito, o cardeal Woytila. Em boa parte porque o cardeal Lorscheider fora expressamente citado pelo cardeal Albino Luciani, no momento em que o novo papa assomou ao balcão da Basílica de São Pedro para a bênção *urbi et orbi* à multidão que se encontrava na praça. Eu estava numa reunião de estudos da Comissão Pastoral da Terra, na chácara da Arquidiocese de Goiânia, na tarde de 26 de agosto de 1978, quando a reunião foi interrompida para que pudéssemos ver pela televisão o anúncio e a apresentação do novo papa. Lembro-me perfeitamente bem de que o eleito no conclave, que já estivera no Brasil, no ABC, filho de um operário socialista, quebrando o protocolo, fez uma alocução informal. Declarou que quando percebeu que a vontade do Espírito Santo vinha em sua direção, teve medo: "*Ho avutto paura*", disse timidamente. Explicou, então, que o cardeal Lorscheider, que estava sentado ao seu lado, segurou-lhe a mão e disse-lhe: "*Coraggio!*" Na linguagem altamente simbólica e densamente alusiva da Igreja, aquele testemunho do novo Papa tinha alto significado: Dom Aloisio era um cardeal próximo de seu coração, provavelmente havia recebido votos naquele conclave do Colégio de Cardeais.

Um mês depois, Albino Luciani falecia e os cardeais eram chamados de volta para eleger seu sucessor. Nos meios eclesiásticos, era forte a expectativa de que, pela primeira vez em muitos séculos, o novo papa não fosse um italiano. Quando Dom Aloísio chegou ao Vaticano, foi conduzido aos seus aposentos, um dos primeiros e mais visíveis do corredor de acesso, por onde passariam praticamente todos os cardeais convocados ao conclave. Ao entrar, teve a impressão de que se enganara e retrocedeu, dizendo a quem o conduzia que havia entrado na enfermaria. O acompanhante explicou-lhe que não se enganara. Aquele era mesmo o seu quarto. Como estava "gravemente doente" (Dom Aloísio tivera um problema cardíaco algum tempo antes) resolveram prevenir-se com os recursos adequados para o caso de uma emergência, montando em seu aposento uma verdadeira UTI. Na prática, isso significava passar aos cardeais, ostensivamente, a mensagem de que um dos "papábiles" estava à beira da morte. Uma artimanha para dar inveja a qualquer um dos nossos coronéis do sertão. Ninguém votaria num candidato em risco de morrer no dia seguinte. Foi, então, eleito Carol Woytila, da Polônia, o papa João Paulo II, que tinha a preferência dos cardeais alemães e, ao que parece, dos americanos. Triunfava a linha conservadora da Cúria Romana, uma guinada na orientação dos papas João XXIII e Paulo VI, que teria sido seguida se João Paulo I tivesse sobrevivido.[16]

O prestígio e as conexões de Dom Aloísio no Vaticano e junto aos cardeais lhe permitiam perceber as apreensões da cúpula da Igreja quanto ao que poderiam ser as comunidades eclesiais de base aqui no Brasil. Em Roma, suspeitava-se de uma associação entre catolicismo e marxismo e todos os problemas decorrentes para a Igreja no maior país católico do mundo. Essa suposta associação corria solta, fazendo supor que a Igreja Católica havia, enfim, levantado o veto ao comunismo e admitido marxistas até mesmo na prática do culto. Ainda no início dos anos 2000, estando em Genebra, vi na rádio e televisão espanhola a entrevista de uma apresentadora com dois brasileiros, um sem-terra do MST e um índio do extremo norte, que estavam na Espanha para um evento. Perguntava ela se era verdade que eles eram cristãos e marxistas. Tratava-se de duas pessoas simples, visivelmente deslumbradas com a experiência que estavam tendo e com a atenção que recebiam, tratados como se fossem espécimes raros de um cruzamento biológico entre leão e cordeiro. Sorridentes, acenavam com a cabeça, afirmativamente. Isso dá bem a medida da difusão na mídia de impressões superficiais resultantes de proximidades que não constituíam efetivamente a marxização da Igreja.

Em certa ocasião, nos anos 1970, fui convidado a ir a Fiésole, perto de Florença, para fazer uma palestra a convite da excelente revista *Testimonianze*. Fui hóspede do grande pensador católico, o padre Ernesto Balducci, na sua Badia Fiesolana, cujo pórtico fora esculpido por Michelangelo. Nativo de uma aldeia próxima do Monte Amiata, lugar mítico do milenarismo popular italiano, tornou-se padre no fim da Segunda Guerra Mundial e acabaria congregando-se no grupo do cenáculo, de Florença, que reunia pensadores católicos que advogavam por uma Igreja do diálogo. Defensor de uma Igreja *aggiornatta*, sofrera perseguições no mundo civil e na Igreja antes da ascensão de Angelo Giuseppe Roncalli ao Trono de São Pedro. Graças à intervenção do papa Paulo VI, Ernesto Balducci se agregaria à Badia Fiesolana e, com outros nomes do cenáculo, passou a editar *Testimonianze*. Tornou-se um autor referencial de livros sobre a Cultura da Paz.[17]

O padre Balducci, que vivia enterrado numa montanha de livros em sua imensa biblioteca, onde o encontrei quando lá cheguei, instituíra um regime comunitário em que, no almoço e no jantar, todos comiam juntos, residentes, empregados e hóspedes, ao redor da mesa, para troca de ideias e conversação culta. Era um grupo pequeno. Das conversas ia ficando claro que ele, que fora próximo do papa João XXIII, e era colaborador do jornal *Unità*, do Partido Comunista Italiano, também imaginava que no Brasil e na América Latina estivesse emergindo uma Igreja liberta do anticomunismo e liberta dos cerceamentos da Guerra Fria. Por isso, desejava conversar comigo, sabendo-me na Itália.

A Teologia da Libertação parecia dar sustentação ao pressuposto dessa versão católica da coexistência pacífica, que fora a consigna do Partido Comunista da União Soviética. No entanto, nas vezes em que tive oportunidade de encontrar o padre Gustavo Gutiérrez, seu autor referencial, para ouvi-lo ou com ele conversar, era evidente sua preocupação com a possibilidade de que seus leitores e ouvintes eventualmente supusessem que Marx fora um homem de fé. Ao contrário, insistia ele, Marx era materialista e até havia considerado a religião "o ópio do povo". A única conexão entre sua teologia e o marxismo estava no recurso ao método dialético e a isso se circunscrevia a proximidade entre a Teologia da Libertação e Marx.

As publicações de esquerda, para não comprometer seu preconceito contra a religião e a fé, distinguiam e separavam em suas considerações e análises, e ainda o fazem, o que chamavam, indevidamente, de Igreja progressista da Igreja reacionária. Ora, a ala da Igreja daquele modo definida, a que se interessava e se interessa pelas questões sociais, o faz por seu intenso compromisso com as tradições do pensamento conservador e não por se opor a elas. Um dos mais influentes pensadores que inspiram esse grupo é o já citado Emmanuel Mounier. O *personalismo*, de Mounier, propõe que se compreenda a sociedade na centralidade da categoria de *pessoa* em oposição à categoria de *indivíduo*, que é essencial na organização e na mentalidade da sociedade capitalista.

Mas *pessoa* é conceito que nos remete a categorias pré-modernas, como a de comunidade, em oposição à de sociedade. *Pessoa* é a categoria humana dos que ainda não foram fragmentados pelos processos da sociedade moderna, em particular pelos desdobramentos sociais da reprodução ampliada do capital. Remete-nos à ideia de *totalidade*, em contraponto à ideia de sociedade como conjunto articulado de fragmentos. Portanto, é nesse sentido, no da valorização da totalidade, como pressuposto da compreensão das relações e ações sociais, que se pode entender certa convergência com o marxismo, porém por fatores e motivos opostos. O *princípio da totalidade*, como unidade do diverso e síntese de muitas determinações, como a ele se referia Marx, é um pressuposto do método. É no reencontro da totalidade que o método dialético viabiliza, também, no catolicismo, a Teologia da Libertação.

Nesse sentido, não é estranha nem anômala a valorização dos *Manuscritos econômicos e filosóficos*, de Marx, por conspícuos pensadores católicos, especialmente o ensaio sobre a alienação. E dentre esses autores cito Joseph Ratzinger, o pensador católico que se tornou o papa Bento XVI (renunciante em 2013) e que à tese de Marx sobre a alienação se refere num de seus textos. Essa tem sido a melhor indicação de que o que converge entre catolicismo e marxismo é justamente um dos textos de Marx mais claramente procedentes do elenco de noções pré-modernas que constituem o arcabouço fundante do pensamento marxiano. Um texto do Marx "jovem" e não do Marx "comunista", para forçar na didática de uma definição imprópria. A pobreza de um marxismo linear e evolucionista acoberta a dialética das temporalidades que está no centro das análises de Marx, impedindo que se reconheça nos pretéritos e nos possíveis que as compõem o desencontro antagônico que permite compreender criticamente o atual. O processo histórico, nessa perspectiva, não é desfazimento, apagamento, anulação, mas superação.

Na prática da confusão a esse respeito feita pelos partidos de esquerda, que eventualmente se aproximaram da Igreja Católica, nesse período, por nela identificarem uma "ala progressista" e até marxista, havia temores, maiores ou menores, na Igreja. No Pará, no Mato Grosso, em Goiás, a coalizão de setores da AP (Ação Popular), o grupo progressista católico de ação política, sobretudo no meio estudantil, com o PCdoB (Partido Comunista do Brasil, filo-chinês) foi marcada por certa presença de membros dos dois grupos no trabalho pastoral. Alguns porque refugiados das perseguições políticas da ditadura. Dom Pedro Casaldáliga manifestou-me, certa vez, sua enorme preocupação com a possibilidade de que os fiéis, naqueles sertões distantes, pudessem eventualmente se dar conta de que aquelas pessoas não eram de fato católicas nem criam em Deus. Elas ajudavam nos trabalhos da Igreja e até na preparação do culto, tocando nos objetos sagrados. Temia ele que o limite que separa o sagrado e o profano fosse ultrapassado e que, por desconhecê-lo, uma daquelas pessoas pudesse eventualmente atuar até como ministro da eucaristia. Os danos para a Igreja e a religião seriam imensos.

Não só setores da Igreja estavam ansiosos por aproximação com o marxismo, pela óbvia razão de que não tinha ela o discurso político que as esquerdas tinham, num momento da história em que os antagonismos à ditadura eram indiscriminadamente definidos como de esquerda, embora não o fossem necessariamente. Também em outros países da América Latina essa abertura tinha seu sentido. A Revolução Sandinista, na Nicarágua, era considerada uma revolução de católicos de esquerda, em que a presença do padre Ernesto Cardenal era o grande símbolo. Transcrevo trecho de um artigo que escrevi, sobre o tema, quando da visita do papa Bento XVI a Cuba, tendo em vista que também o governo cubano, desde o início dos anos 1980, estava ansioso por uma reaproximação com a Igreja, inspirado no que ocorria na Nicarágua:

> De certo modo, sou testemunha e involuntário participante de um episódio adjetivo do processo de reaproximação entre Cuba e a Igreja, que é o que me dá a compreensão que dele tenho. Em 1981 fui convidado a ir a Havana como membro do júri do prêmio "Casa de las Américas". Logo nos primeiros dias, fui procurado no hotel por um sujeito em mangas de camisa, pastinha em baixo do braço, que me convidava para jantar numa das noites seguintes num restaurante chamado El Conejito. Queria conversar sobre a Igreja no Brasil. Disse-me que o governo cubano estava interessado em estabelecer um contato com a Igreja Católica daqui. Contou-me as dificuldades com o Vaticano, que reduzira o catolicismo em Cuba a uma religião de baixo perfil, igrejas fechadas a maior parte do tempo, e com isso procurava indispor os católicos cubanos contra o regime.
>
> Os governantes cubanos estavam surpresos com o catolicismo brasileiro da Teologia da Libertação e das comunidades de base. Imaginavam, como tanta gente, equivocadamente, que havia aí uma fusão de marxismo e cristianismo. Gostariam de estimular um diálogo da igreja brasileira com a igreja cubana para ali difundir as CEBS e, desse modo, contornar e atenuar o veto do Vaticano ao regime. Entendi, então, a razão do convite para ir a Cuba e de que tenha sido Florestan Fernandes, cassado na USP e professor na PUC, o portador da carta.
>
> Embora conhecesse vários bispos, de reuniões de estudo de que participamos juntos, e tivesse sido um dos assessores de um dos encontros de Itaici, expliquei-lhe que não tinha legitimidade para fazer a conexão pedida. Sugeri o nome do frei Betto. Escritor, leigo (não é padre ordenado), articulador das comunidades de base, amigo dos bispos com elas identificados, que poderia avaliar e fazer a ligação pedida. O interlocutor comentou: "frei Betto seria a sopa no mel".

O dominicano acabou indo a Cuba e escrevendo o famoso livro sobre Fidel e a religião, lido com interesse pelo papa João Paulo II, conforme comentário que ouvi em Roma. Foi o que abriu o caminho para a primeira visita do papa, a nomeação de um novo cardeal e a reaproximação entre o Vaticano e Cuba.[18]

Aproveitei para manifestar ao interlocutor cubano, que me procurara no hotel, meu interesse em conhecer a situação da Igreja e das religiões em Cuba. Ele me pôs em contato com o homem que, no Partido Comunista Cubano, era o encarregado do assunto. Era um homem culto, bem informado, negro, que me deu uma verdadeira aula sobre a diversidade religiosa do povo cubano, predominantemente identificado com a santeria, o nosso candomblé, com forte sincretismo. Aliás, explicou-me, o ditador Fulgencio Batista era pai de santo e Fidel era popularmente conhecido como filho de Xangô. A religião católica era, em Cuba, minoritária da elite branca, o que em boa parte explicava a hostilidade católica, não necessariamente dos católicos, ao regime. No fundo, num país oficialmente materialista e sem classes sociais, o processo político e seus antagonismos mais graves eram atravessados pelas religiões e pelos antagonismos religiosos e não imediatamente por definições de classe social.

Eu notara que a catedral estava sempre fechada. Em função de seus esclarecimentos, mencionei-lhe o fato e disse-lhe que gostaria de conversar com algum sacerdote católico que me desse um panorama "de dentro" da situação católica em Cuba. No curto prazo que eu tinha, disse-me que o mais seguro era ir ao cemitério de Colón, o principal da cidade, onde sempre havia um padre de plantão para atender as famílias de falecidos católicos. Foi o que fiz, mas não encontrei nenhum sacerdote. Notei, que os túmulos, às vezes suntuosos, das famílias que haviam emigrado para Miami, fugindo do comunismo, eram bem cuidados pelo próprio governo. Um detalhe me confirmava essa impressão: como em outros países católicos, caso da Itália, é ali costume deixar uma lâmpada acesa no interior do túmulo por motivo religioso. Também isso acontecia no cemitério de Havana, o governo cuidando para que a ausência dos exilados e de quem cuidasse das tumbas não violasse uma tradição religiosa da população católica.

Ao mesmo homem encarregado das religiões, mencionei meu interesse em conhecer melhor o renascimento da agricultura familiar no país em função da recente criação de um mercado livre de produtos agrícolas. A estatização da agricultura fracassara e havia uma crise de desabastecimento, algo que repetia graves problemas havidos na União Soviética após a Revolução e a coletivização da agricultura. Nosso grupo de jurados do prêmio Casa de las Américas visitara o projeto de pecuária leiteira do Valle de Picadura, tendo por cicerone o irmão mais velho de Fidel, Ramón, que o dirigia. Cuba tinha que resolver o problema do abastecimento de leite, insuficiente com o rebanho leiteiro disponível num país que historicamente havia sido condenado à monocultura canavieira e à produção do tabaco. Com a ajuda do Canadá e a doação de matrizes de alta produtividade, Cuba iniciara um programa de cruzamento genético das matrizes canadenses com gado crioulo resistente às adversidades do clima. Produzira uma geração de vacas leiteiras de alta produtividade que garantia que cada criança em Cuba recebesse a sua cota diária de leite. Uma dessas vacas, que produzia cem litros de leite por dia, tornara-se heroína nacional e ganharia um monumento celebrativo.

Do alto de um morro, Ramón nos explicava que os lotes cercados que se via na extensão do pasto imenso eram de pequenos agricultores que não haviam concordado em ter suas terras incorporadas ao projeto de estatização. O governo não fizera expropriações. Preferira fazer uma proposta a cada um. Além de uma renda vitalícia, cada morador que não quisesse permanecer na fazenda estatal seria removido para uma urbanização próxima, em casa própria. Visitamos o lugar, chamado de "Vitória do Vietnã". Eram sobrados geminados, um apartamento em cima e outro em baixo. Um dos moradores exigira que não houvesse um apartamento em cima do seu, pois não estava acostumado a ter outro morador em cima de sua cabeça, e assim foi feito. Recebiam gratuitamente em casa, todos os dias, o leite da fazenda coletiva que agora existia em terras que foram suas. Os que optaram por permanecer na fazenda, como trabalhadores do projeto, foram morar numa colônia lá dentro, com moradias, posto de saúde, lavanderia coletiva, teatro, escola. Enfim, uma solução interessante para um problema que em todas as partes foi muito mal resolvido pelos governos socialistas.

Um funcionário do partido foi designado para levar-me em seu velho carro a uma região de pequenos agricultores, dedicados à produção de cenoura para as feiras de Havana. Eram pessoas simples, vivendo em habitações modestas. Vários haviam trabalhado antes em fazendas produtoras de tabaco ou na enrolação de charutos. Portanto, não tinham propriamente uma tradição de pequena agricultura. Durante todo o trajeto, o guia insistia comigo que eu ia conhecer famílias de "agricultores acomodados", designação que na nomenclatura oficial dos partidos comunistas designa os potencialmente reacionários e potencialmente inimigos da classe trabalhadora e do socialismo. Aqueles que, por seus vínculos diretos com o mercado, são potencialmente capitalistas e burgueses.

Uma simplificação oriunda do simplificador e mau marxismo de manual, o marxismo antimarxista do socialismo de Estado. Um marxismo puramente ideológico e antissociológico. Além do *Manifesto comunista*, não consegui encontrar em Cuba nenhum outro livro de Marx e/ou Engels. No fundo, ele queria me dizer que aqueles cubanos não eram, além do mais, os "verdadeiros cubanos" da Revolução. Mesma impressão que tive quando, um dia, o pessoal da Casa de las Américas nos colocou no ônibus especial usado em nossos deslocamentos, para que fôssemos "ver" o lugar em que estavam detidos os cubanos descontentes que havia meses esperavam um salvo conduto para deixar o país rumo ao exílio. Tudo dependia de um país que os aceitasse. Ao ouvirem o ruído do ônibus, muitos dos presos correram para o muro, imaginando que, finalmente, vieram buscá-los. A guia, uma moça culta, nos dizia que aqueles eram os "vagabundos", os que queriam deixar Cuba porque não queriam trabalhar. No fundo, estávamos fazendo uma visita a um zoológico político. Era uma situação dolorosa, embora não pudéssemos deixar de ter simpatia pelos cubanos "que ficaram", vivendo as adversidades do boicote econômico dos Estados Unidos e tentando construir uma sociedade diversa da do modelo dominante.

Cuba se esmerara em assegurar que todos os cubanos tivessem trabalho, alimentação, educação e saúde garantidos. O país havia conseguido reduzir substancialmente a desigualdade social, ainda que tomando como referência um básico inferior ao padrão da média que um país de desigualdades acentuadas obviamente teria. Mas havia queixas. Num encontro com o ministro que em Cuba desempenhava a função de primeiro-ministro, de que todos participamos, havia também pessoas que não faziam parte do júri do prêmio Casa de las Américas. Abertos os debates, uma moça culta pediu a palavra e perguntou-lhe por que era obrigada a comer lentilhas, se as odiava e preferia o feijão. Ele explicou-lhe que a produção de feijão estava sujeita a pragas em relação às quais a lentilha estava protegida. O risco de uma crise de abastecimento era maior se a opção fosse pelo feijão do que se fosse pela lentilha. Ela o contestou, então, sugerindo que uma questão assim seria mais bem compreendida se fosse debatida com a população e não apenas decidida pelo governo. Coisa dos técnicos, que fizeram a opção preferencial pela quantidade de comida sem levar em consideração hábitos e costumes. No fundo, falta de antropologia na política.

Cuba orgulhava-se de ter alfabetizado toda a população em condições de ser alfabetizada. Nas poucas casas que visitamos havia livros. Um êxito editorial havia sido a publicação de *Dom Quixote de la Mancha*, de Cervantes, ilustrada por Picasso, livro impresso em papel feito com celulose extraída do bagaço de cana: um milhão de exemplares, vendidos a preços simbólicos em poucos dias. O grande poeta cubano da negritude, já idoso, Nicolás Guillén, acompanhou-nos numa caminhada pelas ruas de Havana para conhecermos uma feira de livros, orgulhoso do interesse de seus compatriotas pela literatura. É dele, aliás, um poema para o nosso Portinari: "Para Cándido Portinari/ la miel y el ron,/ y una guitarra de azúcar/ y una canción,/ y un corazón."

Quando fomos levados para um hotel isolado na ilha de Pinos, para terminar a leitura e avaliação da montanha de originais inscritos no concurso, tivemos num fim de tarde a oportunidade de visitar um clube de poesia na pequena cidade de Nueva Gerona. Todas as tardes, em baixo de uma árvore, moradores simples, geralmente trabalhadores, reuniam-se para tomar um *mojito* e recitar e ouvir poemas próprios e alheios. A ilha de Pinos é, aliás, o cenário de *A ilha do tesouro*, de Robert Louis Stevenson. Ali conhecemos as ruínas das prisões ativas antes da Revolução, construídas conforme o modelo do *panopticon* de Jeremy Bentham, analisado por Michel Foucault, em *Vigiar e punir*. Uma arquitetura impressionante da produtividade na repressão: um só guarda podia tomar conta de centenas de presos a partir de uma gaiola de aço pendurada no centro do edifício circular, o olho que tudo via, mesmo quando não visse.

De volta a Havana, fomos um dia avisados de que o ônibus viria buscarnos à noite para um programa especial. Uns diziam que iríamos ver um espetáculo do famoso Balé Nacional de Cuba, com a presença da famosíssima Alícia Alonso. Outros tinham esperança de que seria uma visita ao também famoso e histórico Cabaré Tropicana. Na verdade, fomos levados para uma casa assobradada de classe média, não muito longe do Hotel Habana Riviera em que estávamos, no bairro de El Vedado. Era uma casa simples, com uma sala envidraçada que dava para um pequeno jardim, de onde se via a entrada. Era a residência do ministro da Cultura, Armando Hart, que participara ativamente da Revolução Cubana, fora líder estudantil e fora preso político do regime de Fulgencio Batista. No jardim havia cadeiras brancas de plástico. Sentei-me ao lado de João Ubaldo Ribeiro e de Berenice, sua esposa.

Estávamos conversando e tomando *mojitos* quando, pelo canto do olho direito, vi que um automóvel preto parou na frente da entrada da casa. No banco do carro era possível ver livros esparramados, numa certa desordem. Dele saiu Fidel Castro. Cutuquei João Ubaldo e disse-lhe que Fidel havia chegado. Ele riu e comentou com os outros que desde o começo eu estava insinuando que encontraríamos Fidel naquela noite. Dali a pouco Fidel entrou no jardim, cumprimentou a todos e sentou-se perto de mim, a cerca de um metro de distância. Um segurança fardado postou-se atrás dele, que a um sinal passou-lhe um charuto. A conversa com Fidel estendeu-se por três horas. Fez perguntas, falou do que os cubanos haviam "aprontado" na Venezuela, falou de literatura, contou que tinha insônia e passava boa parte da noite lendo, lamentou que a Casa de las Américas não lhe mandasse os livros que publicava, a maioria deles livros premiados no concurso anual do qual naquele 1981 nós éramos os jurados. Aliás, naquele ano, em Pinos, havíamos escolhido o belíssimo livro de literatura infantil *De olho nas penas*, da brasileira Ana Maria Machado, para uma das premiações. Logo no início da conversa de Fidel, João Ubaldo saiu à procura de papel e lápis. Na margem branca de um exemplar

Uma das garrafas de rum, de louça, a que me coube, que Fidel Castro deu, em mãos, a cada um dos membros do júri do Prêmio Casa de las Américas, no encontro realizado na casa de Armando Hart, ministro da Cultura, em 1981.

do *Granma* foi anotando o que podia. Nascia ali o artigo sobre o encontro inesperado que publicaria nas páginas de *O Pasquim*. Estavam, também, na casa, vários dos sobreviventes da Sierra Maestra, um deles, o irmão mais moço de Fidel, Raul, com quem conversei rapidamente sobre a presença cubana na África. Queixava-se ele, alegoricamente, de que a língua portuguesa era difícil para os cubanos.

Fidel foi fotografado conosco. Sugeriu que nos espalhássemos pela escada que levava ao andar superior da casa, assim todos sairíamos na foto. Antes de retirar-se, deu a cada um de nós três vasilhas de barro, de rum, uma das quais

Homenagem a Antonio Candido, no Encontro de Escritores, em Havana. À esquerda da foto, de cabeça ligeiramente baixada, o poeta uruguaio Mário Benedetti. De cavanhaque e paletó escuro ao lado do presidente da sessão, que abraça Antonio Candido, Roberto Fernández Retamar, diretor da Casa de las Américas. *(Foto: Casa de las Américas, 1981)*

repassei ao professor Antonio Candido, que já havia retornado ao Brasil com a esposa, dona Gilda, porque uma orientanda estava no prazo final de entrega da tese de doutorado. Eles não puderam comparecer àquele encontro. Encontro do qual trouxe o toco de um dos charutos fumados por Fidel, que o lançou ao chão e o apagou com a bota, bem ao meu lado. Diverti-me mostrando-o depois aos cubanos que ansiavam por relíquias como aquela e não haviam tido a ideia de pegar um dos tocos de charuto que Fidel deixara cair no chão.

Voltaríamos a nos encontrar com Fidel mais duas vezes, uma delas num almoço que ofereceu aos participantes do Encontro de Escritores. O encontro era uma homenagem a Haydée Santamaria, que se suicidara poucos meses antes. Ela era a grande figura de referência da Casa de las Américas, que fundara. Havia participado da guerrilha e tinha sido companheira de Armando Hart, com quem teve uma filha. O Encontro foi presidido pelo poeta Roberto Fernández Retamar e sua sessão de abertura foi uma homenagem ao professor Antonio Candido.

Apesar da cálida convivência com escritores originários de vários países latino-americanos, alguns idos a Cuba especialmente para participar do júri do prêmio Casa de las Américas, como Antonio Candido, João Ubaldo Ribeiro, Gianfrancesco Guarnieri, Márcio Souza e eu, e, outros, exilados políticos no país, havia claras distâncias entre os hispano-americanos e os brasileiros. Tive sorte de, no hotel, compartilhar o quarto com José Emilio Pacheco, grande poeta e escritor mexicano. Por meio dele, acabei sabendo mais sobre os escritores de fala espanhola que se encontravam no júri e no evento. Fora dos recintos de atividade, a tendência era a dos hispanos saírem juntos e a dos brasileiros a de se isolarem. Pude ir com José Emílio a um desses encontros, em que era ignorado como "estrangeiro", embora falasse espanhol, filho e neto de espanhóis que sou, língua que aprendi na infância em casa de meus avós e que falo com facilidade.

No correr dos dias foi-me possível compreender que naquele grupo, que incluía vários nomes decisivos da literatura latino-americana, havia uma tristeza subjacente e silenciosa, a do exílio e também a das vítimas da repressão. No jantar, em nosso primeiro dia no hotel, coube-me sentar à mesma mesa a que se sentavam o poeta uruguaio Mário Benedetti e sua esposa, exilados em Cuba, o poeta de *"Los poemas suelen ser papel mojado..."*. A voz suavemente musical de Benedetti escondia a poesia não dita, o verso não pronunciado. Imperturbável, continuava poético mesmo em face da demora de mais de uma hora para que o jantar fosse servido porque os cozinheiros não estavam preparados para atender a tanta gente e, enquanto isso, decidiram fazer uma assembleia política na cozinha porque advertidos por alguém.

Nos outros dias, a dor profunda do poeta argentino Juan Gelman foi sendo notada nos vincos de seu rosto sofrido pelo sequestro de seu filho e de sua nora grávida, em 1976, pelos agentes da repressão da ditadura em seu país. Esquecia-se momentaneamente de que sua vida estava entre parênteses e ria com os demais. Mas, de repente, o parêntese se quebrava e ele caía em prantos, acompanhado em silêncio solidário por todos que podiam ouvir e compreender seus soluços – "Sube a nacer conmigo, hermano. Dame la mano desde la profunda zona de tu lugar diseminado." Uma dor profunda e indisfarçável pontilhava sua vida e sua poesia. Estávamos em 1981. O corpo de seu filho só seria descoberto em 1990. Descobriu-se que sua nora fora levada para o Uruguai pelos agentes da Operação Condor e ali morta depois de ter dado à luz uma filha na prisão. A neta de Gelman, Macarena, seria localizada viva em 2000.

Numa sala à parte do hotel, tomávamos juntos o café da manhã, todos ao redor de uma única mesa. Era o bate-papo que inaugurava nosso dia de muito trabalho e nos tornava conhecidos uns dos outros. Era exceção o embaixador do Equador, também escritor, que preferia sentar-se com a esposa em mesa à parte. Também se recusava a viajar conosco no mesmo ônibus em que íamos juntos de um canto a outro. Exigia carro especial e oficial. Invocava sua condição de diplomata. Mas a decepção foi quando Gabriel Garcia Marquez entrou pela primeira vez no salão, cumprimentou a todos e foi sentar sozinho num canto do salão. Foi um banho de água fria. Eu havia lido *Cem anos de solidão* e ficara fascinado com o imaginário do autor. No entanto, ali, naquele dia e nos dias subsequentes, ele não se juntou a nós. Dele chegava apenas a notícia de que era "amigo do comandante", o que aparentemente ressecava na sua postura cotidiana o realismo fantástico das páginas do fascinante livro, que expressa tão intensamente a nossa latino-americanidade. Enfim, ninguém é perfeito.

Só nos últimos dias de nossa estada em Cuba, quando fomos levados para a ilha de Pinos, João Ubaldo Ribeiro, na mesa do jantar, quebrou um dia as distâncias, usando a tradicional e eloquente linguagem do gesto e do silêncio. Sem nada dizer, pegou uma laranja e cortou-a ao meio, sem descascá-la. O que imediatamente chamou a atenção dos que estavam perto. Tirou de dentro da fruta uma nota de um dólar americano, devidamente molhada pelo caldo. Os circunstantes ficaram boquiabertos. Desde o desembarque no aeroporto de Havana, onde quer que fôssemos éramos acompanhados por dois sujeitos, supostamente à nossa disposição para nos ajudar no que fosse preciso. Alguém nos disse que eram do serviço secreto. Mais do que os outros, ficaram curiosos e perguntadores. João Ubaldo explicou-lhes que Cuba estava perdendo dinheiro. Exportava laranjas a preços ínfimos, quando bastava cortá-las e extrair de dentro o dólar que cada uma continha. Puseram em dúvida o que haviam visto. João Ubaldo cortou outra e tirou de dentro outro dólar. Desafiado, cortou uma terceira e novo dólar saiu de lá. Os cubanos devem estar até hoje procurando entender como é que ele conseguia fazer aquilo. Eu estou.

No Encontro de Escritores, em Havana, Cuba, em sessão de
homenagem a Antonio Candido. Da esquerda para a direita:
Márcio Souza, João Ubaldo Ribeiro, Gianfrancesco Guarnieri e eu.
(Foto: Casa de las Américas, 1981)

O interesse do governo cubano pelo assunto da religião manifestou-se também na conversa informal que Fidel entreteve conosco no almoço do Encontro de Escritores a que me referi. Fez referência ao caso de uma participante da guerrilha de Sierra Maestra, sua amiga, que se recusava a receber a carteira de membro do Partido Comunista porque era católica: "Você pode ser católica quanto quiser, mas ninguém é mais comunista do que você!"

Na conversa com o dirigente comunista que no Partido cuidava da questão das religiões, fiquei sabendo que os problemas do regime cubano com a Igreja Católica haviam começado com a invasão da Baía dos Porcos, em 1961, por exilados cubanos treinados pelo exército americano, organizada pela CIA. Dentre os muitos capturados na Batalha de Girón, estavam vários padres espanhóis, de armas nas mãos. Como se tratava de operação de guerra e de uma invasão, os prisioneiros não eclesiásticos foram fuzilados, com base na lei marcial. O governo, porém, poupou os padres e os devolveu à Espanha, tanto pela importância das relações diplomáticas com aquele país quanto pela importância das relações diplomáticas com a Igreja. A Igreja Católica de Cuba era uma espécie de colônia da Igreja da Espanha, de onde procediam seus missionários, ainda marcada pela ideologia da guerra santa que a movera contra os republicanos e comunistas na Guerra Civil espanhola. A devolução dos padres, que em termos dos princípios militares deveriam ter sido fuzilados, explicou-me ele, não surtiu efeito. O Vaticano congelou suas relações com Cuba e, após o falecimento do cardeal cubano, não lhe nomeou sucessor. A aproximação com a Igreja era peça importante na atenuação dos efeitos danosos à política e à economia cubana do bloqueio decretado pelo governo americano.

Essa coexistência pacífica, ansiada pelos cubanos, produzia no Brasil efeitos mesmo entre católicos não necessariamente ligados a partidos, mas que se definiam como de esquerda. Lembro-me de uma demonstração de iconoclastia numa das assembleias da CPT, em Goiânia, por um grupo de agentes de pastoral, dentre os quais havia ex-seminaristas. Nas extensas reuniões da entidade, que duravam o dia inteiro, era comum fazer pequenos intervalos, durante os quais alguém contava uma anedota ou os presentes cantavam alguma música. O grupo de agentes resolveu fazer uma procissão caricatural, cantando paródia de hino católico conhecido e antigo, do tempo ainda do catolicismo conservador de Pio XII, que atravessava o recinto do imenso salão. Nessas reuniões sempre havia trabalhadores rurais trazidos pelos representantes dos regionais. Observei atentamente o rosto e as expressões de espanto e indignação dos trabalhadores, mas também de bispos e padres. A iconoclastia expressava o modo equivocado como muitos interpretavam seu novo qualificativo "de esquerda".

O problema que se pusera lá naquele encontro das CEBs, em Trindade, origem desta digressão extensa, era enorme. Tudo correu bem e, ao que parece, o Cardeal Simonis partiu feliz de volta para sua arquidiocese, parando antes, se não me engano, em Roma para uma visita e um relato ao Papa, para tranquilizá-lo. As CEBs não eram comunistas nem marxistas.

No entanto, no que diz respeito à relação entre pastorais sociais e política, a questão estava muito longe de ser resolvida. No mesmo encontro de Itaici, de que participei e ao qual me refiro, Dom Ivo Lorscheiter disse aos agentes de pastoral, enfaticamente, numa conversa de corredor: "Nada de partido católico!" E repetiu a recomendação. A assembleia das CEBs, em Trindade, confirmou que as preocupações de Dom Ivo eram preocupações de outros bispos. Reunidos em assembleia de encerramento, na tarde do último dia do encontro, os leigos e os padres e freiras tomaram assento nas cadeiras que havia na pista do recinto esportivo amplo, para as votações usuais. Apenas dois bispos os acompanharam. Os demais bispos, cerca de quarenta, sentaram-se juntos na arquibancada, isolados da assembleia, observando. A reunião foi aberta e presidida por Antônio Carlos Moura, que fora agente de pastoral em São Félix do Araguaia, era excelente fotojornalista e correspondente de *O Estado de S. Paulo* no Centro-Oeste. Era membro do Partido dos Trabalhadores, que nascia, creio que seu fundador, pelo qual viria a ser deputado estadual em Goiás.

Lá da frente, Moura convidou os bispos a participarem do plenário, sentando-se em cadeiras da pista central. Dom José Maria Pires, arcebispo de João Pessoa, muito popular por ter assumido sua ascendência negra e por suas posições progressistas, em nome dos bispos, lá de cima, fazia um veemente não com o braço direito. Moura insistia de um lado e os bispos se negavam de outro.

Num seminário de estudo sobre método na Sociologia para agentes de pastoral, promovido pela Comissão Pastoral da Terra, em Goiás Velho (GO), de 22 a 26 de maio de 1984.
(Desenho do Padre Ricardo Rezende Figueira)

Foi na percepção desse clima de finalização da pastoral de suplência que os agentes de pastoral tiveram uma troca de ideias num fim de tarde, entre o término das palestras e a hora do jantar, de um encontro de estudos na chácara da Arquidiocese de Goiânia. Testemunhei a conversação preocupada. Os agentes de pastoral se decepcionavam com a resistência dos bispos a serem, no fundo, aparelhados partidariamente, o que indicava claramente o limite do envolvimento político-partidário das pastorais sociais. Um esboço de MST com o nome de Mastro (Movimento dos Sem-Terra do Oeste do Paraná), já surgira por iniciativa dos luteranos da CPT regional, em função dos graves problemas de desalojamento dos atingidos pelas obras e pela formação do lago da hidrelétrica de Itaipu. Além disso, no estado de Goiás, trabalhadores sazonais empregados nas extensas plantações de arroz, por falta de lugar para morar, começavam a ocupar espontaneamente a faixa de servidão das rodovias, a faixa de terra entre o leito e a cerca, e a plantar arroz ali também. Prenúncio da tática de ocupações de terras sem cultivo. Com isso obtinham um ganho compensatório para os salários miseráveis que recebiam. Foi ali que nasceu a prática da ocupação de terras ociosas, como estratégia de sobrevivência, favelas de roça.

De fato, foi naquela tarde que os agentes de pastoral tomaram a primeira decisão quanto à metamorfose da sua ação pastoral em ação política, no que se refere à questão agrária.

> Numa conversa informal, no Centro de Treinamento de Líderes, da Arquidiocese de Goiânia, o padre José Servat, um francês originário da Ação Católica, que exercia seu ministério no Nordeste, lembrou ao acaso que a saída poderia ser a de criar um movimento de trabalhadores sem-terra, para que essa mudança não afastasse da luta pela reforma agrária os leigos da Igreja.[19]

Algum tempo depois, tive ocasionalmente uma melancólica indicação indireta de que o Vaticano estava muito distante dos graves problemas que afligiam a Pastoral da Terra. Fui a Goiânia para dar um curso de três dias sobre "As relações de trabalho no campo", de 28 a 30 de agosto de 1987, para agentes de pastoral da CPT (Regional Goiás Centro-Sul). Deveria participar do curso o padre Francesco Cavazzuti, missionário italiano. O curso estava no início quando chegou a notícia de que o padre Chico levara um tiro na cabeça quando terminava a celebração da missa em sua paróquia do interior. Depois de vários dias em coma, ele sobreviveria, mas perderia a visão. Por coincidência, alguns dias depois, viajei para a Itália, para participar como conferencista do III Encontro Internacional sobre Jovens e Solidariedade, a convite da Associazione Cristiana di Lavoratori Italiani, em Jesolo, Veneza. Encontro de que participou também a escritora Isabel Allende. Falei sobre "Exclusão e violência – a outra cara da desumanização do trabalho no subdesenvolvimento".

Em Jesolo, Itália, ao lado de Emilio Mignone, escritor e professor de Direito, cuja filha está entre os desaparecidos da ditadura militar argentina. Foi vice-presidente da Ação Católica argentina. Recorreu a bispos e autoridades que conhecia na Igreja Católica para ter notícias da filha e não teve apoio. *(Foto: Gabriele Colleoni, 1987)*

Passei, antes, em Verona para uma palestra no Seminário da América Latina, que havia sido criado pelo papa João XXIII. Comentei com o padre Agazzi, seu diretor, o que havia ocorrido com o padre Chico e narrei-lhe que havia um extenso número de vítimas fatais da violência no Brasil, ligadas à Igreja, das quais eu conhecera várias. Da conversa, surgiu-lhe a ideia de irmos a Carpi conversar com o bispo, conservador, a cuja diocese pertencia o padre Cavazzuti. Marcou a audiência e para lá fomos no dia seguinte bem cedo. O bispo nos recebeu de maneira muito formal, ouviu meu relato sobre o que acontecera, com os detalhes que eu ouvira poucos dias antes em Goiânia. Para minha surpresa, ele me perguntou se o padre Chico ainda mantinha a fé.

Na verdade, ao saber do atentado, o bispo telefonara não para Dom Tomás Balduíno, o bispo a quem no Brasil estava subordinado o padre Chico, mas ao cardeal Dom Eugênio Salles, no Rio de Janeiro, que estava bem longe do local do acontecimento. O bispo de Carpi era ligado ao movimento conservador católico Communione e Liberazione e Dom Eugênio era conhecido por suas posições conservadoras. Sabe lá Deus o que conversaram. Mas a pergunta do bispo sugeria a impressão que na Igreja italiana muitos tinham do que se passava na Igreja no Brasil. Provavelmente, o que lá circulou foi que o padre tinha sido vítima do ativismo político, quando na verdade quem lhe deu o tiro estava irritado com as condições a cumprir para o batismo de um filho, tendo em vista que não era regularmente casado, pelo que soube.

Expliquei ao bispo que o padre Chico era missionário numa região pobre, difícil e violenta. Sua opção já era o principal testemunho de sua fé. Perguntou-me se voltaria logo ao Brasil. Disse-lhe que sim. Pediu-me, então, que levasse ao padre Cavazzuti um recado: que durante sua ausência como missionário, a diocese local fizera regularmente sua contribuição à previdência social italiana. Portanto, ele que decidisse: se queria permanecer no Brasil ou retornar à Itália. Neste caso, sua aposentadoria estaria assegurada. Nessa altura, o padre Chico estava em coma e sem a menor condição de receber semelhante recado. Eu já estava de saída quando ele me perguntou se tinha alguma sugestão a fazer. Disse-lhe que sim. Que os paroquianos do padre Chico estavam assustados com o que ocorrera, com o fato insólito de que um sacerdote fosse vítima de uma tentativa de homicídio, dentro da igreja, no fim da missa, simplesmente porque cumpria seu dever sacerdotal. Ajudaria muito um gesto de caridade e solidariedade, como o de escrever aos paroquianos de Cavazzuti, em Goiás, uma carta dizendo-lhes que a igreja de Carpi rezava por eles e por seu vigário, em comunhão fraterna. Ele gostou da sugestão e a agradeceu.

Ele também me autorizou a ir ao Convento das Clarissas, ali perto, onde era reclusa uma irmã do padre Chico, para que eu conversasse com ela. Ao saber do atentado contra o irmão, ela pedira ao bispo que a autorizasse a ir para o Brasil como missionária, para substituí-lo no trabalho da Igreja. O bispo não lhe dera a permissão. A religiosa foi chamada e, no *hall* do convento, foi aberta a parte de cima de uma porta para que pudéssemos conversar. Ela chorava muito. Expliquei-lhe o que havia ocorrido, repeti o que dissera ao bispo e disse-lhe que entre as pessoas próximas ao seu irmão, com as quais eu estivera poucos dias antes, era muito grande a esperança de sua recuperação. Ela se tranquilizou, pediu permissão para abraçar-me e pediu-me que visitasse seus pais, no campo. O que fiz. Fui até lá, com o padre Agazzi. Era uma família de camponeses, pessoas muito simples, que haviam oferecido um filho ao serviço de Deus e não podiam, portanto, compreender o que acontecera. O pai do padre Chico chorava muito e não conseguia dizer nada. A mãe era uma daquelas camponesas antigas, dotadas de imensa firmeza. Ela me ouvia em silêncio, meditando.

De Carpi fui para Roma, para, também a pedido do padre Agazzi, encontrar o secretário-geral da Conferência Episcopal Italiana, Dom Camillo Ruini. Em cinco anos seria feito cardeal e se tornaria uma das figuras proeminentes do Vaticano, dado como papábile no conclave que elegeria Ratzinger. Ele marcara a audiência para 7h da manhã. Fui acompanhado de um membro do MLAL (Movimento Laici America Latina), que tinha vários militantes no Brasil, que conhecia Ruini pessoalmente, pois havia sido seu colega de escola. Preparei para ele uma lista de mais de vinte vítimas de assassinato, relativamente recentes no Brasil, todas ligadas à Igreja e quase todas ligadas ao trabalho da Pastoral da Terra. Olhou a lista, escolheu alguns nomes de sobrenomes italianos e, em relação a cada um, perguntava: "É italiano?" De fato poucos eram cidadãos italianos. Perguntou-me o que sugeria que fizesse. Disse-lhe que uma manifestação do episcopado italiano junto ao governo brasileiro ajudaria que se fizesse a apuração dos casos e isso contribuiria a prevenir futuras ocorrências. Por fim disse-me que, infelizmente, nada podia fazer: "As pessoas acham que a Igreja tem muito poder, mas não o tem." Ainda tentei evitar que a coisa passasse em branco. Expliquei-lhe que Dom Luciano Mendes de Almeida, presidente da CNBB, que se encontrava na União Soviética e que passaria por Roma, de volta ao Brasil, dentro de alguns dias, estaria hospedado no Colégio Pio Brasileiro. Talvez pudessem conversar a respeito. Agradeceu, despediu-se e despediu-me e tudo ficou por isso mesmo.

Os encontros dessa viagem à Itália me mostravam o quanto a Igreja que decidia estava longe da Igreja que fazia. O quanto, no fundo, pastorais sociais como a Pastoral da Terra estavam longe da compreensão de quem na Igreja, supostamente, deveria apoiá-la. De modo que as ocorrências no Brasil, de afastamento em relação às tendências partidarizantes dos agentes de pastoral, era algo que se podia compreender no quadro geral em que tais questões costumam ser situadas.

Essa mudança de eixo produziria aos poucos consequências que afetariam, também, de vários modos o tipo de trabalho educativo que eu fazia. Em agosto de 1989, quando o cenário da eleição presidencial ainda não estava definido, um pequeno incidente indicou para onde as coisas iam. Eu estava participando de uma reunião da Pastoral da Terra em Goiânia, em que se discutia os chamados "grandes projetos", justamente aqueles que no geral acarretavam danos aos trabalhadores rurais, expulsões e violência. Os participantes pediram que fizesse, num intervalo, uma análise da conjuntura política. Lula já era candidato certo a presidente da República, pelo PT. Mas não estava claro ainda quem seria o seu principal opositor. Aparentemente, seria Fernando Collor de

Melo, de Alagoas, que se candidataria por um partido inexpressivo, mais sigla do que outra coisa.

Eu havia desenvolvido um modelo de análise de conjuntura, combinando linhas de interpretação de Victor Nunes Leal, Raymundo Faoro e Paula Beiguelman, que me permitia analisar o presente como história e não apenas como momentâneo e circunstancial. O modelo me permitia examinar e compreender a densidade histórica do momento, do incerto e do ocasional. Permitia-me, nessa perspectiva, propor uma compreensão do atual como processo histórico, sem descuidar das persistências estruturais e das recorrências que, na política brasileira, definiam limites para a inovação e possibilidades de inovação e alternância partidária. Nessa linha de análise, embora Lula (mais do que o PT) fosse o candidato mais conhecido, havia um espaço amplo de incerteza, aberto a um candidato conservador.

Em nossa dinâmica política republicana, como sugere Victor Nunes Leal, acompanhado por outros autores, há uma alternância cíclica de períodos ditatoriais e períodos de abertura democrática. Os períodos ditatoriais, de regimes fortemente apoiados no poder militar, são marcados por repressão política e autoritarismo e são aqueles em que se revigoram as estruturas profundas herdadas do absolutismo monárquico e materializadas na tendência à centralização política e à sobrevalorização do poder central. Porém, no Império e na República, foram períodos de atualização e mudança. Euclides da Cunha, no começo do século XX, havia chamado a atenção para essa peculiaridade da alternância política brasileira: os governos liberais faziam as propostas de mudança e modernização, que eram, porém, executadas pelos conservadores.

Os dois primeiros governos republicanos, militares, foram os anos do primeiro impulso à industrialização. Na ditadura de Vargas, a economia deslocou seu eixo do café para a indústria, tivemos a legislação do trabalho, o Código de Águas que, ao estatizar o subsolo, abriu caminho para o restabelecimento do domínio do Estado sobre o território, que o país perdera com a Lei de Terras, de 1850. Na ditadura estabelecida pelo golpe militar de 1964, houve a lei do divórcio e houve a institucionalização da reforma agrária ainda que ao preço de brutal repressão.

Portanto, reformas decisivas, que não eram conseguidas pela via democrática ocorriam pela via autoritária. O país estava historicamente preso ao movimento pendular democracia-ditadura. Com a característica de que nos períodos de abertura política e democratização, o sujeito político dominante era e continua sendo o município. Desde a Conquista e das primeiras câmaras municipais, a política fora regulada por uma polarização entre a coroa e o município, o rei até mesmo estabelecendo prerrogativas territoriais das comunas, dando-lhes o privilégio da concessão de datas de terras no âmbito do seu rocio. Porém, o município tem sido historicamente o território dos pais da pátria e da grande propriedade, hoje, e da escravidão, no passado. De modo que a abertura política acaba restaurando a vitalidade do poder local que é um poder conservador. Nesse cenário, se Collor fosse candidato, ele polarizaria a eleição com Lula e venceria, como acabou vencendo.

Estava entrando na conclusão de minha análise, quando veio correndo do fundo do salão o João Pedro Stédile, que me observava, mas não me ouvia, que pulou sobre a mesa por mim usada e puxou o inspirado "Lula, lá", acompanhado com entusiasmo pelos presentes. Terminada a exibição, retomei a palavra e expliquei a todos que poderíamos cantar o "Lula, lá" quanto quiséssemos, mas isso não modificava em nada o teor da análise e os rumos prováveis e deploráveis do processo político.[20]

Aquela ocorrência, no gesto de grosseria, desrespeito e bravata, com aplausos gerais, já indicava que o espaço para o trabalho de educação popular e de extensão universitária nesse campo estava chegando ao fim. Assim como os bispos recuavam para suas funções eclesiásticas originais em relação à CPT, era prudente que eu também começasse a reformular minha disposição para o trabalho de extensão e de educação popular que fazia, tanto em relação à Pastoral da Terra quanto em relação a outros grupos que, com frequência, a mim recorriam. Cada vez mais, esse trabalho seria substituído pelo trabalho ideológico, o que estava bem longe do que eu podia e queria fazer. Ficava cada vez mais difícil separar trabalho educativo e trabalho político-partidário. Gestos de hostilidade como aquele se tornariam cada vez mais frequentes.

Por outro lado, haviam sido várias as situações que testemunhei em que ficava claro que para os bispos, mesmo muitos dos definidos como progressistas, Igreja é Igreja e política é política. O que não impedia a ocorrência de situações que pareciam desmentir essa impressão. Logo depois da eleição indireta de Tancredo Neves para a presidência da República, em 1985, recebi um dia de manhã um telefonema do professor Roberto Santos, meu conhecido de muito tempo, autor da mais densa e completa *História econômica da Amazônia*, economista e jurista, juiz do Tribunal Regional do Trabalho, no Pará. Roberto explicou-me que a Abra (Associação Brasileira de Reforma Agrária), de cujo conselho fiscal eu era suplente, havia examinado a circunstância política e o advento de um novo governo num novo regime, e decidira trabalhar para conseguir fazer a indicação do novo ministro de Reforma e Desenvolvimento Agrário, o do Mirad.

Os membros da entidade souberam que Tancredo decidira organizar um governo baseado na distribuição dos ministérios pelas diferentes regiões do país, no intuito de ter um governo de unidade nacional. A Abra, então, escolheu três nomes para indicar, se fosse consultada, o que acabou não acontecendo: se esse Ministério coubesse ao norte, Roberto seria indicado para ministro. Se coubesse ao sudeste, o indicado seria José Gomes da Silva. Se coubesse ao sul, seria Euclides Scalco, do Paraná. Correra o boato de que a Igreja Católica é que indicaria o ministro. Roberto queria saber se eu tinha alguma notícia a respeito e se sabia quem a Igreja tinha em mente. Disse-lhe que não sabia de nada e, em vista das conversas e circunstâncias que narrei antes, considerava muito pouco provável que a Igreja aceitasse o convite para fazer a indicação política. No entanto, eu ficaria atento e se soubesse de algo, lhe telefonaria. Dali a pouco, ligou-me José Gomes, com a mesma notícia e a mesma pergunta, pois ouvira dizer que o presidente faria a escolha do ministro naquele mesmo dia.

Telefonei para o padre Mário Aldighieri, secretário da CPT Nacional, em Goiânia, e repassei-lhe as duas informações e as perguntas. Mário também se surpreendeu e, como eu já dissera, afirmou ser pouco provável que a CNBB fizesse a indicação do ministro. Em todo caso, estava indo para Brasília, para a reunião da Comissão Episcopal de Pastoral, e tentaria verificar o que havia. Lá pelas seis horas da tarde, ele me ligou da CNBB: "Uma comissão de bispos saiu daqui agora há pouco para encontrar-se com Tancredo, levando um nome para o Ministério do Desenvolvimento Agrário."

Soube-se, no dia seguinte, que o nome indicado era o de Nelson Ribeiro, um católico carismático do Pará, que não tinha nenhuma conexão com os grupos empenhados na questão da reforma agrária, nem dentro nem fora da Igreja. No episódio, a atitude da CNBB não deixava nenhuma dúvida sobre sua posição em relação à questão agrária e em relação aos embates políticos sobre a reforma agrária. A opção não contemplava ninguém alinhado com a CPT e, obviamente, descartava a esquerda mais ativa no debate, ainda que não necessariamente identificada com as posições da CPT ou da Igreja. Na questão política, a hierarquia reafirmava sua posição pelo catolicismo carismático e "conservador" contra o catolicismo das CEBs e "progressista", vulnerável à infiltração ideológica.

No entanto, Nelson Ribeiro convidou para a presidência do Incra (Instituto Nacional de Colonização e Reforma Agrária), o agrônomo e fazendeiro José Gomes da Silva, da Abra, uma escolha sensata, pois se tratava de um agrorreformista histórico, um dos pais do Estatuto da Terra e, provavelmente, o melhor conhecedor do assunto. Tancredo, obviamente, não queria ninguém que estivesse na linha de frente da luta pela reforma agrária, com todas as conexões ideológicas e partidárias que ela envolvia. Na questão agrária, todas as indicações eram de que ele adotaria uma política de baixo perfil, fora da teia de relações políticas que situavam o tema no âmbito de diferentes radicalismos.

No meio tempo, Tancredo ficou doente, José Sarney assumiu a presidência em seu lugar, como vice-presidente, e, em seguida, Tancredo morreu. Com Sarney no governo, ainda que mantido o ministério escolhido por Tancredo, o cenário político mudava e o tema da reforma agrária era colocado em contexto bem diverso do que teria se tivesse assumido o presidente eleito. Sarney representava uma composição com a ala da ditadura que se dera conta do declínio do regime militar e tentava, com a composição com os que queriam o retorno do Estado de direito, uma sobrevida. Nem Tancredo, aliás, teria sido o governante da grande transição prevista nas expectativas dos movimentos sociais. Conforme a tradição, o Brasil optava pela via da conciliação, a do progresso no marco da ordem.

Era previsível, no entanto, e cheguei a escrever sobre isso, que a mudança de regime faria desabar sobre o novo governo a demanda reprimida de reforma agrária, precipitando invasões e pressões. E foi o que aconteceu.

Nas primeiras semanas do novo governo, alguém me enviou cópia de uma lista de nomes que estavam sendo cogitados para assessorar a nova política agrária do Incra. Eu não tinha nem expectativa nem disponibilidade para aceitar funções de governo nem tinha intenção de afastar-me da Universidade. Curiosamente, meu nome constava da lista de prováveis assessores em relação à questão das terras indígenas, que não era meu campo. A questão dos territórios tribais não se propunha como capítulo da reforma agrária nem da distribuição ou redistribuição de terras, mas do direito ao reconhecimento da posse imemorial do território de cada povo indígena. Mais curiosamente, meu nome não estava na lista dos prováveis assessores do presidente do Incra no que se refere à reforma agrária propriamente dita. Era evidente que os agrorreformistas oficiais, há muito em conflito com minhas análises da questão agrária e do tema da reforma agrária, não me queriam por perto. Eu, aliás, tinha dúvidas quanto à procedência das listas.

Alguns dias depois, recebi um telefonema de José Gomes da Silva. Ele me convidava para ser seu assessor na questão das terras indígenas. Agradeci a confiança, mas expliquei-lhe que em relação a esse tema eu não era a pessoa. E dei-lhe vários nomes de especialistas que não poderiam deixar de ser ouvidos, antropólogos e indigenistas. Disse-lhe, também, que não tinha como desviar-me de meus compromissos com a Universidade de São Paulo, nem queria, razão pela qual tinha decisão firme de não me envolver com atividades de governo. Ele ainda insistiu, ficou aborrecido comigo e desistiu.

Não passou muito tempo e recebi um telefonema, na Universidade, de um filho do ministro Nelson Ribeiro que me perguntava se poderia recebê-lo ainda naquele dia. Combinamos um encontro para pouco depois do meio dia, no meu Departamento, antes das minhas aulas da tarde. Ele me disse que vinha em nome do ministro, com o convite para que me tornasse seu assessor. Novamente agradeci e expliquei-lhe que não tinha condições de me afastar da Universidade nem de me vincular a funções de governo. Expliquei-lhe que, se eventualmente, o ministro quisesse conversar comigo e trocar ideias sobre tópicos de minha área, eu me punha à disposição, talvez sugerindo nomes de pessoas que ele pudesse ouvir com regularidade.

O cenário do governo não favorecia o êxito de uma política reformista e, como se veria depois, tanto Nelson Ribeiro quanto José Gomes da Silva caminhavam para o sacrifício, imolados impiedosamente pelo presidente da República e seu grupo de apoio. O grupo da Abra argumentava que a permanência deles no governo se justificava para garantir uma posição em favor da reforma agrária. Discordando dessa tese, em face do cenário, escrevi para a Associação, expondo minhas razões, desligando-me do Conselho Fiscal, de que era suplente, e dela me desligando. Aos poucos, o governo foi submetendo os dois ao desgaste público. Decretos de desapropriação de terras já assinados eram engavetados e não eram enviados para publicação no *Diário Oficial*. Sem a publicação, os decretos não entravam em vigor. Outros, enviados pelo Incra, sequer eram levados à assinatura do presidente. Um advogado ligado aos proprietários de terra, pelo que se soube, filtrava na Casa Civil os decretos e fazia a triagem dos que deveriam ter efeito.

Nos primeiros meses da inauguração do novo regime, o presidente da República, conforme a praxe legal, assinou decreto "declarando prioritária, para fins de reforma agrária, a área constituída pelo município de Londrina", no Paraná, tendo em vista a desapropriação da Fazenda Apucaraninha para assentamento de cerca de 130 famílias de lavradores. Até a apresentadora de um programa de entretenimento da televisão sentiu-se no direito de ironizar a medida e fazer comentários ao vivo e em cores. Para ela e outros comentadores a grande cidade do norte do Paraná é que ia ser desapropriada para nela se fazer a reforma agrária. A interpretação descabida se espalhou. Na verdade, cumpria-se o Estatuto da Terra que mandava declarar prioritário para a reforma o município em que se faria desapropriação para assentamento de lavradores beneficiados por ela. O município inteiro tinha que ser prioritário, mesmo para desapropriação de uma única fazenda. Caso contrário, a legalidade da desapropriação podia ser questionada. A declaração de prioridade se devia ao fato de que a reforma agrária entrara na legislação brasileira justificada pela exceção da tensão social reconhecida em decreto.

Estava em andamento a crucificação tanto de Nelson Ribeiro quanto de José Gomes da Silva. O preço da presença dos agrorreformistas na estrutura do Estado, para assegurar o que fosse possível da reforma agrária prevista em lei, foi altíssimo, embora ambos tenham conseguido concretizar um número extenso de desapropriações. Apesar de sua origem conservadora, o governo Sarney acabaria sendo o governo que mais desapropriações de terra para reforma agrária faria em relação aos seus sucessores próximos.

Por essa época também se confirmava o desencanto da CPT com a viabilidade de uma reforma agrária "do governo". Até então, a Pastoral da Terra considerava a reforma agrária uma solução tópica e natural para problemas de emergência no capítulo da questão fundiária. Passara, porém, a considerar a reforma agrária item de uma transformação política radical da sociedade brasileira, de uma revolução agrária. O afastamento dos bispos em relação às pastorais sociais, especialmente a pastoral da terra, e, sobretudo, a tendência à autonomização dos agentes de pastoral em relação aos bispos e à própria CNBB, drenavam agentes e lealdades para o MST, que nascia. De certo modo, a CPT se tornara um aparelho do MST, o que se compreende à luz dos vínculos fortes entre uma e outro. Mesmo porque, sem o apoio, ainda que indireto, da Igreja, o índice de legitimidade do MST seguramente cairia aquém do necessário à eficácia de sua ação política.

A tendência autonomista, ao que tudo indica, estava relacionada com a suposição de que o país caminhava para uma revolução socialista, provavelmente através do PT, tido e havido por muitos agentes de pastoral como nosso único partido de esquerda. Todos os demais eram por eles considerados de direita. Embora não houvesse qualquer evidência historicamente reconhecível de que o processo político brasileiro fosse nessa direção. Ao contrário, as crônicas tendências conservadoras da sociedade brasileira davam reiterados sinais de sua vitalidade, a começar dos episódios relacionados com o modo administrado como se dera o fim do regime militar e a própria viabilização política da candidatura Tancredo Neves na política de conciliação. A recusa do PT de assinar a nova Constituição de 1988 foi uma indicação significativa da recusa de legitimar a transição na forma que assumia sem ao mesmo tempo indicar o caminho alternativo que se supunha o partido tivesse.

As convicções dessa ordem eram fortes nos movimentos populares, no MST e na CPT. O tema da Assembleia de 1985, em Goiânia, foi justamente "O projeto popular de reforma agrária", o que é bem indicativo de uma tácita recusa da reforma que vinha sendo executada com base no Estatuto da Terra. Por meio do documento *Igreja e problemas da terra,* os bispos, de algum modo, haviam reconhecido a legitimidade das formas alternativas de apropriação e uso da terra, em relação às formas consagradas, formais e legais. O documento já prenunciava uma tendência no sentido do reconhecimento da legitimidade da diversidade de costumes nessa questão, muitas vezes em função de peculiaridades ambientais de cada localidade, como era e é o caso da dinâmica da agricultura de terra firme e agricultura de vazante na Amazônia. O modo como, desde a ditadura, o Estado brasileiro executava a reforma agrária, demarcando terrenos em função de critérios geométricos, colidia com a tradição, muito mais ajustada a formas sensatas de uso do solo.

Mas havia certa tendência ao exagero em coisas como supor que os agricultores pobres estivessem ansiosos por formas coletivizadas de apropriação do solo, quando na verdade a disposição para o comunitário na tradição do mutirão, que é uma economia de exceção, ritual e muito regulamentada, tinha e tem sutilezas de difícil compreensão para a mentalidade economicista e simplificadora dos militantes da causa popular. Na própria prática do MST, nos anos seguintes, quando passam do acampamento, tão marcado por formas cooperativas de convivência, para o assentamento, para formas estáveis de agricultura, não têm sido raros os conflitos até graves entre as tentativas do coletivismo ideológico e a realidade da agricultura familiar. A agricultura familiar, por se basear na propriedade privada da terra, não é propriamente privada nem capitalista, porque é familiar, uma variante comunitária da economia, que no entanto não constitui anúncio de opção pelo coletivismo.

Em diferentes regiões do Brasil, nas reuniões e assembleias da pastoral da terra de que participei, no período que vai até 1994, houve sinais de uma inclinação no sentido da busca de evidências de que na cultura e nas tradições populares havia um manancial de possibilidades sociais, econômicas e até políticas que dependiam apenas de canais de expressão para se materializarem. Caso do trabalho coletivo. Para o ativista da educação popular, essa inclinação propunha um complicado problema. Para os trabalhadores, não tinha o menor sentido que se procurasse dizer-lhes que eram donos de um saber que já continha a saída para os imensos problemas que viviam. Para os agentes de pastoral, o problema era mais complicado ainda porque a mentalidade maniqueísta do bem e do mal, da esquerda e da direita, do nós e do eles, os impelia e impele na direção de absolutizar as categorias de caracterização da realidade e sua classificação. A fetichização da tradição popular tem sido uma marca problemática tanto da pastoral da terra quanto do MST.

Com isso fica muito difícil decifrar e analisar as mediações e liames que possam existir entre a *tradição e o costume,* de um lado, e o *possível* que se encerra nas contradições sociais, de outro. O tratamento e a exposição desse complicado aspecto da situação e da realidade de populações que estavam e estão sendo desenraizadas e arrancadas de um mundo que está desaparecendo foi a maior dificuldade que encontrei no meu ativismo de educação popular. É uma questão de método que, com relativa facilidade posso expor num texto escrito e acadêmico. Mas difícil de tratar ao vivo nas prolongadas aulas no sertão ou nos centros de pastoral, em encontros em que raramente deixava de haver certa dose de tensão e de emoção. Num povoado rural do norte do Mato Grosso, em que os agentes de pastoral propuseram, numa noite, que se fizesse uma encenação de teatro popular para representar os problemas narrados pelos trabalhadores, fui realmente agredido a socos porque representava o papel de delegado de polícia. O que sugere a fragilidade da concepção sociológica de representação em relação a grupos sociais e comunidades cujo cotidiano já é intensamente imaginário.

Pude ter uma boa indicação dos problemas dessa busca dos fundamentos autênticos e profundos da identidade popular quando da realização de uma pesquisa-participante por trabalhadores rurais do sul de Goiás, em 1982. O regional da CPT pretendia fazer uma pesquisa entre os trabalhadores rurais assalariados e sazonais, justamente para colher evidências de sua consciência social e de sua identidade. Essa não era uma população de abrangência da ação da Pastoral da Terra, porque não referida à questão agrária. Mas no sul de Goiás crescia o número de boias-frias e crescia também o sindicalismo rural. A motivação política desse interesse era óbvia. Fui convidado para ser o assessor de todo o trabalho, desde a preparação da pesquisa, num amplo encontro de trabalhadores, até a apresentação final de seus resultados. Como se sabe, a pesquisa participante é aquela em que os próprios pesquisados fazem a pesquisa e eles próprios organizam a exposição dos dados. Todos juntos, preparamos o roteiro, definimos como abordar os entrevistados, como fazer a apresentação final dos dados e conversamos sobre o modo de fazer os registros no caso do entrevistador analfabeto. Resolveram o problema levando consigo um filho que já estivesse na escola, ou conhecido, para fazer as anotações. Quando os resultados chegaram, houve um grande desapontamento dos agentes de pastoral, todos já comprometidos com a CUT e a gestação do PT. Eles esperavam praticamente unânime autodefinição dos entrevistados como *trabalhadores*, a categoria social abstrata unificadora do partido. No entanto, as respostas foram exatamente no sentido contrário. Para os entrevistados, o que os caracterizava quanto ao modo de viver e de sobreviver era um conjunto de mais de cem categorias de ocupação. O que os agentes de pastoral queriam aglutinar, os próprios trabalhadores queriam dispersar e diferençar. Toda ocupação era para eles trabalho, caso das crianças que iam à escola: ir à escola era o trabalho delas. Nesse sentido, o trabalho era o dever de cada um para com a família. De modo que a constatação foi a de que a categoria "trabalhador" ou "dos trabalhadores" praticamente nada lhes dizia, pois abstrata, sem a concretude do trabalho no seu dia a dia.

Para os militantes do sindicato e do partido, que era o caso dos agentes de pastoral, a categoria trabalho já era a do *trabalho abstrato*, isto é, a categoria teórica de certa etapa histórica do desenvolvimento do capitalismo. Era também concepção de manual político e de panfleto. Enquanto para os próprios trabalhadores ainda era a do *trabalho concreto*, isto é, o trabalho sem mediações e, portanto, sem determinações, concepção de trabalho mais de um século distante da organização do trabalho da indústria automobilística de São Bernardo do Campo. A distância entre as duas categorias era a de um verdadeiro abismo histórico. Havia uma enorme riqueza sociológica nesse confronto que eu estava em privilegiada condição de observar. Quando os agentes de pastoral finalizaram os trabalhos e imprimiram a "cartilha", isto é, o relatório, deram-lhe eles mesmos este título significativo: *Uma luta encolhida*.[21] Uma censura ao fato de que os trabalhadores não tivessem expressado a consciência que os agentes de pastoral julgavam que tinham a obrigação de ter.

A Pastoral da Terra não era e não é uma pastoral abrangente do trabalho rural. Dela ficavam fora, e ficam, como ficam fora do MST, os assalariados rurais, os chamados boias-frias e clandestinos e os regulares, com emprego estável. A pesquisa-participante de Goiás era uma incursão exploratória num campo em que o número de trabalhadores crescia fora da abrangência da ação pastoral. A motivação ideológica e partidária sugeria a sondagem, que deu no que deu. Nas preocupações da CPT, o que estava mais próximo do trabalhador destituído de propriedade ou posse de terra era o peão, o trabalhador subjugado na escravidão por dívida. Inspirada na carta pastoral de Dom Pedro Casaldáliga, de 1971, que mencionava ocorrências de trabalho escravo no norte do Mato Grosso, a CPT Nacional, em seu relatório anual, incluía dados sobre esse tipo de exploração do trabalho, embora não fossem levantados de maneira sistemática. Era mais uma indicação de violência no campo. No sul do Pará, o padre Ricardo Rezende Figueira começou a colher dados mais sistematicamente sobre essa forma de exploração do trabalho, comum no Brasil, sobretudo após a abolição da escravidão negra. Mas para o conjunto do país a Pastoral da Terra não fazia observações sistemáticas, embora cada vez mais a questão do trabalho forçado ganhasse visibilidade.

Em função da importância e intensidade com que o problema aparecia em minha pesquisa sobre os conflitos e a violência na Amazônia, comecei a fazer registros sobre o assunto. Em 1979, no norte do Mato Grosso, tentei convencer um "gato", o arregimentador e traficante de peões, a incluir-me num grupo que levaria para derrubada de mata numa fazenda no dia seguinte. Eu iria apenas como acompanhante. Ficou tudo acertado. Ele me pegaria na madrugada seguinte, à beira da estrada, na saída do povoado. O dia amanheceu e esquentou e ele não veio. Soube depois que ficara com medo e desistira de me levar, saindo antes do horário combinado. Levaria comigo apenas este bilhete de apresentação que uma moradora do povoado enviava ao marido, peão numa das fazendas:

> Esta vai para D.P.
> na Fazenda Tamakavy
>
> Ribeirão B., 28 de maio de 1979
>
> D.,
> Saudação,
>
> Por aqui tá tudo bom. Tudo com saúde.
> Nós tivemos uma reunião da Assembleia do Povo, sobre o Batismo.
> Eu fui e achei boa. Domingo vai ser feita a reunião aqui em casa.
> Mando dizer que este homem é professor de São Paulo. Ele veio aqui em casa junto com a Aninha. Ele está conversando com os trabalhador de fazenda para conhecer a vida deles como é.
> Só lembranças dos meninos, de mim, da sua mãe.
>
> Assino-me
>
> *Maria*[22]

Comecei a desenvolver um esquema de análise do tema, a reunir bibliografia específica, dei entrevistas sobre o assunto. O tema não me era estranho. Constituía um desdobramento das formas substitutivas do trabalho escravo que se disseminaram nas áreas de agricultura de exportação e da indústria extrativa, em conexão com a crise da escravidão, no século XIX. O problema aparecera claramente em minha pesquisa sobre a imigração italiana e a imigração espanhola e nos vários estudos que fizera sobre o regime de colonato nas fazendas de café. As ocorrências da Amazônia me permitiam atualizar o conhecimento sobre formas degradadas de trabalho e de sobre-exploração do

No Palais Wilson, em Genebra, membros da Junta de Curadores do Fundo Voluntário da ONU contra as Formas Contemporâneas da Escravidão. Da esquerda para a direita: Cheikh Saad-Bouth Kamara (Mauritânia), embaixador Sergio Vieira de Mello, Alto Comissário de Direitos Humanos (que seria morto, em 2003, num atentado terrorista no Iraque, onde se encontrava em missão das Nações Unidas), Swami Agnivesh (Índia), Tatiana Matveeva (Rússia) e eu. *(Foto: ONU, 2002)*

trabalho em conexão com técnicas de acumulação primitiva de capital. Era o meio de ampliar o entendimento da dinâmica e das singularidades do capitalismo num país como o Brasil.

Em 1994, quando titular da cátedra Simón Bolivar, em Cambridge, apresentei um primeiro estudo num seminário sobre o tema, no Darwin College e fiz uma conferência na F. D. Maurice Society, em Trinity Hall. Em 1995, fui convidado por Tom Brass, um dos grandes especialistas em escravidão contemporânea, a participar de uma conferência sobre o tema no Instituto Internacional de História Social, em Amsterdá, o que me permitiu contato com outros pesquisadores do tema em outros países. Uma pesquisadora centro-americana, da Organização Internacional do Trabalho, que participara da conferência, me procurou, tempos depois, em São Paulo, para me consultar sobre minha disponibilidade para aceitar a indicação para compor a Junta de Curadores do Fundo Voluntário da ONU contra as Formas Contemporâneas de Escravidão, o que em princípio aceitei. Meses depois, recebi um telefonema do Alto Comissariado dos Direitos Humanos, da ONU, em Genebra, confirmando o convite. Em 1996, fui designado para a função de membro da Junta, para um mandato de três anos, sendo reconduzido três vezes e cumprido quatro mandatos até dezembro de 2007. Assim como toda a assistência que tenho dado a diferentes grupos humanitários, como considero a Pastoral da Terra, também não era emprego: era trabalho gratuito, realizado como parte de minhas atribuições de extensão universitária e prestação de serviços à comunidade, complementares à docência e à pesquisa, na Universidade de São Paulo.

Em meados dos anos noventa, minha pesquisa sobre a fronteira, no essencial, estava concluída. Seus resultados foram apresentados em entrevistas a publicações especializadas e em publicações de divulgação, entrevistas radiofônicas, palestras e conferências no Brasil e em outros países, em artigos científicos e artigos de divulgação, em capítulos de livros no Brasil e no exterior e no livro *Fronteira: a degradação do Outro nos confins do humano.*[23] A diversidade das formas de apresentação do resultado do trabalho científico, que adotei, nessa e em outras pesquisas, tem muito a ver com a dramaticidade do tempo e a premência em tornar seus resultados conhecidos em face das urgências sociais na demanda do conhecimento. Não só a tragédia da fronteira em si, mas também o drama da escravidão por dívida, um tema conexo.

Ao longo dos cerca de 20 anos em que colhi dados sobre os processos sociais envolvidos na questão amazônica, beneficiei-me da experiência singular da concepção de pesquisa científica que adotei, a de observar sociologicamente no vivencial, interagindo com os protagonistas do drama e tornando-me protagonista de conhecimento. A vivência, dos processos cotidianos, se dá pela mediação da consciência que lhe corresponde e que permite a pessoas e grupos situarem-se em face de desafios de ação e interrogações de entendimento. Fiquei exposto, portanto, às tensões e contradições que cercam todo protagonista, posto, porém, como intruso, na função de produtor de conhecimento científico e de interpretação não cotidiana, compartilhados interativamente com os circunstantes. Os desdobramentos dessa concepção de pesquisa, em que o pesquisador se expõe, em vez de se ocultar, que é a regra, deu-se em mais de uma centena de palestras, artigos e cursos sobre os temas paralelos do interesse direto dos envolvidos, sobre aqueles relativos à questão agrária.

Intervenção em seminário
sobre trabalho escravo
no Escritório Regional da
Organização Internacional do
Trabalho, em Brasília.
(Foto: OIT, 1996)

A irritação crescente que os agentes de pastoral demonstraram em relação às observações que fazia e expunha e às conclusões a que chegava era indicativa do êxito da pesquisa. Não só tive condições de observar e descrever os processos sociais no nível de sua percepção, pelos que eram deles agentes e personagens, como pude observá-los no nível daquilo que viam, me descreviam, mas não compreendiam – naquilo que os agradava e com o que concordavam, mas também naquilo que os desagradava e em que não se reconheciam. Creio que, como pesquisador, personifiquei uma variante muito peculiar da observação participante e da pesquisa participante, combinadas. Uma variante, também, da experimentação etnometodológica, da sociologia de Harold Garfinkel e seus seguidores, ao assumir os riscos de personificar, perante os interlocutores dramaticamente envolvidos nas opções políticas de um processo aberto sobre rumos incertos, o observador descomprometido da dupla dimensão dos processos sociais e históricos. Um modo de atuar rigorosamente no marco na ética científica. Nem populismo nem cientificismo.

A última assembleia da Pastoral da Terra a que fui convidado como assessor do encontro foi a de agosto de 1995. Por essa época, eu já havia iniciado outra pesquisa, com outra metodologia e com apoio da Fapesp sobre linchamentos no Brasil. O Brasil está entre os países que mais lincham no mundo, o que me tem permitido que estude uma variante dos movimentos sociais, a do comportamento coletivo, sobretudo a estrutura da violência popular que se dá fora dos marcos do dimensionamento propriamente político. Nesses anos todos, já publiquei vários trabalhos, com conclusões parciais sobre centenas de linchamentos reconstituídos e estudados.[24] Além disso, paralelamente, desenvolvi ou completei minhas pesquisas sobre o subúrbio, cujos resultados foram apresentados nos quatro livros que sobre o tema publiquei.[25] Nessa categoria, defino uma perspectiva metodológica que se revelou inovadora para observar a formação da metrópole e a gênese da cotidianidade na contraditória polarização das estratificações urbanas, da margem para o centro. Invertendo, portanto, a perspectiva teoricamente usual, que é a do privilegiamento epistemológico do centro no estudo das cidades e das metrópoles. O próprio e batido "conceito" de periferia é expressão desse privilegiamento e da negação da função da margem na constituição do centro.

Depois de ter passado anos pesquisando e expondo os resultados da pesquisa sobre a questão agrária e a fronteira a centenas de grupos, entidades e movimentos populares, no campo e na cidade, o esgotamento natural das condições da observação sociológica sobre o tema encerrou vínculos e proximidades. A própria pesquisa se desgasta e a função do seu sociólogo como pesquisador e interlocutor se esgota naquele campo temático.

Mesmo assim, fui ainda convidado a ir a Goiânia para um seminário sobre trabalho escravo, promovido pela CPT, com a participação de representantes do Ministério do Trabalho, seminário presidido pelo deputado federal do PT, Pedro Wilson Guimarães, que fora meu aluno e era agora da Comissão de Direitos Humanos da Câmara dos Deputados. Como resultado das conversações paralelas ao encontro, a CPT decidiu convocar um pequeno grupo de pessoas a ela ligadas, para uma reunião complementar em que se discutisse o treinamento de agentes de pastoral das regionais para que aprimorassem a coleta de dados sobre o trabalho escravo. Nessa reunião, a pessoa que na CPT Nacional organizava as estatísticas sobre o problema, iniciou sua fala lamentando que "este ano haja menos casos para relatar e denunciar".

Do próprio seminário realizado pouco antes haviam participado pessoas que, no Grupo Móvel de Fiscalização e no GERTRAF (Grupo Executivo da Repressão ao Trabalho Forçado), criado pelo presidente Fernando Henrique Cardoso, estavam corajosa e altruisticamente envolvidas no combate ao trabalho escravo e eram responsáveis pela redução de sua ocorrência. Era evidente que a CPT assumira uma posição partidária e antigovernista e sucumbia às limitações de compreensão do processo social que decorre de uma orientação assim. Nessa visão das coisas, o importante não era que se reduzisse o número de ocorrências, mas que as ocorrências fossem material para questionar o governo de partido oposto ao apoiado por ela.

Tempos depois, recebi uma solicitação de Sérgio Paulo Moreyra, professor da Universidade Federal de Goiás, que estava assessorando a CPT, pedindo um texto com minhas impressões sobre o seminário que em Goiânia se realizara sobre trabalho escravo. Expliquei-lhe que, à luz do que no seminário observara, escreveria um texto de reflexão sobre os impasses que envolviam a CPT. Seria um texto para uso interno, um documento de tomada de consciência. E assim fiz. Aparentemente, o texto causou certo mal-estar na direção da entidade. Pediram-me que o revisse. Expliquei que não o faria porque não se destinava a publicação. Decidiram publicá-lo assim mesmo, a que me opus em face justamente da intenção inicial de havê-lo escrito para reflexão interna. Sérgio Paulo insistiu comigo várias vezes e finalmente, diante de seus argumentos, autorizei sua publicação como capítulo do livro que reuniria os trabalhos apresentados no seminário sobre escravidão. Foi um erro, pois o livro saiu com uma curiosa referência irônica ao meu texto na apresentação escrita pelo dirigente da entidade. Um claro ato de censura e hostilidade à minha independência como pesquisador.

Em maio de 1996, fui convidado a participar de um seminário no escritório da Organização Internacional do Trabalho, em Brasília, também sobre a questão do trabalho escravo. Estava saindo da Faculdade para o aeroporto quando recebi um telefonema do ministro Raul Jungmann, recém-nomeado pelo presidente Fernando Henrique Cardoso para o Ministério Extraordinário de Política Fundiária. Nós não nos conhecíamos pessoalmente. Ele sabia que eu estava indo para Brasília e me convidava para almoçar com ele no dia seguinte. Expliquei-lhe que o programa da OIT, de um dia só, ia ser muito puxado. Mas poderia encontrá-lo no intervalo do almoço, sem tempo para almoçar. E assim fiz. Conversamos, ele estava lendo não só meus livros sobre a questão agrária, mas também os de outros autores. Convidava-me para ser seu assessor. Expliquei-lhe que o tipo de trabalho que eu fazia na educação popular e meus compromissos com a Universidade não me permitiam assumir tal

Puxadoras da corda da berlinda da santa na procissão
do Círio de Nazaré, em Belém do Pará, quando lá
estive para participar do *Seminário sobre Exclusão e
Inclusão Social na Realidade Amazônica*, promovido
pelo Instituto Regional para a Formação Presbiteral.
(Foto: 2000)

compromisso. Mas lhe sugeri que procurasse reunir periodicamente pesquisadores do tema para trocar ideias e ouvir avaliações críticas sobre o andamento da política agrária do governo. E foi o que ele fez.

Algum tempo mais tarde, o reitor da Universidade de São Paulo, professor Flávio Fava de Moraes me telefonou convidando-me para um encontro de professores com o ministro. Jungmann trouxe um caderno, expôs suas intenções, pediu críticas e tomou notas. Estavam lá vários professores da USP que, em vários campos do conhecimento, trabalhavam com questões relacionadas com a agricultura e o problema fundiário. Alguns deles ligados ao PT. De vez em quando, recebia convite para participar de encontro de vários docentes com o ministro na casa do professor Juarez Brandão Lopes, perto da USP, aos sábados. Juarez, meu colega na Universidade, que também havia atuado no Cebrap, fora assessor do ministro do Trabalho, Paulo Paiva, e fora convidado por Jungmann para assumir o Nead (Núcleo de Estudos Agrários e Desenvolvimento Rural), de seu Ministério. Num dos seminários do Nead, em Brasília, Jungmann convidou o grupo para jantar com Ruth e Fernando Henrique Cardoso, no Palácio do Planalto, quando trocaríamos ideias sobre a reforma agrária e a agricultura familiar. Ricardo Paes de Barros, do Ipea, jantou com o computador no colo, enumerando e comentando as preciosas informações de seu banco de dados.

Dos esparsos seminários do Nead nasceu a proposta de realização de uma pesquisa sobre a reforma agrária e sobre a agricultura familiar. Uma punção de avaliação da questão fundiária e da reforma. Fiquei encarregado de coordenar um conjunto de estudos de caso, em vários pontos do país, de avaliação da reforma agrária nos assentamentos. Formamos uma equipe de seis pessoas, que nada tinham a ver com o governo e na maioria nem com o partido do governo, cada uma encarregada de um dos casos. Os resultados foram apresentados em 2002.[26]

Cerca e paisagem na região de Massacará, no Sertão da Bahia. *(Foto: 1999)*

Por aquela época, no primeiro semestre de 2000, recebi, um dia de manhã, um telefonema do principal dirigente da CPT. Disse-me que precisava que eu o assessorasse. Havia notado que os bispos estavam inclinados a ver com simpatia a política de reforma agrária do governo de Fernando Henrique Cardoso. Ele estava indo para Brasília e queria que eu o ajudasse a preparar um discurso contra o governo. Expliquei-lhe que eu não era a pessoa indicada nem para assessorá-lo a preparar um discurso contra o governo nem para assessorá-lo a preparar um discurso a favor do governo. Essa não era minha função, já que não pertencia a partido político. Mas podia ajudá-lo a compreender a política agrária do Estado brasileiro e os rumos e inflexões que estava tendo no governo de Fernando Henrique Cardoso.

Comecei a expor-lhe em que consistia a questão agrária no Brasil, que se constituíra com a Lei de Terras, de 1850, aprovada para bloquear o acesso dos trabalhadores à terra, em face do fim previsível da escravidão negra e da adoção de uma política de imigração de trabalhadores livres. Se tivesse vigência a lei fundiária antiga, teriam livre acesso à terra, privando as grandes fazendas da mão de obra de que careciam. A Lei de Terras transferira ao particular não só a posse, mas também o domínio da terra, domínio que era a única garantia de que o Estado pudesse intervir na posse e corrigi-la, como havia sido o espírito e o propósito da Lei de Sesmarias do Reino de Portugal, aplicada também ao Brasil. Com a República, as terras devolutas foram transferidas para os Estados, o que complicara ainda mais os efeitos da propriedade absoluta. Com a Revolução de Outubro de 1930, o Estado brasileiro começara a tomar medidas para reverter, ao menos parcialmente, esse defeito da Lei de Terras. A principal medida fora o Código de Águas, que nacionalizara o subsolo, caminho aberto para que o Estado também regulasse o domínio do solo, sua função social e a possibilidade da reforma agrária. Outras medidas foram sendo tomadas na mesma direção: a legislação sobre a proteção do patrimônio histórico e ambiental; a definição das terras marginais aos rios e mananciais como terras de marinha, sujeitas a concessão, mas não a propriedade; a criação dos parques nacionais, como o do Xingu; o reconhecimento do direito dos índios à posse de sua terra de ocupação imemorial; e, enfim, a reforma constitucional que viabilizara a reforma agrária e a aprovação do Estatuto da Terra, com a criação do aparato institucional para que a reforma agrária tivesse início. Por sua vez, a Constituição de 1988 reconhecera a legitimidade de modalidades costumeiras e pré-modernas, sociais, de apropriação do solo, como no caso das terras tribais e das terras de quilombos, em parte inspirada no documento *Igreja e problemas da terra*. No fim da ditadura, o governo militar chegara a fazer consultas para instituir um regime de propriedade baseado na precedência do trabalho na terra em relação ao título de propriedade, quando houvesse litígio sobre a posse. Do outro lado do telefonema, só havia silêncio.

No governo de Fernando Henrique Cardoso, depois do massacre de Eldorado de Carajás, Raul Jungmann, originário do Partido Comunista Brasileiro, fora convidado para assumir o Ministério Extraordinário de Política Fundiária, depois Ministério de Reforma e Desenvolvimento Agrário. Propôs-se a concretizar a tendência histórica do Estado no sentido de restabelecer, ao menos parcialmente, o seu domínio sobre o território e a alargar as possibilidades da reforma agrária e da agricultura familiar. O interlocutor interrompeu minha fala e disse simplesmente, com irritação: "Ora, você está do lado do governo!" E desligou o telefone sem me dar a oportunidade de completar o que estava dizendo e de opinar sobre sua reação descabida e desrespeitosa, embora significativa do que acontecia com a CPT, partidariamente aparelhada: uma CPT oposicionista a caminho de tornar-se situacionista no governo Lula, tudo oposto ao que era próprio do espírito do trabalho pastoral.

Logo depois comecei a receber insultos por e-mails de gente que eu não conhecia e cuja competência e seriedade não tinha como avaliar, embora as mensagens já dissessem muito. Um desdobramento curioso do fato é que além dos insultos, da repreensão e da censura, recebi mensagens de agentes de pastoral, já informados "oficialmente" da ruptura que aquele telefonema representava e da qual era o pretexto, que me pediam para continuar dando-lhes assessoria, clandestinamente, sem que ninguém soubesse. O que recusei com veemência, indignado.

Fui, pouco tempo depois, procurado pelo professor Aziz Ab'Sáber, membro do PT e principal assessor de Lula para a questão ambiental nas campanhas presidenciais, e que era meu colega na USP. Perguntou-me o que havia acontecido. Numa reunião do PT, a que estivera presente, um militante da facção religiosa havia me denunciado à assembleia dizendo que eu mudara de lado. O piedoso militante achou que o PT, ao qual eu não estava ligado, precisava saber que eu não era petista, coisa que nunca fui nem tentei ser. Expliquei a Aziz que não podia mudar de lado porque não tinha lado: eu não era membro do PT ou de qualquer outro partido político nem devia ao partido qualquer tipo de fidelidade, ideológica ou de qualquer natureza, nem qualquer explicação sobre minhas concepções a respeito dos problemas do país. Mas havia uma insinuação maliciosa e desonesta na denúncia, para um público, aliás, historicamente leigo no assunto, a de que eu tinha mudado de lado e nesse sentido tinha me tornado contra a reforma agrária. Meus livros, meus artigos, minhas conferências, minhas entrevistas estão aí para que qualquer um veja e entenda que minha análise tem uma linha contínua de coerência, coisa que os críticos não têm. O fato de ser e continuar sendo analiticamente crítico da orientação que a CPT adota, desde que ela mudou de lado ao se por a serviço do poder, e que o MST adota na obsessão de substituir o povo no processo de transformação social, não me faz adversário do que sempre apoiei, na perspectiva da sociologia crítica: as reformas sociais, dentre elas a reforma agrária.

O militante tem muita dificuldade para compreender reorientações de análise porque o objeto do conhecimento ideológico é o oposto do objeto do conhecimento científico. A ideologia enrijece o objeto, dogmatiza a interpretação, imobiliza a práxis, empobrece o entendimento, sectariza. Já a própria intervenção da Sociologia modifica o objeto. O que repropõe a análise do objeto modificado, que leva a um novo e diferente entendimento do que é. A ideologia imobiliza o militante nos limites de sua compreensão pobre do objeto de sua ação. É quando, no ativismo, cessa o diálogo com a Sociologia e com o sociólogo.

O peculiar do objeto da Sociologia é que se trata de um objeto dinâmico. Ele se modifica em consequência da ação que sobre ele incide, mesmo e sobretudo da ação informada pelo conhecimento sociológico. E até pelo conhecimento antissociológico, ideológico, que faz da sociologia um conhecimento interveniente indireto na situação, pelo avesso. No geral, o militante instrumentaliza esse conhecimento numa perspectiva de incremento de sua própria ação, como se fosse ação unilateral e imune a suas próprias consequências, sobretudo às determinações que escapam ao senso comum. Não pode, por isso, percebê-la como ação posta dinamicamente em confronto com a situação que em decorrência dela se modificou. O senso comum do militante tende a enrijecer-se progressivamente em consequência dos êxitos de sua ação, no período considerado, não obstante e não raro, em decorrência da assessoria, da orientação e dos cursos populares de sociólogos e antropólogos. Tende, portanto, a entrar em conflito com o educador popular que ainda consegue não sucumbir à dinâmica de enredamento, que com facilidade se desenvolve em situações de educação transformadora, quando o educador insiste na dimensão crítica do conhecimento. Especialmente a que põe em xeque a militância, em busca dos fatores e estruturas cambiantes que revelem o sentido, as limitações e, mesmo, os enganos de sua compreensão.

A questão agrária e a reforma agrária que lhe corresponde sofreram substanciais mudanças desde que os problemas do campo se tornaram uma questão, isto é, um feixe de contradições que chegaram à consciência social e pediram uma práxis transformadora. A ação para mudar não é, porém, senão um momento da práxis, cuja trama dinâmica nunca se propõe por inteiro à consciência de quem age. A consciência verdadeira é, no fundo, uma busca, um nunca chegar e um nunca encontrar. É uma consciência do débito de consciência e, nesse sentido, abstrata e hipotética. É justamente o que pede atualização constante da reflexão, da análise da interpretação, não só da coisa em si, mas também da própria ação que sobre ela incide. O agente, o militante, também está em questão, como autor da interpretação que é negada continuamente, numa contínua atualização da falsa consciência, que falsa se torna em face da verdade de um objeto que nunca é a mesma em seus diferentes momentos. Na relação sujeito-objeto, o militante se encontra, mas necessariamente se perde em face dos êxitos do que faz. Acerta e se engana ao mesmo tempo, numa impotência renovada como consequência da riqueza dinâmica da situação e da questão que se reformula. Nesse sentido, a limitação de conhecimento própria do senso comum e a mistificação ideológica dão ao militante a confiança e a paz, ainda que equivocada, que a Sociologia não pode dar-lhe. Ao contrário, é próprio do conhecimento sociológico a desconstrução das certezas da falsa consciência e das próprias certezas sociológicas continuamente desafiadas pela dinâmica social.

A militância (e a ilusão de poder nela embutida) produz no militante uma euforia de resistência que o torna imune ao pensamento crítico e à sociologia crítica e o induz a ver no cientista social alguém que *muda de lado* e que, por isso, deve ser delatado e satanizado. Postura própria das estreitezas de consciência que, há pouco mais de dois séculos, ainda culminava nas fogueiras da Inquisição e, no período mais recente, nos fornos crematórios dos campos de concentração. Ainda quando o problema é justamente o oposto, o do militante cuja cegueira o aprisiona num "lado" da realidade que já não corresponde às determinações históricas que lhe dão sentido. O respaldo do poder ou da religião acaba acentuando o distanciamento entre a situação e a consciência social, gestando uma realienação fundada em anômalas certezas. Ao não acompanhar a dinâmica da situação que dá sentido à sua ação pastoral e/ou política, o agente é quem muda de lado, justamente quando pensa que não mudou, ao agarrar-se, não raro obsessivamente, e de maneira invariavelmente intolerante, a algo que já não é nem pode ser o que fora ou parecia ser. Sua consciência e sua ação se tornam anômicas.

Quando um agente de pastoral ou um militante partidário acusa alguém de "ter mudado de lado", oferece o primeiro e poderoso indício, o primeiro documento, de que não só não acompanhou o processo histórico, como por isso mesmo, foi ele quem mudou de lado, ao não mudar, o lado reacionário da resistência à atualização de sua consciência política. É o militante que muda de lado na incompreensão da situação que mudou e não acompanhou. Esse desencontro perverso alcançou e continua alcançando extensamente os agentes de pastoral e também muitos intelectuais militantes da causa da reforma agrária, ligados aos partidos políticos, como o PT e o PCdoB. Vitimados por um enredamento que só não foi mais extenso porque mascarado pelos engodos próprios do aparelhamento político e, sobretudo, próprios do poder que dele decorre e dos confortos que acarreta.

Em face do projeto de reforma agrária dos grupos empresariais e militares que, no IPES (Instituto de Pesquisa e Estudos Sociais), de São Paulo –, prepararam o golpe de Estado de 1964, a reforma de Goulart era mínima e mesmo ingênua. O discurso da reforma agrária radical, de Francisco Julião, antes de 1964, era puramente verbal diante da limitada estratégia das Ligas Camponesas de encaminhar a questão agrária pela via da Lei do Inquilinato. O mesmo vale para o Master (Movimento dos Agricultores Sem-Terra), do Rio Grande do Sul, de Leonel Brizola. A aniquilação da guerrilha do Araguaia, pelo governo militar, encorajou o regime ditatorial a institucionalizar sua política agrária, certo de que não havia lugar para uma revolução agrária. Tanto a derrota das Ligas quanto a derrota da guerrilha deram indicações de que a institucionalização preventiva da reforma era viável para assegurar ao Estado o domínio da questão agrária. Desse embate, resultou que ao Estado cabia definir a concepção da reforma e a política de sua aplicação na perspectiva de sua tendência histórica. Isto é, em nome da função social da terra, a de retornar ao domínio do território, para atenuar os efeitos privatistas da Lei de Terras de 1850.

A transformação da reforma agrária em tema ideológico de misticismo político-partidário é um tema que deve ser analisado na perspectiva da Sociologia do conhecimento de senso comum. Impropriamente beatificada como instrumento de uma imaginária revolução socialista, de um socialismo sem sustentação teórica e sem fundamento na práxis, a reforma agrária, ao se tornar mera palavra de ordem, deixou de ser vista no que lhe é próprio: instrumento de destrave dos bloqueios às reformas sociais necessárias ao desenvolvimento econômico, atualização e modernização social. Nos países capitalistas, "em vias de desenvolvimento", a reforma agrária tem sido instrumento político da formação do mercado interno para o capital e de viabilização da modernização tecnológica da agricultura para incremento da produtividade agrícola e otimização da produção. Era, aliás, assim que a questão agrária se propunha para as esquerdas no início dos anos 1960, já na crise política que levaria ao golpe de Estado de 1964 e à deposição do presidente constitucional João Goulart da presidência da República. Era essa a posição do Partido Comunista Brasileiro. Não a era do dissidente Partido Comunista do Brasil, de orientação filochinesa, para o qual a luta pela terra seria um meio de promover o cerco da cidade pelo campo como episódio tópico e circunstancial da guerra revolucionária pelo socialismo de Estado. No entanto, mesmo na China desse modelo, a reforma agrária cumpria apenas a função de promover o equivalente da acumulação primitiva do capital, necessária ao salto econômico chinês em direção ao seu capitalismo peculiar, baseado na exploração socialista do trabalho sob forma estatizada (e não necessariamente socialista) de acumulação de capital.

Reforma agrária não existe sem a referência à questão agrária que a informa e lhe define os limites, condições e peculiaridades de sua realização e de seu alcance. Nunca é nem pode ser o tudo ou nada do radicalismo superficial e indeterminado.

Durante largos anos, a pedido do próprio Lula, nos dois encontros que tivemos, ajudara petistas, sobretudo os da Igreja, na reflexão sobre a questão agrária, como também ajudara não petistas, gente de várias religiões, de vários partidos e até gente sem religião nem partido, no mesmo sentido. Fazia-o em minhas estritas funções de cientista e professor, no item relativo à extensão universitária e prestação de serviços à comunidade do estatuto da USP. E o fizera e fazia com desprendimento e dedicação, posso dizer imodestamente, muito acima do índice médio da Universidade, em particular na área de Ciências Humanas. Tinha e tenho certeza de que meu trabalho tivera incidência política, sobretudo na quadra da ditadura e da oposição a ela e na quadra posterior de afirmação da democracia e do papel político e histórico dos movimentos sociais. Mas outra coisa era o aparelhamento partidário a que setores da Igreja se submeteram.

Na verdade, a CPT é que havia mudado de lado: dera precedência ao trabalho partidário em relação ao trabalho pastoral, como foi ficando evidente ao longo do processo lento narrado neste texto. Reduzira a dimensão política da libertação e emancipação dos simples à servidão ideológica de sua partidarização. Confundira uma coisa com outra. Perdera sua liberdade de crítica, tão essencial à missão profética das igrejas. A desagregação do grupo e da atividade que deu origem ao MST, dentro da CPT, que indiquei antes, é a melhor evidência da mudança e da opção que eles estavam fazendo. Ao se deixar aparelhar pelo PT, arriscou-se às consequências da opção. No primeiro mandato de Lula, já nos primeiros meses, os que de seus quadros ou de sua indicação saíram para ingressar no governo, foram dele desalojados, embora ainda nele permanecesse quem se encarregara de montar a máquina clientelística do Bolsa Família.[27]

A *realpolitik*, que desde o primeiro dia dominaria o governo Lula e o levaria para o lado do agronegócio, cuja relevância na economia brasileira elogiaria abertamente mais de uma vez, foi a principal reversão que arrastou os que se envolveram na conspiração antidemocrática de uma lógica apoiada no pressuposto do partido único. Exatamente o oposto do que durante anos fora o cerne da concepção de política agrária e agrícola subjacente à ideologia da Pastoral da Terra, expressa, aliás, no documento *Igreja e problemas da terra*, da CNBB, a que já me referi várias vezes. No governo Dilma Rousseff, tocou a vez do MST, posto à distância.[28] O trabalho pastoral propriamente dito fora largamente alcançado pela opção em favor do dirigismo contra a alternativa da emancipação das vítimas da questão agrária.

Tirei dos ombros o peso da cruz e de seus cravos.

*   *   *

Uma primeira e importante iniciativa para combater o trabalho escravo havia sido tomada por Walter Barelli quando ministro do Trabalho do governo Itamar Franco. Barelli havia sido meu colega na pós-graduação na Faculdade de Filosofia e fora levado para o Departamento Intersindical de Estatísticas e Estudos Socioeconômicos (DIEESE) por minha mulher, Heloisa, ele recém-formado, quando era diretora daquela instituição intersindical de estudos e pesquisas. Quando ela deixou o DIEESE para se tornar assistente do professor Azis Simão na cadeira de Sociologia II, na Faculdade de Filosofia da USP, recomendou Barelli para seu lugar.

Era secretário do Ministério o professor Roberto Santos, meu conhecido, economista e ministro do Tribunal Regional do Trabalho, do Pará. Dentre vários estudos importantes no campo da economia e do direito do trabalho, ele era autor de estudo referencial sobre o regime de peonagem, a escravidão por dívida. Tivemos um dia inteiro de conversações e troca de ideias com técnicos do Ministério. Barelli queria criar uma força tarefa, com apoio da Polícia Federal, sugerindo que eu assumisse sua direção, com plenos poderes para fazer cumprir a lei, libertar os trabalhadores escravizados e punir os responsáveis. Expliquei-lhe que não tinha o perfil para semelhante tarefa. Daria a ele todo o apoio que pudesse, mas era conveniente que o encarregado fosse alguém do próprio Ministério. Creio que está nessa iniciativa de Barelli o embrião do GERTRAF (Grupo Executivo de Repressão ao Trabalho Forçado) e a indicação da própria dra. Ruth Vilela para seu comando, funcionária de carreira do Ministério do Trabalho.

No final de 2001, num seminário sobre o trabalho escravo, no escritório da OIT, em Brasília, compareceram técnicos do Ministério do Trabalho que atuavam no GERTRAF (criado pelo presidente Fernando Henrique Cardoso no início de seu primeiro governo e que vinha tendo bons resultados no combate ao trabalho escravo), delegados regionais do trabalho (uns poucos acompanhados de fazendeiros de suas regiões) e ao menos um religioso da

Pastoral da Terra. Ficou evidente que o programa do governo sobre o problema estava sob pressão.

Num dos intervalos, troquei ideias a respeito com Paulo Sérgio Pinheiro, secretário de direitos humanos do Ministério da Justiça, meu amigo e colega na USP. Paulo Sérgio também estava preocupado. Chegamos à conclusão de que, centrado no Ministério do Trabalho, o programa de combate à escravidão estava se enfraquecendo. Ele sugeria que o programa interministerial passasse a funcionar a partir de sua Secretaria, como programa de direitos humanos e não só de direitos trabalhistas, mantida a sua estrutura e o excelente e corajoso trabalho que faziam os técnicos do Grupo Móvel de Fiscalização. Obra, aliás, da lucidez e do empenho da dra. Ruth Vilela, que Fernando Henrique nomeara para dirigir o programa e que, desanimada com as dificuldades que estava encontrando, se demitira. Ela a ele retornaria no início do governo Lula.

Paulo Sérgio me deu o telefone e sugeriu que seria melhor que eu telefonasse pessoalmente ao presidente da República para expor o que estava ocorrendo, que o programa corria riscos e fazer-lhe a sugestão sobre a qual havíamos conversado. Fernando Henrique disse-me que iria falar a respeito com Aloysio Nunes Ferreira, seu ministro da Justiça e antigo aluno do Curso de Ciências Sociais da USP.

Em dezembro, o ministro criou a Comissão Especial que, no âmbito do Conselho de Defesa dos Direitos da Pessoa, cuidaria de examinar o problema do trabalho servil e do trabalho infantil e de sugerir um Plano Nacional de Combate ao Trabalho Escravo. Fui designado para fazer parte dela, que começou a funcionar imediatamente. No dia 13 de maio, fui confirmado, por ato do presidente da República, seu assessor e seu representante pessoal na Comissão, que eu estava coordenando, *pro bono*. Expressão latina que quer dizer "para o bem do povo" e, portanto, gratuita. Tratava de explicitar o interesse pessoal de Fernando Henrique na solução dos problemas e de legitimar as sugestões que ali fossem feitas. A comissão reunia cerca de 40 representantes, em geral de terceiro e quarto escalão dos vários ministérios, o representante da Comissão de Direitos Humanos da Câmara dos Deputados, o representante da Contag (Confederação Nacional dos Trabalhadores na Agricultura), o do Ministério Público do Trabalho, o da Confederação Nacional da Agricultura (patronal), o do Tribunal Superior do Trabalho, o da OIT, o da Comissão Pastoral da Terra, que se limitou a atuar como observador. Enfim dos vários setores do Estado e da sociedade que pudessem contribuir para elaboração do Plano. Nós nos reuníamos no Ministério da Justiça uma vez por mês, sempre num único dia intenso de trabalho, para evitar pagamento de diárias para hotel. Eu saía de São Paulo bem cedo e voltava à noite para fazer economia.

Em outubro de 2002, o Plano Nacional de Combate ao Trabalho Infantil e Escravo ficou pronto. Marquei uma reunião com o presidente Fernando Henrique Cardoso no Palácio da Alvorada e fui com vários membros da Comissão e o secretário Paulo Sérgio Pinheiro apresentar-lhe o resultado do nosso trabalho. Num extenso elenco de sugestões técnicas e políticas, as mais importantes eram relativas ao perdimento da propriedade em que fosse encontrada a utilização de trabalho escravo e à definição da escravização como crime hediondo. Outro aspecto era o de considerar o crime de escravização não como crime isolado, mas como crime conexo com outros no ambiental, previdenciário e fiscal. As sugestões feitas implicavam o encaminhamento de propostas de emendas constitucionais ao Congresso Nacional e várias outras medidas cuja implementação iam de leis a decretos e portarias. Isso tomaria tempo dos especialistas da presidência da República para definirem a forma dos textos legais e os procedimentos de encaminhamento a serem adotados no Executivo e no Legislativo.

O governo terminou em 31 de dezembro e com ele o meu mandato. Em março de 2003, recebi um convite do ministro Patrus Ananias, secretário dos direitos humanos do governo Lula, para ir a Brasília e presidir a última sessão da Comissão Especial que, tecnicamente, deveria ter passado a outras mãos. Foi uma alta deferência do ministro e um gesto de reconhecimento à Comissão, também convocada para aquela ocasião. Estavam presentes vários ministros de Estado, vários membros do Conselho de Defesa dos Direitos da Pessoa, além de Dom Tomás Balduíno, presidente da Comissão Pastoral da Terra, que a ela comparecia pela primeira vez. Explicou-me o ministro que a única modificação que o governo Lula fizera fora no título do Plano que passava a chamar-se Plano Nacional de Erradicação do Trabalho Escravo.

Antes de sairmos, para ir ao Palácio da Alvorada entregar o Plano ao presidente Luiz Inácio Lula da Silva, para que o governo fizesse os encaminhamentos necessários à sua vigência, o subsecretário de direitos humanos chamou-me a seu gabinete. Disse-me, alarmado, que Dom Tomás Balduíno não queria subscrever a proposta, embora a CPT tivesse participado das reuniões, ainda que basicamente como observadora. Expliquei-lhe que a CPT, muito crítica e historicamente autora de denúncias que não podiam ser subestimadas, de fato, até então, tinha preferido não se envolver em medidas práticas de governo para solucionar os problemas que denunciava. Sugeri-lhe que contornasse o impasse, para que não pa-

Entrega da proposta de um Plano Nacional de
Combate ao Trabalho Escravo e Infantil ao presidente
da República, professor Fernando Henrique Cardoso,
no Palácio da Alvorada, em outubro de 2002.
(Foto: Presidência da República)

recesse uma objeção da Igreja ao governo e ao Plano, recomendando ao
ministro que convidasse, na hora, Dom Tomás a entregar o Plano a Lula
em nome de todos nós, missão que ele aceitou. Ou, então, teria que dizer
publicamente que não aceitava a incumbência e expor suas razões. O que
era complicado, já que a CPT há muito fizera a opção preferencial por Lula
e o PT e se tornara oposição partidária ao governo de Fernando Henrique
Cardoso, motivo de sua presença indiferente na comissão durante toda a
preparação do Plano. Tecnicamente, eu deveria ter sido o encarregado da
tarefa, caso em que teria pedido à dra. Rachel Cunha e à dra. Ruth Vilela
que o fizessem. A dra. Rachel tinha sido meu braço direito nos trabalhos
da Comissão. Ela e a dra. Ruth tinham histórias pessoais de dedicação ao
problema que as faziam símbolos da luta contra a escravidão no âmbito
do Estado brasileiro.

Notas

[1]   Cf. José de Souza Martins, "Frente pioneira: contribuição para uma caracterização sociológica", *Estudos Históricos*, n. 10, Departamento de História da Faculdade de Filosofia, Ciências e Letras de Marília (SP), 1971, pp. 33-41. Reproduzido em José de Souza Martins, *Capitalismo e Tradicionalismo*, cit., p. 43-50.

[2]   Minhas observações *a posteriori* e minha análise sociológica do aparecimento do demônio na Cerâmica São Caetano, em meados dos anos cinquenta, estão no âmbito do sociologicamente relevante, porém, empiricamente improvável. Deveram-se à simples circunstância de que "eu estava lá" e das possibilidades abertas pelo chamado artesanato intelectual. Cf. José de Souza Martins, *A aparição do demônio na fábrica*, cit.

[3]   Cf. José de Souza Martins, *Diário de Campo*, v. 6, 1980, fls. 149v-151v.

[4]   Cf. Dom Pedro Casaldáliga, *Uma igreja da Amazônia em conflito com o latifúndio e a marginalização social*, s.e., São Félix (MT), 1971.

[5]   Cf. Dom Pedro Casaldáliga, *Questão agrária:* uma questão política, depoimento na CPI da Terra, Câmara dos Deputados, Brasília, 14 jun. 1977, *Diário do Congresso Nacional* (secção I), ano XXXIV, Suplemento ao n. 121, Capital Federal, 28 set. 1979, pp. 510-74. Além da fala de Dom Pedro, a publicação oficial contém as transcrições taquigráficas do questionamento que sofreu, que documentam o tom altamente repressivo e policial do cerco que os deputados lhe impuseram na ocasião.

[6]   Sobre os católicos no movimento operário da região do ABC, cf. Heloisa Helena Teixeira de Souza Martins, *Igreja e Movimento Operário no ABC, 1954-1975*, São Paulo, Hucitec, 1994. Sobre os comunistas no movimento operário da região, cf. John D. French, *O ABC dos operários*: conflitos e alianças de classe em São Paulo, 1900-1950, São Paulo, Hucitec, 1995.

[7]   O Conic é constituído das seguintes Igrejas: Igreja Católica Apostólica Romana, Igreja Episcopal Anglicana do Brasil, Igreja Evangélica de Confissão Luterana no Brasil, Igreja Sirian Ortodoxa de Antioquia, Igreja Presbiteriana Unida.

[8]   Cf. Florestan Fernandes, *Fundamentos Empíricos da explicação sociológica*, cit., esp. p. 1-44.

[9]   Na correspondência de Linda Bimbi a Lelio Basso, senador socialista italiano que participou da campanha pela anistia política no Brasil, há informações esclarecedoras sobre esse extraordinário grupo de mulheres. Cf. Linda Bimbi, *Lettere a um amico*: Cronache di liberazione al feminile plurale, Genova, Marietti, 1990.

[10] Galdino, ou Aparecidão, como é conhecido, havia sido guarda-costas de Jofre Correa Netto, militante comunista que liderava a chamada "operação arranca capim" na região de Santa Fé do Sul e Jales, no fim dos anos cinquenta e início dos anos sessenta. Um movimento de arrendatários envolvidos num típico sistema de formação de fazendas: derrubavam a mata, preparavam a terra, tinham permissão para cultivá-la durante certo tempo e depois pagavam o arrendamento plantando capim para formação do pasto. No passado, esse sistema havia sido usado para formação dos cafezais da frente pioneira. Então, tinham que deixar a fazenda que haviam formado. No caso, porém, resolveram arrancar o capim e não entregar a terra. Aparecidão viu a perseguição política dos envolvidos no movimento e nesta passagem diz que procurou seguir outro caminho. Foragido, Jofre Correa Netto seria preso anos mais tarde no interior de São Paulo. Dois dos meus orientandos estudaram a "revolta do capim" e sobre ela escreveram suas dissertações de mestrado. Cf. Vera Michalany Chaia, *Os conflitos de arrendatários em Santa Fé do Sul, SP, 1959-1969*, São Paulo, 1981, Dissertação de mestrado, Faculdade de Filosofia, Letras e Ciências Humanas – USP; Luiz Noboru Muramatsu, *As Revoltas do Capim – Movimentos sociais agrários no Oeste paulista, 1959-1970*, São Paulo, 1985, Dissertação de mestrado, Faculdade de Filosofia, Letras e Ciências Humanas – USP. Sobre Aparecido Galdino Jacintho, cf., também, Lúcia Helena Massako Higashi, *Crise e ressurreição*, São Paulo, 1995, Dissertação de mestrado, Faculdade de Filosofia, Letras e Ciências Humanas – USP.

[11] Cf. José de Souza Martins, *Diário de Campo*, v. 2, 1978, fls. 160-167.

[12] Idem, fls. 138-146.

[13] Cf. José de Souza Martins, "Linguagem sertaneja", *Folha de S.Paulo*, Folhetim, n. 104, 14 jan. 1979, p. 5.

[14] Cf. Percival de Souza, *Autópsia do medo*: vida e morte do delegado Sérgio Paranhos Fleury, São Paulo, Globo, 2000, *passim*.

[15] Cf. "Terra de negócio e terra de trabalho: contribuição para o estudo da questão agrária no Brasil", *Cadernos do Ceas*, n. 67, Centro de Estudos e Ação Social, Salvador (BA), maio/jun. 1980, pp. 34-44. Reproduzido em José de Souza Martins, *Expropriação e violência*: a questão política no campo, São Paulo, Hucitec, 1980, pp. 45-66.

[16] A *papabilitá* de Dom Aloísio, aparentemente, era de amplo domínio. Ele está citado no filme *O Poderoso Chefão III*, de Francis Ford Coppola, de 1990, baseado no livro de Mário Puzo, no episódio de eleição do sucessor do papa Paulo VI. É um dos três cardeais votados na votação final que elegeu João Paulo I para o Trono de São Pedro. Embora se trate de um filme de bem construída ficção, destaca-se pela pesquisa histórica e também etnográfica sobre os costumes, especialmente os relativos à matriz estrutural do enredo e aos cenários de sua referência. A narrativa visual da Sicília ancestral, mítica e pré-moderna, com suas paisagens de pinturas setecentistas, é um contraponto admirável à América capitalista, moderna e retilínea. O amplo significado sociológico e estético das paisagens opostas constituí um marco nos três filmes da série. São nesses cenários contrapontísticos que ganham sentido fílmico as tensões da Igreja na época de referência da história de Puzo.

[17] O padre Ernesto Balducci faleceu em 25 de abril de 1992, num desastre de automóvel.

[18] Cf. José de Souza Martins, "Oxigenação caribenha", *O Estado de S. Paulo*, caderno Aliás, 1º abr. 2012, p. J6.

[19] Cf. José de Souza Martins, "Mística e contradições do MST", *O Estado de S. Paulo*, caderno Aliás, 25 jan. 2009, p. J3. O padre Servat veio para o Brasil em 1964, atuou na ACR (Animação dos Cristãos no Meio Rural), em Pernambuco, e retirou-se para a França em 2002.

[20] Houve segundo turno nas eleições de 1989. Lula perdeu para Collor por pouco mais de 4 milhões de votos, aproximadamente o mesmo número da soma de brancos e nulos.

[21] Cf. *Uma luta encolhida*: boias-frias e diaristas. Goiânia, CPT Centro-Sul de Goiás, 1983.

[22] Cf. José de Souza Martins, *Diário de Campo*, v. 5, 1979-1980 (Bilhete anexo).

[23] Cf. José de Souza Martins, *Fronteira*: a degradação do Outro nos confins do humano, 2. ed. rev. e atual., São Paulo, Contexto, 2009. (1ª ed. 1997)

[24] Cf. José de Souza Martins, "Linchamentos – a vida por um fio", *Travessia*, ano II, n. 4, Centro de Estudos Migratórios, São Paulo, maio/ago. 1989, p. 21-7; José de Souza Martins, "Lynchings – life by a thread: street justice in Brazil, 1979-1988", em Martha K. Huggins (ed.), *Vigilantism and the State in Modern Latin America* (*Essays on extralegal violence*), New York, Praeger Publishers, 1991, pp. 21-32; José de Souza Martins, *Third Conference of the Brazilian Studies Association*, Cambridge (Reino Unido), 7-10 set. 1996. Texto sobre "Linchamentos, o lado sombrio da mente conservadora" no painel sobre *Extra-legal violence in Brazil*: Popular Justice, Vigilantism and Lynching (Apoio da Fapesp); José de Souza Martins, "Popular protest and street justice: Lynchings in Brazil", Seminário no Center of Latin American Studies, University of Cambridge, Cambridge (Inglaterra), 2 nov. 1998; José de Souza Martins, "A justiça popular e os linchamentos no Brasil", em Isaura de Mello Castanho e Oliveira, Graziela Acquaviva Pavez e Flávia Schilling (orgs.), *Reflexões sobre justiça e violência*, São Paulo, Educ/Imprensa Oficial, 2002, pp. 139-57; José de Souza Martins, "Between blind justice and skeptical justice: Lynching in Brazil", em Sir Roy Calne e William O'Reilly (eds.), *Scepticim: Hero and Villain*, New York, New Science Publishers, 2012, pp. 329-42.

[25] Cf. José de Souza Martins, *Subúrbio*: vida cotidiana e História no subúrbio da cidade de São Paulo: São Caetano, do fim do Império ao fim da República Velha, 2. ed., São Paulo, Hucitec/Editora da Unesp, 2002; José de Souza Martins, *A sociabilidade do homem simples*: cotidiano e História na Modernidade Anômala, 2. ed. São Paulo, Contexto, 2010; José de Souza Martins, *A aparição do demônio na fábrica*, cit.; José de Souza Martins, *Uma arqueologia da memória social*, cit.

[26] Cf. José de Souza Martins (coord.), *Travessias*: a vivência da reforma agrária nos assentamentos, Porto Alegre, UFRGS Editora/Nead, 2003. Meu estudo comparativo de cinco assentamentos foi reunido a outros estudos dessa fase e também publicado em outro livro, cf. José de Souza Martins, *O sujeito oculto*: ordem e transgressão na reforma agrária, Porto Alegre, UFRGS Editora, 2003.

[27] Cf. José de Souza Martins, *A política do Brasil lúmpen e místico*, São Paulo, Contexto, 2011, p. 10.

[28] Periodicamente, surgem novos episódios da estratégia do Estado para romper a relação entre as carências dos sem-terra e as demandas políticas de seus dirigentes. Eles se materializam em estratégias do Estado para consolidar a institucionalização da reforma agrária por razões de Estado e ampliar esse divórcio. Cf. Roldão Arruda, "Dilma esvazia Incra e amplia acordos locais para estruturar assentamentos", *O Estado de S. Paulo*, 1º jan. 2013, p. A4. Cf., também, Leonencio Nossa, "MST perde espaço político e dinheiro com novo modelo", ibidem.

Apêndice

Carta a Florestan Fernandes

Cambridge, 21 de junho de 1994.

Estimado professor Florestan,

Desde o meu concurso de livre-docência desejava fazer-lhe uma visita para agradecer-lhe a delicadeza de gesto do seu comparecimento à arguição final. Só não o fiz por temer roubar-lhe as horas de sua permanência em S. Paulo e de sua convivência com filhos e netos. A afobação dos preparos da minha vinda para Cambridge também prejudicou essa intenção.

Faço-o, porém, agora e por carta. E para juntar-me às homenagens que lhe estão sendo prestadas, pelo término de seu honrado mandato parlamentar, às quais minha esposa Heloisa comparece também em meu nome.

Escrevo-lhe de Cambridge para dar a esta carta a dimensão simbólica que ela deve ter. Sou o terceiro brasileiro, em 25 anos de existência da cátedra Simón Bolivar, a ser eleito seu titular, antecedido por Celso Furtado e Fernando Henrique Cardoso. Sou, também, o terceiro sociólogo, depois do próprio Fernando Henrique e de Pablo González Casanova. A eleição para esta cátedra é considerada na América Latina e, sobretudo, aqui, com razão, uma grande honraria, principalmente porque ninguém a ela se candidata. É a própria Universidade de Cambridge que faz a escolha. Essa escolha é, antes de tudo, reconhecimento. Tenho dito aos colegas com quem convivo aqui que a eleição de dois titulares da cátedra procedentes do mesmo grupo, o da antiga Faculdade de Filosofia da USP, deve-se aos méritos excepcionais de uma pessoa que eles também conhecem (e reconhecem): Florestan Fernandes. Trata-se de uma honraria que o tem como destinatário, pela qualidade do seu trabalho de sociólogo, mas também pela sua história pessoal exemplar, na coerência, no compromisso e no empenho de transformar o nosso país num lugar digno para todos; libertado de todas as misérias e opressões; lugar de um povo que possa viver a poesia e as promessas da vida livre do jugo de todas as carências e do látego de todas as violências.

Creio que este é o lugar e o momento para expressar-lhe diretamente meus agradecimentos profundos pela honra de ter sido seu aluno e de ter aprendido consigo não só um modo de pensar, mas também um modo de viver. Venho da periferia, de uma família de pobres colonos de café convertidos em operários das fábricas do ABC. Eu mesmo cresci nas ruas e nas fábricas, estudei à noite desde menino, tendo que ajudar a sustentar uma família pobre. Cheguei à Universidade de São Paulo e ao curso de Ciências Sociais da rua Maria Antonia na escuridão da noite, no cansaço de dias de fadiga, para estudar depois do trabalho e ainda voltar para o subúrbio em horas tardias e despertar de madrugada para começar tudo de novo. Tive sorte, porque me foi dado o privilégio do acesso a uma escola pública e a um grupo de professores universitários competentes e comprometidos com a ideia de uma comunidade de destino dos homens que são livres e tem esperança, venham de onde vierem.

Agradeço-lhe, ainda, o privilégio de ter sido seu auxiliar de ensino, no início de minha carreira. Aprendi muito com o professor exemplar, devotado à missão de ensinar, como nos tempos antigos era próprio dos profetas, que semeavam saber e esperança, conhecimento e dever para com o destino de todos.

Sou-lhe, também, agradecido pelas várias vezes em que sua intervenção generosa impediu que minha carreira profissional fosse interrompida pelas tempestades de uma vida acadêmica empobrecida pelo poder pessoal dos que não sabiam usá-lo com desprendimento. Pobreza, enfim, que nos privou a todos da possibilidade de reconstituir a escola de trabalho e pensamento de que o senhor foi e tem sido patrono, inspirador e alma.

Na cerimônia solene de minha admissão como professor da Universidade de Cambridge, no dia 12 de outubro do ano passado, na pequena capela, de 1350, de Trinity Hall, o meu College, diante dos *fellows* e *scholars*, solenemente vestidos com as becas e insígnias de suas distinções, como é costume aqui, ao assinar o velho livro com a caneta de prata, como é uso, diante do altar e do Master, tive consciência, como tenho tido, que o meu nome naquele livro antigo era justo tributo a quem me ensinou uma boa parte das coisas que sei e que me trouxeram a este lugar: o filho de dona Maria, o menino das ruas do Bexiga, o mestre de várias gerações de sociólogos brasileiros, que se chama Florestan Fernandes.

Um abraço forte do
José de Souza Martins

O autor

José de Souza Martins é um dos mais importantes cientistas sociais do Brasil. Professor titular de Sociologia da Faculdade de Filosofia, Letras e Ciências Humanas da Universidade de São Paulo (FFLCH-USP), foi eleito *fellow* de Trinity Hall e professor da cátedra Simón Bolívar da Universidade de Cambridge (1993-1994). É mestre, doutor e livre-docente em Sociologia pela USP. Foi professor visitante na Universidade da Flórida (1983) e na Universidade de Lisboa (2000). Membro da Junta de Curadores do Fundo Voluntário da ONU contra as Formas Contemporâneas de Escravidão (Genebra, 1996-2007). Autor de diversos livros de destaque, ganhou o prêmio Jabuti de Ciências Humanas em 1993 – com a obra *Subúrbio* –, em 1994 – com *A chegada do estranho* – e em 2009 – com *A aparição do demônio na fábrica*. Recebeu o prêmio Érico Vannucci Mendes do Conselho Nacional de Desenvolvimento Científico e Tecnológico (CNPq), em 1993, pelo conjunto de sua obra, e o prêmio Florestan Fernandes da Sociedade Brasileira de Sociologia, em 2007. Professor emérito da Faculdade de Filosofia da USP (2008) e professor *honoris causa* da Universidade Federal de Viçosa (MG), em 2013. Pela Contexto, publicou os livros *A sociabilidade do homem simples*, *Sociologia da fotografia e da imagem*, *Fronteira*, *O cativeiro da terra* e *A política do Brasil lúmpen e místico*.